Susan Thompson
785-447-1244

DIKSYONÈ
AYISYEN-ANGLE

ENGLISH-HAITIAN
DICTIONARY

ISBN 978-99935-2-330-5
Dépôt légal-Bibliothèque nationale d'Haïti 2009
#03-08-494

ISBN 978-2-9809640-7-7
Dépôt légal-Bibliothèque nationale du Québec 2009
Dépôt légal-Bibliothèque nationale du Canada 2009

Under the Direction of
Prophète Joseph, M.Éd.

Translator
Thomas E. Davies

Cover and layout
Ioan Doru Vlàdoiu

Technical and Computer Support
Alexandre Joseph

Computer Graphics
Alexandre Joseph

DISTRIBUTION

Edisyon Konbit Ayiti
B.P. 16171, Petyon-Vil, Pòtoprens, Ayiti
(509) 3727-1635

Éditions Konbit Canada
Tél. (450) 667-4180
editioncombit@yahoo.ca

Buy online at www.editionskonbit.com

Official Status of the Haitian Language

The contents of this Dictionary are conform to the Official Orthography of the Department of Public Education of the Republic of Haiti published on January 31, 1980 according to the Law of September 28, 1979. According to Article 5 of the Haitian Constitution of 1987, all Haitians are united by one common language: Haitian. Haitian and French are the Official Languages of Haiti. The Haitian language now includes more than 13 million speakers on the American Continents, all of whom speak it on a daily basis. It has become the fourth most important language in the Americas after Spanish, English, and Portuguese.

Kontni Diksyonè sila a koresponn ak tout egzijans òtograf ofisyèl Ministè Edikasyon Nasyonnal Repiblik Ayiti-a te fè parèt jou ki te 31 janvye 1980 an dapre lalwa 28 septanm 1979 la. Sou zafè lang, Konstitisyon 1987 la ki se manman lwa peyi a di nan atik 5: « Ayisyen se sèl lang ki simante tout moun k ap viv sou tè d Ayiti nan yon sèl kòtfanmi. Ayisyen ak franse se de lang ofisyèl Repiblik Ayiti rekonèt.» Jounen jodi-a, ou jwenn plis pase 13 milyon moun atravè kontinan ameriken an ki pale lang ayisyen an chak jou Bondye mete. Ayisyen plase 4^{èm} lang ki pi enpòtan nan Amerik-la apre espayòl, angle ak pòtigè.

Basic Rules

Haitian is a **phonetic language** where all **written letters** are **pronounced** in the same fashion, regardless of their position within the word.

An ayisyen, pa genyen lèt ki rete bèbè. Chak lèt sonnen epi ekri menm jan nan tout pozisyon li ta rive ye nan yon mo.

In general, the closed vowels such as [y] in fumer (**fimen**), [ø] in faisait (**te fè**), [œ] in heure (**lè**) et œuf (**ze**), [ø] in feu (**dife**), [œ] in untel (**entèl**) do not exist in Haitian.

Nan lang ayisyen an, ou pa jwenn lèt ki sonnen tankou [y] nan fumer (**fimen**), [ø] nan faisait (**te fè**), [æ] nan heure (**lè**) ak œuf (**ze**), [ø] nan feu (**dife**) epi [œ] nan untel (**entèl**)

According to the Law of September 28, 1979, Haitian **language** contains the following 32 sounds: **a, an, b, ch, d, e, è, en, f, g, h, i, j, k, l, m, n, ng, o, ò, on, ou, oun, p, r, s, t, ui, v, w, y, z.** Note the absence of **C, Q, X** and **U**. The hard **C** and **Q** are replaced by the sound and letter **K**, and **U** is replaced by the sound and letter **I**. The soft **C** is replaced by the sound and letter **S**. The **C** remains only in the consonant pair, **CH**. The following tables show the different classes of the Haitian alphabet.

Dapre lalwa 28 septanm 1979 la, lang ayisyen an gen 32 son sila yo: **a, an, b, ch, d, e, è, en, f, g, h, i, j, k, l, m, n, ng, o, ò, on, ou, oun, p, r, s, t, ui, v, w, y, z.** Remake byen pa gen C, pa gen Q, pa gen X, ni U an ayisyen. Men kouman yo repati son yo.

18 Consonants / 18 konsòn

<u>Sounds in HC</u>	<u>Ex.</u>	<u>English Pronunciation</u>
b	nan **b**al, de**b**at, kapa**b**	**b**at, de**b**ate
ch	nan **ch**at, ra**ch**e, ra**ch**	**sh**irt, a**sh**tray
d	nan **d**aso, ka**d**na, ga**d**	**d**anger, gar**d**en
f	nan **f**al, ra**f**al, sa**f**,	**f**able, re**f**use
g	nan **g**araj, ba**g**ay, ba**g**	**g**uarantee, ra**g**
h	nan **h**ay, **h**ing**h**ang	**h**air, **h**ate
j	nan **j**alou, ka**j**ou, ra**j**,	trea**s**ure
k	nan **k**ad, ma**k**awon	**c**ar, **k**aya**k**
l	nan **l**avi, pa**l**e, fasi**l**,	**l**ever, par**l**or
m	nan **m**alad, i**m**ite	**m**ail, fir**m**
n	nan **n**as, zepi**n**a	**n**otice, re**n**ame
ng	nan li**ng**, touhi**ng**,	ri**ng**, parki**ng**
p	nan **p**oto, ra**p**adou	**p**aper, ta**p**e
r	nan **r**at, ma**r**asa	**r**avish, ma**r**ket
s	nan **s**ik, dou**s**è, **s**ou**s**,	**s**aw, re**c**ent
t	nan **t**aso, **t**ita**t**o, **t**è**t**	**t**ar**t**, pain**t**
v	nan **v**akabon, la**v**e, rè**v**	**v**ein, reli**v**e
z	nan **z**afè, ra**z**è, ra**z**	**z**inc, A**z**tec

<u>8 Vowels</u>	<u>Examples.</u>	<u>English Pronunciation</u>
a	nan **a**se, lat**è**, let**a**,	**a**sk, st**a**tus
e	nan el**è**v, r**e**di, ral**e**,	gr**a**te, b**ay**
è	nan **è**s-**è**s, k**è**k, ank**è**	n**e**t, l**e**ss
i	nan **i**stwa, p**i**t, anas**i**,	b**ee**, b**ea**d
o	nan **o**chan, f**o**li, mat**o**	Oct**o**ber, b**oa**t
ò	nan **ò**fèv, g**ò**l, gad**ò**	f**o**rt, b**o**rn
ou	nan **ou**vriye, g**ou**d	l**oo**p, fl**u**te
ui/wi	nan **ui**t, l**ui**l, l**wi**	

<u>4 Nasal Vowels</u>	<u>Examples</u>	<u>English Pronunciation</u>
an	nan	**an**lè, z**an**dolit, dev**an**,
en	nan	**en**besil, p**en**tad, lap**en**,

on	nan	**on**z, p**on**pe, pantal**on,**
oun	nan	**oun**si, maz**oun**bèl, y**oun,** h**oun**fort

Semi-Consonant

w	**nan**	**w**e, **w**att
wa	nan	**wa**tè, lak**wa**
wan	nan	**wan**ga, lak**wan**n,
wè	nan	**wè**l
wen	nan	**w**ete, f**w**ete, d**w**e
wi	nan	k**wi**, pi**wi**li
wo	nan	**wo**tè, g**wo**
wò	nan	**wò**l, b**wò**s
won	nan	**won**t, f**won**te
wou	nan	**wou**le, k**wou**t
woun	nan	**woun**m, **roun**m

N. B.: When w is found in front of **o, ò, on, ou,   oun**, it can be replaced with (r)
Ex.:

gwo	gro,
won	ron, wout rout
wounm	rounm.
wòwòt	ròròt

Semi-Consonant

y	nan	p**y**e, p**y**as, f**y**èl
ya	nan	fa**ya**, p**ya**s
yan	nan	**yan**valou, p**yan**, **yan**m
ye	nan	pe**ye**, kat**ye**
yè	nan	a**yè**, soup**yè**
yen	nan	an**yen**, kret**yen**
yi	nan	A**yi**ti
yo	nan	ko**yo**, konf**yo**lo
yò	nan	mi**yò**, d**yò**l, bi**yò**t
yon	nan	p**yon**, bou**yon**
you	nan	**you**f, p**you**, f**you**
youn	nan	**youn**n

<u>Semi-Consonant</u> ui/ wi. nan luil, lwil (oil), **nwit** (night)

N.B.: the French sound **-eur** is written **è**. Ex.: chasseur → **chasè**.

The French sound   **-er, -é** are written **e (é).**

Ex.: parlé, parler   **pale**

The French sound   **–eux** is written **e (é).**

Ex.: malheureux   **malere**

The French sounds   **-in, -ain, -aim, -ein** are all written **en.**

Ex.: pain   **pen**, faim   **lafen**

The **s** is always pronounced **s**, never **z**.

The **g** is always hard (**g**), never soft (**j**).

Ex.: gita is pronounced [guita]; **gèp**, is pronounced with a hard **g** [guêp]; etc.

<u>Use of Hyphens / Itilizasyon ti trè</u>

One can use a space or a hyphen to link grammatical traits to the words that determine them. For example:

Definite Determiners:

Fi-a (**the girl**), mesye-a (**the man**), fanm-nan (**the woman**). Fi a (**the girl**), mesye a (**the man**), fanm nan (**the woman**).

Possessive Adjectives:

Ex.: Papa-li (**his dad, his father**)
Pitit-mwen (**my child**)
Papa li (**his dad**), pitit mwen (**my child**)

<u>Apostrophe/Apostwòf</u>

An apostrophe or a space can be used in front of Subject Pronouns. **For example**:

1. If we work hard, we'll get there.

    Si nou travay fò, **n'**a rive. Si nou travay fò, **n** a rive.

2. Gerda isn't there. She's in school.

    Jèda pa la, **l'** al lekòl. Jèda pa la, **l** al lekòl.

3.   I'm working for tomorrow.

M'ap fè pou demen pa bliye m. **M** ap fè pou demen pa bliye m.

Where m', n', l' are words, they must be separated either by a space or an apostrophe.

Accents/Aksan-yo
The grave accent is used only with the vowels **e, o** and **a** in words like lèd (ugly), fò (strong), Antwàn (Antoine).

In Haitian, the **e** is 'open' in all words where it is encountered. It is pronounced like the **a** in the word gr**a**te, or **ay** in the word b**ay**. In French, it is the equivalent of the **é**.

Verbs/Vèb yo

Generally, in Haitian, verbs are not conjugated. The rare case where the verbal form changes is in the present participle. See the Verb Tables.

Verb Tense Indicators:
1.   **Present Markers**: ap, ape, (pe)
i.e.**:**
M ap manje   I am eating.

2.   **Past Markers**: te, t ap, t apral, t'aprale
i.e.:
Mwen te manje   I ate.
Mwen t ap manje/ mwen t ape manje   I was eating.
Mwen t apral manje   I was going to eat.

3.   **Recent Past Markers**: fin, fèk, sot, fèk sot, fèk fin
i.e.:
Mwen fin manje/ mwen fèk fin manje/mwen fèk sot manje   →
just ate.
Mwen te fin manje/mwen te fèk fin manje/mwen te fèk sot manje

I was just finishing eating.

4. **Future Markers**: pral, prale, apral, a, va, ava
i.e.**:**
Mwen pral manje/mwen prale manje/ m apral manje/ m a manje/
mwen va manje/ m ava manje I am going to eat, I will eat.

5. **Conditional Marker**: ta
i.e.:
Mwen ta manje si m te grangou   I would eat if I was hungry.

Certain verbs have a short form and a long form.

For example:
al/ale   (to go)
ba/ban/bay   (to give)
fè/fèt   (to do)
fin/fini   (to finish)
gen/genyen   (to have, to possess)
ka/kap/kapab   (can, to be able to)
konn/konnen   (to know)
kot/kote   (where is?)
met/mete   (to put)
pral/prale   (to leave)
ret/rete   (to stay, to live)
vin/vini   (to come, to become)

Be careful in pronouncing the following words:

Boulin   [bouli-n]   (speed)
ladwann   [ladwan-n]   (Customs)
rechany   [rechan-y]   (change of clothes)
fin   [fi-n]   (to finish (recent past marker)
vin   [vi-n]   (to come, to become)
vennerasyon   [ven-nerasyon   (veneration)
venn   [ven-n]   (vein)

grenn	[gren-n]	(grain, seed)
mòn	[mò-n]	(mountain)
pàn	[pà-n]	(breakdown)
Antwàan	[Antwà-n]	(Antoine)

Certain words have two forms that are used equally.

dyòb/djòb	(job);
dyab/djab	(devil);
dzigèt/djigèt	(to annoy);
pasay/pasaj	(passage);
kouray/kouraj	(courage)
wòch/ròch	(rock)

Personal Pronouns

mwen, m:	I/me
ou, w:	you/you (singular)
li, l:	she, he, it/her, him
nou, n:	we/us
nou, n:	you/you (plural)
yo, y:	they/them

Demonstrative Determiners

This	sa-a	**This man**	mesye sa-a
That	sa-a	**That guy**	nèg sa-a
Those	sa-yo	**Those girls**	ti fi sa-yo

Possessive Determiners

Singular

My mwen-an	**my girl**	ti fi mwen-an
Your ou-a	**your dog**	chen ou-a
Her li-a	**her sister**	sè li-a
His li-a	**his brother**	frè li-a
Our nou-an	**our boy**	ti gason nou-an
Their yo-a	**their girl**	ti fi yo-a

Plural

My mwen-yo	**my children**	timoun mwen-yo
His/Her li-yo	**her cousins**	kouzen li-yo
Our nou-yo	**our girls**	ti fi nou-yo
Your ou-yo	**your nieces**	nyès ou-yo
Thei li-yo	**their girls**	ti fi li-yo

Possessive Pronouns

<u>Singular</u>

Mine	pa mwen-an
Yours	pa ou-an
His/Hers	pa li-a
Ours	pa nou-an
Theirs	pa yo-a

<u>Plural</u>

Mine	pa mwen-yo
His/Hers	pa li-yo
Ours	pa nou-yo
Yours	pa ou-yo
Theirs	pa yo-a

Demonstrative Pronouns

This	sa	This is for you.	Sa se pou ou.
That	sa	That means he left.	Sa vle di li pati.
Whoever	sila/sa	Whoever gets here early	will get a prize
		Sa/sila ki rive bonè ap gen yon pri.	
Those/These	sila	Those who come early..	Sila yo ki vini bonè.. yo/sa...
	yo	Sa ki vini bonè yo.	

This one	sa ki la-a	This one is for you	Sa ki la-a se pou ou.
That one	sa ki laba-a	That one is for him.	Sa ki laba-a se pou li.
These ones	sa ki la yo	These ones are for him	Sa ki la yo se pou li.
Those ones	sa ki laba yo	Those ones are for me.	Sa ki laba yo se pou mwen.

Of these two houses, this one is the largest, but that one is the prettiest.
Pami de kay sa yo, sa ki la-a pi gran, men sa ki laba-a pi bèl.
She is crazy, that one.   Tèt fi sa-a pa byen.
That one is better.   Sa-a pi bon.

Interrogative Determiners

Who is the most intelligent?	Kiyès ki pi entelijan? / Ki moun ki pi fò?
Who is that girl?	Kiyès fi sa-a?
What time is it?	Ki lè li ye? Ki lè li fè? Ki lè ou genyen?
What is the purpose of this trip?	Ki bi vwayaj la?
Who are you waiting for?	Kiyès w ap tann? Ki moun w ap t ann?
Why did you come?	Pou kisa ou vini?
What do you want?	Sa ou vle? Kisa ou vle?
He doesn't know what he should do?	Li pa konn sa pou l fè?
	Li pa konn sa li dwe fè?
Who is that person?	Kiyès sa? Ki moun sa-a?
Who's that?	Kiyès? Ki moun?

Exclamations

What a mistake you're making!	Ki erè ou fè konsa-a! Ki erè ou fè la-a!
What a handsome man!	Ala nèg bèl! Ala nèg bèl papa! Se pa de bèl nèg la bèl!
What a beautiful girl!	Ala fi bèl! Se pa ti bèl fi a bèl? Se pa de bèl fi a bèl!
That's terrible!	Se terib! Se grav!
What an idiot!	Ala moun sòt!

1. Basic Phrases

Excuse me/Pardon me	Eskize-m, padon
It's eight o'clock	Li uitè, li 8è
He is undecided.	Li gen de lide.
Lina is sick	Lina malad
It's hot	Se cho, li fè cho
He's going backwards	Li bat ba
It's like an oven outside	Chalè-a rèd
It's raining	Lapli ap tonbe
He committed suicide	Li touye tèt-li
It's going to storm	Loraj pral gwonde
It was windy outside	Van t ap vante.
It's windy outside	Gen van deyò-a
It's storming outside	loraj ap gwonde.
Two weeks ago	de senmenn pase
A month ago	yon mwa pase, mwa ki sot pase-a
There's a chair in the office	Gen yon chez nan biwo-a
There's someone in the room	Genyen yon moun nan sal-la

Last week	senmenn pase
It was storming outside	loraj t ap gwonde
I love the end of this novel	mwèn renmen finisman woman-an
I've had enough	mwen bouke
This lady is pregnant	Fanm sa-a ansent
Adults don't cry	granmoun pa kriye
The children are playing	Timoun-yo ap jwe
We've had enough!	Nou bouke, nou pa kapab ankò.
Polidort has a headache	Polidò gen mal tèt
Polidort is crazy	Polidò malad nan tèt
The food money is spent	Bank lamanjay-la fini

2. *Basic Expressions*

because of, since	akoz, se ki fè, sa ki fè
see you tonight	na wè aswè-a.
beside	bò kote, kote, sou kote.
see you tomorrow	na wè demen
on the right	adwat
on the left	agòch
with the help of	granmesi, grasa, ak konkou
see you next year	na wè lane pwochen
at dawn	bajou kase, granmmaten
inside	anndan
at the end of the meeting	nan finisman reyinyon-an
at the end of the month	finisman mwa-a
at the end	pou fini
see you next week	na wè lòt senmenn
to be truthful	je wont je
see you Monday	na wè lendi
as time goes by	firanmezi
in the nude	touni
on what channel?	sou ki kanal
see you later	n a wè pi ta
see you soon	n a wè talè
see you Friday	na wè vandredi
to go to school	ale lekòl
to get to the end of book	rive nan fen liv-la

as (one) goes along	firanmezi
from day to day	jou apre jou
in the middle	nan mitan
at the foot of (a hill)	anba (mòn nan)
bye (bye)	babay, m ale, orevwa
on top of	sou, anwo, anlè
today	jodi-a, jounen jodi-a
good morning	bon maten
it was yesterday	se te yè
pickup	kamyonnèt
this morning	maten-an
at noon today	midi sa-a
downtown/uptown	anba lavil/ sou gran ri
shoeshine (boy)	chany
like that	konsa
okay, alright	oke, dakò, pa gen pàn
in one week	nan yon senmenn
since yesterday	depi yè
at the beginning of the day	nan koumansman jounen-an
at the beginning of the week	nan koumansman senmennnan
in front	devan
at the end of the afternoon	nan finisman jounen-an
at the end of the week	nan finisman senmenn-nan
underneath	anba
to sit (down)	chita
face to face	bab pou bab
at the end of May	an fen me
bus station	estasyon
yesterday morning	yè maten/ yè nan maten
last night	ayè oswa, yè oswa
in the afternoon	nan apre midi
summer	lete
night time	nan nwit
at the beginning of the month	nan koumansman mwa-a
daytime	lajounen
morning	nan maten
noon	vè midi, a midi

the last word	yon dènye mo
Spring	sezon prentan
evening	nan aswè
thank-you very much	mèsi Madanm
thank-you Sir	mèsi Misye ou Msye
little boy	ti gason
to finish	bout, fini, kaba
which day?	Ki/kèl jou?
which season?	Ki/kèl sezon?
please	souple, silvouplè, tanpri
hurricane season	sezon siklòn
rainy season	sezon lapli
harvest time	sezon rekòt
dry (drought) season	sezon sèk
like	tankou, kòm
like it is	jan li ye a, konsa
everyday	chak jou Bondye mete
very soon	bonè-bonè, trè to
an unending story	yon istwa san bout

3. *Important Questions*

Who's that?	Ki moun? Kiyès?
What's that?	Sa k genyen? Kisa?
How much?	Konbe?
How do you say	Kijan yo di sa an ayisyen?
that in Haitian? How?	Kouman? Kijan?
Do (you)?	Eske?
Where are you going?	Kote ou prale? Kote w ap fè?
Where are they?	Kote yo? Kote yo ye? Ki kote yo ye?
Where is everyone?	Kote moun yo? Kote moun yo ye?
Where?	Ki kote? Ki bò? kote?
How do I get to…	Ki wout mwen ka pran pou m ale nan
(directions)	
For who?	Pou ki moun? Pou ki yès?
Why?	Poukisa?
Could you repeat that please?	Eske ou ka repete pou mwen souple?

What's going on?	Sa k genyen? Sa k pase?
What is it (that)?	Kisa sa ye? Sa sa ye?
What does that mean?	Kisa sa vle di? Sa sa siyifi?
When?	Kilè?
What time is it?	Ki lè li ye?
Who is it?	Ki moun? Ki lès?
Who?	Ki moun? Ki yès?
What?	Kisa?

4. *Reflexive Verbs*

To wash oneself

I am washing myself	m ap benyen
You are washing yourself	w ap benyen
He/she is washing him/herself	l ap benyen
We are washing ourselves	n ap benyen
You are washing yourselves	n ap benyen
They are washing themselves	y ap benyen

To wash one's (body part)

I am washing my head	m ap lave tèt-mwen
You are washing your face	w ap lave figi-ou
He/she is washing his/her eyes	l ap lave je-li
We are washing our hair	n ap lave cheve-nou
You (plural) are washing your feet	n ap lave pye-nou
They are washing their hands	y ap lave men-yo

To tell oneself

I'm telling myself	mwen di tèt-mwen
You are telling yourself	ou di tèt-ou
He/she is telling him/herself	li di tèt-li
We are telling ourselves	nou di tèt-nou
You are telling yourselves	nou di tèt-nou
They are telling themselves	yo di tèt-yo

5. *Impersonal Forms*

It is necessary to eat	fò-ou manje

There is (are)	gen/genyen
There are some chairs	gen/genyen chèz
It's raining	gen lapli/lapli ap tonbe
It's snowing	gen nèj/nèj ap tonbe
It's sunny outside	li fè solèy/gen solèy
It's cold	li fè frèt/gen fredi
It's windy	gen van/ van ap vante

Numeric Determiners

first	1er	1^e	Premye
second	2^e	2^{èm}	Dezyèm
third	3^e	3^{èm}	Twazyèm
fourth	4^e	4^{èm}	Katryèm
fifth	5^e	5^{èm}	Senkyèm
sixth	6^e	6^{èm}	Sizyèm
seventh	7^e	7^{èm}	Setyèm
eighth	8^e	8^{èm}	Uityèm
ninth	9	9^{èm}	Nevyè
tenth	10^e	10^{èm}	Dizyè
eleventh	11^e	11^{èm}	Onzyèm
twelfth	12^e	12^{èm}	Douzyèm
thirteenth	13^e	13^{èm}	Trèzyèm
fourteenth	14^e	14^{èm}	Katòzyèm
fifteenth	15^e	15^{èm}	Kenzyèm
sixteenth	16^e	16^{èm}	Sèzyèm
seventeenth	17^e	17^{èm}	Disetyèm
eighteenth	18^e	18^{èm}	Dizuityèm
nineteenth	19^e	19^{èm}	Diznevyè
twentieth	20^e	20^{èm}	Ventyèm
twenty-first	21^e	21^{èm}	Venteyinyèm

twenty-second	22^e	22^{èm}	Venndezyèm
thirtieth	30^e	30^{èm}	Trantyèm
thirty-first	31^e	31^{èm}	Tranteyinyèm
thirty-second	32^e	32^{èm}	Tranndezyèm
fortieth	40^e	40^{èm}	Karantyèm
forty-first	41^e	41^{èm}	Karanteyinyèm
forty-second	42^e	42^{èm}	Karanndezyèm
fiftieth	50^e	50^{èm}	Senkantyèm
fifty-first	51^e	51^{èm}	Senkanteyinyèm
fifty-second	52^e	52^{èm}	Senkanndezyèm
sixtieth	60^e	60^{èm}	Swasantyèm
sixty-first	61e	61^{èm}	Swasanteyinyèm
sixty-second	62^e	62^{èm}	Swasanndezyèm
seventieth	70^e	70^{èm}	Swasanndizyèm
seventy-first	71^e	71^{èm}	Swasann-onzyèm
seventy-second	72^e	72^{èm}	Swasanndouzyèm
eightieth	80^e	80^{èm}	Katreventyèm
eighty-first	81^e	81^{èm}	Katreventeyinyèm
ninetieth	90^e	90^{èm}	Katrevendizyèm
ninety-first	91^e	91^{èm}	Katreven onzyèm
one hundredth	100^e	100^{èm}	Santyèm
one hundred and first	101^e	101^{èm}	San-inyèm
two hundredth	200^e	200^{èm}	Desan-inyèm
thousandth	1000^e	1000^{èm}	Milyèm
one thousand and first	1001^e	1001^{èm}	Mil-e-inyèm
millionth	1000000^e	1 000 000^{èm}	Milyonyèm

Cardinal Numbers

zero	0	zewo
one	1	en/youn/yonn
two	2	de
three	3	twa
four	4	kat
five	5	senk
six	6	sis
seven	7	sèt
eight	8	uit
nine	9	nèf
ten	10	dis
eleven	11	onz
twelve	12	douz
thirteen	13	trèz
fourteen	14	katòz
fifteen	15	kenz
sixteen	16	sèz
seventeen	17	disèt
eighteen	18	dizuit
nineteen	19	diznèf
twenty	20	ven
twenty one	21	venteyen
twenty two	22	vennde
thirty	30	trant
thirty one	31	tranteyen
thirty two	32	trannde
forty	40	karant
forty one	41	karanteyen
forty two	42	karannde
fifty	50	senkant
fifty one	51	senkanteyen
fifty two	52	senkannde
sixty	60	swasant
sixty one	61	swasanteyen
sixty two	62	swasannde

seventy	70	swasann-dis
seventy one	71	swasann-onz
seventy two	72	swasann-douz
eighty	80	katreven
eighty one	81	katreven-en
eight two	82	katreven-de
one hundred	100	san
one hundred one	101	san-en
one hundred two	102	san-de
two hundred	200	desan
two hundred one	201	desan-en
two hundred two	202	desan-de
one thousand	1000	mil
one thousand one	1001	mil-en
one thousand two	1002	mil-de
one million	1 000 000	milyon
one billion	1 000 000 000	milya

HAITIAN VERBS

I . VÈB GENYEN (Verb – to have)

INFINITIVE

present
Genyen

past
Te genyen

INDICATIVE

Present

Mwen	genyen
Ou	genyen
Li	genyen
Nou	genyen
Nou	genyen
Yo	genyen

Past Perfect

Mwen	te genyen
Ou	te genyen
Li	te genyen
Nou	te genyen
Nou	te genyen
Yo	te genyen

Past Imperfect

Mwen	te genyen
Ou	te genyen
Li	te genyen
Nou	te genyen
Nou	te genyen
Yo	te genyen

Pluperfect

Mwen	te genyen
Ou	te genyen
Li	te genyen
Nou	te genyen
Nou	te genyen
Yo	te genyen

Future

Mwen	pral genyen
Ou	pral genyen
Li	pral genyen
Nou	pral genyen
Nou	pral genyen
Yo	pral genyen

Future Perfect

Mwen	te pral	genyen
Ou	te pral	genyen
Li	te pral	genyen
Nou	te pral	genyen
Nou	te pral	genyen
Yo	te pral	genyen

Past Hìstoric

Mwen	te genyen
Ou	te genyen
Li	te genyen
Nou	te genyen
Nou	te genyen
Yo	te genyen

Past Anterior

Mwen	te genyen
Ou	te genyen
Li	te genyen
Nou	te genyen
Nou	te genyen
Yo	te genyen

PARTICIPLE

present
Nan genyen

past
Te genyen

SUBJUNCTIVE

Present

ke/kit	mwen	genyen
ke /kit	ou	genyen
ke/kit	li	genyen
ke/kit	nou	genyen
ke/kit	nou	genyen
ke/kit	yo	genyen

past

ke/kit	mwen	te genyen
ke/kit	ou	te genyen
ke/kit	li	te genyen
ke/kit	nou	te genyen
ke/kit	nou	te genyen
ke/kit	yo	te genyen

Past Imperfect

ke/kit	mwen	te gen
ke/kit	ou	te gen
ke/kit	li	te gen
ke/kit	nou	te gen
ke/kit	nou	te gen
ke/kit	yo	te gen

Pluperfect

ke/kit	mwen	te genyen
ke/kit	ou	te genyen
ke/kit	li	te genyen
ke/kit	nou	te genyen
ke/kit	nou	te genyen
ke/kit	yo	te genyen

CONDITIONAL

present

Mwen	ta genyen
Ou	ta genyen
Li	ta genyen
Nou	ta genyen
Nou	ta genyen
Yo	ta genyen

past

Mwen	ta pral genyen
Ou	ta pral genyen
Li	ta pral genyen
Nou	ta pral genyen
Nou	ta pral genyen
Yo	ta pral genyen

IMPERATIVE

present
fò ou genyen
fò nou genyen
fò nou genyen

past
fò oute genyen
fò nou te genyen
fò nou te genyen

II . VÈB SE (Verb – to be)

INFINITIVE ____

present

Se

past

Te ye/ se te

INDICATIVE____

Present

Mwen	se	(jij)	Se (jij) mwen	ye.
Ou	se	(jij)	Se (jij) ou	ye.
Li	se	(jij)	Se (jij) li	ye.
Nou	se	(jij)	Se (jij) nou	ye.
Nou	se	(jij)	Se (jij) nou	ye.
Yo	se	(jij)	Se (jij) yo	ye.

Past Perfect

Mwen	te	(jij)	Se (jij) mwen	te ye
Ou	te	(jij)	Se ((jij) ou	te ye
Li	te	(jij)	Se (jij) li	te ye
Nou	te	(jij)	Se (jij) nou	te ye
Nou	te	(jij)	Se (jij) nou	te ye
Yo	te	(jij)	Se (jij) yo	te ye

Past Imperfect

Mwen	te (jij) Se (jij) mwen	te ye
Ou	te (jij) Se (jij) ou	te ye
Li	te (jij) Se (jij) li	te ye
Nou	te (jij) Se (jij) nou	te ye
Nou	te (jij) Se (jij) nou	te ye.
Yo	te (jij) Se (jij) yo	te ye.

Pluperfect

Mwen te (jij)	Se (jij) te ye
Ou	te (jij)	Se (jij) te ye
Li	te (jij)	Se (jij) te ye
Nou	te (jij)	Se (jij) te ye
Nou	te (jij)	Se (jij) te ye
Yo	te (jij)	Se (jij) te ye

Future

Mwen	pral (jij)	Se (jij)	mwen
Ou	pral (jij)	Se (jij)	ou
Li	pral (jij)	Se (jij)	li
Nou	pral (jij)	Se (jij)	nou
Nou	pral (jij)	Se (jij)	nou
Yo	pral (jij)	Se (jij)	yo

Future Perfect

pral ye	Se (jij) mwen	te pral ye
pral ye	Se (jij) ou	te pral ye
pral ye	Se (jij) li	te pral ye
pral ye	Se (jij) nou	te pral ye
pral ye	Se (jij) nou	te pral ye
pral ye	Se (jij) yo	te pral ye

Past Historic

Se (jij)	mwen	te ye
Se (jij)	ou	te ye
Se (jij)	li	te ye
Se (jij)	nou	te ye
Se (jij)	nou	te ye
Se (jij)	yo	te ye

Past Anterior

Se	(jij)	mwen	te ye
Se	(jij)	ou	te ye
Se	(jij)	li	te ye
Se	(jij)	nou	te ye
Se	(jij)	nou	te ye
Se	(jij)	yo	te ye

SUBJUNCTIVE

present

ke/kit mwen	(jij)
ke/kit ou	(jij)
ke/kit li	(jij)
ke/kit nou	(jij)
ke/kit nou	(jij)
ke/kit yo	(jij)

past

ke/kitmwen	te (jij)
ke/kitou	te (jij)
ke/kitli	te (jij)
ke/kitnou	te (jij)
ke/kitnou	te (jij)
ke/kityo	te (jij)

Past Imperfect

Ke /kit mwen	te	(jij)
ke /kit ou	te	(jij)
ke /kit li	te	(jij)
ke /kit nou	te	(jij)
ke /kit nou	te	(jij)
ke /kit yo	te	(jij)

Pluperfect

ke/kit	mwen	te	(jij)
ke/kit	ou	te	(jij)
ke/kit	li	te	(jij)
ke/kit	nou	te	(jij)
ke/kit	nou	te	(jij)
ke/kit	yo	te	(jij)

CONDITIONAL

present

Mwen	ta (jij)
Ou	ta (jij)
Li	ta (jij)
Nou	ta (jij)
Nou	ta (jij)
Yo	ta (jij)

past

Se (jij)	mwen	ta pral ye
Se (jij)	ou	ta pral ye
Se (jij)	li	ta pral ye
Se (jij)	nou	ta pral ye
Se (jij)	nou	ta pral ye
Se (jij)	yo	ta pral ye

IMPERATIVE

present

Se (jij) pou ou	ye
Se (jij) pou nou	ye
Se (jij) pou nou	ye

past

Se (jij)	pou ou	te ye
Se (jij)	pou nou	te ye
Se (jij)	pou nou	te ye

PARTICIPLE

present

Etan

past

Etan te

III. VÈB CHANTE (Verb – to sing)

INFINITIVE____

Present	**Past**
Chante	Te chante

INDICATIVE____

Present Present Immediate

Mwen	chante	M ap chante
Ou	chante	W apchante
Li	chante	L ap chante
Nou	chante	N ap chante
Nou	chante	N ap chante
Yo	chante	Y ap chante

Past Perfect

Mwen	te chante
Ou	te chante
Li	te chante
Nou	te chante
Nou	te chante
Yo	te chante

Past Imperfect

Mwen	te chante
Ou	te chante
Li	te chante
Nou	te chante
Nou	te chante
Yo	te chante

Pluperfect

Mwen	te/t ap chante
Ou	te/t ap chante
Li	te/t ap chante
Nou	te/t ap chante
Nou	te/t ap chante
Yo	te/t ap chante

Future

Mwen	pral chante
Ou	pral chante
Li	pral chante
Nou	pral chante
Nou	pral chante
Yo	pral chante

Future Perfect

Mwen	te pral chante
Ou	te pral chante
Li	te pral chante
Nou	te pral chante
Nou	te pral chante
Yo	te pral chante

Past Historic

Mwen	te chante
Ou	te chante
Li	te chante
Nou	te chante
Nou	te chante
Yo	te chante

Past Anterior

Mwen	te chante
Ou	te chante
Li	te chante
Nou	te chante
Nou	te chante
Yo	te chante

SUBJUNCTIVE

present

ke/kit	mwen	chante
ke/kit	ou	chante
ke/kit	li	chante
ke/kit	nou	chante
ke/kit	nou	chant
ke/kit	yo	chante

past

ke/kit mwen	te chante
ke/kit ou	te chante
ke/kit li	te chante
ke/kit nou	te chante
ke/kit nou	te chante
ke/kit yo	te chante

Past Imperfect

Ke/kit	mwen	te chante	ke/ki
ke/kit	ou	te chante	ke/kit
ke/kit	li	te chante	ke/kit
ke/kit	nou	te chante	ke/kit
ke/kit	nou	te chante	ke/kit
ke/kit	yo	te chante	ke/kit

Pluperfect

mwen	t ap chante
ou	t ap chante
li	t ap chante
nou	t ap chante
nou	t ap chante
yo	t ap chante

CONDITIONAL

Present

Mwen	ta /t ap chante
Ou	ta /t ap chante
Li	ta /t ap chante
Nou	ta /t ap chante
Nou	ta /t ap chante
Yo	ta /t ap chante

Past

Mwen	ta pral chante
Ou	ta pral chante
Li	ta pral chante
Nou	ta pral chante
Nou	ta pral chante
Yo	ta pral chante

IMPERATIVE

present

Fò ou/Se pou	ou chante
Fò nou/Se pou	nou chante
Fò nou/Se pou	nou chante

past

Fò ou/Se pou	ou te chante
Fò nou/Se pou	nou te chante
Fò nou/Se pou	nou te chante

Chante
Ann/Annou chante
Chante

PARTICIPLE

present

An chantan, nan chante

past

Te chante

IV. VEB FINI (Verb – to finish)

INFINITIVE

present	past
Fini	Te fini

INDICATIVE

Present

Mwen	fini
Ou	fini
Li	fini
Nou	fini
Nou	fini
Yo	fini

Present Immediate

M ap	fini
W ap	fini
L ap	fini
N ap	fini
N ap	fini
Y ap	fini

Past Perfect

Mwen	te fini
Ou	te fini
Li	te fini
Nou	te fini
Nou t	te fini
Yo	te fini

Past Imperfect

Mwen	te fini
Ou	te fini
Li	te fini
Nou	te fini
Nou	te fini
Yo	te fini

Pluperfect

Mwen	te/t ap fini
Ou	te/t ap fini
Li	te/t ap fini
Nou	te/t ap fini
Nou	te/t ap fini
Yo	te/t ap fini

Future

Mwen	pral fini
Ou	pral fini
Li	pral fini
Nou	pral fini
Nou	pral fini
Yo	pral fini

Future Perfect

Mwen	te pral fini
Ou	te pral fini
Li	te pral fini
Nou	te pral fini
Nou	te pral fini
Yo	te pral fini

Past Historic

Mwen	te fini
Ou	te fini
Li	te fini
Nou	te fini
Nou	te fini
Yo	te fini

Past Anterior

Mwen	te fini
Ou	te fini
Li	te fini
Nou	te fini
Nou	te fini
Yo	te fini

SUBJUNCTIVE

present			past		
ke/kit	mwen	fini	ke/kit	mwen	te fini
ke/kit	ou	fini	ke/kit	ou	te fini
ke/kit	li	fini	ke/kit	li	te fini
ke/kit	nou	fini	ke/kit	nou	te fini
ke/kit	nou	fini	ke/kit	nou	te fini
ke/kit	yo	fini	ke/kit	yo	te fini

Past Imperfect

Pluperfect

ke/kit mwen	te fini	ke/kit mwen	t ap fini
ke/kit ou	te fini	ke/kit ou	t ap fini
ke/kit li	te fini	ke/kit li	t ap fini
ke/kit nou	te fini	ke/kit nou	t ap fini
ke/kit nou	te fini	ke/kit nou	t ap fini
ke/kit yo	te fini	ke/kit yo	t ap fini

CONDITIONAL

Present

Past

Mwen ta /t ap fini	Mwen	ta pral fini
Ou ta / t ap fini	Ou	ta pral fini
Li ta / t ap fini	Li	ta pral fini
Nou ta / t ap fini	Nou	ta pral fini
Nou ta / t ap fini	Nou	ta pral fini
Yo ta / t ap fini	Yo	ta pral fini

IMPERATIVE

Present

Past

Fò ou/Se pou ou fini	Fò ou / Se pou ou te fini
Fò nou/Se pou nou fini	Fò nou / Se pou nou te fini
Fò nou/Se pou nou fini	Fò nou / Se pou nou te fini

Fini Ann /annou fini /Fini

PARTICIPLE

present

past

An finisan, nan fini

Te fini

V. VÈB DI (Verb – to say)

INFINITIVE ____

present	**past**
Nan di/an dizan	Te di

INDICATIVE ____

Present		**Present Immediate**			**Past Perfect**	
Mwen	di	M ap	di		Mwen	te di
Ou	di	W ap	di		Ou	te di
Li	di	L ap	di		Li	te di
Nou	di	N ap	di		Nou	te di
Nou	di	N ap	di		Nou	te di
Yo	di	Y ap	di		Yo	te di

Past Imperfect		**Pluperfect**	
Mwen	te di	Mwen	te/t ap di
Ou	te di	Ou	te/t ap di
Li	te di	Li	te/t ap di
Nou	te di	Nou	te/t ap di
Nou	te di	Nou	te/t ap di
Yo	te di	Yo	te/t ap di

Future		**Future Perfect**	
Mwen	pral di	Mwen	te pral di
Ou	pral di	Ou	te pral di
Li	pral di	Li	te pral di
Nou	pral di	Nou	te pral di
Nou	pral di	Nou	te pral di
Yo	pral di	Yo	te pral di

Past Historic		**Past Anterior**	
Mwen	te di	Mwen	te di
Ou	te di	Ou	te di
Li	te di	Li	te di
Nou	te di	Nou	te di
Nou	te di	Nou	te di
Yo	te di	Yo	te di

SUBJUNCTIVE

Present

ke/kit mwen	di
ke/kit ou	di
ke/kit li	di
ke/kit nou	di
ke/kit nou	di
ke/kit yo	di

Past

ke/kit mwen	te di
ke/kit ou	te di
ke/kit li	te di
ke/kit nou	te di
ke/kit nou	te di
ke/kit yo	te di

Past Imperfect

ke/kit mwen	te di
ke/kit ou	te di
ke/kit li	te di
ke/kit nou	te di
ke/kit nou	te di
ke/kit yo	te di

Pluperfect

ke/kit mwen	t ap di
ke/kit ou	t ap di
ke/kit li	t ap di
ke/kit nou	t ap di
ke/kit nou	t ap di
ke/kit yo	t ap di

CONDITIONAL

Present

Mwen	ta / t ap di
Ou	ta / t ap di
Li	ta / t ap di
Nou	ta / t ap di
Nou	ta / t ap di
Yo	ta /t ap di

Past

Mwen	ta pral di
Ou	ta pral di
Li	ta pral di
Nou	ta pral di
Nou	ta pral di
Yo	ta pral di

IMPERATIVE

Present

Fò w/ se pou ou di
Fò nou/se pou nou di/dizon
Fò nou/Se pou nou di

Di
Ann/annou di
Di

Past

Fò w/Se pou ou te di
Fò nou/Se pou nou te di
Fò nou/Se pou nou te di

PARTICIPLE

Present

Nan di, an dizan

Past

Te di

VI. VÈB ALE (Verb – to go)

INFINITIVE____

Present	Past
Ale	Te ale

INDICATIVE____

Present

Mwen	ale
Ou	ale
Li	ale
Nou	ale
Nou	ale
Yo	ale

Present Immediate

M	ap ale
W	ap ale
L	ap ale
N	ap ale
N	ap ale
Y	ap ale

Past Perfect

Mwen	te ale
Ou	te ale
Li	te ale
Nou	te ale
Nou	te ale
Yo	te ale

Past Imperfect

Mwen	te ale
Ou	te ale
Li	te ale
Nou	te ale
Nou	te ale
Yo	te ale

Pluperfect

Mwen	te/t ap ale
Ou	te/t ap ale
Li	te/t ap ale
Nou	te/t ap ale
Nou	te/t ap ale
Yo	te/t ap ale

Future

Mwen	pral ale
Ou	pral ale
Li	pral ale
Nou	pral ale
Nou	pral ale
Yo	pral ale

Future Perfect

Mwen	te pral ale
Ou	te pral ale
Li	te pral ale
Nou	te pral ale
Nou	te pral ale
Yo	te pral ale

Past Historic

Mwen	te ale
Ou	te ale
Li	te ale
Nou	te ale
Nou	te ale
Yo	te ale

Past Anterior

Mwen	te	ale
Ou	te	ale
Li	te	ale
Nou	te	ale
Nou	te	ale
Yo	te	ale

SUBJUNCTIVE

Present			Past			
ke/kit mwen	ale		ke/kit	mwen	te ale	
ke/kit ou	ale		ke/kit	ou	te ale	
ke/kit li	ale		ke/kit	li	te ale	
ke/kit nou	ale		ke/kit	nou	te ale	
ke/kit nou	ale		ke/kit	nou	te ale	
ke/kit yo	ale		ke/kit	yo	te ale	

Past Imperfect			Pluperfect			
ke/kit mwen	te ale		ke/kit	mwen	t ap ale	
ke/kit ou	te ale		ke/kit	ou	t ap ale	
ke/kit li	te ale		ke/kit	li	t ap ale	
ke/kit nou	te ale		ke/kit	nou	t ap ale	
ke/kit nou	te ale		ke/kit	nou	t ap ale	
ke/kit yo	te ale		ke/kit	yo	t ap ale	

CONDITIONAL

Present			Past		
Mwen	ta /t ap ale		Mwen	ta pral ale	
Ou	ta /t ap ale		Ou	ta pral ale	
Li	ta /t ap ale		Li	ta pral ale	
Nou	ta /t ap ale		Nou	ta pral ale	
Nou	ta /t ap ale		Nou	ta pral ale	
Yo	ta /t ap ale		Yo	ta pral ale	

IMPERATIVE

Present
Se pou w ale
Se pou n/an n/fò n ale
Se pou nou ale

Past
Se pou ou te ale
Se pou n te ale/Se pou n ale
Se pou nou te ale

Ale
Ann/annou ale
Ale

PARTICIPE

present

An alan, nan ale

past

Etan…

Diksyonè
Ayisyen-Anglè

Aa/AN/an

A is the first of the 32 sounds that make up the Haitian Alphabet.

A, va, ava future tense marker.

A (prep) at, to. M ap retounen a senkè. I will return at five o'clock.

A, ak, avèk (conj.) li sanble tèt koupe a/ak/avèk papa l.

A, an, la, lan, nan (def. det.) the. The definite determiner follows the noun. **i.e.:** the girl, the boy, the lady. **Fi a, gason an, madanm nan, fanm lan.**

Yo (def. art. pl.) **i.e.:** the girls, the boys, the women. **Fi yo, gason yo, fanm yo**

A gogo: in abundance.

A la de kote w tande! What a fish story!

A tout boulin: at full speed. **S.** San pran souf.

Aba interj. **Aba lamizè, aba vyolans.** Down with misery, down with violence!

Abajou n. lampshade.

Abako n. **pantalon abako** blue jeans, pants **S.** kanson

Abandon n. abandon.

Abandone, bandone, abandonen v. to abandon, to give up, to neglect

Abandònman n. abandon-ment, desertion **S.** deperisman, dezyetid, demodman, demoday

Abandonne 1. v. to abandon. **2.** adj. neglected, deserted, abandoned

Abapri phr. at a low price, cheaply.

Abataj, abatay n. slaughter-ing.

Abatwa n. slaughterhouse, butcher's shop **S.** palan. **var**. labatwa.

Abdenwèl n. Christmas tree. **var**. labdenwèl.

Abe n. abbot, priest.

Abesan adj. humiliating.

Abfwitye n. fruit tree.

Abèy n. bee.

Abi n. abuse, injustice. **S.** enpinite.

Abil adj. skilled, competent, proficient **S.** fò, maton, bon, kapab, madre.

Abilete v. tr. to enable, to train, to make able

Abilite n. ability, skill, aptitude

Abim n. abyss, precipice.

Abiman n. clothing, attire, garment **S.** rad, vètman. **var**. abiyman.

Abimen v. to ruin, to damage.

Abit n. referee, umpire (foot-ball).

Abitab adj. (in)habitable.

Abitan n.

1. country person, peasant,

peasant-farmer **2.** backward, ignorant (pej.) **S.** moun mòn. **3. abitan dekore.** pretentious, self-important.

Abitasyon n. estate, manor

Abite v. to live, to demure.

Abitid n. habit, custom, tendency **S.** mès, mannyè, lizay, kilti, pratik

Abitray n. arbitration, mediation.

Abitrè n. arbitrator, mediator.

Abitye v. to get used to, to accustom to. **S.** pran abitid. **var.** abitwe.

Abityèl adj. habitual, as usual.

Abityèlman adv. habitually.

Abiyay, abiyaj n. dress.

Abiye v. to dress, to clothe. **S.** mete rad

Abiyè n. dresser.

Abiyman n. clothing.

Abizan adj. abusive.

Abize v. to abuse, to exploit s.o.

Abizivman adv. abusively.

Abizman n. abuse, exploitation.

Abò aboard.

Abobo! entèj. amen, hallelujah. **S.** bilolo, ayibobo.

Abòdab adj. approachable, accessible.

Abòde v. to approach, to address oneself to.

Abòdyò n. jerk.

Aboli v. to abolish, to eliminate.

Abolisyon n. abolition, elimination.

Abondans n. abundance.

Abòne, abonnen v. to subscribe, to purchase regularly.

Abònman n. subscription. **pran abònman**/to subscribe to/to take regularly.

Abonminab adj. abominable, detestable.

Abonminasyon n. abomination.

Aboupòtan adv. point-blank.

About adj. spent, exhausted. **S.** bouke.

Abouti v. to end up at, to arrive at, to reach **S.** konplete, atenn, reyisi, fini, bout.

Aboutisman n. result, outcome.

Abse n. abscess. **S. :** klou, blese.

Acheve v. to achieve, to accomplish, to finish.

Achte v. to buy, to acquire. **1. Achte kredi**. To buy on credit. **Achte lajan kontan** to pay cash. **2. achte figi/achte dèyè yon moun**. to flatter s.o.. **3. pa achte chat nan makout**. Do not buy anything unseen.

AD n. Customs. Ladwann

Adapte v. **1.** to adapt **2.** to accustom o.s. to **S.** rann konfòm, fasonnen, mete odyapazon

Adezif n. adhesive, Scotch®

tape
Adiltè n. adultery, infidelity, unfaithfulness
S. zoklo
Adisyon n. addition
Adje, adye! entèj. Poor devil. **S.** podyab, pòv, mesye, gade, adyewidan, menzanmi, Bondye
Adjenikon n. assistant to a Voodoo priest, chant leader at a Voodoo ceremony. **Var.** adjennikon
Administrasyon n. Administration, government
Administre v. to administrate, to lead, to govern **S.** mete kontwòl
Admire v. to admire, to have high regard for **S.** gade, obsève
Adoken n. (fam.) Haitian coin (5 gourdes).
Adopte v. tr. to adopt, to sanction. **S.** ratifye, mete so sou.
Adorasyon n. worship, adoration. **S.** : vennerasyon
Adore v. to worship, to admire **S.** vennere
Adousi v. to sweeten, to soften **S.** debourike, rann dosil
Adrès n. **1.** address (on a letter). **2.** skill. **S.** dwate, kalkil, pridans, estrateji, taktik, diplomasi.
Adrese v. to address o.s. to **S.:** mande
Adwat adv. on the right, skilful.

Adwat agoch phr. scattered, here and there.
AEA n. **Asosyasyon endistri Ayiti** Haitian Industries Association (Association des industries d'Haïti)
Afa n. shell used in fortune-telling.
Afè n. **1.** thing, affair, matter. **2.** penis, genitals. **S.** zizi, pijon, koulout, yoyo, bagay, lilit.
Afè moun se mistè One shouldn't interfere in others affairs. **S.** Je wè bouch pe
Afeksyon n. affection, attachment, love
Afeksyonnen v. to be fond of, to have affection for, **S.:** andyoze, ancheri, karese, kajole
Afiba n. beef (meat)
Afich n. poster, sign
Afòs phr. afòs nou chèche, n a jwenn li. If we keep on looking, we'll find it.
Afre 1.n. glutton **2.** adj. voracious, gluttonous **S.:** aloufa.
Afreman n. gluttony, greediness.
Afrik n. Africa
Afwonte v. to face, to confront. **S.** koresponn, fè fas kare a
Aganman n. **1.** chameleon. **2.** opportunist, speculator **S.** woulibè, kouto debò,

woulemdebò, opòtinis

Aganmante v. to camouflage, to disguise, to change

Agase v. to annoy, to bother, to irritate **S.** tchintchin

Agiman n. argument, proof

Agimantasyon n. argumentation, justification, demonstration

Agimante v. to argue, to justify

Agòch 1. adv. on the left. **2.** adj. clumsy.

Agogo adv. in abundance **S.** toupatou

Agoni n. agony, to be in pain v. rég. agonni

Agranlijyèn adv. with glamor, with splendor

Agranman n. chameleon. **var.** Aganman

Agrave v. to worsen, to aggravate **S.**
gate jwèt, mete abse sou klou, anvlimen

Agreye v. to shape (wood), to mill.

Agronòm, agronnòm n. agronomist

Agwe n. god of water and rivers. Agwe tawoyo.

Ajan n. **1.** money **2.** silver.

Ajantri n. silverware

Aji v. to act **1. aji an aloufa** to act voraciously **2.** to act quickly. Pi bonè se granmmaten. **S.** Chita pa bay. Pye kout

pran devan.

Ajimal n. evildoer, sorcerer, magician

Ajiste v. to adjust

Ajite adj/ v. to agitate, to disturb, to trouble

Ak, avèk conj. with, and, then **S.** epi

Akapare v. to claim, to seize **S.** : vare sou, fè dap piyanp sou

Akaparè n. monopolizer

Akaryat adj. hargneux, de mauvaise humeur.

Akasan n. acassan, bouillie de maïs. **Akasan se manje maten**.

Akèy n. **1.** accueil, salle d'attente, réception, **2.** courtoisie, hospitalité

Akeyan adj. accueillant, courtois

Akeyi v. accueillir, recevoir **S. :** aksepte, bay dòmi, bay fè ladesant

Akimile v. accumuler, empiler, entasser **S. :** lote, fè pil sou pil, anpile

Akize v. accuser, inculper **S.** asiyen, pouswiv, asiyen

Akò n. accord, entente, règlement **S.:** dizon

Akokiye v. recroqueviller

Akolit n. acolyte, complice compagnon **S.** asosye

Akonpaye v. accompagner

Akoste v. accoster, faire

accoster.
Akò n. **1**. raccord. **2**. accord.
Akòdeyon n. accordéon
Akouche v. accoucher, enfanter
S. bay lavi, nouris
Akouchman n. accouchement
Akoupi, koupi v. s'accroupir, accroupi
Akòz prep. parce que, puisque
S. paske, piske
poutèt
Akrèk n./adj. avare, vorace, avide **S.** aloufa
Akrekre n. (péj. et vulg.)
putain
Akreye, agreye v. accepter, accueillir
Akrochay n. **1**. trouble, conflit. **2**. accrochage
S. latwoublay, lobo, eskonbrit, dezagreman, deblozay
Aksepte v. accepter, recevoir, admettre
Aksidan n. accident
Aksyonè n./adj. **1**. audacieux, rusé **2**. hors-la-loi, bandit **S.** Lwi Jan Boje, atoufè **3**. aventurieux. **Ala nèg aksyonè**, anyen pa fè li pè.
Aksyone v. **1**. poursuivre en justice **2**. activiter, mettre en mouvement **S.** asiyen, pouswiv
Aktè n. **1**. acteur, comédien **2**. agent, personne jouant un rôle important dans la mise en application d'un projet

Aktive v. **1**. to activate, to turn on, to set in motion
2. aktive brenn yon timoun to stimulate a child, to awaken a child's intelligence.
Akwentans n. acquaintance, relationship **S.** fanmitay, kòkòday, zanmitay
Akwoupi v. to crouch (down), to squat **S.** koukouman
Al, ale v. to go, to leave **1. al bwachat** to pass on (naturally)
2. voye al bwachat, voye l bwachat to murder, to kill s.o..
Al fè wout ou : get lost!
Ala de koze : it's a long story!
S. Ala traka. Ala traka pou lave kay tè
Alabròs brush cut
Aladen n. vagabond, person of ill-repute.
Alamòd in fashion
Alanvè adv. inside-out **S.** tètanba, tètpatche
Alawonnbadè adv. everyone, without exception **S.** zannana kou pengwen, pik kou mawon.
Alawonyay n. 1. in the vicinity, in the area. 2. person whose presence is indiscrete, hidden
Ale v. to go 1. **ale dèyè** to go after, to trap 2. leave!, out! 3. **ale bwachat** to die (naturally), to pass on. **S.** trepase, ale nan peyi san chapo.
Alè adv. on time
Ale ou laba give me a break!

Ale-vini n. roundtrip **S.** monte-desann.

Alekè square, plumb

Alèkile adv. currently, nowadays, from now on.

Alelouya! interj. hallelujah, amen **S.:** ayibobo, abobo, bilolo

Alemye improvement, progress

Alès in the East

Alevini v. comings and goings, round trip

Alevouzan phr. partez, fichez le camp!

Alèz v. **1.** at ease, comfortable **S.** byen, penyen lage, nan bòl grès. **2.** easily, comfortably.

Alfa n. **Alfa e omega** the beginning and the end

Alfabetizasyon n. literacy (training).

Alfabetizè n. s.o. who does literacy training

Alfabetize v. to teach to read and write **S.** : klere je

Alfabetize n./adj. literate

Alimèt n. match

Aliyen v. 1. to align, to place in a row. 2. to arrange, to classify

Alkòl n. alcohol

Almanak n. calendar

Aloufa n/adj. greed, glutton, voracious. **S.** saf, afre, piyajè

Alsa kò v. to leave quickly, to move aside!

Alsiyis n. bagay la bon pou li si l ap fè alsiyis. Cry of pleasure (orgasm).

Altèkasyon n. altercation, dispute **S.** eskonbrit, chire pit. to start a quarrel **pete yon eskonbrit**.

Alwès adv. in the West

Alyans n. wedding ring, alliance

Amadwe v. to bluff, to trick

Amand, amann n. fine, penalty

Amannkè n. lover

Amatè n. **1.** amateur. **2.** breeder. **3. amatè kòk** breeder of fighting cocks.

Amati n. framework

Amèn! interj. Amen. (vod.) ayibobo, bilolo, abobo!

Amenaje v. to develop, to lay out or plan out

Amerik n. America **Kontinan kote ou jwenn 35 peyi.** The American Continents are made up of 35 countries. Amerik koumanse nan Alaska l'al fini nan peyi Chili.

Amerik di Nò North America

Amerik di Sid South America

Amerik santral Central America

Amonyòm, amonnyòm n. harmonium

Amòs n. **1.** bait, primer, preview **Ban m yon ti amòs.** **2.** start, beginning.

Amou n. love, dear **S.**

boubout, chouchou, kòkòt,
cheri, bebe, doudou, choupèt
Amoure n. lover, boyfriend
Amwa n. wardrobe, pantry
S.: plaka, tchana, panisyè, raj-
man, bifèt
An is the second of the 32
sounds that make up the
Haitian Alphabet.
An 1. adv. in. **viv an Frans**.
To live in France. **2.** n. year.
Jano gen set an. Jano is seven
years old. **3.** art. déf. **Gason
an.** The boy. **S.** a, an, nan, lan.
4. An vòg popular. **5. An
boulatcha** adj. impatient. **6.
an boulin** at full speed.
7. an brennzeng in a state of
intoxication, drunk. **7a.** in
anger. **S.** vekse.
8. an chikèt in detail, in small
quantities. **9. an defas** hypo-
critically. **10.** an
denmon/demon in great shape;
in anger. **11. an lagan** at the
start, in the beginning.
Analfabèt n. illiterate, unedu-
cated **S.** (fam.) je pete klere.
Analiz n analysis
Analize v. to analyze. **S.**
depatya lide, ede wè klè.
Anana n. pineapple
Anasi, annasi n. spider
Anba adv. **1.** under, under-
neath. **Polinis mare kabrit la
anba pye zaboka a**. Polinis
tied the goat under the avocado

tree. **2.** At the foot of. **Anba
mòn nan**. At the foot of the
mountain. **3.** To have the worst
of. **Mesye sila tèlman gen
pouvwa si w al fè fas kare
avèk li, se ou ki ap anba**. This
man has so much power that if
you were to confront him, it's
you that would have the worst
of it. **4.** genitals (fam.). **pa
gade anba ti fi-a.** Don't look
at the girl's genitals.
Anbachal/ anba chal adv.
illicitly, in secret, discretely,
under the table.
Anbake v. to embark, to
implicate o.s. in, to start to do
something
Anba-lakay n. basement
Anbale v. tr. to wrap, to enve-
lope
S. kachte, paye, anpaye
Anbarase v. to embarrass
Anbeli v. **1.** to embellish, to
adorn. **2.** to beautify, to rejuve-
nate
Anbelisman n. rejuvenation,
beautification
Anbetan troublesome, annoy-
ing
Anbete v. to trouble, to bother,
to annoy
S. tchintchin, fann nan kò yon
moun, fann nan deng yon
moun, takinen, anmègde,
djigèt, pèsekite, bay kristè,
nève, zengzeng

Anbètman n. annoyance, bother, difficulty

Anbiskad n. ambush, conspiracy **S.** chitatann, pyèj, kout pa kon prann, kout ba, kan w pran w konnen, konfyolo

Anbisye adj. ambitious, envious

Anblèm, lanblèm n. emblem, symbol

Anbouteyaj, anbouteyay n. traffic jam, bottle-neck (traffic), congestion **S.** blokis.

Anbrase v. to embrace

Anbranl to put into action, mete anbranl to set in motion.

Anchaje v. to take charge of **S.**: bay manda

Anchatpent adv. **1.** stealthily, on the sly, **2.** timidly

Ancheri v. tr. to cherish, to admire, to be fond of **S.** andyoze, jakole

Anchimè adv. in anger, in a rage **S.** andyable, andenmon, anraje, kapote, dechennen,

Andebandad adv. **1.** in anger, in a panic **2.** in disarray

Andedan, anndan adv. inside, interior. **Var**. andidan, andèdan

Andegrennen adv. alone, everyone for him/herself

Andenmon adv. **1.** in anger, furious **2.** decidedly, determinedly

Andeyò adv. **1.** in the country . **2.** outside of

Andezay adv. middle-aged.

Andezòd adv. in disorder, in disarray **S.** anpèlmèl, tètanba

Andikape n. handicap, infirm. Madanm pa gade andikape a pou pa gate pitit ou a. **S.** kokobe, krebete, makwali, mangousa, bègwè, mongòl, enfim, malsòti, malfòme, petevi, domaje

Andirans n. endurance, solidity

Andire v. 1. to endure, to bear, to suffer. **2.** one would say.., it seems..

Andiyèt n. (pork) chitterlings

Andui, andwi n. chitterlings

Andyable adj. in anger, furious

Andyozay n. **1.** bluff, deception, **2.** cajoling **S.** blòf, dodomeya

Andyoze v. to be fond of, to caress, to cajole **S.** ancheri, miyonen.

Ane, lane n. year.

Anfale v. to sink, to collapse, to wreck, to ruin.

Anfannkè n. choirboy/girl. **S.** Ti moun legliz.

Anfèmen v. to lease for twelve months, to lease for a year.

Anfen! at last, finally.

Anfle 1. adj. swollen, puffed-

up. **2.** v. to swell, to puff up
Anfòm adv. **1.** in top form, robust. **2.** in good shape, in good condition.
Anfòm kon bas : in top form, in excellent health.
Anfoukoufyaka adv. in complete disarray
Anfounen v. to arrange, to stow
Anfrajele v. to deflower, to take the virginity of a girl
Anfwaye v. to misplace, to lose **S.** pèdi.
Angaje v. **1.** to engage in, to participate, to commit. **S.** antre nan batay, antre nan won, pote kole **2.** to be in difficulty, to be in dire straights. **Mwen angaje, lavi-a ap ban m brimad**. I am experiencing difficulties.
Angajman n. engagement **S.:** pwen
Anganman, aganman n. chameleon.
Angle n. English
Angran adj. arrogant, haughty. **S.** gran chire, frekan
Angranman adv. haughtily.
Angrè, angren n. fertilizer
Angren n. whole grain
Angrenn adv. alone **S.** poukont, andegrennen. **Aji Angrenn senk.** to act without regard to others or the law.
Angrese v. to get fat, to fatten up

Angwasan adj. anguished
Anile v. to cancel
Animal n. animal
Animatè n. **1.** moderator, presenter, **2.** trainer, teacher
Anime v. 1. to animate **Anime yon timoun** to awaken/stimulate a child 2. to anchor (a television/ radio show)
Ankachèt adv. in secret, discretely
Ankadre v. to frame, to shape, to guide
Ankadreman n. frame, framing. To put a photo in a frame.
Ankatimini adv./v. stealthily, secretly
Anklim n. anvil
Ankò adv. again, also
Ankolè adv. angrily, furiously **S.** Anchimè, andyable, andebandad, andenmon
Ankonbraj n. congestion, blockage **S.** blokis
Ankouraje v. **1.** to stimulate, **2.** to motivate, to encourage
Ankourajman n. encouragement, help, support **S.** koray, patisipasyon, jarèt
Ankriye n. inkwell
Anlè 1. on top, in the air. **2.** on, over, above. **3.** to be horny. **tifi sa a anlè konsa. 4.** excited, flighty
Anmadwe v. to bluff
Anmak n. hammock
Anmè adj. bitter.

Zaboka a anmè kou fyèl. The avocado has a really bitter taste.
Anmède, Anmègde v. to bother, to annoy, to upset, to irritate. **S.** tchintchin, nan deng
Anmizman n. amusement
Anmore, anmoure n. boyfriend, lover.
Anmorèz n. girlfriend **S.** mennaj, boubout, cheri, kòkòt, amou, doudou, bebe.
Anmwe, Anmwey! interj. help!
Annafle v. to snort
Annana n. pineapple. Achte 2 bèl annana.
Annanfans to become child-like, to become senile.
Annannant n. mentally retarded, dummy. **S.**: bègwè, kannannan.
Annaryè adv. behind
Annasi, anasi n. spider
Annavan! interj. forward, to advance, to act
Anndan adv. inside
Annik adv. just, as soon as, merely, only
Annipye n. millipede
Ann, Annou marker indicating first person plural imperative.
Annou ale let's go!
Annuiye, annwiye v. to bother, to annoy, to bore, to irritate
Anpare v. to seize, to raid **S.:** vare sou, akapare, plonje

sou, mete grapen sou, fè dap piyanp sou, monopolize, fè ladènyè sou
Anpaye v. to wrap, to stuff (with straw), to put a straw bottom on (chair)
Anpeche v. to prevent, to block **S.:** kontrekare
Anpechman n. hindrance, obstacle
Anpenpan adj. elegant, attractive
Anpeny n. upper (shoe)
Anpetre v. to entangle, to embarrass.
Anpi, enpi, epi conj. and, then
Anpil adv. **1.** very. He is very ugly. **Li lèd anpil. 2.** many, a lot of. **Te gen anpil moun nan fèt la**. There were a lot of people at the party. **3.** cheeky, insolent, arrogant. Ala anpil ti fi sa a anpil.
Anpile v. to pile (up), to accumulate **S.** : mete pil sou pil, fè pil sou pil.
Anpire v. tr. to worsen, to aggravate
Anplas adv. in place, stationary
Anplasman n. lot, space **S.** sit
Anplimdepan adj. elegant **S.** : bòzò, chèlbè, anpenpan
Anplwa n. employment, work

S. : dyòb, degaje, demele
Anplwaye n. employee, worker
Anplwayè n. employer
S. patron, bòs
Anpoul n. light-bulb
Anpwazonnen v. tr. to poison
S. : ranje, monte
Anraje adj. **1**. rash, crazy **2**. furious, enraged, raving mad
S. dechennen, debòde, anchimè, ankolè
Anrasinen v. to be rooted, to establish
S. : makònnen, atache, soude
Anrèg v./ adj. conform, correct
S.: oke
Anreta adv. late
Anrichi v. tr. **1**. to enrich, to add value to, **2**. to instruct. Anrichi konesans yon timoun
Anrime, anrimen adj. to have a cold
Anriyan playing, kidding.
Anro, anwo adv. on top of, upstairs
Ansanm adv. together, at the same time. **Ann met tèt ansanm**. Let's put our heads together.
Ansèkle v. tr. to encircle, to enclose
Ansent adj. pregnant, right in the middle. Ansent yon fanm
S.: (fam.) gwòs yon fanm, mete pitit pou yon fanm, bay yon fanm pitit

Ansèy n. sign, emblem
Anseyan n. teacher, educator
S.: mèt
Anseye v. to teach, to instruct
S.: enstwi, leve yon timoun, aprann yon timoun lavi
Ansèyman n. teaching
S. : fòmasyon
Ansyen adj. old. Se yon bagay ansyen. It's an old thing.
Ant adv. between, in the middle (of)
Antatik n. Antarctic
Antann v. **1**. to get along with, to agree with
Antann ak yon moun, mete ou dakò ak yon moun. **2**. to hear, to be attentive **Fò w antann tout nouvèl pou konnen aklè sa kap fèt.**
Antant n. understanding, agreement
S. dizon
Antansyon, atansyon danger!
Antase v. to pile up, to heap up
S. sanble, gwoupe, anpile
Antay n. notch
Antdezay, andezay adv. middle-aged.
Antèman n. burial
Antennwa, antonwa n. funnel
Antere v. to bury
Antipèp adj. antipatriotic
Antòch n. sprain
S. Antòch, foulay, **Antoloji** n. antologie

Antonim n. antonym
S.: mo revè, mo kontrè
Antòs n. sprain.
Antòtye 1. v. to hamper. **2.** adj. hampered.
Antchoutchout adj. hyper(active) **S.** antchoupwèt.
Antouka adv. in any case
Antouray, antouraj n. entourage.
Antoure v. tr. to encircle, to enclose
Antrav n. 1. accusation 2. obstacle **S.:** nwizans, anbètman
Antrave v. to accuse, to implicate s.o.
Antre n. **1.** entrance
S. : papòt **2.** lobby
3. v. to enter
4. v. to penetrate, to come in **S.** foure **5.** v. to wrap up, to arrange **Antre nan won** v. to be implicated in; to start dancing.
entrene v. to exercise, to practice, to train
Antrenè n. coach
Antrene v. to coach, to train
Antreprenè n. entrepreneur
Antrepriz n. enterprise
Antyèman adv. completely
Antyoutyout adj. hyper(active), excited
Anvan adv. before
Anvan m bat je m : in the wink of an eye
Anvangadis n. trailblazer
Anvi v. to feel like, to want to

Anvlimen v. to make worse, to worsen, to swell up.
S. gate jwèt, konplike, mete abse sou klou
Anvlòp n. envelop
Anvlope v. tr. to wrap (up)
S.: kachte, paye, anpaye
Anwe adj. hoarse
Anwo, anro adv. above, on top of, on, upstairs
S. anlè
Anwo pa monte anba pa desann Can't move. Can't budge.
Anwole v. to enroll
Anyen adv. nothing
S. zewo bare
Ap, ape, pe present tense marker, to be doing something. **M ape manje**. I am eating.
Apa 1. look how… **2.** aside, separately. Mete liv yo apa.
Apantè n. surveyor
Apateni v. to be a member of, to belong to. Mwen apateni a ekip Karyoka. Mwen se manm ekip Karyoka.
Apatrid n. stateless person
APENA n. Administrasyon penitansye nasyonal Ayiti a.
Apenn adv. barely
S.: annik, jis, tou
Apenndisit n. appendicitis
Apèsi v. to perceive, glanse. Ban m yon apèsi de sa ki pral jwe aswè a.
Apeti, lapeti n. appetite.

Apetisan adj. appetizing.

Apik adv. very steep

Apiye v. to lean on, to support

Apiyè n. supporter

Aple v. to call, to telephone
S.: rele, sonnen

aplikè n. plaintiff, complainant

Aplike v. to apply, to obey the law

Aplodi v. to applaud, encourager
S.: ankoura

APN n. **Administrasyon pò nasyonal** *Administration portuaire nationale*, antrepriz piblik ayisyen

Aprann v. to learn

Aprann yon timoun lavi, anrichi konesans yon timoun

Apranti n. 1. apprentice, intern
2. (péj.) incompetent, mediocre
S. mazèt, tèt mato

Apre adv. after, then, next

Aprenan n. learner, student

apresa adv. after that S. lèfini.

Apresye v. to appreciate, to value
S. : respekte

Aprezan adv. presently, at the moment
S. : kounyeya, alèkile, setansi, metnan

Aproche v. to approach, to come close to

Apwi n. support, help

Apwofondi v. to deepen

Apwouve v. to approve, to sanction, to endorse
S.: bay oke, siyen

Apye adv. on foot

Aran n. herring, kippered herring

Aranjman n. arrangement

Arawout, ararout n. arrowroot

Aredi v. to reproach, to criticize, to blame

Arenyen, arinyen n. spider. V. rég. Anasi, zariyen.

Arèt! entèj. stop! halt!

Arete v. 1. to stop, to halt
2. to arrest s.o.

Areyakòd n. area code

Arimen v. to arrange, to stack, to pile up

Aristidyen, titidis n. Aristidian, partisan of President Aristide.

Aristokrat n. aristocrat, privileged
S. (péj.) granlajè, granchire

Arivis n. show-off. **arivis gran dan** (fam.) newly rich, social climber. S. patespere.

Ariyè behind.

Ariyen, arenyen n. spider

Asaji v. to socialize, to educate, to raise

Asansyon n. ascension

Asasen, ansasen n. assassin, killer, murderer

Asasinay, ansasinay n. assassination, killing, murder

Asasinen, ansasinen, sasinen v. to assassinate, to kill, to murder

Ase! interj. **1.** stop! wait! **2.** enough!

ASEK n. Assemblée des Sections Communales (Assembly of Communal Sections)

Asepte v. to accept

Asfalte v. to pave (asphalt)

Asid n. acid

Asimile v. to assimilate, to integrate, to acculturate

Asire v. to assure, assured

Asiyen v. to sue, to accuse

Ason n. rattle associated with Voodoo ritual

Asonpsyon n. Feast of the Assumption

Asosye n. **1.** associate, accomplice, partner **2.** fellow **3.** to implicate oneself in, to involve oneself in, to be associated with

Asòtò n. sacred drum (Voodoo)

Aspè n. aspect

Aspiratè n. vacuum S. vakyòm

Aswè 1. night **2. aswè a** tonight **3. nan aswè** in the evening.

Asyèt n. plate, platter, dish

Ata adv. even

Atache 1. n. auxiliary of the army, **2.** v. to attach, to adhere to

Atake v. to attack, to assault

Atansyon n. attention, affection, tenderness

Atansyon! entèj. watch out! be careful! S.: danje, eskalabaha (vod.)

Atantivman adv. attentively, carefully

Atchaba! interj. Way to go!

Atè adv. on the ground.

Atèmiyò n. straw mat.

Atenn v. to attain, to reach

Ateri v. to land, to arrive S.:bout, chwe

Atirans n. attraction, charm, appeal S.: rale mennen vini, cham

Atire v. to attract, to charm, to appeal to S.: rale, chame

Atis n. artist, atis-pent painter (art).

Atitid n. attitude, manner, behavior

Atò so, at this time, now

Atoufè n. **1.** outlaw, delinquent, bandit. **2.** adventurer, capable of anything.

Atoupwèt n. curious, nosey. S. : tripòt, anbadyòl, fouyapòt.

Atrap /atrap nigo to trap S.: chita tann, kout pa konprann.

Atrapan adj. contagious.

Atyovi n. infant, baby

Avadra n. good-for-nothing, bum
S.: valpa, sanzave
Avale v. **1.** to swallow. **2.** vale teren to cover a lot of ground, to advance.
Avangou n. forward, preview
S.: lòsyè, apèsi, prefas, twòkèt kontni
Avanpwopo n. forward, introduction
Avansant center-forward (soccer)
Avantay n. gain, benefit, advantage
Avè, avèk with. **var.** ake
Avèg n./adj. blind
Avèk, avè 1. with **Nou vle manje avèk envite yo**. We want to eat with the guests. **2.** to/from **Kay li tou prè ak lekòl la**. His house is very close to the school. **3.** as **Pola pa vle ale nan menm lekòl avèk mwen**. Pola does not want to go to the same school as me. **4.** and. **Janon pentire kizin nan avèk salon an**. Janon painted the kitchen and the living room.
Avèti v. to warn, to advise
Sin : prenvni
Avili v. to vilify, to accuse falsely
S.: denigre, derespekte enkriminen, minen, degrade, rache do, pale nan do

Avilisman n. vilification, humiliation
Avize v. to advise, to warn, to forewarn
S.: prenvni, mete pinga, bay pinga
Avni n. **1.** future. **2.** avenue
Avoka n. lawyer, attorney
S.: mèt, òmdelwa, jiris, òmdedwa
Avril n. April
Awo adj. swell, great.
Awonna n. slut, hooker, prostitute.
Awousa n. sly, cunning
Ayayay! interj. crap!
Ayewopò n. airport. **Ayewopò entènasyonal Kap Ayisyen** Cape-Haitian International Airport. **S.** avyasyon
Ayibobo! interj. **1.** bravo! great! **2.** amen, hallelujah (vod.)
S. kout chapo, felisitasyon, konpliman, ochan
Ayida n. **1. Ayida doupendoup** old lady. **2.** older lady who has a penchant for younger men **S.:** granmoun kannay, granmoun deregle, (péj.) dawouya kònsiye, darati kòsiye, ratchè fè
Ayida Wedo n. Voodoo divinity.
Ayik adj. 1. satisfied, wellfed, to be sick from overeating. **Jano manje jis li ayik**. Janon ate until his stomach was about

to burst. **S.** rebite.

Ayisyen 1.n. Haitian language (Haitian Creole). **2.** n. prop. Haitian (nationality).

Ayiti n. prop. Haiti. **Ayiti se peyi solèy**. Haiti is always sunny.

Ayiti se manman libète Haiti is the Mother of Freedom.

Aza n. chance, luck **S. :** kwensidans, chans, mirak

Azade v. **1.** to risk, to dare. **2.** to allow oneself to, to permit oneself to.

Azi n. Asia

Azireya n. slut

Azizwèl n. whore.

Azoumounou n. conjunctivitis. **Li gen azoumounou**. She has conjunctivitis.

Bb

B is third of the 32 sounds that make up the Haitian alphabet.

Ba n. **1.** kiss. Fè yon ti ba pou mwen. **S.:** bo, ba (fam.). **2.**v. to give. ba yo manje.

3. n. sock. ba chosèt. **4.** bar. achte de ba fè pou mwen. **5.** weak, fragile. Pola di li santi li ba, li fèb. **6.** packsaddle. mete ba a byen sou do bourik la.

Bab n. **1.** beard. **2. bab kabrit** goatee, **3. bab mayi** corn silk. **4. bab pou bab** face to face. **5. bab panyòl** Spanish moss (medicinal herb).

Baba n. idiot, imbecile.

Babako adv. a lot of, abundance **S.:** anpil. **Nan tout seremoni vodou, ou jwenn on babako manje**. In Voodoo ceremonies, there is an abundance of food.

Babay phr. bye-bye.

Babòkèt, baboukèt n. **1.** censorship. **2.** bridle made of cord. **Mete babòkèt nan** bouch chwal.

Babyadò n. grumbler, moaner, whiner.

Babyay n. **1.** joke, **2.** complaining, grumbling

Babye v. to whine, to complain, to grumble. **S.** joure, plenyen, bougonnen

Bacha n. big landowner, big businessman, rich man **S.** zotobre, grandon, gwo chabrak, gran nèg.

Bade v. **1.** to smear, to daub, to cover. **2.** to fill.

Badijonnay n. smearing.

Badijonnen v. to smear, to daub. **S.** sali.

Badijonnman n. smearing.

Badin n. cane

Badji n. **1.** temple, Voodoo sanctuary **2.** magic **S.** badjigri, fetich, malefik, sòsèlri, malfezan, makakri, magrigri

Badjikan n. person who keeps the badji

Baf n. **1.** difficulty **S.:** brimad **2.** cuff **3.** loudspeaker

Bafe v. to hit, to cuff

Bafle, bafre v. to eat voraciously, to stuff oneself

Bafre v. to oppress, to be taken (deceived)

Bafwe v. to fool, to bluff. **S.** : lolo, woule.

Bag n. ring. **Pa plane bag maryaj la.**

Bagas n. sugarcane pulp.

Bagay n. **1.** sticky situation. Ki bagay sa a mezanmi? **S.** : koze, zen. **2.** present **S.** zetrenn, kichòy. **3.** thingamajig, stuff, **4.** thing, personal effect **S.** afè, zefè, batanklan. **5.** genitals **S.** : devan, anba.

Bajou n. Bajou kase at dawn **S.:** granmtimaten, vanjou, douvanjou, o pipirit chantan.

Bak adv. **1.** behind. **fè bak** to back up, to go in reverse. **rale yon bak** to back up, **mache pa bak 2.** boat, raft. **Monte bak la pou n ale. 3.** tray for selling wares. **Machann yo chita devan machandiz yo ap tann kliyan.**

Baka 1. adj. immense **2.** n. evil spirit, shape-shifter,

demon.

S. dyab, wangatè, bakoulou, sòlòkòtò, chanpwèl, ajimal

Bakad, barikad n. baricade. **Fè yon bakad pou kenbe dlo a.**

Bakaloreya n. bachelors, baccalaureate

Bake v. to back, to help, to support **S.** kore.

Baklanklan, bataklan n. junk

Bakle adj. to mess up

Bakonyè n/adj. sly, cunning, crafty. **var**. bakouyè.

Bakoulou n. **1.** crook, **2.** opportunist, scammer. **S.** mètdam, magouyè, bakonyè.

Bal n. **1.** dance, ball. **2.** dance hall. **3.** ball (tennis). 4. bullet

Baladay n. stroll, promenade

Balade v. to stroll, to walk

Balanse v. **1.** to dance, to sway. **S.:** banbile, banboche, kadanse.**2.** to balance

Bale 1. n. broom. **2.** v. to sweep, to clean, **3. bale wouze/ balewouze** to clean out (pol.)

Balèn, balenn n. **1.** whale, **2.** candle. **S.** chandèl. Limen balenn nan.

Balerina n. type of sandal

Balewouze, bale wouze n. cleaning out, clearing out, police raid.

Baleye v. to swipe

Balistrad n. balcony,

balustrade
Balizay n. clearing of a field
for planting.
Balize v. to clear
Balkon n. balcony
Balon n. ball
Balonnen v. to be bloated.
Ban n. 1. bench. 2. to give, to
provide
Ban m : spill it, tell me,
Ban m men : help me, give
me a hand
Ban m tèt mwen: Quiet!
Leave me in peace!
Ban m yon lougal: give me a
break, give me a chance
Banbile v. to dance, to live it up
S. detann, yaya kò, danse, ban-
boche, bay payèt, bay gouyad
Banbòch n. party, bash
Banbòch demokratik free
speech
Banboche v. to party, to live
it up. Pran plezi.
Banbochè n. carouser. **S.**
plezyis.
Banbou n. bamboo
Banda 1. n. Haitian dance
2. elegant. 3. **taye banda** to
show off, to strut.
Banday n. bandage.
Bande v. 1. to bandage. doktè
a te bande pye malad la. 2. to
have an erection.
Bandi n. bandit, outlaw, thief.
S. gangstè, kriminel.
Banditis n. banditry

S. gangsteris, zenglendinay
Bandwòl n. banner
Bandjo n. banjo
Banj n. expert, authority
Bank n. **1.** lottery office. Bank
bòlèt. **2.** commercial bank.
Bann n. **1**. erection
2. abundance of, group of. Te
genyen yon bann moun nan fèt
la. **3.** bandage.
Bannann n. **1.** plantain or
plantain banana. **2. bannann
peze** fried plantain. **3. fig-ban-
nann** banana.
Bannyè, labanyè n. banner
Barad n. leftover (little bit),
crumb
Barak n. **1.** crowd of, group
of, gathering of **2.** Enclosure,
pen. **3.** solid, tough (athlete). **4.**
shack, shanty.
Barak gason 1. big (physical-
ly) **2.** great man, humanist. **S.** :
potorik gason, potomitan,
vanyan gason, towo gason, pye
mapou
Bare tout v. to seize, to take
over
Bare v. **1.** broke (money). **2.**
to prevent, to stop. **3.** to hide,
to mask. **4.** to enclose. **5.** to
catch someone red handed.
Barèt n. barrette
Barik n. barrel, cask
Barikad n. barricade, barrier.
var. bakad.
S. baryè, kloti.

Baro /bawo n. bar, rung
Baryè n. barrier, gate. **var.** bayè.
Basen n. basin
Basèt n. dwarf
Basinen v. to rub, to massage (lightly)
Bastonnad n. beating S.: pataswèl
Bastonnay n. beating
Bat v. 1. to beat, to hit
2. **Bat bouda** to go, to leave
3. **Bat bèt** to study
4. **Bat bravo** to applaud
5. **Bat ochan** to congratulate, to pay tribute to s.o..
6. **Bat tanbou** to beat a drum
7. **Bat ba** A. to give up B. to be resigned to
8. **Bat chalbari dèyè** A. to fire, to dismiss B. to depose (political)
9. **Bat zèl** to leave, to clear out, to manage alone.
10. **Bat nayt** to work the night shift 11. **Bat bravo lakontant-man pou yon moun** : to encourage s.o.
12. **Bat dèyè w** : get lost!
13. **Bat do** to congratulate, to encourage. Mwen bat do li pou m felisite l.
14. **Bat laponyèt** to masturbate
15. **Bat vant yon moun** to push s.o. to reveal a secret. Pa vin bat vant mwen. 16. **bat lakokobe** to be easily influenced
17. **bat lakanpany** to be in a coma, to agonize.
Batan n. 1. loudspeaker. Tou de batan aparèy radyo a t ap jwe. 2. door or shutter panel
Batanklan n. junk.
Batay n. 1. battle
2. resistance, opposition (political)
Batayè n. 1. combatant. 2. **batayè kòk** s.o. who raises fighting cocks.
Batba v. to leave, to go
Batèm n. baptism
Bati v. to build, to construct
Batiman n. boat (large), ship.
Batisè n. builder, empire builder
Batistè n. baptistery, baptismal certificate, birth certificate.
Batize v. tr. to baptize.
Batmannkè n. 1. heart palpitations, heartbeat. 2. heart tremors (fear).
Bato n. boat **machandiz** cargo ship. **bato vwal** sailboat.
Baton n. stick, cane
Baton! entèj. to beat (with a stick)
Batri n. car battery
Batzèl v. batzèl ou get lost!/beat it!
Bav n. slobber, drool
Bave v. to slobber, to drool
Bawòk adj. insolent, crude.

Bawon n. **1.** baron
Bawon Sanmdi, samdi n. 1. Voodoo divinity. 2. (péj.) ugliness. **S.**: makak, koukou, kaw.
Bay v. **1.** to give, to provide
2. Bay dòmi to welcome or receive s.o. at one's home
3. Bay dwèt to grope (with fingers)
4. Bay kont to give an accounting, to recount
5. Bay koreksyon to spank a child
6. Bay nouvèl to spread the news
7. Bay pitit to have children regularly
8. Bay posiblite to make possible, to equip s.o.
9. Bay pri to negotiate (price), to bargain
10. Bay bèk to humiliate s.o.
11. Bay boulòk to deceive, to bluff s.o.
12. Bay bourad to help, to support, to back
13. Bay filing to attract, to charm
14. Bay karès to give affection, to caress
15. Bay kle kou to choke s.o.
16. Bay kout pitit to have a child for material interests.
17. Bay kristè to irritate, to annoy
18. Bay legen to give up
19. Bay manje to share, dis-

tribute food
20 Bay palavire to beat, to hit, to cuff
21. Bay pitit to get a woman pregnant
22. Bay piyay to sell cheaply.
23. Bay talon to leave quickly, to disappear. Bay talon w! Scram!
24. Bay zoklo to cheat on one's husband, to betray the trust of one's lover
25. Bay bon jan: to be nice to s.o..
26. Bay dèyè w de tap : to find an occupation for oneself.
27. Bay kat blanch: to give *carte blanche* to s.o..
28. Bay kout ba: to fool s.o..
29. Bay lamen : to help s.o., to give s.o. a hand
30. Bay pwoblèm : to cause problems
31. Bay woulib to accompany, to give s.o. a ride.
32. Bay yon ti amòs to give a preview. Ban nou yon ti amòs nan sa ou pral di a.
33. bay chenn to wind a watch
34. bay dyòb/djòb to pay piecework, by the job
35. Bay bouden to deceive s.o., to give a bad job to s.o..
36. bay chalè to mock s.o.. **37. bay dyapòt** g. v. to vomit. **38. bay egzeyat** to discharge or release s.o. from the hospital.

39. bay fil to push s.o. to. **40. bay kalinda** to have fun, to play. **41. bay lafyèv** to agitate, to excite. **42. bay moun non** to accuse falsely, to slander s.o.. **43. bay lè** to clear out.

Bayakou n. s.o. who cleans latrines, outhouses.

Baye v. **1. baye grangou** to yawn. Ann Ayiti depi ou baye se grangou ou grangou. **2.** to open widely.

Bayè, baryè n. barrier

Baz n. (fam.) meeting place, neighborhood
S. : katye, kwen

Baza n. variety store, supermarket

Bazilik n. basil. Te bazilik

Bazou n. old car
S. vye machin, bokota, bògenn.

Bè n. butter

Bebe n. **1.** baby **S.:** atyovi, timanmay, timoun. **2.** girlfriend, attractive woman.

Bèbè n. mute

Bebe n. love, dear (term of endearment)

Bèbèl n. decoration, ornament.

BED n. *Bureau Électoral Départemental.* Departmental Elections Office.

BEE n. **Biwo Enskripsyon Elektè yo** Office of Voter Registration.

Bèf n. **1.** cattle **2. Bèf pou wa, savann pou wa** Everything connects to everything else in some way, we all have something in common. **3. ti bèf** calf. **4. manman bèf** cow. **5. bèf chenn** dock worker, helper (on truck).

Bege v. to stutter

Begle v. to moo, to bellow

Bègwè n. idiot, fool

Bèk n. **1.** kiss **S.** : bo, ba (fam.). **2.** beak.

BEK n. **Biwo Elektoral Kominal** Municipality Electoral Office.

Bekàn n. bicycle, bike

Beke v. **1.** to live well. **nèg ap beke** That guy lives well. **2.** to peck. Poul la ap beke mayi a.

Bèkèkè adv. **1.** speechless, dumbfounded. **2.** idiot.

Bèl v/adj. : pretty, elegant, beautiful. Ala bèl fanm sa a bèl.

Bèl bagay : perfect, excellent, great

Bèlfi n. daughter-in-law, stepdaughter

Bèlmè n. mother-in-law, stepmother

Bèlsè n. sister-in-law, stepsister

Bèlte n. beauty, originality
S.: richès, gangans

Benefisye v. to benefit from, to enjoy

Benn v. Benn ak kou to beat up, to torture

S.: demachwele, bat, baston-nen, krabinen, toufounen, toupizi, maspinen, sabote, kalote.

Beny n. **1.** bath **2. beny lanmè** swim in the sea **3.** beny pòt sitz bath.

Benyè n. s.o. who washes corpses

Benyen v. to bathe, to wash oneself.

Bennwa n. bathtub, large basin

Berejèn, berejenn n. eggplant

Bèrye n. butter dish

Bese v. to lower, to crouch

Bese lebre v. to abandon, to neglect **S. :**bay legen, bay vag, kite sa, lese tonbe, lage sa.

Bese leve to do a chore, to busy oneself.

Besment n. basement

Bèso n. crib

Bèt n. **1.** beast, animal **2.** n./adj. savage S. brital, gwayil, bosal,. **3. ti bèt** mosquito, insect. **4. bèt volay** bird. **5. bat bèt** to study. **6. bon bèt** to know, sure bet. **7. pran bèt** to copy (cheat), to imitate

Betiz n. **1.** profanity, obsceni-ty **S.:** tenten. **2.** kidding, silli-ness. **3.** blunder, stupidity.

Betizè n. joker, kidder.

Betize v. **1.** to play around, to joke, to kid. **2.** to work for nothing.

Beton n. pavement

Betonnen v. to pave (asphalt), to cement **S.** simante, asfalte

Bètwouj, bètrouj n. beet

Bezik n. type of card game

Bezwen n. **1.** fecal matter **2.** need, necessity. **3.** v. to have need of, to want.

Bi n. **1.** goal (objective). **2.** goal (sports). **S.:** gòl. Fè gòl, bay gòl.

Bib n. bible

Bibon n. baby bottle. Bay pitit la bibon an.

Bidòl n. money, dollar

Bidon n. can **S.** blòf, dilatwa, dodomeya, pawòl tafya mannigèt, malatchonn.

Bifèt n. buffet

Bigay n. mosquito

Bigote n. moustache

Bijou n. jewellery

Bil n. bile. Li gen bil.

Bim banm n. scuffle **S.** eskonbrit, chire pit.

Bimen ak kou v. to beat, to hit **S.:** krabinen, toufounen, frape, bat, kale, kofre.

Biro, biwo n. office **biwo direktè-a** the principal's office.

Bisèp n. bicep

Bis, otobis n. bus

Bisiklèt n. bicycle, bike. **S.:** bekàn

Biske kò g.v. to hide oneself.
Biskèt n. breastbone, sternum.
biskèt tonbe to have a sore chest.
Biswit, bisuit n. biscuit, roll.
bisuit leta rock, stone.
Bit n. **1**. vision, point of view, **2**. fat roll **S. :** bit grès, pann grès, grès nan tay, ronn grès, boul fanm **3**. hillock, mound **S. :** polis kouche
Bitasyon n. **1**. community, neighborhood **2**. domain, property. **Mèt bitasyon** plantation owner **3**. group of, many
Bitay n. trip, stumble
Bite v. **1**. to stumble, to trip **2**. to consolidate. **3. bite sou** to chance upon. **S. :** pantan sou.
Bivèt n. bar, banquet
Biya n. billiards, pool. Nou pral jwe biya.
Biye, abiye v. to dress, to clothe
Biyè n. ticket
Biyè, byè n. **1**. beer
2. Biyè vèt American dollar **S. :** bidòl, grennbak, seza
Bizango n. member of a secret society that has mystical powers
Biznis n. boutique, store
Biznismann n. businessman, capitalist
Bizou n. kiss, peck (fam.) **S.:** ba
Blad n. balloon
Blad pise n. bladder.

Blag n. joke
Blagè n. jokester, prankster **S. :** fawouchè, odyansè
Blage v. to joke, to tease, to tell jokes **S. :** Blage, ranse, fè tenten, odyanse, fawouche, jwe
Blakawout n. blackout. **mete blakaout sou** to hide s.o.
Blakbòl n. shoe polish.
Blan n. white. **1. blan ameriken** white American **2. blan je** white of the eye.
Blanch n. white (color)
Blanchi dèyè v. to spank, to hit, to torture
Blanchi rad v. to wash (clothes), to bleach **S.:** fè lesiv, lave rad, fè lavaj, bay de kout batwèl
Blayi v. **1**. to spread out, to lay out. **2**. to lay s.o. out. **3**. to spread out laundry on stones (to bleach in the sun)
Blayi atè v. to kill, to gun down **S.:** touye
Blayi rad v to spread out laundry
Blaze 1. v. to fade (color) **2.** adj. faded.
Ble n. blue **ble yon moun ak kou** to hit, to abuse
Blende v. **1**. to fill **2**. to blend, to put in a blender.
Blese 1. n. sore, wound **2.** v. to wound **3.** adj. humiliated, offended

Blije, oblije v. to force, to compel, to oblige
S. fòse, pouse
Bliye v. to forget
BLKTD n. **Biwo Lit Kont Trafik Dwòg** Office for the Fight Against Drug Trafficking
Blòf n. bluff, falsehood
S.: dodomeya, dilatwa, pawòl tayfa, mannigèt
Blofè n. liar, bluffer
Blofe v. to bluff, to deceive
S.: bay manti, jwe yon moun, betize
Blòk n. **1.** block (community), corner. **2.** bit of, 3. cinder block
Blokay, blokaj n. blockage
S.: kontrayman, paralizman
Bloke v. to block, to prevent
Bloke v. to close, to bar, to lock
Blokis n. traffic jam
BLVV /BLVM n. **Biwo Lit Kont Vòl Machin** Office for the Fight Against Automobile Theft
BM n. World Bank
Bò n. **1.** half.
2. vicinity, area. **3.** bò lanmè. seashore. **4.** place, spot. **5.** beside, near. **5. bò isit** over here. **6. bò lòtbò** over there.
Bo n./ v. kiss/to kiss
Bobin n. spool
Bobinen v. to wind up

Bòbòt n. genitals (female), vagina
Bòde v. to approach
Bòdmè seashore
Bofis n. son-in-law, stepson
Bòfrè n. brother-in-law, stepbrother
Bogi n. old car, junk car
S.: bazou, bokota
Bogota n. old car, junk car
S.: bogi, bazou, machin
Bòk n. stock, stem of fruit.
Retire bòk zaboka-a
Bokal n. jar
Bòkè n. the corners of the mouth. **var.** bòkyè
Bokit n. bucket, pail, container
Bòkò n. **1.** Houngan (Voodoo priest), **2.** (péj.) evildoer
Bokòdji n. type of yam
Bokota n. old car, junk car
S.: bogi, bazou, bògenn
Bokou, bonkou adv. many, much
Bòl n. bowl **yon bòl salad**
Bolero n. Bolero
Bòlèt n. Haitian lottery
Bolid n. luxury car
Bon mache adj. cheap price, discounted price
Bon adj. **1.** nice, **2.** charitable **3.** efficient, competent, capable **4. Bon moun** generous person. 5. appetizing **manje a bon.**
Bòn n. **1.** maid, servant **2.** limit, border **S.** Lizyè

Bonbon n. candy. **S. :** sirèt, mant
Bondi v. to leap
Bondye n. Prop. God
Bonè, bonnè adv. **1**. early. **2**. happiness.
Bonèt bonèt n. very early
Bònfwa n. good faith
Bonjan adj. nice, behaved, polite. Madanm sa a gen bonjan anpil.
Bonjou! entèj. hello!
Bonm n. saucepan, cooking pot **S. :** mamit, kannistè
Bònn n. maid
Bonnè adv. early
Bonswa phr. good evening
Bòpè n. father-in-law, stepfather
Bòs n. **1**. mound, hillock **2**. boss, employer. **3. bòs ebenis** cabinet-maker. **4. bòs fòjwon** blacksmith. **5. bòs kòdonnyè** shoe-maker. **6. bòs tayè** tailor
Bosal n. wild, savage
Bosi n. hunchback, handicapped
Bòt n. chante bòt to ramble on.
Bòt n. **1.** boot. **2.** kick
Bouboun n. genitals (female). **S.** Bòbòt, foufoun, koko, bagay, koukoun.
Boubout n. lover, girlfriend/boyfriend
S.: doudou, kòkòt, chouchou

Bouch n. **1.** mouth **2. Se men nan bouch** being resigned to a very hurtful situation **S. :** tristès. **3. bouch chape** to blurt out. He just blurted out the secret. **Bouch li chape. 4. fè bouch yon moun** to put words in s.o. mouth. **5. bouch kabrit** to put a curse on s.o..
Bouche 1. n. mouthful. **2.** v. to stop up
Bouchon n. **1.** blockage, **2.** plug, stopper
Bouda kòde (fam.) n. malnourished child
Bouda, bounda n. buttocks (vulgar). Fi-a poze bounda li sou chèz la san mande. **S.** Dèyè, posteryè, dada bouden, dengonn, wèl, deng. **Var.** dèkay.
Bounda nini n. nonsense.
Boude v. to sulk
S. move kou kong
Bouden n. **1.** lie, bluff. **2.** buttocks (vulgar). Fi-a poze bouden li sou chèz la san mande. **S.** dèyè, posteryè, dada, bouden, bounda, dengonn, wèl, deng. **Var.** dèkay.
Bouden (vulg.) n. belly, stomach
Boudjigo n. sickle **S.:** koutodigo
Bougon mayi ear of corn.
Bougonnen v. **1.** to complain, to murmur. **2.** corn nougat.

Boujay n. danse, movement
Bouje v. to budge, to move
Bouji n. candle, sparkplug
Boujon n. bud
Boujonnen v. to bud
Boujwa n. businessman, wealthy person.
Bouk n. **1.** small town, community, village. **S.** kanton, zòn. **2.** billy goat. **3.** curl.
Boukan n. large wood fire
Boukannen v. to cook over a wood fire.
Boukante v. tr. to trade, to swap
Boukante lide v. to dialog, to exchange ideas
Bouke pale v. stop! silence!
Bouke 1. adj./v. tired out, exhausted. **S.:** dekouraje, about. **2.** n. bouquet. **3.** to stop, to cease **bouke manje.**
Bouki n. **1.** Bouki and Malis are two recurring personages in Haitian tales. **2.** idiot, imbecile.
Boul n. **1.** sphere,
2. bump, lump
3. a number in Haitian lottery
4. ball.
Boulanje n. baker
Boulay n. fire
Boule v. **1.** to burn
2. N ap boule (we're) great!
3. Boule gra go ahead! **4. boule avèk yon moun** to relate to, to get along with.

Boulèt n. **1.** cannonball.
Boulèt kanno. 2. meatball **boulèt vyann**.
Boulin n. running, speed. **Li ale a tout boulin**
Boulòk n. bluff, lies.
Boulon n. bolt
Boulonnen v. to bolt
Boulva n. boulevard
Boulpik (fam.) n. pal, buddy
Boulvès n. difficulties, problems.
Boulvèse v. to trouble, to bother, to upset.
Boumba n. dugout
Bounda, bouda n. butt, ass
Bourad n. **1.** boost, help, encouragement. **2.** push, shove.
Bourade v. to push, to shove, to give a boost.
Boure v. **1.** to eat voraciously **S.** : vale, bafle
2. to fill, to stuff **S.:** chaje. **3.** to scold severely, to lecture s.o..
Bourèt n. wheelbarrow
Bouretye n. s.o. who pulls a wheelbarrow
Bourik n. **1.** donkey, burrow. **Travay tankou bourik**. To work like a mule, to work hard. **2.** uncouth, brute
Bourike v. to work hard
Bous n. **1.** wallet, **2**
Bous tabak crow
Bouskade v. to look, to search
Bouskadò n. researcher **S.:** fouyapòt

Bouskay n. research, investigation

Bouskè n. **1.** researcher, **2.** walker

Bouske v. to look for, to search

Bouskile v. **1.** to shove, **2.** to bother.
S.: tchintchin, fann nan kò yon moun, takinen, anmègde, chikote, djigèt, pèsekite, bay kristè, agase, nève, zengzeng lespri yon moun.

Bousòl n. **1.** blister. **2.** compass

Boustabak n. black parakeet.

Boustè n. supporter, booster.

Bouste v. to sustain, to help

Bout v. **1.** to arrive, to land **2.** to terminate **3.** n. extremity. **4.** piece, portion. **5.** quarrel. **Mwen konn bout li. 6. bout pantalon** shorts.

Boutdigo n. sickle

Boutèy n. bottle

Boutik n. store, small business, market

Bouton n. **1.** blemish, pimple. **2.** shirt button. **3.** radio button

Boutonnen v. to button

Boutonnyè n. boutonhole

Boutou n. barrel, cask
S.: dounm, barik

Bouyay n. **1.** mess, problem. **2.** confusion

Bouyi v. to boil, hot cereal

Bouyi vide v. fastfood

Bouyi zen v. to gossip.

Bouyon n. **1.** soup. **2.** rough draft

Bouzen n. whore
S. awonna, penbèch, chanpèt, fanm kafe.

Bòy n. **1.** dumpling. **2.** one-eyed person. **S. :** avèg

Bòykote v. to boycott

Boyo n. **1.** rubber shoe. **2.** intestines, entrails

Bòzò adj./v. elegant
S. : bwòdè, anpenpan, kòkèt, chèlbè

Bra n. arm

Brade v. to clamp together (woodwork). Byen brade planch la.

Bragèt n. fly (pants)

Brak adj. acrid, grouchy

Brakay, brakaj n. wrecking

Brake v. **1.** to aim. **2.** to sweeten slightly.

Branch n. branch

Branche v. **1.** to branch, **2.** to root

Brannay n. tremor

Brannen v. to shake, to budge, to tremble.

Branrany n. sterile (animal).

Brasa n. **1.** armband. **2. Brasa wouj** red armband warn by the macoutes. **3.** Duvalierist
S.: vsn

Brasay, brasaj n. stirring

Brase v. **1.** to stir, to shake **2.** to trouble, to stir things up
S.: trakase

3. to prepare, to concoct. **4.** to mix

Brase lide v. to dialog, to exchange ideas

Braslè, brasle n. bracelet

Brav adj. brave, courageous

Bravo! interj. congratulations, bravo, applause
S.: kout chapo, chapo ba

Bray n. **ti bray** young man

Braye dan (fam.) v. to laugh
S.: griyen dan

Brè, bwè v. to drink

Brè kòb to carouse, to live it up **S. :** pran plezi, fete, ban-boche

Brenn n. brain

Brenzeng n. to get in fine form, elegance. Lè fanm sa a sou brenzeng li gason pa kanpe gade.

Breson n. alcoholic drink

Bresonyè n. drunkard. **S.** tafy-atè

Brete v. to limp

Brè, bwè v. to drink

Bren adj. dusk. Li fè bren

Brenn n. brains, smarts. Misye gen brenn.

Bri n. noise

Brid n. bridle. Pran brid chwal la.

Bride v. to bridle.

Briding v. to budge, to shake.

Bridsoukou adv. immediately

Brigan n./adj. bandit, scoundrel.

Briganday n. **1.** disorder **2.** brawl.

Brigande v. to brawl.

Brikabrak n. pawnshop, knick-knacks

Brile, boule v to burn

Brimad n. difficulty, problem.

Brime v. to oppress
S. dominen, domine

Brisac n. knapsack

Brital adj. brutal, savage
S. bosal, sovaj, gwomoso, kongo

Brizay n. chunk, demolition
S. demantibilay, demanbray

Brizè n. demolisher

Brize n. to break, to dismantle

Brize nòs v. to divorce, to sep-arate
S. : kraze maryaj, demarye, dezini

Bròdè, bwòdè n. elegant

Bronch n. 1. bronchi 2. bron-chitis

Bronchit n. bronchitis

Bròs n. brush

Brose v. to brush

Brote v. 1. to haul, to transport 2. to move

Brouya n. mist, fog

BV n. **biwo vòt** Office of Voter Registration

Bwa 1. v. to drink. **2.** n. tree, wood. **3.** forest. **4. bwa linèt** eyeglass frame **5. bwa bale**. broomstick **6. bwa chandèl** candlestick.

Bwachat n. 1. ale bwachat to die of natural causes **2. voye bwachat** to kill s.o.

Bwasonyè n. drunkard, alcoholic.

Bwat, brèt n. box

Bwat fatra n. trash container, garbage can. **kòd postal/zip-kòd** zip code.

Bwat sekrè n. piggybank

Bwatchenn n. oak

Bway, bray n. boy.

Bwe n. buoy, float

Bwè v. **1.** to drink. **2. bwè pwa** to give up. **3. bwè lwil** to fail. Pwojè a bwè lwil.

Bweson, bwason n. alcoholic beverage.

Bwesonyè, bwasonyè n. alcoholic, drunkard

S. : tafyatè, tafyamann, klerenmann, wiskimann, wonmmann

Bwochi n. brochure, flyer

S.: trak

Bwòdè adj. elegant, **S.** chèlbè, bòzò, kokèt

Bwokè n. broker, intermediary

Bwòs n. brush

Bwòs-tèt hairbrush, **bwòs-rad** lint brush, **bwòs-dan** toothbrush, **bwòs-soulye** shoebrush, **bwòs-zong** nail brush

Bwote, bwete v. to move, to transport, to haul **S.** pote-ale

Bwote dlo : to do something in vain. Depi m maten m ap bwote dlo.

Bwote vini to move in.

Bwouye v. to confuse s.o.. Pa vin bwouye tèt mwen.

S. deranje, boulvèse.

Byè n. tape, strip. **2.** diagonally.

Byen adv. well, good.

Byen edike v. well raised.

Byen kanpe elegant.

Byen mal very sick.

Byen mennen to live well. Tout fonksyonè yo ap byen mennen.

Byen pròp very well, properly.

Byen san swe 1. inheritance. **2**. ill-gotten.

Byennemab very nice, likeable

Ch ch

Ch is the fourth of the 32 sounds that make up the Haitian alphabet.

Chabin n. person with a light complexion and frizzy hair

Chabon n. **1**. charcoal **2. chabon dife** embers.

Chache v. **1.** to look for, **2.** (péj.) to hang out, to loaf. **3. Chache kont** to bother, to pick on s.o.. **4. chache lavi** to make a living.

Chadèk n. grapefruit.

Chaje v. **1.** to fill, to load. **2. chaje tèt** to worry, to concern.

3. tèt chaje difficulty, problem.
Chak adj. 1. each. **2. chak
moun** each person. **3. chak
kou, chak tan** each time
Chalatan n. charlatan, fraud
Chalè n. heat.
Cham n. charm, originality
S.: jòf
Chan n. song
Chanbrann n. door or window
frame
Chandèl n. candle
Chanje v. **1.** to exchange, to
trade. **S.:** boukante. **2. chanje
bèt** to move animals to anoth-
er pasture.
Chank n. canker
Chankre v. **1.** to slip away, to
run away. **2.** to trim the hair
around the forehead. **Koup
chankre. 3.** receding hairline
tèt chankre. 4. low-cut cloth-
ing **rad manke chankre. 5.** to
change directions
Chanm n. **1.** room. Kay la
gen de chann. **2.** tire tube.
Chanm bisiklèt la an pàn.
Chanmòt n. **1.** second story.
2. attic.
Chanpèt n. **1.** prostitute, slut.
2. fèt chanpèt local fair, cele-
bration.
Chanpwèl n. sorcerer, evildoer.
Chans n. chance. Pran chans ou.
Chantay n. blackmail, threat
Chante 1. n. song. **2.** to sing.
Annou chante.

Chantè n. singer. **S.** mayestro.
Chante bòt v. to talk nonsense
S. : ranse, bluffer
Chantone, chantonnen v. to
jigsaw
Chany n. shoeshine person.
Rele chany nan pou mwen.
Chapant n. **1.** carpentry. **2.**
carpenter.
Chapantye n. carpenter
Chape v. **1.** to get better, to
recover from a grave illness. **2.**
to escape, to run away. **3.** to
drop, to fall.
Chape poul v. to leave, to
leave suddenly
S. : bay talon, bay teren-an,
bay tè-a, sove kò, rache
manyòk, foulkan, fè lè, kase
sa, kraze rak, batba rale kò,
Chapito adj. immense, enor-
mous
Chaple n. rosary. Pase chaple.
Chaplèt n. stick, club
Chaplete v. to club, to beat
Chapo n. **1.** hat
2. chapo ba! hats off!
3. Chapo plezi (fam.) con-
dom. **S.:** kapòt, kondon, pro-
tèj. **4.** ale nan peyi san chapo
to die.
Charad n. disparagement,
humiliation
S.: imilyasyon. Pa pase moun
nan charad
Chare v. to imitate, to parrot
Charite, lacharite n. charity,

offering. **Pa mande lacharite nan lari a**

Charony /chawony n. decaying carcass
S.: pouriti

Charonya n. carrion eater

Charye v. to cart, to transport

Charyè n. carrier (usually water)

Chat n. 1. map. 2. cat. Makou chat, manman chat
3. **Pa chat** to sneak around. **M ap fè yon ti pa chat Ozetazini.**
4. **tèt chat** n. false, rigged. **eleksyon tèt chat**.
5. **Viv kou chat ak chen** Situation where there is conflict, quarrelling. **S.** :jwèt mò rèd, koutba, kout lang, trayizon, kout pa konprann. 6. thief 7. (fam.) vagina. 8. **chat wouj** octopus.

Chasè n. hunter. **chasè a pati ak fizi-chas li .**

Chatiman n. chastisement, penitence
S. : pinisyon

Chatre v. to castrate, to neuter

Chatouye v. to tickle
S. fè ri, zenzeng

Chavire v. to capsize, to turn over

Chawonyen lespri v. to bother, to harass s.o.. Sispann chawonyen lespri mwen. **S.. :** Pichkannen lespri, tchintchin,

takinen, zengzeng

Chay n. 1. large quantity. Ane sa, Elifèt rekòlte yon chay mayi. 2. load. 3. burden, responsibility.

Chaynè v. shoeshine person

Chè adv. 1. expensive, pricey, costly. 2. n. chè nan gòj tonsils.

Chèch, sèk adj. 1. dry 2. **je chèch** to have gall, brazen. 3. thin. Fi a tou chèch.

Cheche v. to dry

Chèchè n. researcher, searcher

Chèche, chache v. 1. to search. 2. **chache kont** to harass, to bother s.o..

Chèf n. chief, leader, boss, district leader. Anyone with responsibility. **Chèf seksyon** rural police chief.

Chèk n. check

Chèlbè n./adj. elegant

Chemen, chimen n. route, path. Gen chemen ki pi kout pase lòt.

Chèmèt adv. master, proprietor

Chèmèt chèmètrès: to be proprietor of something. Kay sa rele m chèmèt chèmètrès.

Chemen, chimen n. route, path. **S.** : wout.

Cheminen n. chimney

Cheminman, chemennman n. progression, process. Tout paran fèt pou suiv cheminman eskolè timoun yo. **S.** : Demach, pwosesis,

Chemiz n. shirt. Ann Ayiti, mesye yo renmen pote chemiz wayabèl, ou chemiz pepebaya.

Chemizèt n. undershirt.

Chen n. **1.** dog **2. Chen plenn** (pej.) lazy **3. Chen manje chen** . quarrel, division, dog eat dog **S.:** jwèt mò rèd, zigzanni, dan pou dan **4. Chen san mèt**. Neglected or abandoned person. **5. zo bouke chen** incorrigible person. 6. **fè chen nan pye yon moun** to flatter s.o..

Chenèt n. space between two front teeth.

Cheni n. caterpillar

Chenn n. **1.** chain. **2. bay chenn** to wind a watch, to lead s.o. to reveal a secret. **3. pran chenn** to say, to speak. **4. fin pran chenn** to do something automatically and continually **5. sot nan chenn** voracious, to eat voraciously.

Cheran adj. expensive, costly, pricey. **Avoka sa a cheran anpil. S.** : Tèt nèg, disèt wotè.

Cheri n. dear, darling **S.:** mennaj, boubout, kòkòt, amou.

Cheti adj. sickly, thin

Cheval, chwal n. horse.

Chevalèt n. easel

Cheve n. **1.** hair. **2. cheve founi** thick hair. **3. cheve gaye** thin hair. **4. cheve grenn** kinky hair. **5. cheve kannèl** reddish hair. 6. **cheve swa** silky hair.

Chevi n. ankle

Chevon n. rafter

Chevonnen v. to place the rafters. Byen chevonnen kay la.

Chevrèt, chèvrèt n. shrimp.

Chèy, chèz n. chair, recliner

Chèz boure n. presidential chair

Chich adj. stingy, cheap, miserly **S.** kolokent, kripya, kourèd, serafen, chichadò, do kiyè fè, akrèk, kras

Chichadò n. miserly, cheapskate

Chif n. digit, number

Chifonnay n. beating, scuffle

Chifonnen v. **1.** to wrinkle, to crease. **2.** to mistreat, to beat up. **3.** to trouble, to worry.

Chik adj. **1.** Chic, elegant. Nèg sa abiye toujou chic. Li toujou chèlbè. **S.** Bòzò, bwòdè, anpenpan. **2.** tick, chigger. Pye li plen chik.

Chike v. to chew tobacco

Chikin v. to shake softly, to budge something.

Chiklèt n. chewing gum.

Chikote v. to irritate, to bother, to tease

Chimè n. political thug, violent person

An chimè angry, furious

Chimen, chemen n. path,

route, direction
Chimerik adj. **1**. irritable. **2**. whimsical.
Chimiz, chemiz n. shirt. Mwen pa pot chemiz mwen pou bèl twal (mennas). **S.**: Pepebaya, wayabèl
Chini n. caterpillar
Chipote v. to mistreat, to beat up
Chire 1. v. /adj. in a bind, in dire straits. Si ou rate egzamen sa a ou chire. **S.** Fouti, pèdi, kapout. **2**. v. to tear, to rip. **Pa chire kaye lekòl la**. **3**. (vilgè) to take the virginity of a woman. **Nèg la chire ti fini a**. **4. gran chire** bragging, boasting. Pa vin fè gran chire la a. **S.** :patespere, dyòlè, gran lajè, patekwè, gran panpan, gran dizè. **5. Chire pit** n. quarrel, argument
S.: latwoublay, lobo, lobèy, pwoblèm, zen, kabouya, eskonbrit, dezagreman
Chita v. to sit, to sit down, to be seated **chita bò tab-la** sit down at the table.
Chita diskite v. to discuss, to converse, to confer
Chita pa bay v. to act, to budge, to work
Chita bab pou bab avèk ou moun : to sit face to face with s.o.. Mwen te chita bab pou bab ak Senfò.

Chita tande : meeting, hearing. Prezidan peyi a te fè yon ti chita tande ak reprezantan opozisyon yo nan Palè a.
Chitatann n. trap, snare. Se pa tout moun yo pran nan chitatann. **S.** : Pyèj, kout pa konprann, konplo.
Cho adj. hot. **Bay cho. 1**. to show off **2**. to attract, to charm, to seduce
Chòche n. sorcerer. Pa mache lannuit pou pa wè sòche. **S.** : lougawou
Chode v. to scald, to singe
Chodyè n. **1**. pot, cauldron. Chodyè pa monte nan kay sa a depi plizyè jou. **2**. transformer.
Chofay, chofaj n. heater
Chofe v. **1**. to heat, to warm. **2**. excited, enthusiastic
Chofè n. chauffeur, driver
Chofi n. inflammation, rash
Chofrèt n. fever and chills.
Choke adj. shocked, offended. Pa choke nèg la.
Chomè n. unemployed person. Swasant pousan moun tounen chomè nan peyi. **S.:** dezevre, drivayè
Chòp n. **1**. shop, boutique. Se ak ti chòp la Apsalon elve tout timoun li yo **S.:** ti boutik. **2**. workshop
Chòrèt n. whore
Chosèt n. **1**. sock **2. chosèt plezi** (fam.) condom. Yo bay

kapòt tout non ann Ayiti. Lè se pa piga-sida se chosèt plezi. **S.:** prezèvatif, pwotèj, gan lan-mou, kondon, kapòt

Chou n. **1**. cabbage **2**. dear.

Choublak n. hibiscus.

Chouboulout n. sweetheart, darling . **S.:** cheri, kòkòt, boubout, doudou, choupèt, chouchou

Chouchoun n. woman's geni-tals. Pa manyen foufoun ti fi a.

Chouk n. stump (tree).

Chouke v. to take root, to implant

Chouke v. to take root, to adapt completely, to integrate into a new society. **S.** pran rasin, soude, simante.

Choukèt n. **1**. small, scrawny, short **2. chouket lawouze** auxiliary of rural police. **3**. tree stump.

Choupèt n. sweetheart, dear. **v.** doudou, chouchou

Choute v. to shoot (a ball), to kick.

Chòv adj. bald. **Tèt chòv**

Chovsourit n. bat.

Chwal, cheval n. **1**. horse. **2**. possessed person, person in a trance **3. chwal bwa** grasshop-per.

Chwazi v. to choose, to show preference for a person or object. Jak chwazi Selina pou madanm ni.

Chwe v. **1**. to arrive, to land, **2**. to fall, to fail.

Chwichwi v. to whisper.

Chwichwitman n. whispering.

Chyente v. **1**. to beg **2. chyente nan pye yon moun** to flatter s.o..

Dd

D is the fifth of the 32 sounds that make up the Haitian alpha-bet.

Dada n. ass, butt. Fi-a poze dada li sou chèz la san mande. **S.** : dèyè, posteryè, bouda, bouden, dengonn, wèl, deng. **var.** : dèkay

Daki n. parable, metaphor **pawòl daki, pale an daki**. to speak in riddles. **Anpil moun prefere pale an daki pou detounen espyonnaj**.

Dakò! interj. Okay, alright. **S. : pa gen pàn, wi, san pwoblèm**

Dal n. **1**. many **Te gen yon dal moun nan fèt la**. **2**. gutter. **mete dwounm nan anba dal la**. **3**. cement roof. **Fè kay la an dal beton.**

Dam n. lady, woman. Nanpwen dam ki respekte gason k ap bat fanm. **S.:** Nègès, kòmè, fanm

Damou v. to be in love. Lè de moun damou se bèl bagay.

Dan n. tooth. 1. **Dan rachòt** missing teeth . **S.:** (péj.) mazora, selina, bouch flobop. **2. dan chen** canine (tooth). **3. dan devan** incisor, front tooth **Se ak dan devan yo koupe manje**. **4. dan dèyè** molar **se ak dan dèyè yo kraze manje**. 5. **dan sajès** wisdom tooth **S.** dan zòrèy. **6. plezi dan griyen** joke. **7. bwose dan ou**. Brush your teeth **Pase fil nan dan ou.** Floss your teeth.

Danbala Wèdo n. Voodoo divinity.

Danble adj. strong. **S.** (physical shape) Kin, di, fò, fèm, dyanm, solid, enganm, min. (health) yès, kòrèk, kòdyòm

Danfans n. bangs (hair)

Danje! interj. watch out! look out!

S. eskalabaha (vod.), pinga (threat)

Danjere adj. dangerous

Danmen v. to flatten, to smooth down.

Danmijann n. demijohn. large recipient for keeping potable water. Gen senk danmijann dlo nan kay la. **S. :** kannari, krich, galon

Danno n. crop (whip). Se avèk danno yo korije timoun nan kèk fanmi ayisyen. **S.:**

Fwèt, matinèt, raso, wouching, rigwaz

Dans n. **1**. ball. **2**. dance. **S.:** konpa, mayi, chika, kita, yanvalou, merenge, rigòl, zepòl, gede, dokase, koudjay, djouba, tchatcha, petwo, kongo, banda, pòlka, kwaze leuit

Dansè n. dancer. Dansè rara. **S.:** rapè, tyoul, kavalye

Danse v. to dance, to amuse oneself **S.:** banbile, yaya kò, make pa, bay payèt, gouye, bay gouyad

Dantèl n. lace

Danti n. heir

Dap v. **1**. to trap **2. Fè dap piyanp sou** to seize **S.:** kenbe, prann, sezi, vole

Daplon adj. **1**. fit, in good health, quite ready. **2.** well fitted (clothing).

Dappiyanpè n. abductor, thief Pèp la p ap janm sispann rele aba dèyè dappiyanpè fon piblik yo. **S.** Malfini, rapas

Dapre 1. according to, since, for. **2.** because of

Darati adj./n. (péj.) **darati kònsiye** older woman who has a penchant for younger men. Kot jenn gason sa a prale ak darati kònsiye sila. **S.:** (péj.) dawouya doupendoup, Ayida doupendoup, granmoun kannay, granmoun deregle, selina

Daso surprise. **Pran daso** to take by surprise

Dasomann n. intruder.

Dat n. **1.** date **2. dat/se dat** it was a long while back. **Se pa pou dat m ape reve de ou** (Zin). **3.** dry patch. Li gen dat sou po li.

Dawou, out n. August

Dawouya n. older woman who has a penchant for younger men. **Kote jenn gason sa prale ak dawouya doupendoup sila**. **See:** Darati, ratchè fè, kannay, granmoun deregle, Ayida doupendoup

Dayiva n. expert swimmer.

De adj. num. **1.** two **2. De men nan tèt** desperate, painful, or sorrowful situation **S.:** tribilasyon, kalvè tray, traka, ka, twatwa, mera, twoub, masuife, baf, devenn, malediksyon, tèt chaje, djòk, giyon, chatiman. **3.** dice Fè jwèt ou, lanse de a. **4. de twa** some, **de twa moun** some people. **5. de sis kole** homosexual

Deba n. debate, discussion, exchange

Debaba v. to party, to carouse. **Mesyedam yo ap debaba yo anba tonèl la**. **S.:** Banbile, banboche

Debagaje v. **1.** to move **2.** to get rid of

Debake v. to disembark **Fenk debake** just arrived. Moun yo fenk debake Pòtoprens. **S.:** fenk desann (peyizan, moun andeyò)

Debalay n. unwrapping. Debalay kado yo ap kòmanse a minui tapan. **S.:** debouchay, louvèti, depayaj

Debale v. to unwrap, to open. Pa kite timoun yo debale kado yo anvan minui. **S.:** Dekachte, louvri, debale

Debale lide v. to give birth to an idea . **Ede wè klè**. Ti rankont sa a pèmèt debale plizye lide k ap itil pou avansman peyi a. **S.:** dekachte lide, deplòtonnen lide, dyaloge, chache konnen

Debalizay n. looting, robbing. Sitiyasyon debalizay sa a pral pouse polisye yo aji rapidman. **S.:** Wòldòpay, vandalizay, kanbriyolay, zenglendinay

Debalize v. to loot, to rob

Debande **1.** n. /adj. to lose an erection. Tout fanm di Apolon soufri maladi debande. **S. :** Tonbe

2. v. tr. to unbandage. Doktè a debande maleng nan pou fè tretman an pi byen. **S.:** wete bandaj, debale

Debarase v. **1.** to get rid of. **2.** to relieve **3.** to remove, to empty. Nan vilaj la, lè yon moun mouri fò yo debarase tout kay la. **S.:** Deboure, vide, netwaye

Debare v. 1. to open, to unblock 2. to help someone in difficulty, to get out of a mess.

Debat v. 1. to struggle, to resist, to survive 2. **N'ap debat piti piti**. to get by 3. to discuss, to exchange, to debate. 4. to manage

Debiske v. 1. to discover, 2. to reveal, to denounce

Debite v. to start, to commence

Sin: tanmen, koumanse, met men, derape

Debloke v. to unblock, to free **S.:** debare, debouche, dekonbre

Deblozay n. 1. row, scuffle, quarrel. 2. uproar. **S.** briganday, dezòganizasyon total.

Debobinen v. 1. to unwind, to unravel 2. **Debobinen lide** to analyse, to reflect

Debòde v to get carried away, to lose control **S.:** dechennen, anraje, an denmon

Debouchay n. opening **S.:** louvèti, depayaj, debalay, devlopaj

Debouche v. to open, to unstop **S.:** dekachte, louvri

Deboukle v. to unbuckle.

Defèt bouk la pou ti pitit la. **S.** : Lage, demele, defèt, dekòde, demare

Deboulatchya v. to savagely destroy **S.:** anfrajele

Deboulonnaj n. overthrowing, coup d'état Kèk poutchis te deja mande deboulonnaj gouvennman **S.:** dechoukay, demantibilay, demanbray, degonmay

Deboulonnen v. 1. to overthrow 2. to unbolt

Debourè n. s.o. who cleans latrines

Deboure v. to clean **S.:** debarase

Debousayèz n. weed-eater

Debouse v. to pay out, to spend, to disburse

Deboutonnen v.. to unbutton

Debra balan n. **an debra balan** to be unemployed, inactive

Debraye adj. to open wide, to cut open **S.** deboutonnen, kòlèt deboutonnen

Debraze (fam.) n. country whore **S.:** kraze zèb

Debri n. 1. garbage, debris. 2. objèct with little value, trinket. **S.** zagribay, krizokal.

Debrouye v. to manage, to hurry.

Debwazman n. deforestation.

Debyen adj. honest, trustworthy.

Dechajè n. mover
Dechaje v. 1. to unload, to move 2. to ejaculate (fam.)
Dechalbore v. to destroy, to break S. defonse.
Dechay, dechaj n. sperm
Dechè n. garbage, trash S. detritis, salte
Dechennen adj. 1. enraged, furious. 2. audacious
Dechèpiyay n. robbery, hold-up
Dechèpiyè n. robber.
Dechèpiye v. to rob, to steal. S. kanbriyole, wòldope, vole, devalize.
Dechifonnen v. to iron.
Dechikte v. to shred
Dechire 1. v. to tear. 2. adj. torn.
Dechoukay n. 1. uprooting, 2. overthrowing (government, leader), coup-d'état
Dechoukè n. insurgent, destroyer
Dechouke v. 1. to uproot 2. to overthrow (government), to do a coup-d'état S.: derasinen, deboulonnen, jete yon gouvènman.
Dechte v. to lose weight
Dedete DDT
Defalke v. to break, to destroy.
Defann v. 1. to defend. Defann yon opinyon, plede yon koz 2. to forbid, to challenge s.o. . 3. to cope. **L ap**
defann tèt li.
Defansè n. defender
Defansè piti n. s.o. who looks out for the underdog
Defen n. defunct
Defèt v. 1. to untie, to undo. Defèt lasèt la pou ti fi-a. S. : lage, demare. 2. to suffer a defeat.
Defi n. challenge, dare S.. : Pinga, se bon
Defigire adj./v. 1. thin, to look ill 2. to disfigure
Defile 1. n. parade, drill, march 2. v. to take the thread out of a needle. Pitit la defile zegui a. 3. to unravel. manchèt la defile
Defisi n. deficit, loss Fè defisi, fè pèt.
Defo n. default
Defòmasyon n. 1. deformation, imperfection 2. handicap
Defòme v. to deform
Defonsay n. demolition, break-in
Defonse v. to smash
Defonsè n. burglar
Defripe v. to fray.
Defwa sometimes S. kèkfwa, gen delè
Defwanèf n. second hand object, used object S.: dekwoke, kenedi, pèpè
Defwoke adj./v. mentally ill, crazy. S. : fou, detrake
Defye v. to defy. Bay pinga

Dega n. mess, havoc
Degagannen v. to slit the throat of. **S.** degòje.
Degajan adj. resourceful.
Degaje! interj. leave!, out!
Degaje (ti) n. Ti degaje. Occasional job. **S.**
ti demele, ti debouye, ti djòb
Degaje v. to get by, to manage.
Degajèz n. prostitute, slut
Degaye v. to mess up. **cheve degaye.**
Degèpi! interj. leave! out!)
S. :disparèt, fèm pa wè w, deyò, foulkan, rache manyòk ou, bay tè a, degaje, fè lè, kraze rak, kase sa, bat ba, rale kò w
Degi n. extra measure, rebate (two for one), bonus.
S. barad, tiyen, ranje
Degize v./adj. to disguise/disguised.
Degize v. to disgrace, to blame, to criticize
Degobe v. to burp. **S.** rann gaz, fè rapò, wote.
Degobye v. to burp. **S.** : rann gaz, fè rapò si
Degoche v. to begin writing. **S.** degoudi dwèt.
Degòje v. 1. to slit the throat of. **S.** degagannen. 2. to fleece s.o..
Degonfle v. 1. to deflate. 2. to disperse
Degou n. 1. disgust, repugnance. **S.:** kè plen, repiyans. 2.

discouragement
Degouden n. fifty cents. S.: senkant kòb
Degoulinen v. to drip.
Degouse v. to shell, to husk. Kale pwa.
Degoutans n. disgust
Degoute 1. adj. tired, discouraged. 2. v. to detest, to hate. S.: deteste, rayi, 3. to drip, to trickle. **S.** degoulinen.
Degraba adj. in decline. Tonbe an degraba. to wither. S.: deperi, depafini.
Degrade 1. to demote. 2. to deteriorate, to degrade. S. :Kolboso, kraze, krabinen 3. v. to disparage. S. : denigre, rache do, fè jouda, degize, kritike. 4. to flake off (paint)
Degrape v. to pick (harvest)
Degre n. 1. degree, stage, phase. 2. rank, grade (vod.)
Degrengole desann v. to go down quickly, to fall. Vide desann, kannale desann.
Degrennen v. to shell, to husk. Degrennen mayi a.
Degrenngòch adv. mediocre, second-rate. S. : tèt patche, depaman, pachiman
Degrese v. 1. to slim down. 2. to remove fat or grease
Degwosi adj./v. to slim down. S.: Depafini, dechte, desann, fini, megri
Deja adv. already. **S.:** gentan.

Li gentan vini. Il est déjà arrivé.

Dejouke v. 1. to leave the roost, perch. **Kòk pa te ko dejouke 2.** to release, to unfasten

Dejte/dechte v. to slim down

Dejouwanjou adv. from day to day, gradually. **S.** Detanzantan

Dejwe n. compulsive gambler, spendthrift. **S.** :Gaspiyè, neglijan, manfouben

Dejwente v. to disjoint, to dislocate.

Dekabès adv. double, double winner (lottery). **S.** dyapòt, gabèl, piyay.

Dekachte (lide) v.
to dialog, to exchange. **S.:** debale lide, layite lide, troke lide, boukante lide

Dekale, kale v. to peel, to shell, to scale

Dekanpe! interj. leave!

Dekatman n. separation, classing. **S.:** demèlman

Dekatya v. to cut up, to divide. Mete an moso

Dekatye v. 1. to class, to categorize. **S.:** Demele, ranje apa, mete apa 2. to open

Dèkay n. buttocks. Fi-a poze dèkay li sou chèz la san mande. **S.:** Dèyè, pòsteryè, Bouda, bouden, dengonn, wèl, deng. V. g.: dada

Dekilpabilize v. to pardon, to

remove feelings of guilt from. **S.:** padonnen, dezakize

Dekiltire v. to assimilate, to acculturate

Deklannche v. to start, to begin. **S.:** tanmen, mete men

Deklarasyon n. 1. declaration. 2. complaint.

Deklare v. 1. to declare, to reveal, to manifest. 2. **deklare tèt li** to proclaim oneself.

Dekline v. to decline, to deteriorate

Dekochte v. to unlock (door). **S.** : Deklete, detake

Dekoke n. used item
S.: dyanni, lòbèy, kenedi, pèpè, odeyid, tchanpan,

Dekole v. to remove, to unglue. **S.** :wete, detache

Dekolte adj. with a plunging neckline, cleavage. kòlèt deboutonnen. **S.** : debraye.

Dekonbre v. to remove, to take away

Dekonekte, dekonnekte v. 1. to disconnect. 2. to lose a connection.

Dekonpoze v. 1. to decompose, to rot. 2. to faint, to be uneasy. **S.** : endispoze

Dekonpozisyon n. fainting spell, minor illness

Dekonseye v. to discourage, to advise against. **S.** :dezapiye

Dekonstonbray n. torture.

Dekonstonbrè n. torturer

Dekonstonbre v. to be down, to be distraught, to trouble, to shock.

Dekontaminen v. to decontaminate, to clean

Dekontwole v. **1.** to disrupt (machine), to deprogram a computer, **2.** to hit, to put s.o. in psychological distress

Dekore v. **1.** to decorate, to embellish **2.** to reward. Kouwonnen. **3.** abitan dekore. Inyoran

Dekouche v. to remove diapers from

Dekoud v. to unstitch

Dekoupe v. **1.** to cut up. **2.** to eat copiously

Dekouraje 1. adj. discouraged, downcast, **2.** v. to disappoint, to discourage

Dekourajman n. discouragement

Dekouvri v. to uncover, to take the lid off of, to discover, to find. **S.** detekte, debiske, demaske

Dekrase v. to clean. **S.** : detike, foubi, dekrote

Dekrè n. decree

Dekreta v. to cut off the comb or crest of a rooster

Dekrete v. to decree, to declare.

Dekreyolize v. to decreolize, to assimilate

Dekrote v. to clean

Dekwa 1. means. **2.** sufficient, enough

Dekwafe v. to mess up s.o. hair. **S.:** gaye cheve

Dekwochi v. to straighten out

Dekwote v. to clean, to embellish

Delabre adj. broken down, ruined

Delala n. **1.** shabby, run down **2. adj.** worn out. **travay-la fin delala nèg-la**.

Delase v. **1.** to untie, to unlace. **2.** to relax, to unwind

Delè n. delay.

Delege v. delegate (representative of the Head of State), departmental delegate.

Deleye v. to dilute

Delij n. **1.** group of, large quantity of **2.** flood

Delire n./adj. shameless, wild, forward

Delivre v. **1.** to free, to deliver **2.** to recover from an illness. **S.:** refè, kòdyòm, geri, chape, gaya. **3.** to give birth.

Delokalize v. to move

Delye v. to mix, to dilute.

Demach n. **1.** initiative. **2.** step, action.

Demachè n. recruiter

Demachwelay n. cuff, slap.

Demachwele v. to cuff, to slap.

Demakònen v. **1.** to untangle. **S.** lage, demare, **2.** to detach

Demanbray n. dismantling, destruction, dismembering

Demanbrè n. demolisher

Demanbre v. **1.** to destroy, to demolish, to dismember. **2.** to torture savagely. **3.** to weaken.

Demann n. request, application

Demandè n. applicant, requestor

Demande v. to ask, to demand

Demantibilay n. demolition, destruction. **S.** krabinay

Demantibilè n. destroyer, demolisher

Demantibile v. tr. to dismantle, to destroy, to demolish. **S.** krabinen, dechouke, derasinen

Demantlè n. demolisher.

Demantle v. to demolish, to destroy

Demare v. **1.** starter **fè pati yon motè 2.** to untie, to undo, to loosen. **Demare lasat la pou ti fi-a. 3.** to start, to commence S. tanmen, mete men.

Demarye v. to divorce

Demaske v. to denounce, to unmask. **S.** debiske, desitire yon ansasen

Demefyan adj. mistrustful, fearful.

Demefyans n. mistrust, fear.

Demelanjay n. classification, categorization

Demelanje v. to sort, to categorize

Demelay n. precarious work

Demele n. temporary employment. **S.** ti degaje

Demele v. **1.** to work **2.** to hurry, **3.** to organize, to arrange. **4.** to untangle.

Demèlman n. classification, arrangement

Demen adv. tomorrow. N a wè demen si Dye vle/si Granmèt pèmèt.

Demenaje v. to move. **S.:** bwote

Demeplè n. **1.** deception. **2.** vulgarity.

Demi half

Demode adj. outdated, outmoded

Demòdman n. to be outdated

Demoli v. to demolish, to destroy S. :demonte, kraze brize, defonse

Demon, denmon n. satan, demon, devil.

Demontay n. dismantling

Demontè n. **1.** demolisher, **2.** dismantler

Demonte v. **1.** to destroy, to break, **2.** to take apart

Demoyiz n. gross insults, vulgarity, profanity

Demwatye n. in two halves, sharecropping. Polo pa bay tè an fèm se demwatye sèlman li

fè.
Demwazèl n. **1.** young lady. **2.** dragonfly.
Denenflay n. slap
Denenfle v. to slap, **S.:** Denenfle, demachwele
Deng n. buttocks (vulgar). Fi a poze deng li sou chèz la san mande. **S. :** Dèyè, posteryè, Bouda, bouden, dengonn, wèl, deng. V. règ.: dèkay, dengòt
Dengonn n. see **Deng.**
Dengòt n. see **Deng**.
Denigre v. tr. to denigrate. **S. :** atake pèsonalite yon moun, derespekte yon sitwayen
Denigreman n. denigration **S.:** rabèsman, derespektans
Denmon n. devil, demon
Denonse v. to denounce
Denpi, depi adv. since. Depi lontan.
Dènye n. **1.** last. **Var.** dennye, dennyè. **2.** all **Li manje dènye mango li jwenn nan kay la**. He ate all the mangoes.
Dènye kri adj. latest fashion. Wòdpòte, lòt nivo, wololoy
Depafini adj./v. in decline, thin.
Depale v. **1.** to talk nonsense, to say anything **2.** to contradict oneself.
Depaman adj. **1.** mediocre, botched. **2.** incongruous.
Depann v. to depend (on) **S.** sou kont, sou lobedyans de

Depans n. **1.** expense. **2.** loss, waste of money.
Depanse v. to spend
Depase adj. **1.** outdated, **2.** expired. **3.**v. **Depase bòn** to lack respect. **S. :** penmèt, azade
Depasman n. overhang
Depasyante v. to lose patience.
Depatcha lide v. to analyse, to evaluate, to clarify. **S.:** demantibile
Depatcha, depatya v. to break up, to demolish
Depate v. to separate, to detach a cluster of bananas **S.** retire pat (bannann).
Depati v. to get rid of something, to break up with s.o..
Depatya, depatcha v to demolish, to shred.
Depayay n. unwrapping
Depaye v. to unwrap, to shell. **S. :** louvri, dekachte, devlope
Depeche v. **1.** to hurry. **2.** to send s.o..
Depenyen v. to mess up s.o.'s hair
Deperi v./adj. to wither, to be weakened. **S. :**depafini, alakaba
Deperisman n. withering, wilting
Depi adv. **1.** since, from, as soon as. **2. an depi** in spite of **3. Depi dig dantan** since a very long time. **S. :**Depi ti konkonm tap goumen ak bere-

jèn. **4**. **depi nan A jis nan Z/depi nan A rive nan Z**. from A to Z.

Deplase **1**. v. to dislodge, to remove **2**. Mo deplase. insults. **3**. to move.

Deplè v. to displease, to disappoint

Deplimen v. to pluck

Deplise v. to iron. **S. :** mete eskanp, pase fè sou, prese

Depliyan n. brochure, flyer

Depliye v. to unfold, to open

Deploge v. to unplug

Deplòtonen v. 1. to deploy (soldiers). **2**. to unroll.

Deplòtonnen lide v. to share, to exchange, to dialog. **S.:** ede wè klè

Deplòtonnman n. deployment.

Depo n. deposit. **Depo poul** chicken coop.

Deposer v. to place, to put, to deposit

Depòte v. to deport, to expel

Depotwa n. landfill, dump

Depreferans adv. preferably, instead

Depwogramen v. to disrupt, to breakdown

Dèranche v. **1**. to savagely torture, to torture to death, **2**. to swing one's hips

Deranje **1**. adj. infirm, handicapped, **2**. v. t. to make infirm through torture. **3**. adj. crazy, mad. Pa okipe li, se yon moun tèt deranje. **S**. : tèt pati

Deranjman n. **1**. malaise. **2**. disorder.

Derape v. **1**. to take off, to start (motor). **2**. to commence, to start. **3**. to leave **S**. : tanmen, mete men

Derasinay n. uprooting, extirpation

Derasinè n. destroyer

Derasinen v. **1**. (pol.) to uproot, to extirpate. **S**. : rele chalbari dèyè. **2**. (agr.) to uproot

Deraye v./adj. **1**. to derail, to be derailed. **2**. to lose control of oneself.

Derechany spare. spare tire **kawotchou derechany**

Derefize v. to refuse **S**. refize.

Deregle **1**. adj. to be out of control. Granmoun deregle. **2**. breakdown, broken, disturbed. **Kontè a deregle, li deprograme**. **3**. impolite, rude.

Derespektan adj./n. **1**. disrespectful, impolite. **2**. insolent,

Derespektans n. disrespect, insolence.

Derespekte v. to disrespect, to be rude

Derezone v. to lose one's reason.

Derizyon n. derision, irony, mockery.

Desanm n. December

Desann **1**. v. tr. to kill s.o..

Lapolis sot desann yon zen-glendo 2. to lower. Pri laman-jay yo pa desann 3. **v.** to descend, ann desann eskalye a 4. v./adj.
to become thin/skinny. Maladi a desann ti fi-a. 5. to take off the top. **desann manje a. 6**. to diminish **desann grad. 7**. to pass the State Exams. **desann reto. 8.** to overflow **Vant tan-pèt, larivyè desann.**
Desantralize v. to decentral-ize, to share responsibilities and decision making power.
Desè n. dessert
Desere v. to loosen
Desèvi v. to serve
Desèvis v. on duty, working
Desevwa v. to deceive, to dis-appoint
Deside v. to decide
Desiskole n. homosexual, fag. **S.** : masisi, gason makomè
Desitire v. to denounce
Desizyon n. decision
Dèske prep. since, as long as, because, provided that.
Desonnen, desounen v. **1**. to stun s.o.. **2**. to zombify s.o..
Destabilizasyon n. destabiliza-tion
Destabilizatè n. destabilizer
Destriktè n. destroyer
Detache v. **1**. to detach, to untie, **2**. to unbutton. **3**. to sep-arate.

Detann v. **1**. to amuse one-self, to entertain oneself, **2**. to relax
Detant n. **1**. siesta, relaxation, **2**. amusement
Detay n. **1**. detail. **2**. trifle.
Detaye v. **1**. to detail. **2. detaye koze a** to explain in detail. **3**. to cut up in small pieces
Detekte v. to detect, to diag-nose
Detere v. to exhume, to unearth
Deteryore v./adj. to deterio-rate, to damage. **S. :** sou laka-ba, depafini
Detestab adj. detestable
Deteste v. to detest, to hate **S.** :rayi
Detike v. **1**. to clean, **2.** to denigrate, to insult **3**. to remove ticks from
Detire v. to stretch out
Detoufaj n.
Situation where one makes something public
Detoufe v. to reveal, to make public
Detoufe lide v.
1. to reveal an idea, **2.** to clari-fy. **S. :** ede wè klè
Detounen v. **1**. to deviate. **2. Detounen lòlòj** to destabilize, to shake s.o. up. **S.:** vire lòlòj, bay kristè.
Detrake adj./v. to go off

course

Detripe v. **1.** to remove the intestines, **2.** to insult, to denigrate s.o..

Detritis n. detritus, garbage, trash. **S.** : fatra

Detui, detwi v. to destroy, ~**lavi** to kill, to murder

Detuizè, destriktè n. destroyer

Detwouse v. to steal, to rob, to break in. **S.** : dechèpiye, zenglendize

Devan adv. **1.** in front. **var.** douvan **2. pran devan** to pass

Devantre v. to insult s.o.. **S. :** detripe

Devègonde adj./n. slut S. : bouzen, awonna

Devenn n. curse, misfortune. S. : madichon, giyon, djòk. **An devenn** unlucky.

Devi n. appraisal

Devise v. to unscrew. desere yon vis.

Devlope v. **1.** to develop, to improve, to modernize. **2.** to produce, to grow. **3.** to unwrap, to open (a package).

Devlope lide v. to detail, to explain. Ede wè klè.

Devodouize v. to convert to Christianity, to evangelize

Devoran n./adj. devouring

Devwa n. homework **Fè devwa ou** Do your homework.

Devye v. to lean

Dèyè 1. behind. **2.** buttocks, derriere. **3.** after. **4. ale dèyè** to go after (look for). **5.** in the absence of **Sa li di devan m se pa sa li di dèyè m.**

Deyò adv. outside.

Dezabiye v. to undress

Dezagreman n. problem, annoyance, difficulty, scandal

Dezakize v. to pardon, to take back an accusation

Dezame lespri v. to assimilate

Dezapwouve v. to disapprove

Dezas n. disaster

Dezawa n. **1.** problem, disarray, **2.** trouble, confusion

Dezayisyanize v. to assimilate, to acculturate

Dezenfekte v. to disinfect, to clean

Dezanfle v. to reduce swelling

Dezète v. to desert

Dezevre n. unemployed (person)

Dezini v. to separate, to divide, to divorce S.: kite, kraze maryaj, demarye

Dezinyon n. discord, dissension, strife. **Var.** dezinyon

Dezipe v. to unzip.

Dezòd n. disorder, disarray. S. :lòbèy, lobo

Dezolasyon n. discouragement, consternation

Dezonè, dezonnè n. dishonor.

Dezoutwa pron. indéf. some

Dezyèm adj. òd. second.

Dezyèm men adj. second hand (object), used

Di adj. **1.** hard. Achte mango di. **2.** mean, insensitive. Ala moun di. **3.** strong. N'ap travay di **4.** difficult. Travay sa di papa. **5.** parsimonious, cheap. Ala moun di, ala moun chich. **S.** kripya, kourèd. **6.** v. to say Di m sak pase.

Dibita n. crowd of, group of. Yon dibita moun te kanpe ap tann.

Didje n. disk jockey, D.J.. Didje V.

Dife n. **1.** fire. **2.** blaze. **3. Boukan dife** wood fire. **4. twa wòch dife** three hearth stones. **5. fè ti dife boule** to provoke, to put oil on fire.

Diferansyasyon n. differentiation

Diferansye v. to distinguish, to classify **S.:** separe, triye, demelanje, ranje apa, mete apa

Difikilte n. difficulty, problem

Difisil n. difficult

Difteri n. diphtheria

Dig n. ditch

Digdal n. group of, bunch of

Digdantan adv. long ago **depi digdantan** from long ago, a long time ago.

Digo n. indigo

Dikaman n. (fam.) gadget

Diksyonè, diksyonnè n. dictionary

Dikta n. order, command

Diktatè n. dictator. **S.** : gwo ponyèt

Diktati n. dictatorship. **S.** : rejim bout di, rejim gwo ponyèt

Dilatasyon n. abortion

Dilatwa n. dilatory, bluff. **S.** : dodomeya, mannigèt, pawòl van

Dilè n. dealer

Dilere n. regret. **Se dilere**. It's regrettable, that's sad.

Dimanch n. Sunday

Dimaten in the morning, morning. **Senk è dimaten.** Five o'clock in the morning.

Dine 1. n. food. **2.** v. to eat. Have you eaten? Èske ou manje?

Diplòm n. Diploma

Diplomasi n. diplomacy

Diplomat n. diplomat

Dire v. to last, to endure

Dirèk adj./adv.: **1.** direct, straight ahead. **2. dirèk-dirèk** without stopping, directly.

Direksyon n. **1.** direction, **2.** route. Ki wout, ki chimen, ki bò, ki kote, ki direksyon w ap fè?

Direktiv n. directives, instructions. **S.:** modòd

Diri n. rice. **diri madan gougous**, **diri kole**, **diri apa**, **diri Lestè**, **diri Miyami**, **diri blan**. **Manje diri ak pwa** to eat rice and beans.

Dirijan n. leader
S. zotobre, grochabrak
Dirije v. to lead, to direct, to steer
Dis adj. num. ten
Disèt wotè adj. **1.** sky high. **2.** very expensive. Pri lamanjay yo monte disèt wotè.
Disète v. to dissert
Disiplin n. discipline, good conduct
Disiplin n. domain
Diskisyon n. debate, discussion. **S.** : ralemennenvini
Diskite v. **1.** to discuss, to dialog. **S.** : koze, pale. **2.** to argue, to deny, to reject an accusation
Diskotèk n. discotheque S. : nayklib
Diskou n. speech, discourse
Diskouri v. to give a speech
Dispansè n. dispensary
Disparèt v. to die, to disappear
Disparèt! interj. leave!, out!
Dispèse adj./v. to disperse, to scatter. **S.** : gaye
Distans n. distance
Distenge v. to distinguish, to categorize
Distenksyon n. distinction
Distrè adj. to be half crazy. **Pa okipe mesye a, se yon moun distrè. S.** : moun tèt pa dwat, moun tèt pati.
Distri n. district
Distribye v. to distribute
Disyade v. to discourage, to dissuade
Divalyeris n. **1.** Duvalierism, **2.** Duvalierist
Diven n. wine
Divès adv. diverse, numerous
Dividal n. group of, crowd of
Divinò n. soothsayer, Voodoo priest, houngan, seer
Divizyon n. division, discord
Divòse v. to divorce, to separate
Diyite n. dignity, honour, reputation
Dizè n. storyteller
Dizon n. permission, consent. **Jwenn dizon yon moun.**
Djab, dyab n. devil, demon
Djak n. jack (car)
Djake v. **1.** to jack up (car) **2.** to lift something up
Djakout, dyakout n. straw bag
Djaloge, dyaloge v. to dialogue, to exchange verbally
Djandjoukou n. Voodoo priest (hougan)
Djanm, dyanm adj./v. solid, strong, firm
Djanni n. worthless object, gadget
Djanni, dyanni n. used object, second-hand object. S. : dekwoke, kenedi, pèpè, odeyid
Djapòt, dyapòt adv. double. **Fè djapòt** to win, to succeed. **Bay djapòt** to vomit
Djayi v. to dance

Djaz, dyaz n. jazz, band, musical group

Djandjan n. **1**. fast-food. **2**. lively colours.

Djanm adj. firm, hard, solid, steadfast.

Djendjen n. gadget, worthless object. **S.** : pakoti, krizokal, zagribay

Djenn n. sheath, poche djenn kouto, djenn manchèt

Djigèt, dzigèt v. to annoy, to bother. **S.** : tchintchin

Djin n. blue jeans, jeans

Djipopo n. **1**. worthless object **S.** zagribay, vye bagay, bèbèl, krizokal **2**. zombie, imbecile. **3**. hindrance. **S.** vye machin, vye bazou. Kote w prale avèk djipopo sa-a?

Djòb, dyòb n. employment, work, job

Djòbè n. **1**. occasional worker. **2**. mercenary

Djòk, dyòk n. evil spell, hex. **Pa jete dyòk sou pitit la**.

Djoke v. to put an evil spell on s.o.

Djòl, dyòl n. 1. mouth, 'trap'.

Djòl alèlè n. indiscreet person, gossiper. **2. Djòl loulouz** n. very good taste, exquisite. **3. dyòl flobop** (fam.) elderly person who has lost all his teeth. **4. dlo lolo** stew w.o. vegetables.

Djòlè n. braggart, show-off

Djondjon n. mushroom

Djouba n. dance of Haitian planters

Djougan v./adj. Voodoo priest

Dlo n. **1**. water. **2**. liquid. **3**. river. **4. dlo bouch** saliva. **5. konn dlo** to know how to swim, to be capable of swimming. **6. lòt bò dlo** overseas **7. mete pye nan dlo** to consult a Voodoo priest

Dlo nan je n. pain, sadness, suffering. Depi nouvèl fi-n tonbe, tout moun se dlo nan je.

Do n. **1**. back. **2. mache do ba**. to cower. **3. do kay** roof (of house). **4. do pou do** perfect, impeccable **5. do kiyè fè** cheap, stingy, miserly.

Dodin n. rocking chair, cradle

Dodinen v. **1**. to play, to have fun, to dance. **2**. to rock in a rocking chair.

Dodomeya n. bluff; adj. calm, quiet

Dodomeyay n. trick

Dodomeye v. to stall for time, to bluff

Doktè n. **1**. doctor. **2. Doktè fèy** leaf doctor, traditional healer

Dola n. dollar. **S.** Lamama, lajan, grennbak

Dole v. to cut in small slices.

Dòlote v. to dote over, to pamper

Domaj n. damage

Domaje 1. adj. infirm, handicapped. **2.** v. to savagely torture.

Domèn n. domain, field (of study)

Domestik n. maid, servant. **S.** : bòn, restavèk, lesivèz

Domèz, donmez n. lounge chair.

Dòmi v. 1. to sleep. **2. dòmi di** to sleep heavily. 3. **dòmi sou yon moun**.
to cheat s.o. **4. dòmi leve** to be out of work **5. Leve nan dòmi** to wake s.o. up. **6. Mache nan dòmi** to be a sleepwalker. 7. **pale nan dòmi** to have nightmares.

Dominasyon n. domination

Dominen v. to dominate

Domino n. dominos

Donan adv. giving. **S.**: moun laj.

Donmaj, domaj n. damage

Donmaje v. to damage, to torture s.o. savagely.

Donn n. harvest

Donnen adj./v. to produce, yield

Donte v. to master, to subdue, to tame

Dosil adj. docile

Dosilize adj./v. to tame

Dosye n. file

Dòtwa n. dormitory

Dou adj. meek, gentle

Doub adv. double. **S.** :dekabès, gabèl.

Double v. **1.** to double, to line (clothing). **2.** to pass. **3.** to give the same quantity again.

Doubli n. lining.

Douch n. shower

kay-la pa gen douch

Douko v. to paint (a car).

douko machin nan.

Doubout adj./n. **1.** upright. **2.** excited. **3. tete doubout** pointed breasts.

Doubsis n. homosexual, lesbian.

Doudou n. dear, honey (endearment)

Douk n. hump
S. bit, polis-kouche.

Doukla n. bump, hump

Douko v. to paint a metal surface.

Doukounou n. cornbread.

Doulè n. pain, suffering.

Doum n. drum, barrel, tank.
var. dounm, dwoum, droum

Doumbrèy n. dumpling (made with flour)

Doupendoup adj./ n. illusory

Dou adj. meek, gentle

Dous n. **1.** sweetener.
S. :tablèt pistach. **2.** sweet. **3. dous lakòl** caramel. **4. dous lèt** sweet milk (ice cream). **5. dous bannann** banana nougat. **6. adj.** easy, soft. **7.** sensual.

Dousi v. to sweeten. **S.** : sikre.

Dousman adv. **1.** slowly, softly . **2.** calmly, tranquilly,

peacefully.
Dout n. doubt.
Doutans n. doubt.
Douvan n. **1**. front,
2. fly (pants).
Douvanjou adv. dawn, day-break.
Douz adj. num. twelve.
Douzèn, douzenn n. dozen
Dòz n. **1**. mix. **2**. potion
Dra n. sheet.
Dra w kout koupi pye w : to live within one's means
Draje n. candy. **S.** : sirèt.
Dramatij n. dramaturge
Dramatik adj. dramatic
Dramatize v. dramatize, to worsen
Drandran adj. frivolous.
Drapo n. flag, symbol of national unity
Dray n. drycleaner, Bay pantalon-an nan dray.
Drese v. **1**. to straighten. **2**. to distribute, to serve a meal.
Drese, separe manje a.
3. to train (a dog). **S.:** adousi, dosilize.
Drèt adj. **1**. sound mind. **Tèt tout moun drèt isit**. **2**. right.
Dril n. electric drill.
Drivay n. wandering
Drivaye v. to wander, drift.
Drivayè n. lazy, idle.
Drivè n. unemployed person.
Drive v. to wander, to hang out, to drift. **S.** :trennen, flannen

Dròg n. drug
Droge v. to drug oneself.
Dwa n. law **L'ap etidye an dwa**. He is studying law.
Dwat n. right. **Var.** drèt.
Adwat agòch backwards, in disorder.
Dwategòch adj. **mete soulye dwategòch** to put one's shoes on the wrong feet.
Dwati n. righteousness, justice.
Dwe v. to owe, must. **var**. do. **ou dwe vini** you must come.
Dwèt n. 1. finger. **2**. **Dwèt long** crook, thief. **3**. **bay/pran dwèt** to masturbate (woman). **4**. **dwèt jouda** index finger.
Dwete v. to feel along (with fingertip). **S.** bay dwèt.
Dwòg n. drug
Dwoge n. to drug s.o.
Dwòl adj. bizarre, strange.
Dwoum n. oildrum
Dyab n. **1**. devil, sorcerer. **2**. ugliness. **Kaka dyab**. very ugly.
Dyage v. to poke, to stab
Dyagnostike v. to diagnose (a sickness), to discover
Dyake v. **1**. to make love (fam.). **2**. to jack up (a car).
Dyakout n. straw bag
Dyaloge v. to dialogue, to exchange (words), to talk.
Dyanm, djanm adj. firm, healthy.
Dyapòt adj. jackpot, to double.

Dyare n. diarrhea. **S. :** Vant mennen, vant pase

Dyayi, djayi v. to dance, to fall into a trance.

Dyenn, djenn n. sheath (for a machete).

Dyoke v. to put an evil spell on s.o.

Dyòl alèlè n. indiscreet person, gossipier.

Dyòl loulouz adj./n. **manje dyòl loulouz**. an exquisite meal.

Dyòlè n./adj. braggart, boaster, big talker.

Dyondyon n. mushrooms.

Dyouba n. Haitian dance.

Ee/Èè/En en

E 1. is the sixth of the 32 sounds that make up the Haitian alphabet. **2.** conj. And. **S. :** epi, ak, enpi, epitou. 2 and 2 make 4. 2 e 2 fè 4

È is the seventh of the 32 sounds that make up the Haitian alphabet.

È n. o'clock. **Li uit è.** It's eight o'clock.

EA n. Elektrisite Ayiti. Haiti Electric (State power company)

Ebenis n. woodworker, furniture maker.

Ebete 1. adj. stupefied, **2.** n. idiot, imbecile.

Echafo, echafoday n. scaffolding.

Echany, échanj n. exchange, trade

Echèk n. failure

Echwe v. to fail. Li echwe tès la.

Èd n. encouragement, support, help

S. :konkou, koutmen

Ede v. **1.** to take in hand (child), **2.** to support, bear up, sustain. **S.** pote konkou, pote kole. **3.** to help

Edikasyon n. education. S.: levasyon

Edikatè n. educator, teacher, principal. S. : mèt lekòl

Edike 1. adj. nice, polite, respectful . S. : bon moun, moun eklere, **2.** v. t. to raise, educate, take in hand.

Edmi and a half.

Efas n. eraser

Efase v. **1.** to erase **efase tablo-a** Erase the board **2.** to remove. S. : Eliminen

Efikas adj. efficient

Efikasite n. efficiency

Efrayik adj. **1.** testy, grumpy. S. tchak. **2.** beautiful, extraordinary.

Efwonte, fwonte adj./n. insolent. S. : malelve, twòp pou tè.

Egare adj. **1.** naive. **2.** mentally retarded, stunned.

Egwi, zegui n. needle

Egzaksyon n. exaction. **S. :**

antrav, nwizans, anbetman
Egzakteman adv. exactly
S. : pafètman, kòrekteman.
Egzamen n. exam
Egzaminen v. to examine, think
Egzanp n. example, model S. : laprèv
Egzèse v. to exercise.
Egzèsis n. physical education, exercise, gymnastics
Egzeyat n. release (from hospital).
Egzeyate v. to be released (from hospital).
Egzijan adj. demanding.
Egzijans n. requirement
Egzije v. to require
Egzil n. exile, refuge
Ejakile, èjakile (Nò) v. to ejaculate. **S.** : voye
Ekate v. to open, spread S. : (vulg.) griyen, kale
Ekay n. scale (fish).
Ekè n. T-square.
Ekip n. team
Ekipe adj. equipped, outfitted. **S.**: fèt-e-founi
Ekipman n. equipment, gear
Ekleraj, ekleray n. lighting. S. : Limyè
Eklere **1.** adj. polished, likeable, sociable.
2. v. to enlighten, educate.
3. intelligent, stimulate a child. **S. :** Limen, klere lespri yon timoun.

Eklèsi v. to clarify, explain, enlighten
Eklis n. splinter, chard.
Ekolye n. primary school student
S. aprenan, estajyè
Ekòs n. bark (tree).
Ekoulman n. gonorrhoea
Ekran n. screen **ekran òdinatè**, ekran televizyon
Ekri v. to write **Ekri non ou.**
Ekritè n. writer
Ekrito n. inscription
Ekriven n. writer, author
Eksè n. excess
Eksetera adj. Et cetera, etc. S. : elatriye, tandòt,
Eksite v. **1.** to excite, to provoke, to inflame **2.** to attract s.o. **S.** : bay filing, kale kò, bay jòf, taye banda
Ekspè n. expert, specialist. S. : save, konesè
Ekspedisyon n. evil spell, curse. **S.** : ranvwa, malediksyon, devenn
Ekspedye v. to expedite. **S.** voye.
Ekspilse v. to expel, deport.
Eksplike v. to explain **S.** fè konnen. **var.** esplike
Eksplwatè n. exploiter
Eksplwate v. to exploit
Ekspresif adj. expressive
Ekzaminen v. to examine, to reflect
S. : repanse, refè yon lide

Ekzekite v. to execute, to carry out

Ekzèse v. to exercise

Ekzije v. to demand, require

Ekziste v. to exist

Ekzose v. to grant, fulfil

Elaji v. to widen

Elan n. **1**. surge. **2. pran elan** to take off, to succeed in life.

Elatriye adv. Et cetera, etc. **S.** : eksetera, tandòt.

Elegan adj. elegant S.: chèlbè, bwòdè, penpan

Elegans n. elegance. S.: Bèl prestans

Eleksyon n. election. Sham election. Eleksyon fo-mamit

Elektrik adj. electric

Elektrisite n. electricity

Elektrisyen n. electrician

Eleman n. guy, thing

Elèv n. student, schoolchild

Eliminasyon n. elimination

Eliminen v. to eliminate

Elve v. to raise, bring up

Emotion n. shock

Emosyonnèl adj. emotional, sentimental

En is the eighth of the 32 sounds that make up the Haitian alphabet.

En adj. num. one

En interr. eh? what did you say?

Enben adv.
In any case, so, so then.

Enbesil n./adj. imbecile, idiot.

S.: bègwè

Enbesilite n. idiocy.

Endispoze v. to lose consciousness, faint. **S.** : dekonpoze

Endispozisyon n. fainting spell.

Endistri n. industry

Endiye v. to deplore, to be indignant

Endyen n. Indian

Enèji n. energy (spirituality) **S.** : fòs sinatirèl, mistè

Enève, ennève v. to annoy, irritate, harass

Enfidèl n./adj. **1.** unfaithful (marriage), dishonest **S.:** zokloyis, je chèch, rizyèz.

Enfidelite n. infidelity, adultery

Enfim n. handicapped, infirm. **S.** :kokobe, krebete

Enfimyè n. nurse.

Enfòme v. to inform, to be informed

Enganm adj. **1.** spry. **S.** : tèm, kòdyòm. **2.** in good health

Engouvènab adj., ungovernable

Engra n. ingrate

Èni n. **1.** hernia. **2. èni trangle**. strangulated hernia.

Enjennyè, enjenyè n. engineer

Enjir n. insult

Enjis adj. unjust

Enjistis n. injustice
S. : inekite, movè tretman

Enkapab adj. incapable, incompetent

Enkonsyan adj. **1.** unconscious. **2.** ingrate. **3.** without shame, without scruples

Enkriminen v. to incriminate

Enpas n. impasse S. : difikilte, boubye

Enpe adv. a little

Enpini adj. unpunished

Enpinite n. impunity

Enplante v. to establish, implant. S. : mete kanpe, blayi.

Enplike v. to implicate, participate, involve

Enplore v. to implore. S. : priye nan pye yon moun

Enpòte v. to import

Enspeksyon n. inspection, supervision. S.: kontwòl

Enspekte v. to inspect

Enspektè n. inspector, assessor.

Enstabilite n. instability

Enstititè n. teacher, educator

Enstriksyon n. instruction, teaching

Enstriktè n. instructor

Enstriman n. **1.** instrument. **2.** tool

Enstrimante v. to be equipped, outfitted

Enstui, enstwi adj. polite, educated. S. : eklere

Entatad n. **1.** senile. **2.** infirm.

Entchò adj. ungovernable

Entegre v. to integrate, incorporate

Entelijan adj. **1.** intelligent, brilliant, competent. **2.** cunning, shrewd.

Entèmedyè n. intermediary, representative. **S.** : demachè

Entènasyonal adj. international

Entènasyonalizasyon n. internationalisation

Entènasyonalize v./adj. to internationalise

Entèpele v. to invoke

Entèvyou n. interview

Entèvyouve v. to interview

Entèwogatwa n. interrogatory

Entèwoje v. to interrogate

Entimide v. to intimidate, to scare

Entwodiksyon n. introduction

Envalid adj. invalid, idle.

Envansyon n. invention, discovery

Envite v. to invite

Epapiye v. to disperse, spread out

Epav n./adj. good-for-nothing, vagabond, bum, unreliable person.

Epaye v. to spare

Epè adj. thick

Epe n. sword S. kàtyapikà, frenn,

Epele v. to spell

Epi conj. **1.** and, then, and then. **S.** enpi, ak, epitou. **2.**

avec.
Epis n. spice
Epesè n. thickness
Eprèv n. **1.** trial. **2.** ordeal,
Erè n. **1.** error, **2.** misunder-
standing. **S. :** fopa
Erez, erèz adj. happy
Eritye n. **1.** heir(ess), **2.** race.
S. : kòtfanmi
Esans n. **1.** heart, core, **2.**
extract
Esepte except, with the
exception of
Eseye v. **1.** to try. **2.** to get by,
to live
Eskalabaha! entèj. Danger
(vod.)
Eskalye n. stairway, stair
Eskamotè n. indiscreet person
Eskandal n. **1.** scandal **2.**
scene, uproar
Eskandalè n. **1.** indiscreet per-
son. **2.** rowdy person.
Eskanp figi n. reputation,
prestige, honour. S. : respè,
diyite, karaktè
Eskanpe v. **1.** to crease, to
iron. **2.** to put a crease in.
Eskapilè n. scapular
Eskayòt n. gossip, rambling
S. : resèlè, rapòtè, jouda, tripòt
Èske Adv. Interrogative mark-
er for a yes or no question.
Eskèlèt n. **1.** thin, puny. **S. :**
Zopope. **2.** skeleton
Eskize v. to excuse, pardon.
Eskize m̀/mwen.

Eskiyè (péj.) n. servant, maid
Esklav n. **1.** slave, **2.** servant.
S. : restavèk, sentaniz
Eskolarize v. to educate,
school
Eskonbrit n. quarrel, alterca-
tion
Eskonte v. to borrow, to bor-
row money with interest.
Eskòpyon n. scorpion
Eskwad n. **1.** many, bunch of,
group of. **2.** brigade.
Eslogan n. slogan.
Espante v. to startle. **S.** pantan
sou.
Espas n. space
Espatil n. tire iron
Espedye v. to expedite
Espèm n. sperm
Espere v. to hope
Esperimantasyon n. experi-
mentation
Esperimantatè n. experi-
menter
Esperimante adj. experiment-
ed
Esperyans n. experience,
know-how
Espesyalis n. specialist,
expert
Espesyalite n. speciality
Espesyalman adv. **1.** especial-
ly. **2.** mostly
Espikè n. **1** announcer (radio,
television). **2.**
speaker (stereo). **S. :** baf,
pòtvwa

Espirasyon n. expiration

Espire v./adj. to expire, expired

Esplikasyon n. **1.** explanation, indication. **2. fè esplikasyon**. to demand an explanation.

Esplike v. to explain **S. :** fè konnen

Espò n. sport

Esponnsò n. sponsor

Esponnsore v. to help, to support, to sponsor

Espre adj. deliberately. **Fè Espre** on purpose

Espwa n. hope

Espyon n. spy. S. : souflantchou

Espyonnay, espyonnaj n. espionage, surveillance

Espyonnen v. to spy, surveil, follow

Espyonnen, siveye. **S. :** rete anba dyòl

Estalasyon n. installation

Estasyonnen, estasyonne v. to park. **S. :**pake

Estasyònman n. parking

Estat v. to start.

Estat/ fè pati yon motè.

Estatè n. starter.

Estati n. **1.** statute. **2.** statue.

Estasyon n. station. Mwen pral tann machin nan estasyon an.

Estènen v. to sneeze

Estil n. style, type, kind

Estime v. to esteem, to estimate

Estimile v. **1.** to stimulate, awaken. **2.** to motivate

Estipefyan n. drug, narcotic

Estomake v./adj. furious, angry. **S.** fè kòlè, fè gwo san, ennève

Estra-òdinè adj. **1.** latest thing, modern. **2.** extraordinary

Estratèj n. strategy, tactic. **S.** :mannèv

Estriktire v. to structure

Eta n. State Eta Florid.

Etabli v. **1.** workbench. **2.** to establish, install, put in place.

Etaj n. stage

Etajè n. shelf

Etale v. to spread out, display

Etan 1. during, at the same time as. **2. Etan la** meanwhile.

Etap n. step

Ete, lete n. summer

Etènèl adj. eternal

Etènèl, letènèl n. God, Supreme Being.

Etènèlman adv. eternally, infinitely

Etenn v. to turn off **Etenn lavi** v. to kill, murder, take a life

Etensèl n. spark

Etid n. study

Etidyan n. student, apprentice

Etidye v. to study.

M ap etidye mizik I am studying music.

Etikèt n. tag, label

Etone adj. astonished **S. :** sezi

Etonnman n. astonishment, surprise

Etranje n. **1**. stranger, foreigner. **2**. from elsewhere. **S.** : moun deyò, moun vini.

Etriye v. stirrup

Evalye v. to evaluate

Evanjelize v. to evangelize

Evantay n. (hand) fan

Eveye v. to awaken, to enlighten. **S.** limen

Evite v. to avoid, ignore. **S.** meprize

Evolye v. to evolve, develop

Ewo n. **1**. patriot, nationalist **2**. hero
S. gason total

Ewòp n. Europe

Ewoyin n. heroine

Ewoyinomàn n. heroine addict, drug addict

Èzili Freda n. Voodoo goddess.

Ff

F is the ninth of the 32 sounds that make up the Haitian alphabet

Fab n. **1**. detergent. **2**. joke.

Fad adj. tasteless.

Fabnak n. Haitian made shoe, sandal

Fabrike v. to construct, fabricate

Fache adj./v. furious, angry, incensed

Fachin n. **Fachin bwa** bundle of wood.

Fado n. burden

Fakilte n. faculty

Faktori n. factory, assembly plant.

Fal (péj.) n. stomach, chest.

Falèz n. precipice, cliff, hill

Famasi n. pharmacy

Famin n. famine
S.: grangou

Fanal, fannal n. Coleman lamp, lantern.

Fanatik n. admirer, fan.

Fanbre **1**. adj./n. gallant. **2**. man who has several women. **3**. womanizer.

Fandalmantal adj. basic, fundamental.

Fandanman, fondanman adj. stale, mouldy.

Fanfa n. marching band

Fanm n. **1**. woman, lady.

Fanm deyò mistress

Fanm sou kote lover, mistress

Fanm twotwa n. hooker, prostitute. **S.** bouzen

Fanm vanyan n. heroine, patriot (woman)

Fanm deyò n. mistress

Fanm kafe n. high-class prostitute

Fanm kay spouse, principal common-law wife.

Fanmi n. family

Fanmitay n. family relations, situation

Fanmòt n. woman (treated as a sex-object)

Fanmsay n. midwife

Fann v. 1. to split open. 2. to cut.

Fann kò v. to leave quickly S. bay tè a, degèpi, disparèt, degaje, fè lè, kraze rak.

Fant n. split, fissure

Fantezi n. caprice, whim.

Farin n. flour. **Farin manyòk** manioc flour.

Farinay n. **farinay lapli** drizzle. S. seren lapli.

Farinen v. to drizzle, sprinkle.

Farizyen n./adj. hypocrite. S. defas, kouto de bò.

Fasè n. prankster, joker.

Fasil adj. easy.

Fasilitè n. facilitator

Fasonnen v. to shape

Fatige adj. 1. fatigued, tired, 2. discouraged. S.: bouke

Fatige v. 1. to tire s.o. 2. to worry

Fatra n. 1. garbage, waste. 2. **fatra pwazon** toxic waste (from Gonaïves)

Fawouchè n. prankster

Fay adj. 1. light, weak 2. n. fault, error **gen yon fay nan travay-la. 3. Fay minit** adv. right away, immediately. S. fap-fap

Fe n. ridge (roof), pimple

Fè n. iron **yon ba fè** an iron bar.

Fè v.1. to do, make.

2. Fè afè ak yon moun A. to live common-law with s.o. B. to collaborate, go into business with s.o.

3. Fè ba (fam.) to kiss s.o. on the cheeks.

4. Fè bagay ak yon moun to make love, to enter into sexual relations with s.o..

5. Fè bak a. to move back. b. to regress. **fè bèl ak yon moun** to spend money on s.o., to give gifts to s.o..

6. Fè betiz to be in error, to make a mistake.

7. Fè bezwen to go to the bathroom, to make a movement.

8. Fè bouch yon moun to tell s.o. what to say in a given situation

9. Fè bouch yon moun long s.o. who does not do what he/she is told. Someone who makes one repeatedly say the same thing.

10. Fè chèlbè to show-off, to dress well.

11. Fè chen dèyè yon moun to push s.o. to leave.

12. Fè chen nan pye yon moun to beg s.o..

13. Fè chita to make s.o. sit

down
14. Fè chodyè a bouyi de bò to be impartial
15. Fè chou gra to steal, capture something.
16. Fè dap piyanp sou to steal, capture something.
17. Fè de kou to try something. To accept a position temporarily. **Fè degoutan ak yon moun**. to lack respect or esteem for s.o..
18. Fè deklarasyon to ask s.o. the big question (marriage).
18. Fè derespektan to denigrate s.o..
19. Fè dèt lajan paka peye to risk one's life
20. Fè dèyè yon timoun to spank a child.
21. Fè dilatwa to stall for time
22. Fè dyòlè to brag
23. Fè e defè to be judge, jury, and executioner.
24. Fè enferyè to behave badly
25. Fè enteresant to put on airs
26. Fè enpètinans to rebel.
27. Fè epay to save (money)
28. Fè esprè to act deliberately
29. Fè eskal stopover
30. Fè eskandal to make a scandal
31. Fè esplikasyon to answer back, to react
32. Fè fayit to declare bankruptcy

33. Fè fent to pretend
34. Fè fi donnè to be a bridesmaid
35. Fè fich to fill out a form
36. Fè frekan to brag, to disrespect s.o.
37. Fè frekansite to put on airs.
38. Fè gason donnè to be the best man.
39. Fè gaz to put gas
40. Fè gran chire to brag
41. Fè gras to pardon s.o..
42. Fè grimas to grimace
43. Fè ipokrit to betray s.o.
44. Fè jebede to act silly
45. Fè jwèt ou go play!
46. Fè kalewès to be lazy
47. Fè kan to be the goalie
48. Fè karate to do karate
49. Fè kay to build a house
50. Fè kè to suffer from a heart condition
51. Fè kenken to have in abundance
52. Fè koken to be a poor sport
53. Fè komik to be a (class) clown
54. Fè kòmsi mwen pa te la to do whatever you want.
55. Fè kòmsi ou pa konnen to pretend as if you did not know
56. Fè kòmsi ou pa tande to ignore s.o.'s orders
57. Fè kòmsi ou pa wè to act as if you did not see s.o. or

something
58. Fè konkirans to enter into competition with s.o.
59. Fè koupe fè to be eye to eye, nose to nose with s.o.
60. Fè kout zo 1. to play to win. 2. to win a game.
61. Fè yon kout prezidan to place one's candidature for president.
62. Fè kriz to be angry
63. Fè kwa to make the sign of the cross
64. Fè kwa nan bouda bourik to be illiterate, to sign with an 'X'.
65. Fè kwa sou bouch ou to never repeat something.
66. Fè kwè to pretend, to make as if
67. Fè labab to bluff s.o.
68. Fè ladènyè sou to grab something
69. Fè ladesant to pinch (steal) something from s.o.
70. Fè lafrans to put on airs
71. Fè lalwa to command, dictate
72. Fè la navèt to commute
73. Fè lanjèz to be a big-mouth
74. Fè lasisin to eat very slowly
75. Fè lavi miyò to better one's life
76. Fè laviwonnde to revolve
77. Fè lè Go!

78. Fè lèd to act dishonestly
79. Fè lekòl to teach, school
80. Fè limyè sou to clarify, explain
81. Fè lòd rete lòd to re-establish order
82. Fè makak to be silly
83. Fè malonnèt to reprimand, reproach s.o.
84. Fè manje to make food
85. Fè manti to lie
86. Fè mikalaw to be in abundance.
87. Fè move san to get angry
88. Fè moun vin moun to educate, qualify s.o.
89. Fè nwa, fè nwè to be in the dark
90. Fè obsèvasyon to reproach, criticize, reprimand
91. Fè peye to write up a bill
92. Fè plon gaye to spare no one. **S.**: tout moun jwenn.
93. Fè presyon sou yon moun to push s.o. to act
94. Fè pri to negotiate
95. Fè radiyès to be rebellious
96. Fè ratibwazay to pinch, steal
97. Fè rebèl to rebel, revolt
98. Fè repwòch to denigrate, criticize
99. Fè respè w to act respectfully
100. Fè rèv to dream
101. Fè reyinyon to hold a meeting

102. Fè sa w konnen to act, decide alone

103. Fè sa w pito/vle/renmen ak to do as you please

104. Fè san sot nan wòch to attempt the impossible

105. Fè sèman to swear, take an oath

106. Fè sèkèy to prepare a coffin

107. Fè sèks to have intercourse

108. Fè sida to contract AIDS

109. Fè sik to be diabetic

110. Fè sonje to remind s.o. of something

111. Fè sousi to worry

112. Fè tan pase to pass time

113. Fè tenten to act childishly

114. Fè tèt to get a haircut. **Mwen pral bay fè tèt mwen**.

115. Fè tèt di to be stubborn, to not listen, to resist. **S. Fè tèt rèd**.

116. Fè teyat to play around, to pretend

117. Fè ti kap nan tèt li to stroke one's hair

118. Fè ti dife boule to make a situation worse

119. Fè tounen timoun to regress

120. Fè tranble ak bravo loud applause

121. Fè tripotaj to gossip

122. Fè van to pass gas, fart

123. Fè vire tounen to come and go

124. Fè vit to act quickly

125. Fè vitès to go fast

126. Fè vizit delye to pinch (steal); to clean s.o. out

127. Fè vizyon to dream

128. Fè w ak yon moun to sympathize with s.o.

129. Fè w tou piti to not make waves; to be humble

130. Fè wè w to prove of what you are capable.

131. Fè wòklò to rebel, to revolt

132. Fè wòl ou be quiet!

133. Fè won/danse/antre nan won to dance a little

134. Fè wondonmon to revolt, to rebel

135. Fè wonn pòt to do a small tour

136. Fè wont to criticize, reproach s.o. in public.

137. Fè woulib to be opportunistic

138. Fè wout kwochi to detour

139. Fè yo sezi to surprise s.o.

140. Fè yon kou to try s.o.

141. Fè yon kout mèt to do something difficult, to resolve a problem.

142. Fè monnen to make change. Chanje lajan an.

143. Fè bèl jès to pay s.o.'s way, to give a generous gift to s.o.

144. Fè chèf to intimidate,

panic, brutally impose.

145. Fè chita to succeed in life

146. Fè gras to pardon s.o.

147. Fè pa to pardon s.o., to have pity on s.o.

148. Fè laviwonn to turn in round, to revolve around.

149. Fè wè to show-off your success **S.** bay cho.

Fèb adj. weak

Fèblantye n. tin worker

Feblès n. weakness

Febli v. to weaken

Fèk, fèt, fenk adv. just, barely

Fele v. to crack, split

Felisitasyon! entèj. congratulations, bravo
S.:kout chapo, ayibobo, chapo ba

Felisite v. to congratulate
S. ankouraje, bat bravo

Fèm adj. firm, solid, strong
S.: kinn, djanm, gason

Fèman n. machete, cutlass

Femèl n. female

Fèmen v. 1. to close. 2. to turn down. Le coq rabat ses plumes. Kòk la fèmen plim li yo. 3. to incarcerate. 4. to block the passage.

Fen adj. 1. fine, slim, slender. 2. well-dressed. Li (abiye) fen kou pan. **S.:** chik, bwòdè, chèlbè, an penpan. 3. fen fon countryside, back country.

Fenèt, fennèt n. window

Fenk, fèt, fèk adv. just, barely

Fenmèl n. female

Fennen adj./ n. to fade.

Fennèt n. window

Fenneyan adj./n. lazy, idle.

Fent n. ruse. **Fè fent** to simulate.

Fentay n. ruse

Fente v. to dupe, trick s.o..

Fentè n. sly, cunning person

Fentman n. ruse, trick

Fènwè obscurity, blackness, darkness.

Fenyan adj. cowardly, fearful.

Feraye v. 1. to get by. 2. to struggle, resist.

Feray n. rebar.

Ferayè n. metal worker

Fere adj. 1. strong, competent. 2. to shoe (horse).

Fese v. 1. to drop, throw down. 2. to spank.

Fese atè to throw down to the ground, to drop to the ground.

Feso n. conspiracy, plot

Festen n. feast, Voodoo ceremony
S.: sèvis lwa, kandjanwoun

Fèt 1. party. **Gen anpil moun nan fèt la**. 2. to be born. **Jwanis fèt Petyonvil**. 3. ready, prepared. **Manje a deja fèt. S.:** pre, pare. 4. birthday.

Fèt dèmò wake.

Fèt Nwèl Christmas.

Fèt pou must. **Ou fèt pou la**. you must be there!.

Fetay n. rafters

Fete v. to party, to enjoy o.s. S.:pran plezi, banboche, brè kòb, byen mennen

Fètefouni everything included, all inclusive.

Fetich n. fetish, magic, sorcery. **S.:** wanga, malfezan, malfèktè. **Fè fetich** to practice magic

Fetre v. to weave

Fevriye n. February

Fèy n. leaf. **Fèy planch** plank. **Li pa konn A nan fèy malanga**. He doesn't know anything.

Feyay, feyaj n. greens (vegetables).

Fèzè n. self importance, s.o. who puts on airs.

Fi n. woman. Fi-a poze dèyè li sou chèz la san mande. **Ti fi** girl.

Fig n. banana

Figi n. face, visage **Nan figi** right in front of s.o.

Figiran, pòtre n. figurine

Figire v. **1.** to figure, realise **2.** to remark. Figire w ke, ou ka wè ke, ou ka konprann ke (si mwen vle di).

Fikse v. **1.** to focus one's attention **2.** to observe, contemplate. S.: gade. Fikse, gade mwen nan je.

Fil n. **1.** string . **2. Pran fil**. to make progress, to improve one's life, to make a place for o.s. in society. **3. fil bwa** nervure. **4. fil fè** barbed wire. **5. fil kouran** electrical wire. **6. bay fil** to trap, to put s.o. to the test. **W ap ban m fil**. **7. pèdi fil** to regress. S.: fè bak.

Filangay, filangaj n. beating

Filange v. to torture, to beat savagely.

File v. **1.** to sharpen. **2. file yon fanm** to court a woman, to lead a woman on. **3.** to leave quickly. **4.** to spin cotton. **5.** to thread a needle. **6.** to surveil, to spy **M ap file w. 7. file kat la** to deal cards.

Filè n. **1.** net (sport, fishing). **2. filè kouto** knife sharpener. **3.** suitor, lover.

Filing n. **bay filing**. to attract s.o.

Filmen v. to film.

Filozòf n. **1.** high school graduate. **2.** philosopher.

Fim n. film.

Fimen v. to smoke

Fimye n. manure, fertilizer

Fin v. 1. short form of **fini** (to finish)

Fini **1.** adj. to deflower. **2.** to be in decline. **Pèdi fil**. **3.** v. to finish, complete something. **4.** to finish. **Kaba**

Finiray n. funeral

Fisèl n. string, twine.

Fistibal n. slingshot.

Fistiwann (péj.) adv. ass, buttocks nan fistiwann, nan fouk ou.

Fiyansay, fiyansaj n. engaged
Fiyanse v. to get engaged,
fiancé(e)
Fiyèl n. goddaughter, godson.
var. fiyòl
Fiyètlalo n. female VSN
member.
Fizi n. rifle, firearm. **Zam
fann fwa, fizi kreyòl** shotgun
Fizye v. to shoot
Flach n. flashlight.
Flache v. 1. to flash a light. 2.
to seduce, provoke. **S**. kale kò,
bay jòf.
Flan n. side
Flanbay n. large flame
Flanbe v. 1. to flame, singe.
2. **Flanbe dèyè** to spank.
Flanbo n. torch
Flange v. to spank (a child)
var. filange.
Flanke (fam.) v. to deliver a
blow, punch
Flanm n. flame
Flann n. stroll, walk
Flannay n. walk, stroll
Flannè n. 1. teenager. 2. loafer.
3. friend.
Flannen v. to loaf, hang out.
Flate v. to flatter
Flatè n. flatterer
Flè n. 1. flower. 2. **voye flè** to
talk nonsense.
Flèch n. arrow
Flèm n. phlegm, mucus.
Fleng n. 1. revolver. 2.
machete.

Fleris n. florist
Fliktyasyon n. fluctuation
Flit n. flute
Flitay n. fumigation
Flite v. to fumigate, to spray,
to sprinkle.
Flitè n. sprayer
Flo n. crowd of, bunch of.
Flonn n. group of, bunch of,
lot of. **Yon flonn moun t ap
tann prezidan an.**
Fo adj. false, bad
Fò adj. 1. competent, quali-
fied, intelligent. 2. strong, firm,
robust. 3. Santi fò. to smell
bad. 4. Fort (military construc-
tion), fortress. 5. **fò w manje**
You must eat.
Fobòs n. incompetent
S.:mazèt, tèt mato
Fodemokrat n. dictator
Fo-eleksyon n. sham election
Fòj n. forge
Fòjewon n. blacksmith
Fòk it is necessary, must **var**.
fò, fòde.
Fòke adj. crazy, mentally ill
Fòkin v. to fish
Fòl adj. crazy
Foli n. folly, crazy. Ou gen
foli. Are you crazy? Are you
sick in the head? **Foli damou,
foli pouvwa**
Fòlòp n. small escapade.
Fòm n. 1. form, contour. 2. **an
fòm kou bas** fit as a fiddle.
Fomaj, fwomaj n. cheese

Fòmann n. foreman

Fòme adj. **1.** to become a woman. **2.** v. to train, qualify. **3.** to construct, build.

Fomi n. ant

Fon n. **1.** fund. **2.** profound, deep. **3.** front

Fonasyonalis n. crooked politician

Fondasyon n. foundation

Fonde v. **1.** to found. **2.** to create a base, prepare s.o. for life.

Fondman n. foundation, basis.

Fonksyon n. function

Fonksyonè n. civil servant

Fonksyone v. to function

Fonn v. to melt

Fonse v. to break open

Fopa n. **1.** misstep. **2.** error.

Fopaplis! entèj. **1.** extraordinary. **2.** impeccable, perfect

Fopatriyot n. false patriot

Forè n. forest

Fòs n. force, strength

Fòse v. to force

Foseye, foswayè n. grave digger, ditch digger

Foskouch n. miscarriage.

Fot n. **1.** error. **2.** spelling mistake.

Fotèy n. armchair,

Fòtifyan n. vitamin. **S.:**remontan, kanpe kin

Fòtin n. riches

Foto n. **1.** photo. **S.:** pòtre. **2.** tire foto, pran foto moun. Blan pa pran foto m, sitiyasyon m pa bon.

Fou adj. crazy, foolish

Fou n. oven

Foub n. fault, error.

Foubi n. to wash, to scrub.

Fouche v. to pitch with a pitchfork.

Fouchèt n. fork

Foufou n. fastfood **S.:** lamanjay, tyanpan

Foufoun n. vagina, female genitals

Fouk n. crotch

Fouke v. lapolis sot fouke yon vòlè. To grab by the underwear.

Foul n. group of, a lot of. N'ap tann yon foul moun nan fèt la.

Foula n. **1.** scarf **2.** rara flute.

Foulay n. sprain. **S.**fopa

Foule v. **1.** to trample under one's feet. **2.** to sprain an ankle.

Foulkan! entèj. Out! Rale kò w!

Foulonnen v. to eat voraciously

Foumi n. **1.** ant. **2. foumi fou** kind of black ant.

Foundòk n. bad odour.

Founen je v. Founen je gade. to observe carefully

Founi v. to supply, to furnish

Founiti n. supplies, provisions

Founo n. hearth, fireplace

Foure v. to stuff, to enter

something into something.
Foure je v./adj. to meddle in
other's affairs. **S.:** fè tripotaj
Fouro n. sheath
Fout v. to hit, to punch.
Fout! entèj. damn it!
Fouti v. **1.** Ou pa fouti. You
cannot. **2.** (péj.) n. yon fouti
kay. An old house.
Fouwo n. sheath. **S.:** djenn.
Kite manchèt la nan djenn li.
Fouyapòt n. **1.** searcher. **2.**
(péj.) s.o. who meddles in
other people's business. **S.:**
Tripòt.
Fouye v. **1.** to search. **2.** to
interrogate s.o.. **3.** Fouye zo
nan kalalou. To lead an investi-
gation. **4.** to dig.
Fòwvle n. magic potion **Se ak
fòwvle fanm nan rale nèg-la**.
S. rale mennen vini.
Fowòm n. forum, discussion
place
Frajil adj. fragile
Frajilite n. instability, fragility
Fran n. Franc
Franse n. French
Frap n. hit, punch.
Frapaj n. beating
Frape v. **1.** to hit. Pa frape pitit
la. **2.** (fam.) to have sexual
relations with a woman. Pa gen
nèg ki frape fanm tankou Ti
Pòl. **3.** to work very hard. Depi
granmtimaten n' ap frape. **4.** to
play a drum. Frape, **bat tan-**

bou a. **S.:** mate tanbou.
Frapè n. player, playboy.
Frapis n. anti-populist, neo-
duvaliarist
Fratènite n. fraternity
Fre adj. **1.** fresh.
Frè n. **1.** brother. **2.** expense,
fine
Frèch adj. fresh
Frechè n. freshness
Fredi n. cold
Frekan adj./n. impolite, inso-
lent
Frekansite n. insolence,
impertinence
Frekante v. to frequent,
attend. **S.:** mache. Mache
legliz, mache kay oungan.
Fremi v. to tremble, shake
Fren n. brake
Frenk! entèj. freaking!
dammit!
S.: tonnè!
Frenn n. sword, long knife.
Frennay, frennaj n. blockage,
obstacle
Frennen v. **1.** to block, to pre-
vent. **2.** to stop. **3.** to stab.
Fresi n. liver
Fresko n. slush (flavoured
crushed ice)
Frèt adj. **1.** cold. **2.** aloof.
Frewo n. buddy.
Fri adj. fried
Fridòdòy n. fastfood, treat,
candy.
Frijidè n. refrigerator,

Frigidaire
Frikase v. to fry, to sauté (vegetables).
Friksyonnen v. to rub, to massage. **S.** manyen
Frison n. shudder
Frisonnen v. to shutter, shiver.
Fritay, fritaj n. fried food
Frite v. to wander, loaf around.
Friyandiz n. candy, candy bar **S.**:sirèt
Fwa n. **1.** time. **2.** liver **3.** faith
Fwèt n. whip **S.** wouching, rigwaz, matinèt
Fwèt kach n. long whip. **Se ak kout fwèt kach yo fè bann rara vanse**.
Fwetay, fwetaj n. whipping
Fwete v. tr. to whip
Fwi n. fruit
Fwinen v. **1.** to spy. **2.** to loaf around
Fwod n. fraude, vol
Fwodè n. con, thief
Fwote, frote v. to rub, pat
Fye v. to trust, have confidence in.
Fyèl n. gall bladder. anmè kou fyèl.

Gg

G is the tenth of the 32 sounds that make up the Haitian alphabet.

Gabèl adv. advantage, double, head start. **S.**:dyapòt
Gache v. **1.** to waste. **2.** to spoil
Gad n. protection, force, magic power
Gad n. soldier, guard
Gade v. **1.** to look. **Gade yon bèl fanm**. **Gade televizyon** to watch television **2.** to protect, guard. **Gade pitit la pou mwen. 3. n' ap gade**. we're okay. **4. Gade soulaparans**. to reject, ignore, to put s.o. because of his appearance.
Gadjè, gagè n. cockfight
Gadmanje n. pantry
Gadò n. babysitter
Gadyè, gadjè n. arena for cockfight
Gadyen n. caretaker
Gadyennbi n. goalie, goal keeper
Gaga n. dumb, simpleton.
Gagann n. throat, punch.
Gagari v. to gargle. gagari sitwon pou swaye gòj la.
Gagè n. arena, pit for a cockfight.
Gagòt adj/n. messy, disorganized, waste.
Gagòtè n. waster
Gal n. scabies
Galan adj. gallant, courteous (with women)
Galèt n. stone, stepping stone.

Wòch galèt.
Galimatya n. mess, nonsense
Galipòt, galpòt n. witch who transforms herself into other things. **S.** lougarou, baka.
Galon n. gallon
Galonnen v. to promote (in rank).
Galope v. 1. to gallop. 2. to grow quickly
Galri, galeri n. gallery, balcony
Gan n. gloe
Gangan n. Voodoo priest, healer. **S.:** oungan, bòbò, divinò
Gangans n. elegance, pretty woman.
Gangstè n. gangster, bandit.
Gangsteris n. gangsterism
Ganme adj./n. elegant. **S.** bòzò, bwòdè
Ganmèl n. basin
Gany n. winnings
Ganyòt (ga-nyòt) n. winnings, jackpot
Gare v. to park.
Gason n. **1.** man, boy. **2.** strong, virile, firm. **3. Gason kanson, gason total.** national hero, brave man, patriot. **4. Gason lakou** gardener, domestic servant. **5. Gason makomè.** effeminate man, male homosexual. **S. masisi, de sis kole**.
6. gason kanson brave man
Gaspiyay, gaspiyaj n. **1.**

waste. **2.** squandering of public funds, administrative waste.
Gaspiye v. to waste, squander. **S.** depatchya
Gaspiyè n. waster.
Gate adj./v. **1.** to ruin, break. **2.** to aggravate
Gave v. to wolf down food
Gaya adj./v. to get better, to heal, healed, better
Gaye v. **1.** to disperse, scatter. **2.** to spread. **3.** to dissipate. **Gaye nouvèl la. S.** simaye, simen, blayi.
Gaz n. **1.**gas. Mwen gen yon gaz ki kenbe m. **2.** gasoline
Gazèl n. heifer.
Gazolin n. gasoline.
Gazòy n. gas-oil.
Ganmèl n. basin for washing clothes.
Ge adj. content, happy
Gede n. Voodoo goddess of the dead.
Gègè (fam.) n. booboo.
Gen, genyen v. **1.** to have, possess; there is **2. Gen brenn** intelligent, competent. **3. Gen lè** it seems. **4. Gen lizay** to be polite, courteous. **5. Gen nanm** to have strength. **6. Gen yon lobo ki pete:** there is a fight that just broke out. **7. gen tan** to have time. **Li gen tan tounen**. He has returned.
Genbo n. kalalou gonbo. okra
Gentan adv. already. Li gentan

vini.

Genyen v. to have; there is

Genyen wi la a ! there is much to say, see, and hear.

Gèp n. wasp.

Gere v. to manage

Geri v. 1. to get better, to heal. **2. geri bosko sou** to cheat s.o.. Fè ladènyè sou yon moun.

Gerisè n. healer, houngan. **S.:** mambo, oungan

Gerizon n. healing, treatment

Gid n. **1.** instruction manual, guide. **2.** mentor

Gide v. to guide, lead. **S.:**mennen

Gidon n. gidon . Gidon bisik-lèt la twò wo.

Gigit n. small penis

Gildiv n. distillery

Gita n. guitar. Mizisyen an ap jwe gita.

Giyon n. curse. **S.:** devenn, djòk

Giyonnen v. to put a curse, hex on s.o. **S.:** djoke, madi-chonnen, mete bouch sou yon timoun.

Glas n. **1.** icecube. Mete yon moso glas nan ji-a. **2.** mirror. Gade figi w nan glas la.

Glase adj./v. to freeze, cool.

Glise v. to slide

Glasi n. **1.** cemented area, patio. **2.** area to dry clothes.

Blayi rad yo sou glasi-a

Glasyè n. glacier **S.** bwat glas.

Glòb n. globe, light, lightbulb.

glòb lemonn

Glorifye v. to glorify. **S.** louwanje, vennere

Glòs n. small container, flask

Glwa n. glory. Bay Bondye glwa.

Gobe v. to drink, swallow rap-idly

Goche v. left-handed

Gode n. goblet

Godèt n. goblet

Godo n. calabash.

Gogo n. short dress

Gòj n. throat

Gòjèt n. throat

Gòl n. goal (sports)

Gòlkipè n. goalkeeper

Gòm n. gum, eraser.

Gòn, gon n. hinge

Gonbo n. kalalou gonbo. okra.

Gonde v. to roar, scold.

Gonfle adj. furious, angry. **S.:** move

Gonfleman n. indigestion

Gonm n. glue, anything sticky.

Gonmen v. to glue

Gou 1. adj. delicious, tasty. **Manje a gou**. **S.** bon. **2.** taste. Fi sa a pa gen gou.

Goud n. Haitian money, gourd. **S.** pyas .

Gouden n. Twenty-five cents.

Goudiye v. to row, scull.

Goudwon n. tar
Goudwonen v. to tar
Gouman adj. **1.** gluttonous, greedy. **2.** tobacco bud
Goumandiz n. greediness
Goumen 1. v. to fight, resist. **S.** debat. **2** n. battle, fight. **Goumen an pa te ko koumanse**.
Gous n. pod, shell
Gousè n. small pocket
Gout n. drop
Goute v. to taste
Goutyè n. eaves trough
Gouvènay, gouvennay n. rudder
Gouvènen v. to govern
Gouvènman n. government. **var**. gouvèlman, gouvennman.
Gouyad n. undulation of the hips, Haitian dance.
Gouyav, gwayav n. guava
Gouye v. to undulate the hips. **Brase ren**.
Govi n. large pitcher . **S.** kannari. Manbo a pral rele mò a nan govi.
Goyin n. handsaw.
Gra adj. fat
Grad n. grade
Grade v. to give s.o. a promotion
Gradoub n. cartilage, gristle
Grafiyen v. to scratch
Gafonyay n. scratch
Grafonyen v. to scratch
Graj n. grater

Graje v. **1.** to grate. **Graje fomaj la**. **2.** to wriggle, twist.
Gram n. a tiny bit
Gran adj. **1.** big, large. **2.** old **3. Gran chire** pretentiousness. **4. Gran fanm** upper middle class woman, shopkeeper (woman). **S.** gwo zouzoun **5. Gran manjè** greedy person, money grubber. **6. Gran mèsi** thanks to...**7. gran moun, granmoun** adult, independent person. **8. gran nèg** rich man, reputable person.
Granbrenn n. strapping person
Grandèt n. old person, adult.
Grandi v. to grow, develop.
Grandizè n. show-off, braggart
Grandon n. big landowner.
Grandou n. large kite
Granfanm n. upper middle class woman.
Grangozye n. **1.** glutton. **2.** pelican. **3.** one of the four municipalities that make up Belle-Anse in the Southeast Department.
Grangou n. **1.** hunger. **2.** underprivileged person. ti grangou. **3.** v. to be hungry
Grangrann n. great grandmother.
Grangranpapa n. great grandfather.
Granlajè n. pretentiousness

Granlimina n. very wealthy woman

Granmanjè n. greedy, money grubber

Granmè n. grandmother, grandma

Granmèsi 1. thanks to, with the help of **2.** for nothing

Granmèt n. God **S**. Letènèl.

Granmmaten n. dawn, very early, at the break of day.

Granmoun n. **1.** adult. **2. vye granmoun, grandèt** old person, 3. **granmoun tèt** autonomous person

Grann n. **1.** grandmother, grandma. **2. Grann klas** high class, latest. **S.** wòdpòte, lòt nivo,

Grannèg n. wealthy man. **S.:** bacha, gwo chabrak, grandon,

Granpapa n. grandpa.

Granpanpan n. pretentiousness

Grantchalè, grannchalè n. gonorrhea

Grap n. 1. many. **Sa fè mwen yon grap plezi**. 2. bunch. **3. grap diri**. grain of rice.

Grapday n. small amount of money

Grapen (péj.) n. hand **poze grapen sou** to monopolize

Gras n. **1.** grace. **2. Gras a Dye**. thank God.

Graslamizèrikòd ! pity!

Mande graslamizèrikòd, mande pitye.

Grasye v. to pardon, take pity on

Grate v. **1.** to scratch. **2. Grate tèt.** to be in difficulty

Gratè n. cheap person

Gratèl n. rash, itch, skin irritation

Gratis adj. free

Graton n. gratin, the crusty layer at the bottom of the pot.

Gratwa n. scraper

Grav adj. severely. Ti fi a gravman grav.

Grave v. **1.** to engrave. **2.** to scratch.

Gravwa n. gravel.

Gravye n. fine gravel.

Grenad, grennad n. pomegranate (fruit)

Grengole v. to fall down

Grenn n. **1.** pill. **2.** grain. **3.** testicles. **4.** kinky (hair) **Cheve grenn, tèt grenn. 5. grenn bwa** roughness in wood. **6. grenn je** eyeball. **7. Grenn senk** black sheep, troublemaker. **8.** none. **Yon grenn moun pa vini nan fèt la**. **9.** only one **yon grenn pitit, yon sèl grenn pitit madanm nan genyen**.

Grennadin n. grenadine. **var.** grenadin

Grennbak n. greenback, dollar

Grennen (péj.) **1.** v. tr. to reproduce, to have lots of children. Pa grennen pitit nan tan di sa. **2**. that does not stick. **Diri grennen**. **3**. grains of corn (detached from cob) **grennen mayi a. 4**. to rain. Lapli ap grennen sou tòl la.

Grennouy, grenouy n. frog.

Grennponmennen n. loafer.

Grennsenk n. rash, adventurous person.

Grenpe v. to climb

Grèp n. coffee filter.

Grès n. grease, oil

Grese v. **1**. to grease. **2**. to corrupt. Grese pat yon moun.

Gri adj. **1**. drunk. **2**. grey

Grif n. claw

Grife v. to claw

Grifonnen v. to claw, scratch

Griji (fam.) v. to pleat, wrinkle

Grimas n. **1**. grimace. **2**. nonsense.

Grimasye v. to grimace

Grimèl n. light skinned woman.

Grimo n. light skinned man.

Grip n. flu, cold.

Gripe v. to have the flu

Griye v. **1**. to roast, broil.

Griyen adj./v **1**. open **2**. to open

Griyen dan (péj.). to laugh. **3**. to cry (child).

Griyo n. deep fried pork (cut into small pieces)

Gro, gwo adj. **1**. big, large. **2**. important

Grobacha n. wealthy or influential man.

Grobrenn adj. big fellow

Grochabrak n. wealthy or influential man.

Gròg n. alcoholic drink. **S.:**bwason, bweson

Grògmann n. drunkard, alcoholic. **S.:**bwesonmann, tafyatè.

Gronde v. **1**. to roar. **2**. to scold, reprimand.

Gròs (péj.) v. **1**. to get s.o. pregnant. **Jennonm nan gròs ti fi-a**. **2**. pregnant.

Grosè n. size

Grosye adj. coarse

Gwayil n. crude, uncouth

Gwo adj. big, large. **1. Gwo chabrak** big landowner, upper middle class. **2. Gwo dlo** torrent of water. **3. Gwo kolet** dictator, autocrat. **4. Gwo manman** Madame. **4a**. huge, enormous. **5. Gwo mo** obscenity, swearword. **6. Gwo moun** generous person. **7. Gwo soulye** crude, uncouth. **8. Gwo vant** sickly child **8a**. pregnant. **9. Gwo jou** in public. **10. gwo zo** muscled, well developed physically

Gwòg n. alcoholic drink, rum. Ann pran yon gwòg ansanm.

Gwògmann n. drunkard, heavy drinker

Gwonde v. to grumble. **S.**

plenn
Gwopalto n. important man
Gwòs (fam.) pregnant. **S.** gwo vant.
Gwosè n. size
Gwosi v. to increase.
Gwòt n. grotto
Gwoup n. group
Gwoupe v. to group, assemble
Gwozouzoun n. 1. wealthy, prosperous woman merchant

Hh

H is the eleventh of the 32 sounds that make up the Haitian alphabet.
Hany! interj. expresses disdain, contempt.
Hey interj. watch out! pay attention!
Hinghang n. quarrel, dispute, misunderstanding.
Hihan n. braying. **Chak midi bourik-la fè hihan, hihan**.

Ii

I is the twelfth of the 32 sounds that make up the Haitian alphabet.
Ibo n. Haitian dance
Idantifye v. to identify
Idantite n. identity
Idyo n. idiot, imbecile

Imanis n. humanist
Imilyasyon n. humiliation
Imilye v. to humiliate, to be humble
Imite v. to imitate, mimic **S.:**senje
Imoral adj. immoral. **S.** San pidè.
Imoralite n. immorality.
Inegal adj. unequal
Inegalite n. inequality
Inekitab adj. unjust
Inekite n. injustice, inequity
Inifòm n. uniform
Inite n. unity, union
Inivèsite n. university
Inonni n. zombie. **S.:**bègwè
Inoperan adj. ineffective
Inosan adj. innocent
Inyon osnon linyon n. union, unity, solidarity
Inyoran adj./n. ignorant, illiterate.
Inyorans n. ignorance
Inyore v. to ignore
Ipokrit n. hypocrite, traitor.
Ipoteke v. to mortgage.
Iresponsab n./adj. irresponsible.
Irinwa n. urinal
Ise v. to hoist
Isit adv. here
Istwa n. **1.** history. **2. bay istwa** to tell stories.
Itil adj. useful, handy
Ize adj. used, worn, second hand.

Izin n. warehouse
Izir n. wear
Izole 1. v. to insulate. **2.** adj. insulated.
Izolman n. insulation.

Jj

J is the thirteenth of the 32 sounds that make up the Haitian alphabet.
Ja n. treasure
Jaden n. **1.** garden, field. **jaden bannann** banana field. **2. jaden mayi** corn field. **3. jaden diri** rice paddy.
Jagon n. jargon, slang
Jamèdodo n. night owl (person). **S.** plezyis, banbochè.
Jakasay n. chatter, jabber
Jakase v. to chatter, jabber
Jako n. **1.** parrot, parakeet. **2.** tattle tale. **3. jako-repèt.** mimicry, imitation. **4. Fè jako pye vèt** to court a woman.
Jal n. general.
Jalou adj./n jealous
Jalouzi n. jealousy.
Jan n. 1. manner, way, like. **S.:** mannyè. **2. ki jan?** what?. 3. kind, sort. **Ki jan de machin**? What kind of car is it? **4. yon jan, on ti jan** a little.
Janbe v. to cross (over).
Jandam n. policeman, soldier

Janklodis n. Jean-Claudist
Janm adv. never
Janmen, jamè adv. never
Janti adj. nice, polite
Janvye n. January
Jape v. to bark
Jarèt n. **1.** support, backing. **2. Jarèt** calf. **3. Bay jarèt** to support, back, sustain
Java n. open sore or wound.
Je, zye n. **1.** eye, eyes. **2. je bede** nothing at all **Li pa konn je bede. 3. je chèch** shameless, je kale. **4. je klere** intelligent **5. je nan je** face to face **6. je pou je** face to face **7. je pete** blind, ignorant **8. je pete klere** illiterate. **9. je pich pich** swollen eyes, beady eyes **9a. je pye** ankle bone **10. je wè bouch pe** be discreet! **11. je vire** vertigo, dizziness.
Jedi n. Thursday
Jefò n. effort. **fè jefò** to try (hard).
Jele adj./v. to freeze, frozen
Jèm n. **1.** sprout. **2.** sperm.
Jèmen v. to sprout, germinate
Jemi v. to groan, moan, sigh
Jemisman n. groaning, suffering
Jen, jwen n. June
Jenerasyon n. **1.** family, ancestor. **2.** generation.

Jenn n. **1.** immaturity. **2.** young.

Jennen v. **1.** to bother. **2.** to constrain, to be in the way, to be a hindrance

Jennès, jenès n. **1.** youth. **Jenès la kwè nan avni peyi-a**. **2.** prostitute. **Fè jennès anba lavil la rapòte plis kòb**.

Jennjan n. adolescent

Jennonm, jenn nonm n. teenager (boy), young man

Jenou n. knee. **Mete ajenou nan pye yon moun** to flatter, to plead with s.o.

Jeran n. caretaker

Jerenòs, jerennòs n. satan, demon.

Jeretyen n. commission.

Jeròf n. clove

Jès n. 1. gesture 2. behaviour, attitude

Jete v. **1.** to throw. **2. jete giyon.** to curse, condemn. **S.:**Djoke, madichonnen. **3. jete pitit** to have an abortion.

Jeyan n. giant, enormous.

Jezi n. Jesus

Ji n. juice. **Achte yon ji**.

Jida n. traitor

Jif n. cuff (hit)

Jiflaj n. slap in the face

Jifle v. to cuff, slap

Jigo n. shank, loin

Jigotay n. convulsion

Jigote v. to convulse, shake convulsively

Jij n. judge

Jije v. to judge

Jijman n. judgement

Jilè, jile n. vest

Jilèt n. razor, razor blade

Jiman n. mare

Jimèl n. twin (female)

Jimnastik n. gymnastics. **S.:** egzèsis.

Jimo n. twin(s)

Jip n. skirt

Jipon n. slip

Jiris n. jurist

Jis n. **1.** just, impartial **2.** narrow, tight. **3.** until. **4. jis pri** the exact price of something

Jistan until

Jistifikasyon n. proof, justification

Jistifye v. to justify

Jiyè n. July. **Var.** Jiye.

Jodi a adv. today

Jòf n. attraction, seduction

Jofe v. to seduce, attract

Jòkma n. zombie. **S.:** tèt nan sak, innonni, bègwè.

Joko n. imbecile.

Joli adj. pretty, beautiful

Jon n. baton of drum major

Jòn n. yellow

Jou n. day. **An plen jou** in broad daylight.

jou fèt holiday

Joubabye n. turkey

Jouda n. 1. gossiper, slanderer **S.:** dyòlè, tripòt. 2. curieux (péj.)

Joujou 1. n. joker, clown **2.** adj. childlike rakonte se vann kriye se joujou.
Jouk, jous adv. until. **var.** jouktan, jistan, joustan.
Jouk adv. **1.** yoke. **2.** perch
Joukalèkile adv. until now. **S.:** Joukjodiya, Joukkounye
Jouke v. to perch
Joukisi adv. until now.
Jouman n. insult, obscenity, beratin.
Joumou n. squash. **Premye janvye se dat soup joumou**.
Jounen n. **1.** picnic, excursion. **2.** day.
Joupa n. small hut with thatched roof. **S.:** ti kay pay.
Joure v. **1.** to insult, swear at. **2.** to blame, reprimand.
Jwe v. **1.** to play. **2.** to play, fool around. **3. jwe sou**. to bet on. **4. jwe konpa**, **voye konpa monte**. to play Konpa music.
Jwe bas
Jwe ak dife. to play with fire.
Jwen n. crack, fissure.
Jwenn v. to join, find.
Jwè n. player
jwè foutbòl football player
Jwèt n. **1.** toy, game. **2. Jwèt zo** game of dice. **3. Jwèt mò rèd** without mercy. **4. an jwèt** in this way.
Jwi v. **1.** to enjoy. **2. Jwi lavi a** to take time to enjoy life.

Jwif n. **1.** fan (hand). **2.** Jew

Kk

K is the fourteenth of the 32 sounds that make up the Haitian alphabet.
Ka n. **1.** case, grave problem. **2. v.** to be able, can. **Ou ka viv lontan**.
kab, ka, kapab, kap v. to be able, can. **3. ka, kay** house.
Mwen pral ka manman m. I am going to my mom's house.
Kab n. cable.
Kaba v. to finish off, put an end to
Kabann n. bed **tèt kabann** headboard.
Kabare n. serving tray.
Kabès n. **1.** head **2. dekabès, de kabès** double
Kabich n. roll (bread), loaf of bread.
Kabicha n. siesta
Kabichan adj. tired **S.** kagou.
Kabinèt n. **1.** small room. **2.** small storage room.
Kable v. to capture
Kabodja (kò) v. to dance,
Kaboulaw n. quarrel, argument. **S.:** chire pit
Kabouya n. quarrel, commotion
Kabre v. to dodge, to feint (sports)

Kabrèt, kabwèt n. cart, wagon. Bèf kabrèt.

Kabrètman n. cartage*

Kabrit n. goat

Kach n. cash, money.

Kache v. **1**. to close, hide. **2**. to cover o.s..

Kachiman n. custard apple

Kachimbo n. Haitian made pipe.

Kacho n. prison

Kachte v. to close, hide, seal.

Kad n. frame, management, leader.

Kadafa n. meeting of secret society.

Kadans n. dance, rhythm

Kadanse v. to dance, to move in rhythm.

Kadav n. cadaver, body

Kadè n. **1**. instant. **S**. titalè **2**. **yon kadè** a quarter of an hour.

Kadejak n. rape

Kadnase v. to lock, padlock.

Kado n. present. **S.:** kichòy

Kadre v. **1.** to frame **2**. to support. **3.** to go together.

Kafe n. **1**. coffee. **2**. bordello.

Kafetyè n. coffee maker

Kafou n. intersection **var.** kalfou

Kage v. to lean (against)

Kagou adj. **1**. sad. **2**. sleepy. **S**. kabichan.

Kajole v. to show affection, cajole.

Kaka n. **1**. crap, excrement **2**. kaka nen booger. **3**. **kaka zòrèy** ear wax, cerumen. **4**. **kaka je.** sleep, eye matter **S**. lasi. **5**. **kaka nen** snot. 6. (prov.) **kaka je pa linèt** clothes don't make the man.

Kakarèl n. diarrhea.

Kakatwè (fam.) s.o. who messes his pants.

Kakaye v. cackle, cluck. **Gade ki poul k ap kakaye nan lakou-a**.

KAKO n. Konmite Ayisyen Kont Okipasyon an. Haitian Committee Against the Occupation

Kako n. group of revolutionaries (national history).

Kal n. **1**. crumb. **2**. slap, hit. **3**. calm **4**. scale.

Kalalou n. okra. **S**. gonbo.

Kalamite n. calamity, disaster.

Kalanmplanm adv. rapidly. **S.:** Prese-prese

Kalbas n. calabash, gourd

Kalblendaj n. idleness, loafing

Kalbende v. **1**. to hang out **2**. to loaf, wander. **3**. to drag on.

Kale v. **1**. to hit, spank. **Pa kale pitit la**. **2**. to peel, shell. **Kale bannann nan. 3.** to harm, damage **travay sa ap kale dèyè m**. **4**. (fam.) to return, reimburse something. **Kale m lajan m. 5.** (fam.) to open. **Ti fi ou kale janm ou tròp devan moun. 6**. to attract, seduce **kale kò**. **7.** (péj.) to have children. **Sispann kale pitit nan mizè**. **8.** (fam) **kale tèt yon moun** to trick, exploit, take advantage of s.o. **9. Kale je** to watch closely, to pay attention to, to be aware of.

Kalewès n./v. to be lazy.

Kalfou n. intersection. **var.** kafou

Kalimèt n. pipe stem. **S. bwa pip**

Kalinda n. folkloric Haitian dance.

Kalite n. **1.** quality **2.** type of, sort of, kind

Kalkil n. **1.** computation. **2.** reflection. **3.** worry, problem

Kalkilatris n. calculator **var.** kalkilatè.

Kalkile v. **1.** to think, contemplate. **2.** to count. **3.** to calculate. Byen konte mal kalkile.

Kalmason n. snail

Kalòj n. birdcage

Kalonmni n. calumny, slander

Kalonmnye v. to slander

Kalonnen v. to stone, throw stones at s.o.

Kalòt n. slap, hit (on the head)

Kalote v. to hit, cuff, slap.

Kalson n. briefs, underwear. **S.**: eslip

Kalvè n. persistent problem, difficulty.

Kameleyon n. **1.**chameleon. **2.** opportunist, profiteer

Kamizòl n. undershirt, hospital gown **S.** chemizèt.

Kamoken n. (pol.) political dissident under the Duvalier regime.

Kamouflay n. camouflage, deceit

Kamyon n. truck

Kamyonnèt n. pickup truck

Kan 1. adv. when. **2.** camp

Kanal dèyè n. butt crack. **S.** fant dèyè.

Kanaval n. carnival

Kanbiz n. food and beverage service, buffet. **S.** bivèt.

Kanbya adj. crooked, twisted, deformed. **Pye kanbya**. handicapped.

Kandjanwoun n. Voodoo ceremony

Kandyo n. clever.

Kanè n. notebook, report card.

Kanf n. camphor

Kanfre v. to apply camphor.

Kanif n. pocket knife.

Kankannen v. to consume, burn, char.

Kanmarad n. comrade, colleague

Kanmenm adv. anyway, nevertheless

Kann n. sugar cane. Tout timoun renmen kann kale.

Kanna n. duck

Kannal n. canal

Kannale v. to continue

Kannale desann v. to hurry down, to decline

Kannannan n. zombie, dummy, idiot.

Kannape n. couch, sofa

Kannari n. canary, recipient. earthenware jar.

Kannay adj./n. immoral. **S.** kente. **granmoun kannay**. cradle robber.

Kannèl n. cinnamon

Kanni v. to mildew, mould

Kannistè n. tin can, recipient

Kanno n. canon. Lè prezidan ap prete sèman yo dwe tire 21 kout kanno.

Kannòt n. canoe, small boat, raft.

Kanntè n. sailing ship.

Kanpe v. **1.** to stand up, get up **2.** to have an erection. **3.** to erect, build. **4.** kanpe lwen, **pran yon kanpe lwen** to be in exile.

Kanpo n. **1.** rest. **2.** relief, peace, tranquillity

Kanpo! entèj. Enough!

Kanson n. pants

Kanta adv. as to, for

Kantifye v. to quantify

Kantik n. hymn, song

Kantite n. quantity

Kanton n. township, zone, district

Kanyan n. zombie

Kanzo n. Voodoo initiate.

hounsi, female apprentice (Voodoo)

Kap 1. n. kite. **S.:**grandou. **2.**v. to be able, can. **Se yon maladi yo kap/ka geri. 3.** n. dandruff (flake). **Retire kap nan cheve ti fi a.**

Kapab v. to be able, can. **Li kapab reyisi.** He can succeed.

Kapasite n. capacity

Kapat n. straw bag, sack

Kapitalis n. capitalist

Kapitalize v. to capitalise

Kapon adj. coward. **var**. kanpon.

Kaponnaj n. fear, intimidation. **Var.** kanponnay.

Kaponnen v. to intimidate, frighten. **Var.** Kanponnen.

Kapòt n. **1.** hood (car). **leve kapòt machin nan**. **2.** toupee. **3.** condom. **Kapòt pantè pa pran gòl.**

Kapote 1. adj. crazy, defrocked. **2.** v. to overturn, overthrow

Kapout kaput

Kapte v. to catch

Kaptenn n. captain

Karabin n. carbine, rifle, firearm

Karaf n. carafe

Karako n. Haitian muumuu.

Karanbòl n. carom

Karang n. louse

Karanklou n. vulture

Karant adj. forty

Karapas n. carapace
Karapat n. tick.
Kare n. 1. square. **2.** frank, sincere, direct. **3. fenk kare** take one's time. **4. fè fas kare a yon moun** to confront s.o.. **5. kare bare** without problem
Karebare adv. **1.**openly. **2.** with fervour. **3.** straightforwardly.
Karèm n. Lent
Kareman adv. without fear
Karès n. **1.** caress, affection, love. **2. fè ti karès** to flirt
Karese v. to caress, stroke.
Karo n. **1.** iron (clothes). **2.** diamonds (suit of card). **3.** land (3.19 acres).
Karotchou n. 1. rubber. 2. tire
Karote v. to square off
Karyann n. rocky land.
Karyoka n. woman's sandal.
Kas n. helmet
Kasaj n. breakage
Kasav n. manioc, cassava
Kasè n. reckless person
Kase v. **1.** to break. **2.** to slim down. **3.** to fire, sack.
Kase sa v. to leave, go
Kase fèy kouvri sa : to conceal, cover up.
Kase mayi to harvest corn.
Kase pye to trip, stumble.
Kase randevou to make an appointment.
Kase tèt to hurt one's head
Kase tèt ou to do one's best, try very hard.
KASEK n. Conseil d'administration des sections communales. Administration Council for Municipal Districts
Kasèt n. cassette.
Kasèt-odyo audio cassette
Kasètvideyo video cassette
Kaskèt n. cap, baseball cap
Kastròl, kastòl n. casserole dish.
Kat n. **1.** card. **2.** quarter
Kat make n. popular person, star
Kat blanch carte blanche, to give s.o. carte blanche. **Kat jewografik** map.
Kata 1. n. drum beat. **Mwen pa renmen kata sa 2.** v. Kata tanbou a.
Katafal n. a great number of, quantity of.
Katalòg n. catalogue
Katapoli n. sandpaper.
Katchouboumbe n. impasse, obstacle.
Katchoule v. to walk slowly.
Katedral n. group of, large number of. Yon katedral moun t ap tann prezidan.
Kategori n. category. Yon ti kategori moun k ap byen mennen.
Kategorize v. to categorize.
Katèl n. **1.** break. Ban m yon katèl. **2.** relief, appeasement. Maladi-a ba li yon katèl.

Katkat, ti katkat n. kid, toddler.

Katolik adj. Catholic

Katon n. cardboard

Katòz adj. fourteen

Katyapika n. sword, long knife, knife.

Katye n. **1.** neighbourhood, geographical area smaller than a municipality but larger than block. **2.** locality. **3.** quarter moon.

Kav n. tomb, cellar

Kavalye n. dancer, horseman. **S.:** tyoul.

Kavo n. tomb.

Kaw n. **1.** ugliness. **2.** crow, raven.

Kawotchou n. tire, rubber

Kawotchoumann n tire repairman (person)

Kay n. house, residence, domicile. **Ki nimewo kay-la?** What is your house address?

Kay Bondye n. temple, church

Kay mistè n. Voodoo shrine, temple.

Kay oungan n. Voodoo peristyle, hounfò. **S.** kay lwa.

Kay pay n. thatched-roof house, hut.

Kaye 1. n. notebook. **2.** adj. curdled.

Kayèn kayen adv. quietly, in silence

Kayimit n. star apple

Kazak n. peasant dress typically worn by Haitian women.

Kazèn n. barracks

Kazwèl adj. **1.** cowardly. **2.** to bluff.

Ke n. **1.** tail **2.** quay.

Kè n. **1.** heart. **2.** core. **3.** chorus. **4. Kè di, kè venn, kè grenn, kè nwè** mean, hateful. **5.** **Kè kase** to fear, scare. **6. Kè kontan** happy, contented. **7. Kè nan men** charitable, generous, sensitive. **8. Kè plen**, **kè tounen** nausea. **9. Kè pòpoz** serenity, peacefulness. Rete kè pòpòz. **10. Kè sote** panic. **11. Kè soubiskèt, kè cho** impatient. **12. kenbe kè** to be patient. 13. **ou gen kè**. you are courageous.

Kèk pron. ind. some. **S.** dezoutwa.

Kèkal adv. softly

Kèkgrenn pron. indéf. some.

Keksyonnman n. questioning, interrogation.

Kèlkilanswa adv. whatever the case may be.

Kenbe v. **1.** to maintain. **2. Kenbe fèm pa lage** hold fast, don't give up **3. Kenbe men nan sak** to be caught with your hand in cookie jar. **4. Kenbe zòrèy ou an tronpez** listen carefully. **5. kenbe kè** to be patient, to control o.s. **6. kenbe men nan men** to unite with s.o..

Kenedi n. used clothing

Kenèp, kennèp n. Spanish lime

Kenkay n. accessories, odds and ends.

Kente v. to have a straight (cards)

Kenz adj. fifteen

KEP n. Provisional Electoral Counsel. Konsèy elektoral pwovizwa

KEP n. Permanent Electoral Counsel. Konsèy elektoral pèmanan.

Kepi n. cap, baseball cap

Kerèl n. quarrel, lively discussion

Kès n. (cash) register

Kesyon n. 1. question. **koute kesyon an byen**. 2. thing. **S.** zen (péj.).

Kesyonnen v. to question, interrogate

Ketay, ketaj n. collection. Ketaj lajan

Kete v. to take up a collection (church)

Keyi v. to pick, harvest

Ki pron. who/what ~ **jan, kouman?** How?. **Pou ~ sa, poukisa?** why?. ~ **sa, kisa?** what? ~ **kote, kibò, Kote?** Where? ~ **moun?** Who? Who is it? **Konben, konbe?** How many? **Èske?** Do…? ~ **lè li ye ?** what time is it? **Kisa sa ye?**

What is that? **Sa k genyen?** What's going on? ~ **kote yo ye ?** where are they?

Kichòy n. 1. thing, something. 2. a little something.

KID n. Konfederasyon Inite Demokratik. Democratic Unity Confederation

Kidonk conj. therefore, so.

Kifason adv. how, in what way

Kijan adv. how, in what way

Kikote adv. where

Kilbite v. to stumble

Kilè adv. 1. When. 2. at what time

Kilès pron. rel. who, which one

Kilòt n. panties

Kilti, lakilti n. culture

Kiltivatè n. cultivator

Kim n. foam

Kimen v. to foam (up).

Kin adj./adv. strong, firm, solid

Kin kanpe adv. stiff, taught

KIOP n. Committee Initiative Popular Organization. Konmite Inisyativ Òganizasyon Popilè

Kipidite n. greediness, cupidity

KIPKAA n. Committee Initiative to Support Literacy in Haiti. Konmite Inisyativ pou Soutni Alfabetizasyon an Ayiti.

Kis n. cyst

Kiskeya n. Prop. Quisqueya is the Indian name for Haiti.

Kite v. **1.** to separate **2.** to leave (alone), **3.** to die, to disappear **4.** to leave, go. **5. Kite sa** to leave alone, to be calm. Mete dlo nan diven w.

Kivèt n. basin.

Kiyè n. spoon **kiyè ranpli** spoonful **kiyè pou te** teaspoon, **kiyè pou soup** soupspoon

Kizin, kuizin n. kitchen. **var.** koujin. **fè kizin** to prepare food

Kizinyè n. cook

Klakson n. horn

Klaksonnen v. to honk (horn)

Klaksonnman n. warning

Klarinette n. clarinet

Klas n. class

Klase v. to arrange, categorize

Klasè n. binder, notebook. **Papye klasè** binder paper

Klasman n. classification

Klate adj. clarity.

Kle n. key

Klè n. **1.** clear. **2. je klè** to wake up to something **3.** to become conscious.

Klere v. **1.** to clarify. **2.** to light up. **3.** brilliant.

Kleren n. alcoholic beverage, white rum. **Kleren tranpe** flavoured raw rum. **S.:** tafya.

Klerenmann n. drunkard, alcoholic

Kleron n. bugle

Klete v. to lock, lock up.

Klète n. clarity

Klimatize v. to be air conditioned

Klin **1.** adj. neat, orderly. **2.** v. t. to clean.

Klinik n. clinic

Klisay n. latticework.

Klise v. to do latticework, wattle.

Kliyan n. client. S.: pratik

Klòch n. bell

Klòtch n. clutch (car). **fè pati machin nan sou clòtch.**

Kloti n. fence, yard

Klotire v. to fence (in)

Klowoks n. bleach

Klou n. **1.** nail. **2. klou gagit** small nail, shoe nail, tack

Kloure v. to nail

KNOE n. Konsèy Nasyonal pou Obsèvasyon Elektoral. National Counsel for Electoral Monitoring

Ko adv. already S.: gentan

Kò n. **1.** body. **2.** cadaver. **3. kale kò** to wear revealing clothing. **4. Sove kò** to leave quickly or discreetly.

Kòb n. **1.** money, change. **2. Kòb anba** bribe

Kòche v. to skin (animal). **Jan bèf la tonbe se konsa ou kòche li. 2.** scratch, cut.

Kòchèt v./n. 1. to trip s.o.. 2. door latch.

Kochma n. **1.** nightmare. **2.** problem, concern

Kochon n. pig, pork

Kochte v. to close a latchet.

Kòd n. 1. cord. 2. **Kòd lonbrit** umbilical cord 3. **kòd postal** postal code, zip 4. **kòd rejyon** area code 5. **kòd sekrè** pin number

Koda n. wrong

Kodak n. camera.

Kodasye, kodase v. to cluck, cackle. Poul la ap kodase.

Kode v. to code.

Kòde v. to braid

Kodenn, kodin n. turkey.

Kòdon n. cord, rope.

Kòdonnye n. shoemaker

Kòdtèt (fam.) n. adult, independent person

Kòdyòm adj. in shape, solid

Kofray n. 1. beating. 2. form (for concrete).

Kofre v. to torture

Kòfrefò n. safe. **S.** mal.

Kòk n. 1. cock, penis. **S.** bagay, yoyo, pijon (fam.) 2. cock, rooster. **Kòk kalite, kòk batay** fighting cock. **Kòk panyòl** Dominican fighting cock. **Kòk franse** French cock. 3. **sèl kòk chante.** autocrat 4. **kòk lakou** cock of the walk. **S.:** koyo.

Kokad n. hair ribbon

Kokayin n. cocaine

Kokayinomàn n. cocaine addict.

Koke, kwoke v. to hang (on a hook).

Koken adj. crooked, dishonest, cheat

Kokenn adj. enormous, immense

Kokennchenn n. immense, enormous

Kòkèt adj. elegant, pretty

Koki n. shell

Koklich n. whooping cough

Koko (vulg.) n. vagina. **S.** bouboun, kòkòt (Nò), bòbòt (fam.)

Kòkòb adj. imbecile, clumsy

Kokobe adj. crippled, handicapped.

Kokobe v. t. to torture, cripple.

Kòkòday n. complicity.

Kokomakak n. baton

Kokonèt n. cookie made with coconut. **var.** kokonnèt, konkonnèt.

Kokorat n. good for nothing, street urchin

Kòkòt n. dear, honey (endearment)

Kòkòtò n. stingy, cheap, miserly.

Kòkòy n. imbecile

Kokoye n. coconut

Kòkraz n. fatigue, exhaustion.

Kòl n. 1. collar. 2. tie

Kola n. cola

Kolabore v. to collaborate

Kolboso v. to batter, dent

Kòlè n. anger, rage.

Kole v. to glue. **Pote kole** to support, help, collaborate.

Kolèj n. college

Kolejyalite n. collegiate.

Kolekte, konnekte v. to connect

Kolepyese v. to repair, sew together

Kolerin, kolorin n. dysentery.

Kòlèt n. **1.** collar. **2. mete men nan kòlèt yon moun** to arrest s.o.. **3.** chest. **Kolèt li deboutonnen**.

Kole zèpòl n. to work together

Kolibri n. hummingbird

Kolik n. **1.** colic, stomach ache. **2.** period (menstruation)

Kolin n. hill

Kòlmann n. lanp kòlmann. gas lamp

Kolokent adj. cheap, greedy

Kolonize v. to colonise

Kolonni, koloni n. colony

Kolonn n. group of, crowd of, bunch of

Kolorin n. dysentery

Kolye n. necklace. Kolye madjòk.

Kòm adv. **1.** as, like S.: tankou, jan. **2.** since

Kòman adv. how? in what way? **var.** kouman

Kòmandan n. commander

Kòmande v. to command

Kòmanditè n. sponsor

Kòmandite v. to sponsor

Kòmanse v. to begin, start

Kòmansman n. commencement, beginning

Kòmè n. godmother. Pitit mouri, kòmè kaba.

Komedyen n. comedian, joker

Kòmeray, komeraj n. gossip

Komès n. commerce

Komèsan n. merchant

Komi n. salesclerk, salesperson

Kominike v. to communicate, say, talk

Kominote n. community (the inhabitants of a village)

Kominyon n. communion

Kominis n. communist. **var.** komilis

Komisè n. commissioner

Komisyon n. **1.** commission. **Fè komisyon** to run an errand. **2.** commission, special committee. **3.** percentage, prime. **4.** message, errand **komisyon pa chay**.

Komisyonnè n. commissioner

Kòmkidire adv. as if, that is to day.

Komòd n. toilet, water closet.

Kòmsadwa adv. correctly, perfectly

Kòmsi adv. as if, like

Kòmsidire adv. as if, like

Kon, kou adv. like **Bèl kou/kon zetwal**

Kòn n. horn. **kabrit san kòn** goat without horns

Konba n. combat

Konbat v. to combat, struggle

Konbe /konbyen adv. **1.** how many. **2.** many **Ou dwe sou konbe vwayaj aletranje**.

Konbèlann n. pirating (electricity, cable)

Konbit n. collective work, cooperation **S.**:tèt ansanm

Konbyen, konbe, konben adv. how many

Kondanasyon n. condemnation

Kondannen v. to condemn

Kondi, kondui v. **1.** to drive, lead, accompany, guide. **2.** to drive a car. **Pa kondi machin lannuit san limyè.**

Kondisip n. classmate, schoolmate.

Kondisyon n. condition

Kondon n. condom

Kondwi v. to drive

Kondwit n. conduct

Konfesyon n. confession

Konfiti n. jam

Konfyans n. confidence

Koneksyon n. connection

Konekte v. to connect, attach

Kòne n. cone (ice cream)

Kònen v. **1.** to call, to make an appeal. **S.:** sonnen, wouke (fam). **2.** to talk incessantly. **Pa vin kònen zòrèy mwen ak sirenn ou an**. **3.** to buzz, make your ears ring. **Depi zòrèy li ap kònen s'on moun k ap pale mal sou do li.**

Konesans n. knowledge

Konèsè n. savant, connoisseur

Kònèt n. type of trumpet (musical instrument).

Konfese v. to confess, repent

Konfesyon n. confession

Konfiti n. jam

Konfòtab adj. at ease, comfortable

Konfrè n. colleague, co-worker. **S.** asosye.

Konfye v. to confide

Konfyolo n. conspiracy, trap.

Kong n. **move kou kong** furious, angry

Kongo n. 1. type of Haitian Dance. 2. (péj.) Sauvage. **3. pwa kongo** pigeon peas

Konjele v. to freeze

Konjige v. to conjugate

Konkeri v. to conquer

Konkou n. **1.** competition, contest. **2.** help, support. **3. bay konkou** to help, support, sustain

Konkretize **v.** to make concrete, tangible, set in stone

Konnekte, konekte v. to connect

Konnen, konn v. to know. **Chache konnen** to find out. **S.:** fouye. **Li konnen pèz li.** He knows his value. v.

Konnesans n. 1. knowledge 2. intelligence, discernment, common sense.

Konpa n. popular Haitian dance.

Konpayèl n. comrade, homologue.

Konpay n. companion

Konpayi n. company.

Konpè n. 1. godfather. pitit mouri, konpè kaba. 2. friend (term of endearment)

Konpetans n. competence, qualification.

Konpetisyon n. competition, contest.

Konpitè n. computer.

Konplèks adj. complex, difficult. **S.** mabyal, mangonmen.

Konpleksifye v. to make complex, complicate

Konplete v. to complete, achieve.

Konplètman adv. completely, entirely.

Konplezans n. complacence

Konplike adj./v. 1. complicated. 2. to complicate

Konpliman n. compliment, congratulations, bravo

Konplimente v. to compliment

Konplisite n. complicity.

Konplo n. conspiracy

Konplotay, konplotaj n. complicity, conspiracy.

Konplotè n. conspirator

Konplote v. to conspire

Konpoze v. 1. to prepare something. 2. to take a test or exam.

Konpozitè n. compositor

Konprann v. 1. to understand **Li pa konprann pwoblèm**

nan. 2. to think. **Li konprann ou t ap dòmi**.

Konprès n. compress

Konpreyansyon n. comprehension, open mind

Konprime n. pill, tablet

Konpwomèt v. to compromise.

Konsa adv. 1. like this, as 2. around, about

Konsè n. concert.

Konsekan adj. honest, trustworthy.

Konsekans n. 1. importance. 2. consequence.

Konsepsyon n. conception

Konsèpt n. concept.

Konsèy n. counsel

Konseye v. counsellor.

Konsidere v. to consider

Konsonmen n. consommé

Konstate v. to notice.

Konstène v. to be dismayed

Konstwi v. to construct, build.

Kont v. 1. to oppose. 2. **sou kont yon moun** to depend on s.o.. 3. **chache kont** to bother, annoy s.o.. 4. **lite kont** to resist, to be opposed to. 5. **manje kont ou** to eat enough.

Kont n. 1. riddle, story. 2. **tire kont** to tell stories. 3. sufficient, enough. **Lajan manje a pa kont, li manke**. 4. **pou kont** alone. pitit la travèse lari a pou kont li. 5. **sou kont** to be responsible for. Madanm nan gen senk pitit sou kont li. 6.

problem. **pa foure m nan kont.** S. zen.

Kontabilize v. to account for

Kontak n. **1.** contact . **2. an kontak** in communication with **3. an kontak, nan kontak** in sexual relations with. Pa ale nan kontak ak fanm san kapòt.

Kontakte v. to contact, consult

Kontaminasyon n. contamination

Kontamine, kontaminen v. to contaminate

Kontan adj. content

Kontanplasyon n. contemplation.

Kontan v. content. **Mwen kontan** I am content, happy.

Kontanple v. to contemplate

Kontè n. storyteller

Konte v. **1.** to tell a story. **2.** to count

Kontinye v. to continue, keep going

Kontra n. contract

Kontraksyon n. contraction

Kontraye v. to upset

Kontrayman n. setback, disappointment

Kontre v. **1.**to be against, opposed to. **2.** to encounter, meet.

Kontrebann n. contraband, fraud

Kontrekare v. to brake, block, prevent.

Kontremèt n. comptroller, supervisor, foreman

Kontribisyon n. tax office

Kontribye v. to contribute.

Kontwòl n. control

Kòntwolè n. **1.** comptroller, supervisor **2.** tax collector, comptroller **3. (péj.)** rat (fig), spy

Kontwole v. **1.** to protect, watch over. **2.** to supervise, control.

Konvèti v. to convert, repent

Konviksyon n. conviction

Konvoke v. to call for, summon

Konyen (vulg.) v. to nail s.o. S. fè bagay

Kòpè (fam.) n. small

Kopenyay n. friendship

Koperasyon n. solidarity, cooperation

Kopye v. to copy

Koral n. chorus, choir

Koray, koraj n. support, backup

Kore v. **1.** to support, help, sustain. S. bake **2.** to prop up. S. jennen.

Korè n. supporter

Kòrèk adj. correct

Korekipye n. teammate, colleague.

Koreksyon n. **1.** spanking, punishment. **2.** correction.

Kòrèkteman adv. Correctly, perfectly.

Koresponn v. **1**. to correspond, relate to. **2**. to answer, respond, reply.

Koridò n. **1**.corridor, hall. **2**. alleyway.

Korije v. **1**. to punish. **2**. correct, educate

Koripsyon n. corruption, bribe.

Kòsay n. **1**. corsage. **2**. **wete w nan kòsay mesye-a**. get away from him.

Kòskòs v. scalp. Kòskòs tèt la.

Kosòl, kowosòl, kòwòsòl n. corossol, soursop.

Kostim n. costume, suit. **S.**: rechany.

Kòt n. rib

Kote n. **1**. place **2**. aspect. **3**. **bò kote** on the way. **4**. route, way, path. **Ki kote w ap fè**, kote ou prale. where are you going? **Kote ou rete** where do you live? **5**. **sou kote** beside. **6**. size. **7**. close to, beside. **Fanm nan te chita kote/bò kote mari li.**

Kòtèy, kòtèj n. **1**. procession. **2**. **yon kòtèj moun**. a group of people.

Kòtkabann n. rag, old clothes

Kòtkòte v. poul la ap kòtkòte.

Kòtòf n. mechanism, structure.

Koton n. cotton

kotonwat n. cotton ball

Kou **1**. adv. like. **2**. n. hit, blow . **3**. neck **4**. turn **tann kou pa ou**

Move kou kong. **2.** n. neck. Pa peze kou pitit la. **3.** blow. Pa bay moun yo kou.

Koub n. **1**. curve, turn. **2. kase koub** to make a turn

Koube, koubi v. to bend, lower.

Kouch n. **1**. layer (of paint) **2**. diaper.

Kouchadò n. hooker, prostitute.

Kouche v. to lay down, go to sleep

Kouche lide v. to write, compose.

Koud 1. n. elbow. **2.** v. to sew.

Koudpye n. kick

Koudeta n. coup d'état. **S.**: panzou

Koudjay, koudyay n. **1**. Haitian dance. **2.** Voodoo ceremony.

Koukou n. **1**. ugliness. **2**. owl.

Koukouman v. **1**. to curl up **2**. to physically torture.

Koukouy n. firefly.

Koule v. **1**. to sink, drown. **2**. **Koule bweson** to drink up. **3**. **koule kafe** to make coffee. **4**. to fail, suffer a defeat.

Koulè n. **1**. colour. **2**. diver.

Koulèv n. snake.

Koulin n. machete.

Koulout n. child's penis.
Koulwa n. hallway, corridor.
Kouman adv. how, in what way.
Koumandan, kòmandan n. Commandant.
Koumanse v. to start, commence
Kounan n. infirm
Kounouk n. small cabin, thatch house
Kounyeya, kounye-a adv. now, right away
Koup n. haircut
Koupab adj. guilty
Koupay, koupaj n. cut
Koupe v. **1.** to cut. **2.** (fam.) to screw. **3. koupe pye** to never return to s.o.. **4. koupe dwèt** exquisite.
Koupe fouk n. tight jeans.
Koupè n. cutter (person).
Koupe grangou fastfood.
Koupe je v. to glare.
Koupe souf v. to kill, murder
Koupi, akoupi v. to bend, lower o.s.
Kouplè n. couplet
Koupon n. coupon
Koupye n. crupper
Koupyon n. tailbone
Kouraj, kouray n. **1.** strength **2.** courage. **3.** perseverance
Kouran n. current
Kourèd adj./n. greedy, cheap
Kouri v. **1.** to run **2. mete nan kouri** to run around.

Kouri dèyè to expel s.o..
Kouri sou to meet s.o.
Kouri sou tèt to act quickly.
Kous n. course
Kousen n. cushion
Kousen machin car seat.
Kout adj. short, small
Kout chapo compliment
Kout foule midget, very short, handicapped
Kout peny pretty hairstyle
Kout san stroke
kout ba – bay kout ba to not keep one's promises.
Kout zam fè kenken gunfire
Koutay n. commission.
Koutba n. betrayal, low blow.
Koute v. **1.** to listen, pay attention. **koute radyo, koute mizik 2.** to cost
Kouti n. sewing
Koutmen n. support, help. Bay yon koutmen.
Koutmò n. magic, sorcery. **S.:**Koutnanm
Koutiryèz n. seamstress
Kouto n. knife
Kouto debò opportunist, profiteer
Kouto digo n. sickle.
Koutpakonprann n. trap, conspiracy
Koutpeny n. hairstyle
Koutwazi n. courtesy. Bon lizaj
Koutye n. middleman, broker
Kouve v. to brood

Kouvè n. cover
Kouvèti n. lid
Kouvreli n. bedspread
Kouvri v. to cover, hide
Kouvwa n. strap
Kouwè adv. like, as.
Kouwonnen v. to crown
Kouzen n. cousin (male)
Kouzin n. cousin (female)
Kòve n. forced work
Kowonpi v. to corrupt
Kowòt n. group, crowd. Yon kowòt moun.
Koyo n. zombie, imbecile
Kozè n. storyteller
Koze v. **1.** to discuss, chat, talk. **2.** to pursue, flirt. Koze ak yon demwazèl. **3. Koze pran chèz** serious dialogue **Ti koze** interview
Kozman n. conversation, dialogue.
Krab n. crab. **Ratyè, zatrap krab** crab trap.
Krab-arennye n. tarantula
Krab kò (fam.) **1.** to hide o.s. **2.** to be indiscreet. **S.:** mouri poul ou.
Krabinay n. debris, rubble
Krabinè n. destroyer, demolisher.
Krabinen v. **1.** to break, smash, crush. **2.** to beat up, thrash
Krache n. **1.** spit, to spit. **2.** small quantity
Krak n. fissure, crack

Kraktè, karaktè n. character, temperament, manner
Kran n. guts, courage
Krapday, krapdaj n. small amount of money
Krapo n. toad
Kras **1.** adj. cheap, stingy, greedy. **2.** dirt, grime **salte.**
Kraze v. **1.** to smash, break, crush, destroy. **2.** to kill . **3. kraze rak** to beat it, flee. **4. ti kraze lajan** small salary. **5. Kraze zèb** (fam.) n. country prostitute.
Krebete n./adj. **1.** infirm. **2.** scrawny child.
Krèch n. manger
Kredi n. credit
Krèk (vulg.) n. clitoris.
Krèm n. **1.** cream. **2.** ice cream.
Krennyè n. mane.
Krentif adj. respectful, polite
Krepi v. kinky (hair)
Krepisay n. roughcasting
Kreten adj. cretin
Kretyen n. protestant, Christian, person.
Kretyen vivan n. to be human, person. **S.:** moun
Kreve v. **1.** to puncture, put out . **2.** to deflower. **S.:** pèdi, anfrajele.
Kreyasyon n. creation
Kreyatè n. creator
Kreyati n. creature
Kreye v. to create, invent

Kreyòl n. 1. Creole. **2.** native.

Kreyon n. crayon

Kri n. cry, shout

Kribich n. shrimp.

Krich n. pitcher, jug

Krichon n. tray (for holding pitchers)

Krikèt n. cricket

Krim n. crime

Kriminalite n. criminality

Kriminèl n. criminal, bandit, murderer

Kripya n. stingy, cheap. **S.** kolokent, kourèd, chichadò

Krisifi n. crucifix

Kristè n. nwizans. Bay kristè to bother, harass s.o.

Kritik n. criticism, humiliation

Kritike v. to criticise, denigrate

Kriye v. to cry, yell, wail

Kriz n. **1.** crisis **2.** nervous breakdown.

Krizokal adj. fake jewellery, imitation.

Krochi adj. inclined, leaning. **var.** kochi

Kròk n. forked branch

Kui, kwi n. leather

Kuizinyè, kizinyè n. cook

Kuis, kwis n. thigh

Kuit, kwit v. to cook

Kwa n. cross

Kwaf n. hairstyle

Kwafè n. stylist (male)

Kwafèz n. stylist (female)

Kwafi n. hairstyle

Kwape v. to chase, throw s.o. out.

Kwasans n. **1.** growth, puberty. **2.** menstruation.

Kwayans n. belief

Kwaze v. to cross

Kwaze leuit g. n. Haitian dance

Kwè adv. to believe, to be sure, have the conviction of **S.** si, sèten.

Kwen n. corner

Kwenn n. rind

Kwense v. to squeeze.

Kwensidans n. coincidence

Kwi, kui n. bowl from calabash

Kwit 1. adj. cooked **2.** v. to cook

Kyout adj. cute.

Ll

L is the fifteenth of the 32 sounds that make up the Haitian alphabet.

L the short form of li. **ex.: pran l/pran li** take it

La, a, an, nan, lan (dét.), generally placed after the noun. **Ex.:** pitit la, fi a, fanm nan, gason an, minis lan. **La marin pa metye w** : this is not your area.

La n. lard
La adv. there, here
La menm right now, immediately.
La pou pou la immediately.
Laba adv. over there.
Labalenn n. whale.
Labank n. bank.
Labapen n. breadfruit.
Labatwa n. slaughterhouse.
Labou n. mud.
Labouyi n. porridge
Labrin n. twilight, dusk. **var.** labrenn.
Lach adj. cowardly
Lacharite n. offering
Lachas n. hunting
Lacho n. lime
Ladan adv. inside, in, within.
Ladesant n. fè ladesant to stay temporarily with s.o.
Ladrès n. diplomacy, tact.
Lafanmi n. family, relative
Lafimen n. smoke
Lafwa n. faith
Lafyèv n. fever
Lage v. **1.** to neglect, abandon. **2.** to untie, undo. **3.** to free, loosen. **lage nan katchouboum** to put s.o. in a fix. **lage chat la** to reveal a secret.
lage koukou wouj dèyè yon moun to chase after s.o..
lage de gidon dèyè to chase after s.o. continually
lage dèyè yon moun to chase after s.o. continually
lage envitasyon to challenge s.o.
lage kè-m to be happy
lage kò w to dance, let o.s. go
lage kò w nan mera to get trapped
lage koukou wouj dèyè yon moun to chase after s.o. in hot pursuit
lage yon may relâcher qqn, le surveiller moins.
lage nan bouzen to fall into prostitution
lage nan vakabon to act like a vagabond
lage nan fanm to be taken by women.
lage nan gason to be taken by men.
Lagè n. war. **Lagè avèti pa touye kokobe.**
Lago n. hide-and-seek
Lagrèl n. hail
Lagwèzè adj. bourik lagwèzè.
Laite, layite v. to lay out, spread out.
Laj adj. **1.** generous, charitable. Elifèt se moun laj, li renmen bay kado. **2.** age. Ki laj ou? How old are you? **3.** large, big.
Lajan n. money.
S.: kòb, grenn bak.
Lajè n. width, size
Lajès n. generosity
Laji v. enlarge, widen.

Lajistis n. **1**. justice **2**. trial, court of justice. Nou pral devan lajistis. **3.** lajistis dwe mete yon ola nan zak enpinite a.

Lajonis n. hepatitis, jaundice

Lajounen adv. daytime, day. S. je klè, an plen jou

Lak n. **1**. lake. **2**. fish bait.

Lakansyèl n. rainbow.

Lakay n. **1**. local, homemade. Manje lakay. **2**. locality, zone, area. Zòn lakay mwen, bò lakay mwen. **3**. home, house, chez. M ap lakay mwen a 6zè tapan.

Lakilbit n. stumble, fall

Lakòl n. glue

Lakoloni n. **di tan Lakoloni** colonial times.

Lakou n. **1.** court, court of justice. **2.** neighbourhood. **3.** private property.

Lakranp n. cramp

Lakre n. chalk **manch lakre**

Lakwa n. cross

Lakwann n. crap!

Lalin n. moon.

Lalwa n. law

Lalwèt n. uvula

Lamadèl n. seller, cattle trader

Lamama n. money, dollar

Lamanjay n. food, grub.

Lamarin pa metye w to each his own.

Lamayòt n.

Object of curiosity, surprise box.

Lame n. army.

Lamè n. old lady.

Lamitye (fam.) n. comrade, friend.

Lamizè n. poverty, misery.

Lamveritab n. breadfruit

Lan adj. slow

Lanati n. nature, universe

Lanbe v. to lick

Lanbi n. conch.

Landeng n. **1.** rear-end, posterior. **2.** ti landeng. little shit (person)

Landjèz adj. indiscreet person.

Landrèt right side up

Lang n. **1.** tongue. **2. lang long** spiteful tongue (language).

Lange v. to lick

Lanjelis n. angelus

Landjèz n. bigmouth (person), gossiper. **var.** langèz

Lank n. anchor

Lankèt n. inquest, investigation, inspection

Lanm n. wave (ocean)

Lanman n. nightshade plant.

Lanmè a move : rough sea

Lanmè n. sea

Lanmèd n. crap! shit!

Lanmen n. handful

Lanmès n Mass

Lanmidon n. starch

Lanmò n. death, funeral

Lanmou n. love. **Fè lanmou**

to make love.
Lannuit adv. night time
Lanp n. lamp
Lanp-gaz n. gas lamp
Lanp tèt gridap small oil or gas lamp
Lans n. cove
Lanse v. to throw, launch
Lantèman n. burial.
Lantouray, lantouraj n. **1.** entourage, neighbourhood. **2.** yard.
Lanvè backwards
Lapè n. peace, silence
Lapèch n. fishing.
Lapen n. rabbit
Lapenn n. sadness
Lapèrèz n. fear, fright
Lapide v. to stone s.o..
Laplanèt n. planet, whole world.
Laplenn n. plain
Lapli n. rain
Laplipaditan adv. most of the time. **S.:** kèk tan konsa.
Lapolis n. police, police officer
Laponyèt n. **1.** arm. **2. bat/fè laponyèt** to masturbate (men).
Lapòs n. post office
Lapriyè n. prayer.
Larezonnen to wish Happy New Year.
Lari n. street
Larim n. snot, mucus
Larivyè, rivyè n. river
Laroujòl n. measles

Las n. ace
Lasante n. health, well-being
Lasèl n. stool, fecal matter
Lasèt n. shoelace
Lasi n. **1.** eye matter **retire lasi nan je w. 2.** wax **se ak lasi yo fabrike bouji.**
Lasigal n. cicada
Lasini n. poison.
Laswenay n. care, healing, treatment
Latè n. earth
Laterè n. terror
Latousen n. La Toussaint, fèt mò yo
Latranblad n. fear, trepidation
Latrin n. latrine, toilet
Latriye n. bunch of, group of
Latwoublay n. instability
Lav-tèt n. baptismal ceremony in Voodoo
Lavalas v. **1.**torrent, flood. **2.** Fanmi Lavalas. political party Fanmi Lavals.
Lavalasyen n./adj. member of Lavalas, member of Fanmi Lavalas.
Lavant n. stomach
Lave v. **1.** to insult. **2.** to wash.
Lave men siye atè: to do something in vain.
Lavi n. life.
Lavichè n. high life.
Lavil, vil n. city, Port-au-Prince.
Lavèy n. the night before

Lavoum n. (fam.) crap!
Lwa n. Voodoo divinity. **S.:** mistè, lespri
Lawon n. thief, crook
Lawont n. shame
Lawoujòl n. measles
Lawouze n. dew.
Lay n. garlic. achte de gous lay.
Laye 1. n. sifter. Achte yon laye pou mwen. **2.** v. to sift. Laye mayi a pou madanm nan. S.: vannen
Layite v. **1.** to lay out, display. 2. to dance.
Lè 1. adv. when, moment. **Lè w ap antre fè m konnen. 2**. n. time. **A ki lè w ap vini**?. **3.** air. **Respire bon lè. 4. san lè** to be about to do something. **Li san lè vini. 5. lè** epic, season. **Se lè mango miska. 6. gen lè** it seems that
Lebra n. bay lebra to help, give a hand.
Lèd adj. ugly
Lèdè n. ugliness
Lèfini adv. next, then
Legalize v. to legalise
Legba n. Voodoo divinity.
Legen adv. bay legen **1**. to (let something) drop. **2.** to give up.
Legim n. vegetable
Legliz n. church, temple, chapel
Lejè adj. light
Lekòl n. school, educational institution
Lèkonsa adv. **1.** so, during this time. **2.** when that happens.
Lektè n. reader
Lelit n. elite
Lemonn n. world, humanity
Lendi n. Monday
Lenj n. towel.
Lenn n. wool blanket
Lepè n. old man, grandpa.
Leplisouvan adv. most often
Lès n. east
Lèsbyèn n. lesbian, homosexual. **S.:**madivinèz,
Lese v. **1.** to leave. **2. lese tonbe** to let something drop
Lèsen n. spirits (Voodoo)
Lesiv n. laundry, wash
Fè lesiv to do the laundry, wash
Lesivyèz n. maid, laundress.
Lesklavaj n. slavery.
Leson n. lesson
Lespri n. **1.** Holy Spirit. **lespri sen. 2**. intelligence, intelligent.
Lestomak n. stomach, chest.
Leswa adv. night, evening
Lèt n. **1.** letter. **2.** milk. **3**. sap.
Leta n. **1.** State. (country) **2.** State employees (police, tax collector)
Lètan n. pond
Letènèl n. God
Letènite n. eternity.
Levanjil n. gospel
Levasyon n. education
Leve v. **1.** to stand up.

2. to raise, educate. **3.** to move something. **4.** to lift, stand something. **5.** to wake s.o. up. **6.** to resurrect.
8. leve pàn to repair a breakdown (vehicle).
Leven n. yeast
Levit n. vest, jacket
Levye n. lever
Lèy n. eye, eyes
Lèzany n. spirits.
Li v. to read
Li, l : he, she; him; her, his; the **Pitit li a** his child.
Li ak de po dèyè l he/she has nothing to his/her name.
Li anba chal : He/she is acting discreetly.
Li mouri pou de po je l : He died for nothing.
Li nan dlo : he/she is in a bind.
Li p ap fè wonn pòt: he's not going anywhere
Li Pa sou bò w : he's not interested in you
Li pèdi yon fèy : he is crazy
Li sanble tèt koupe ak papa l : he's the spitting image of his father
Li, l pron. he, she
Li yo : his (plural)
Lib adj. free **fanm lib** loose woman.
Lib-e-libè freely.
Libète n. liberty. Travay se libète.

Lide n. **1.** idea. **2.** brase lide. to brainstorm, exchange ideas.
Lidè n. leader
Ligote v. mete yon moun anba kòd.
Likid n. liquid
Lilit n. small penis.
Lim n. nail file
Limen v. **1.** to turn on. **2.** to file (nails). **3. limen dèyè** to spank.
Limenm himself/herself.
Liminen v. to ignite, light.
Limit n. limit, boundary, border.
Limonad n. lemonade.
Limyè n. light
Linèt n. glasses
Ling, liy n. **1.** string, line. **2.** taxi.
Linyon, inyon n. union, unity, solidarity
Lis n. **1.** smooth. **2.** shiny.
Lisans n. **1.** licence. **2.** driver's licence
Lisansye v. licensed
Lise v. to smooth, straighten (hair)
Lisifè n. Lucifer.
Listre v. to shine, polish.
Lit n. struggle, fight, challenge.
Litani n. **1.** litany. **2.** Problem, difficulty.
Lite v. to struggle, fight
Literatè n. writer, author
Litlit adv. rapidly.

Liv n. book. **Liv lekòl-la** school book
Livè, ivè n. winter
Livre v.. **1.** to deliver. **2.** to denounce.
Liy n. **1.** line. **2.** thread. **3.** string
Liyen v. to surveil s.o., to follow s.o. discreetly.
Lizay n. **1.** good manners, habits. **2.** formality.
Lizè n. reader
Lizyè n. threshold, limit.
Lo n. **1.** batch, pile, group. **2.** number. Premye lo a se 22.
Lò n. **1.** gold. **2.** when.
Lobedyans n. under the tutelage of, control of
Lòbèy n. **1.** second-hand object. **2.** junk, trash. **3.** altercation.
Lobo n. fight, ruckus.
Lòd n. order, discipline. Pase/bay lòd.
Lòdonans n. **1.** authorization. **2.** ordinance
Lodyans n. interview
Lojisyèl n. software
Lokalite n. milieu, locality, place
Lòke 1. adj. crazy, deranged, mentally ill **2.** v. to lock. **Lòke pòt.**
Lolo v. to cheat, cajole s.o. Lolo yon moun
Lòlòj n. brain, head. Vire lòlòj yon moun vire. to make s.o.

crazy.
Lomeyans n. poem, poetry, short story
Lonbray n. shade
Lonbrit, lonbrik n. belly button.
Lonè n. honour, dignity, reputation
Long adj. long.
Longan n. ointment.
Longè n. length
LONI n. United Nations.
Lonje v. 1. to extend. **2.** to point. Lonje dwèt sou yon moun.
Lonnè n. honour
Lonnvi, longvi n. binoculars
Lontan adv. long ago, long time.
Lopital n. hospital
Loray, loraj n. **1.** thunder. **2.** (fam.) **loray kale** rude. **S.:** frekan, radi, wòklò.
Lorijinalite n. originality.
Lòske adv. when.
Lòsyè n. **1.** small piece. **2.** snack
Losyon n. perfume
Lòt n. /adj. **1.** other. **2. lòt bò dlo, lòt bò frontyè** out of the country, overseas.
Lota n. rash, skin rash
Lote v. to parcel out, divide into lots.
Lotèl n. **1.** hotel. **2.** alter.
Lotòn, otòn n. autumn
Lotri n. national lottery

Lougal n. **1.** small portion. **2.** chance

Lougarou n. vampire. **S.:** galipòt.

Louk n. welt

Louvri v. **1.** to open. Louvri pòt la. open the door **2.** louvri je w. be vigilant. **3. louvri kò** to sprawl out, to expose o.s. to others judgement.

Louwanje v. to glorify, brag.

Louwanjè n. braggart.

Lwa n. spirit, Voodoo divinity. **S.:** lwa ogoun, lwa legba

Lwayal adj. faithful, loyal

Lwayote n. fidelity, loyalty

Lwe v. to rent

Lwen adv. far.

Lwès n. west

Lwijanboje n. dictator, big shot

Lwil, luil n. oil.

Lyann n. **1.** vine, creeper. **2.** flexible, supple.

Lyon n. lion

Mm

M is the sixteenth of the 32 sounds that make up the Haitian alphabet.

M short form of mwen: I, me, my.

M ap gade fent ou : I'm watching you. I see what you're doing.

Ma n. mast

Mab n. **1.** marble (toy) **2.** marble (limestone).

Mabi n. Haitian lemonade.

Mabouya n. iguana, large lizard.

Mabyal adj. complex situation. Zafè politik la mabyal anpil nan peyi a.

Mach n. **1.** step, stairway. **2.** procession, parade.

Machande v. to bargain, barter for a good price.

Machandiz n. merchandise

Machann n. merchant.

Mache 1. n. market. **2.** v. to walk. **3.** to chew.

Mache ansanm sou rout lalwa to be a law-abiding citizen.

Mache chache pa janm dòmi san soupe if you look you will find.

Mache ès-ès to tiptoe.

Mache kole ak yon moun to get along with s.o., to have things in common with s.o.

Mache mache w to keep doing your thing.

Mache men nan lamen to cooperate, walk hand in hand.

Mache nan san to enjoy something. Mizik la mache nan san li.

Mache pou wè to see for o.s.

Mache sou pwent pye/sou zotèy to tiptoe.
Mache tout mache sa a to walk in an exaggerated way
Machè n. **1**. walker. **2**. my dear (term of endearment to female). **3**. honey (term of endearment to female).
Machin n. **1**. car, vehicle . **2**. car (in general).
Machòkèt n. **1**. bungler, incompetent. **2**. blacksmith
Machwè n. jaw, cheek.
Madan n. **1**. Madan + pronoun. Madan Pòl. misses. **2**. madan sara. Woman who transports and sells merchandise. Madan viktò (fam.) toilet. **Li pral ka madan viktò.**
Madanm n. **1**. misses **2**. wife **3**. woman.
Madi n. Tuesday
Madichon n. curse.
Madichonnè n. evildoer
Madichonnen v. to put a curse/hex on s.o.,
Madigra n. **1**. Mardi-gras. Carnival. **2**. s.o. in carnival costume. **3**. ugliness.
Majigridi n. **1**. scribbling **2**. scary face.
Madivinèz n. lesbian, homosexual. **var**. madivin
Madoda n. homosexual. **S.:** madivin.
Madre adj. clever, sly.
Madriye n. wooden beam.

Madriye se bon bwa
Mafya n. mafia, gangster.
Magazen n. store. market, grocery store.
Magazinen v. to shop, run errands.
Mago n. large amount of money.
Magouy adj. corrupt
Magouyay n. scheme, fraud, corruption
Magouyè n. schemer, grafter
Magouye v. to scheme, graft
Magre, malgre adv. in spite of, despite
Magrigri n. magic
Maji n. magic, sorcery
Majisyen n. magician
Majò jon n. **1**. leader, head. **2**. drum major, head of a rara band.
Mak n. mark, scratch
Makak n. **1**. ugliness. **2**. macaque, monkey. **3**. nightstick, club.
Makakri n. **1**. sorcery **2**. foolishness.
Makanda n. sorcerer.
Makawon adj. **1**. dangerous, furious. **2**. complex.
Make v. to mark, note
Makèt n. supermarket.
Makiye v. to put on makeup.
Maklouklou elephantiasis of the testicles
Makòkò n. bannann makòkò.
Makomè, makòmè n. god-

mother. **Gason makomè**. hesh, effeminate boy.

Makòn n. bunch of, group de. Makòn mayi, makòn kabrit.

Makònay, makonnay n. entanglement.

Makònen v. **1.** to tie together. **2.** to bunch. **3.** to take in a headlock.

Makou, matou n. cat, kitty.

Makoubi n./adj. dwèt makoubi. Handicapped.

Makouchat n. cat

Makousiyen n. houngan

Makout n. thug, Duvialierist.

Makrèl n. brothel.

Maksis n. Marxist

Makwali n., adj. ugly, misshapen

Mal adv. **1.** bad. She eats badly. Li manje mal. **2.** n. trunk.

Malad adj./n. sick, sick person

Maladi n. illness, sickness.

Maladi san zanmi (fam.) tuberculoses.

Maladif adj., n. in convalescence.

Maladwat adj. clumsy, without tact, ill mannered

Malanbo n. briefs

Malandouran n. crude, ill mannered

Malandren n. vagabond, good-for-nothing.

Malanga n. vegetable (taro).

Malarya n. malaria.

Malatchonn n. false, sham. **Eleksyon ~.** sham election.

Malchans n. bad luck, misfortune, curse.

Malchen n. dog

Maldjòk n. curse, hex. **var.** maldyòk.

Malè n. misfortune

Maledike adj. impolite

Malediksyon n. misfortune, bad luck

Malefik n. magic

Malelve adj. impolite, crude.

Malen adj. clever, cunning.

Malendren n. vagabond, good-for-nothing

Malere, malerèz n. poor

Malèt n. suitcase

Malfèktè n. magician, oungan (péj.)

Malfini n. **1.** bird of prey. **2.** exploiter.

Malfòme adj. infirm, handicapped

Malgre adv. although, despite

Maling, maleng n. large open sore, wound.

Malis n. pròp. personage in Haitian folktales. **Malis ak Bouki.**

Malkadi n. epilepsy

Malmakak to be in a bad mood.

Malmennen v. to mistreat, handle roughly.

Malnouri adj.. sickly, malnourished

Malonnèt adj. **1.** dishonest, unfaithful. **2.** fè malonnèt to rebuff s.o.. **3.** unscrupulous.
Malonnèkte n. rudeness.
Malouk adj. **1.** dangerous. **2.** difficult, unapproachable, grumpy
Malozye n. conjunctivitis, pinkeye.
Malpalan n. slanderous.
Malpouwont adj. shameless.
Malpwòp adj., n. filthy
Malpwòpte n. garbage, mess.
Malsite n. poverty, misery.
Malsòti n./adj. infirm, handicapped.
Maltrete v. to mistreat, handle roughly
Mamay, manmay n. child. **S.:** timoun, tyovi, tchyovi.
Mamè n. nun, sister
Mamit n. **1.** pot, recipient. **2.** measuring cup. **Vann mwen de mamit diri.**
Manba n. peanut butter
Manbo n. Voodoo priestess, healer.
Manbre **1.** v. to support. **2** adj. well-built, solid.
Manch n. handle
Manche v. to pick up (by the handle)
Manchèt n. machete
Manda n. mandate, mission
Mandate v. to mandate
Mande v. **1.** to ask, beg. **2.** **mande kont** to ask for an accounting, explanation. **3.** **mande anraje** to be angry.
Mandyan n. beggar, scrounger. Moun ki renmen mande
Manfouben n./adj. negligent, careless, indifferent
Mango n. mango. Mango a dous.
Mangonmen adj. difficult, complex. **Bagay la mangonmen.**
Manifakti n. manufacture, assembly plant.
Manifestasyon n. manifestation
Manifeste v. to manifest, protest
Maniganse v. to plot, scheme.
Manje n. **1.** food, to eat. **manje maten** breakfast, **manje midi** lunch, **manje aswè**, dinner, supper. **bay timoun yo manje** give the kids something to eat **2. Manje vant plen.** to eat until you are full. **3. manje yon moun** to cause s.o.'s death. **4. manje dan** to grind one's teeth.
Mank n. miss, rarity. **san mak** sure shot.
Manke v. **1.** to miss s.o. or something. **2.** to be mistaken, in error. Ou manke nan devwa ou. **3.** to fail to. **mwen manke tonbe. 4.** to miss. vwayajè-a manke avyon-an. **5.** insufficient./ less. **Li manke manje**

nan kay-la. Pa gen ase manje nan kay-la. **6. Manke dega/manke respè**. to insult s.o.. **S.**: derespekte.

Manm, manb n. member

Manman n. **1.** mama, mother. **2.** healer. **3. Gwo manman**. Madam in a brothel. **4. manman penmba**. large woman. **5. manman-bèf** cow. **6. manman chwal** mare. **7. manman poul** hen. **8. manman kochon** sow. **9. manman kanna** duck **10. manman lajan** invested capital. **11. manman vant** womb

Manmèl n. udder

Manmzèl n. her. **Manmzèl pa kontan.**

Mannèv n. manoeuvre, tactic, strategy

Mannigansè adj. schemer

Mannigèt n. stratagem

Mannyè n. **1.** behaviour, attitude. **2.** manner, way.

Mant n. mint, candy. **S.**: sirèt.

Mantè n. liar, audacious.

Mantèg n. lard. Mete yon ti mantèg nan manje-a.

Manti 1. to lie. bay manti/fè manti **2.** lie.

Mantò n. liar, lie

Manyè v. to try/a small effort. **manyè bouje, fè yon ti bouje.**

Manyen v. **1.** to touch. **2.** to spank. **S.**: pase men. **3.** to repair. **4.** to massage. **manyen do-a pou li**. massage his back.

Manyòk n. manioc

Mapotcho n./adj. fat, obese

Marande v. to concoct, make up (story)

Marasa n. twin

Mare v. **1.** to tie, attach. **2.** to have a cloud cover. Tan an mare, lapli a pral tonbe. **3. mare yon kòb**. to make a little money. **4. mare yon randevou**. to set an appointment. **5. mare pye** to put on layaway. **6. mare senti** to resign o.s. to. **S. mare vant**

Marechal n. rural police

Marèl n. hopscotch

Maren n. marine

Marengwen n. mosquito

Marenn n. godmother

Mari n. husband, spouse

Marinad n. fritter made with meat.

Marinen v. to marinate

Mariwana n. marijuana

Maron 1. adj. wild. **2.** to run off, hide.

Maryaj, maryay n. marriage

Maryaj sivil n. civil marriage.

Marye v. to marry. **marye avèk** to marry.

Mas n. **1.** March. **2.** mask.

Masakray, masakraj n. massacre.

Masakre v. **1.** to massacre, kill. **2.** to destroy

Masay, masaj n. massage

Mase v. to rub, massage. **S.**:

rale
Masisi n. homosexual, faggot
Maskarad adj. masquerade, scheme.
Maske v. **1.** to dress up (costume). **2.** to hide.
Mason n. **1.** mason. **2.** freemason.
Masonn n. mortar.
Masonnen v. to plaster, ciment
Maspinay n. beating
Maspinen v. to beat up, hit
Mastòk n. coarse, crude.
Masuife n. greased pole
Matant n. Aunt
Match n. match
Matcho n. Don Juan, lady killer
Mate v. to hit, to play compas.
Maten n. morning
Materyalize v. **1.** to provide material. **2.** to materialize.
Materyèl n. material, tool, way
Materyo n. material, supplies
Mati n. martyr
Matinèt n. whip, switch **S.:** raso, wouching, rigwaz.
Matirite n. maturity
Matirize v. to mistreat, torture, handle roughly.
Matjoukann n./ clever, cunning
Matla n. mattress
Matlòt n. rival
Mato n. hammer
Maton adj. competent, capable, qualified

Matrake v. to hit with a nightstick, club.
Matris n. uterus.
Matyè n. subject
Mawana n. whore. **S.:** bouzen.
Mawoka n. snail.
Mawon v. to hide, run away.
Mayas n. foot or shoe odour.
Maydaw n. magic, sorcery
Mayestro n. maestro, singer.
Mayèt n. power, authority.
Pran mayèt la to take the lead.
Mayi n. corn. **Mayi moulen** corn meal. **Mayi boukannen** roasted corn on the cob.
Mayo n. tee-shirt, jersey
Mazango n. Mazè, tètmato, tibòs, tipwofesyonèl, dèyè manman, apranti
Mazèt n. incompetent, incapable.
Mazimaza n. opportunist.
Me n. May
Mè n. **1.** nun, sister. **2.** mayor.
Mèb n. furniture
Mèch n. wick
Mechan, michan adj. mean, cruel.
Mechanste n. wickedness, evil.
Medam n. women, ladies, young ladies
Medikaman n. medicine.
Medizan n./adj. slanderous, disparaging. **S.:**malpalan

Medjòk, medyòk adj. **1.** mediocre. **2.** incompetent.
Medsen n. doctor
Medsin n. enema
Mèg adj. thin, skinny
Megri v. to become thin
Mekanisyen n. mechanic
Mèkondoleyans phr. my condolences
Mekontan unhappy.
Mèkredi n. Wednesday
Mekreyan n. unbelieving, miscreant
Mèl n. mill
Melanje v. to mix
Mele v. **1.** to mix, mix up. **2.** to become involved in. **3.** to implicate s.o.
Meliton, militon n. chayote squash
Meli-melo n. odds and ends, junk
Melon dlo n. watermelon.
Men! here! there! look!
Men 1. conj.. but. **2. n.** hand. **3.** prép. look
Men wotè : gesture showing height, very tall, very big
Menajè n. servant, housekeeper
Mendèv n. worker
Menm adj. same, identical
Menm amou : always the same.
Menmman (parèyman) adv. nothing has changed, exactly the same.
Mennaj n. 1. boyfriend, girl-

friend 2. housework
Mennas n. threat
Mennase v. to threaten **S.:** fè pè
Mennè n. leader, dirigeant.
Mennen v. to drive, lead.
mennen ale to accompany, bring s.o.. **mennen vini** to bring back s.o. or something.
Mennuit/mennwit midnight **var**. minui
Mens adj. thin, skinny
Mentnan adv. now
Mepriz n. contempt. **Ant.:** need
Meprize v. to scorn, to hold in contempt
Mera n. **pran nan mera** to trap, to be in a jam.
Mereng n. meringue
Meriken, Ameriken n. American
Merite v. to deserve. **Prov.** merite pa mande.
Mès n. **1.** manners, behaviour. **2.** Mass
Mesajè n. reporter, spokesperson
Mèsi phr. thanks. Mèsi madanm. Mèsi misye/mesye.
Mèsi anpil thank you very much.
Mesye n. mister. **var.** misye, mouche, mche.
Met deyò : to leave, to flee.
Volè a met tèt li deyò anvan lapolis rive.

Mèt kesyon an n. authority, expert.

Mèt n. **1.** lawyer, jurist. **2.** teacher, professor. **3.** metre. **4.** v. can, to be able **ou mèt ale. 5.** owner **mèt kay-la pa la.** the owner of the house is absent.

Met tèt ou an plas : to get a hold of o.s., to think before acting.

Mèt mò parent, closest relative of the defunct.

Mèt peyi influential person

Mèt tèt independent.

Metba v. to give birth (animal).

Mètdam n. clever, audacious, cunning person. **S.** bakonyè, bakoulou, magouyè.

Mete v. **1.** to put. **2.** to spread the news. **Mete nouvèl-la deyò. 3.** to penetrate **li mete afè li nan bagay fi-a. 4.** to give birth regularly. **Mete pitit atè.**

Mete abse sou klou to put oil on the fire.

Mete adrès to address

Mete anba kòd to handcuff, tie s.o. up.

Mete angad to be on the lookout

Mete ankarantèn to quarantine s.o.

Mete anreta to be late

Mete ansanm to unite with s.o.

Mete atè 1. to depose s.o.. **2.** to let go, drop something.

Mete avèk to compare to

Mete ba to give birth (animal)

Mete baryè to blockade, put up a barrier

Mete bouch nan to give one's two bits, to have one's say

Mete bouch sou to put a curse on s.o..

Mete dèyè yon moun to pursue s.o..

Mete nan dèyè yon moun to insult s.o..

Mete dlo nan diven w to calm, control o.s.

Mete grapen sou to put one's hands on, to arrest a suspect

Mete kanpe to institute, to stand something up.

Mete kanson sou ou get dressed, put on your pants

Mete kanson w decide!

Mete kanson w nan tay ou to act with vigour

Mete kò deyò 1. to leave **2.** to put your head out the door.

Mete konfians nan to trust s.o..

Mete konpa to play compas music.

Mete sou konpa to put order in something.

Mete lòd to put order in something

Mete men nan pat kasav li to catch s.o. in the act

Mete moun sou ou to act with vigour.

Mete nan plàn to pawn.

Mete yon moun nan plas li to put s.o. in his/her place.

Mete nan prizon to imprison

Mete yon moun opa to put s.o. in his/her place.

Mete panik to panic

Mete peyi a sou ray demokrasi to put democratic institutions in place

Mete pou yon moun to insult s.o.

Mete peyi a sou ray devlop-man to put development programs in place

Mete peyi a sou ray progrè to reinforce different institutions in the country.

Mete rele to yell.

Mete w an kat, fè sa w kapab to do all that is possible.

Mete w sou sa to get involved in something.

Mete so to stamp

Mete sou to add to

Mete sou papye to write, take note of.

Mete sou pye to start something.

Mete tèt ou an plas to think before one acts.

Mete tifi to clean up.

Mete van nan vwal ou to flee, leave quickly.

Mete zòrèy ou an twonpèt to put one's ear to the ground.

Mete an òd v. to put in order.

Mete deyò to fire, expel s.o.

Mete sou brenzeng to get in shape.

Mete atè v. **1.** to place on the ground. **2.** to drop (an idea), to let go of something (idea).

Mete men to start, begin.

Mete abse sou klou : to add oil to the fire

Mete dlo nan diven w: to calm down

Mete men nan pat kasav yon moun: to arrest s.o.

Mete van nan vwa l ou to hit the road, to get a move on.

Mètminwi n. sorcerer

Mètrès Larirèn n. Pròp Voodoo divinity.

Mètsenmityè n. Baron Samedi

Metsin n. enema

Metye n. **1.** trade, profession. **2. nan metye 1.** prostitute. **2.** homosexual.

Mezanmi! my friend!

Mezi n. measurement, dimension.

Mezire v. to measure

Mezondafè n. pawnshop.

Mi n. **1.** wall. **2.** adj. ripe. **3.** v. to ripen

Michan adj. enormous, immense, huge.

Midi n. noon

Migan n. (vod.) blood.

Mikalaw adv. in abundance. **manje te fè mikalaw nan maryaj-la**.

Mikte v. to moisten.
Mil adj. thousand.
Milat n./adj. mulatto (male)
Milatrès n. mulatto (female)
Milèt n. mule
Militantis n. **1**. militant. **2**. militantism.
Milite v. to fight for something.
Militon n. chayote squash
Miltinasyonal n., adj. multinational
Miltinasyonalizasyon n. multinationalization
Miltinasyonalize v., multinationalize.
Miltiplikasyon n. multiplication
Miltiplye v. to multiply.
Milye n. **1**. place, locality, zone. **2**. milieu.
Milyonnè n. millionaire
Min n. **1**. facial expression, grimace. **2**. healthy, in good shape.
Minen v. **1**. to mine **2**. to attack s.o.'s reputation. **3**. to nibble
Miniminizwit adv. extremely small.
Minis n. minister.
Minizwit adv. extremely small.
Minote v. to handcuff
Minui midnight
Mirak n. **1**. coincidence **2**. miracle
Miray n. dam, wall

Mis n. **1**. coccyx, tailbone **mis li tonbe.** He hurt his coccyx **2**. miss (young lady). **3**. nurse
Misèk n. stone wall
Miskad n. nutmeg
Mistè n. **1**. mystery. **2**. Voodoo divinity. **S**.: lwa, lespri **3**. state secret.
Misye n. husband, man
Misyon n. mission.
Mitan adv. in the middle, centre
Mitrayèt n. machine gun.
Miwa n. mirror
Miyèt n. crumb
Miyõ best, better
Miyonnen v. to caresse, coddle
Mizadò adj. slow.
Mizè n. misery.
Mize v. **1**. to be late **2**. to bet, gamble **3**. museum.
Mizik n. music, mizik rasin, mizik konpa, mizik lakay.
Mizisyen n. musician.
Mizo n. muzzle
Mo n. **1**. word. **2**. **Mo deplase/gwo mo** insult, swear word. **3**. **Mo tokay** homonym. **4**. **mo sans tokay** synonym
Mò n. **1**. cadaver, mort. **2**. ghost.
Mòd n. **1**. fashion. **2**. habit, way
Mòde v. **1**. to bite. **2**. **vant mòde** colic.
Modèl n. model
Modènize v. to modernize.
Modi adj. to curse

Mòg n. morgue.

Moke v. to mock. **S.:** pase moun nan betiz.

Mòkòy adj. lethargic, indifferent, sluggish. **var.** mòlòkòy.

Molmèk (fam.) n. friend, pal.

Mòlòkòy adj. lethargic, sluggish.

Mòn n. mountain.

Monchè n. my dear (for male) **S.:** nègpa, zanmi

Monden n. miscreant

Mondyal adj. world, worldwide

Mondyalizasyon n. globalisation

Mondyalize v. globalize

Mongòl n. Mongol

Monitè n. monitor.

Monkonpè n. godfather

Monnen n. money, change

Monnonk n. uncle

Monopolize v. to monopolise.

Monpè n. priest, father

Mont n. watch

Montay n. **1.** mountain. **2.** montage (fam.).

Monte, moute v. **1.** to assemble. **2.** to build, put together, construct. **3.** to ride (a horse, bicycle). **4.** to endowed with a magical power. Yo monte chenn nan ba li. **S.** ranje. **5.** to elect. **René Gracia Préval te monte Prezidan Ayiti pou senk an.** René Gracia Préval was elected President of Haiti for five years.

Monte-desann n. to go and return. **S.:** ale-vini.

Montre v. **1.** to guide. **2.** to teach, show.

Mònye n. country person, peasant.

Mòpyon n. crab, pubic louse

Moso n. **1.** piece, part. **2. Moso boutèy** shard, broken glass. **3.** music. Pase menm moso-a w ap wè si li pap danse.

Mòtalite n. mortality, death

Mòtye n. mortuary

Mou adj. soft

Mouch n. fly

Mouche (fam.) **1.** n. husband, man. **2. v.** to blow, wipe one's nose.

Mouchwa n. handkerchief

Moulen 1. n. mill. Moulen kafe coffee mill. **2.** to chew.

Moumou n. muumuu, casual dress.

Mounda n. butt, ass. **var.** mouda.

Moun n. **1.** person, human being. **S.** kretyen vivan. **2. Moun mòn** peasant, country person. **3. Moun deyò, moun vini** stranger, guest, others. **4. moun an deyò.** country person. **5. moun kay / moun lakou** friend of the family.

Mounpayis n/adj. partiality,

partial **S.** fòskote, paspouki, moun pa
Mouri v. **1.** to die, disappear. **2.** mouri poul ou. to be discreet, to not make waves. **3. se mouri kite.** durable, antique. **4**. **mouri kò/mouri poul** to be discreet, to not make waves. **S.** renka kò.
Moustach n. moustache
Moustik n. mosquito, fly.
Moustikè n. mosquito net, screen
Mouton n. sheep
Moutre, montre v. **1.** to show.
Mouvman n. **1.** movement. **S.:** boujay. **2. fè mouvman** to make an effort.
Mouye v. to wet, get wet
Move 1. adj. bad. **2.** v. to be angry.
Move je n. mean, evildoer
Move kou n. bad attempt.
Move san n. anger
Move zè adj. pa mache lannuit, w a rankontre ak move zè.
Move zèv adj. whore, prostitute
Move kou kong : to be angry
Move pou dan ri : to be angry over nothing
Mwa n. month.
Mwatye n. half.
Mwayen n. way, means
Mwayennoryan n. Middle-East
Mwazi n. mould.

Mwèl n. marrow
Mwen, m.: I, me, my, mine
Mwen nan deng ou (fam.): I am following you everywhere.
Mwen sezi pou li: he surprises me.
Mwen p ap lage w yon may: where you go, I go.
Mwen yo (dét.) my (plural)
Myann n. crap, shit!
Myèl 1. n. bee. **Siro myèl** honey. **2.** adj. complex. **Bagay la myèl**
Myèt n. crumb, tiny piece. **an myèt mòso** in crumbs

Nn/Ng ng

N is the seventeenth of the 32 sounds that make up the Haitian alphabet.
N ap boule : great, fine.
Nago n. Voodoo dance
Naje v. to swim.
Nak n. mother-of-pearl
Nan adv. **1.** in. **pitit ou malad, fò w met pye w nan dlo**. **2.** inside. **n ap viv nan peyi-a 3.** à, au **yo pral nan mache. 4.** on **mete chapo nan tèt ou. 5. nan mitan** in the middle. **Nan twa wa. Pran nan twa wa** to be caught in a trap.
Nan kat kwen peyi a: everywhere in the country.

Nan katyouboumbe: to be in difficulty.

Nandeng v. to follow, annoy s.o.

Nanm n. soul.

Nannan n. **1.** flesh, pulp. **2.** pupil. **3.** core.

Nanpwen, nanpren there is not, there are none. **Nanpwen pèn san sekou.**

Nap n. tablecloth

Nas n. trap.

Nat n. straw mat

Natif natal 1. native. **2.** patriot.

Natirèl adj. natural

Natirèlman adv. perfectly, naturally

Navige v. to navigate

Nawè n. eye, eyes

Nayif adj. naive.

Ne n. knot

Nechèl n. ladder

Nèf adj. new

Nèg n. man. **Nègpa** guy, friend.

Nègès n. woman.

Neglijan adj. negligent

Negosyè n. negotiator

Negosye v. to negotiate

Nen n. **1.** dwarf. **2.** nose. **3.** **nen kraze** wide nose. **4. zèl nen** nostrils.

Nenpòt any

Nesesè adj. necessary.

Nesesite n. necessity.

Nèt adj. **1.** clean. **2. se sa nèt** perfect. **3. Nèt al kole** exactly,

perfectly, right on. **4. nèt ale** totally, completely.

Netwaye v. to clean

Netwaye kay-la, pase bale atè-a clean the house.

Neve n. nephew

Nève, ennève v. to be bothered

Neye, nwaye v. to drown

Ng is the eighteenth of the 32 sounds that make up the Haitian alphabet.

Nich n. nest. **nich foumi** anthill

Niche v. **1.** to find one's niche **2.** to lick.

Nil adj. null

Nimero n. number, digit.

Nimewo kay house address.

nimewo apatman apartment number

Nimero pye foot size

Nimewo telefòn telephone number. **nimewo kat sosyal** social insurance number, social security number **nimewo kat idantite** identification card number.

Nivo n. **1.** level **2.** adj.. straight, horizontal **chèz la nivo.** the chair is horizontal.

Nò n. North

Nòdès n. northeast

Nòdwès n. northwest

Nòmalteman adv. naturally

Non 1. adv. no. **2.** n. first name. **3. Non jwèt, ti non** nickname, abbreviation,

acronym.
3. premye non first name. **4.**
second name. **5. dénye non**
surname **S.** siyati.
Nonk, monnonk n. uncle.
Nonm (fam.) n. **1.** husband,
lover. Se nonm madanm nan.
2. man. Nonm sa toujou an reta.
Nonmen v. **1.** to name, cite. Yo
nonmen Polo nan tèt polis la.
2. to mention, cite. Yo nonmen
non Inès.
Nòs n. marriage
Nosif adj. harmful, dangerous
Nosyon n. notion, concept
Notè n. notary
Nou, n pron. **1.** us
Se nou tout ki konsène. we
are all involved. **2.** you (plu-
ral). **Kouman nou ye?** How
are you (plural)?
Nou an dét. **1.** our. **2.** your
(plural). **3. nou yo** our, your
(plural)
**Nou pa nan benyen kache
lonbrik** : You shouldn't hide
anything.
Nou yo dét. **1.** our. **2.** your
(plural).
Nouri v. to feed.
Nouris n. nursemaid, woman
who has just given birth.
Nouvèl n. **1.** new. **2.** news,
rumour
Nouvo adj. new
Novanm n. November
Noze n. nausea, vomiting

Nui v. to bother, tease, annoy
Nuit, lannuit n. night
Nuizib adj. annoying
Nwa 1. adj. black. **2.** n. dark
Nwaj n. cloud.
Nwasi v. to darken
Nwaye v. to drown, sink
Nwèl n. Christmas. **Tonton
Nwèl, papa Noyèl**. Santa
Claus.
Nyès n. niece

Oo /Òò/ On on/Ou ou/Oun oun

O is the nineteenth of the 32
sounds that make up the
Haitian alphabet.
Ò is the twentieth of the 32
sounds that make up the
Haitian alphabet.
Obèjin n. eggplant
Obeyi v. to obey
Oblije, blije v. to obligate, be
obligated
Obsèvasyon n. 1. observation.
2. critique
Obsève v. to observe
Ochan entèj. bravo
Odasye adj. clever, cunning.
Odè n. odour, smell
Òdinatè n. computer
Òdinè adj. 1. ordinary. **2.**

common.

Òdpòte, wòdpòte adj. expensive, upscale, high end.

Odyans n. joke, banter. **Bay odyans** to tell jokes.

Odyansè n. joker, clown.

Ofanse adj. offended.

Ofiske adj. flustered, out of sorts.

Ofisye n. official

Òflen n., adj. orphan

Ofri v. to offer, offered

Òg n. organ

Òganizasyon n. organisation.

Òganize v. to organise.

Ogatwa n. sacred place for Voodoo, sanctuary, peristil.

Ogoun n. pròp Voodoo divinity.

Okabine v. in the bathroom.

Okazyon n. occasion, chance

Oke interj. **1.** enough. **2.** alright. **3.** perfect, well

Okenn pron. ind. no, none

Òkès n. orchestra, band, group

Òkèt, wòkèt n. hiccup. Pitit la gen òkèt, tape do li.

Òkipasyon n. occupation, job

Okipe v. to occupy, busy o.s., watch. Okipe pitit la pou mwen.

Oksidantalize v. Occidentalise

Oksijèn n. oxygenic

Oktòb n. October

Olala entèj. Expression of impatience.

Olye instead of

Omwen at least

On is the twenty-first of the 32 sounds that make up the Haitian alphabet.

Onè, lonè n. honour, reputation

Òne v. to decorate (honour)

Onivo at level

Onore v. to honour

Onz adj. eleven

ÒP n. popular organization.

Opa in step with, to the rhythm

Opalè n. speaker (stereo). **S.:** baf, pòtvwa.

Operatè n. operator

Opere v. to operate

ÒPL : Organization of People in the Struggle.

Opòtinis n. opportunist, profiteer.

Opozan n. opponent

Oprese v. to oppress

Opresyon n. asthma

Oprime v. to oppress

Oralti, oraliti n. oral tradition, oral culture

Orevwa fr. see you later. **S.:** babay

Orezon n. prayer. **Yo mande pè di yon orezon**.

Orevwa see you later

Orijinal adj. original

Orijinalite n. originality

Oriyante v. to orient

Oseyan n. ocean

Osito adv. as soon as

Oslè n. game of jacks

Ostrali n. Australia

Otan entèj. Stop!

Otantik adj. **natif-natal** authentic.

Otè n. author, composer, writer

Otèl n. hotel

Oto n. auto, car

Otobis n. bus

Otokrat n. dictator

Otonòm n. **1.** adult. **2.** autonomous.

Otonomize v. to make autonomous

Otorite n. authority

Otorite, Dirijan n. leader, authority

Otorizasyon n. authorization

Otorize v. to authorize.

Ou, w, (wou). you, your.

Ou is the twenty-second of the 32 sounds that make up the Haitian alphabet.

Ou a (dét.) your. **Ou menm** yourself.

Ou nan tout sa k pa bon : you're into everything bad.

Ou pa ka kenbe konpa sa a : you can't keep up this pace

Ou wè jodi ou pa Ou don't put off to tomorrow what you can do today.

Ou wè mò? are you crazy?

Ou yo (dét.) your (plural). Kote timoun ou yo ye. Where are your kids?

Ouf entèj. Expression of relief.

Ouke v. to call

Oun is the twenty-third of the 32 sounds that make up the Haitian alphabet.

Oun pron. one. Oun pa kontan. I am not happy.

Ounfò n. Voodoo temple

Oungan n. houngan, healer, Voodoo priest. **S.:** gangan, bòkò.

Oungnò n. hounsi

Ounsi, wonsi n. woman, (woman) patron of a Voodoo temple. **var.** ounsou.

Out n. August

Ouvè v. to open **var.** ouvri/louvri

Ouvèti n. opening

Ouvètman adv. openly

Ouvriye n. worker

Ouzi n. firearm, type of machine gun.

Oval adj. oval

Ovèlòp adv. **machin ovèlòp** industrial sewing machine.

Ovètay n. overtime.

Ozabwa distressing situation.

Oze v. to dare

Pp

P is the twenty-fourth of the 32 sounds that make up the

Haitian alphabet.

pa 1. by. **2.** part

Pa not (negation).

Pa bak backwards

Pa (li) chita sou anyen he did nothing.

Pa bat kò w ! stay calm, be patient

Pa bay tèt ou manti Be honest with yourself.

Pa chat escapade, little escapade

Pa fè bouch mwen long Do what I tell you right now

Pa fè sòt ou avè m : Don't take me for an imbecile.

Pa gen anyen ki cho: A little patience. Be patient!

Pa gen manti nan sa : that's no lie.

Pa gen sa pyès there isn't any more.

Pa gen yon ti san pou yon moun: to detest s.o.

Ou pa ka fè san sot nan wòch you can't get blood from a stone.

Pa janm never

Pa (li) kanpe sou anyen s.o. who has nothing to do.

Pa kè by heart

Pa koute kòlè w : don't listen to your anger.

Pa mache kole/danse kole ak yon moun : to be in disagreement with s.o..

Pa mwen mine (singular)

Pa mwen yo mine (plural)

Pa pran chans : don't take a chance

Pa vin geri bosko w sou mwen: don't take advantage of my weakness.

Pabon n. whore

Pachiman adj. mess, not up to par

Padon n. pardon

Padone, padonnen v. to pardon

Pafètman adv. perfectly, correctly

Pafouten n. beard, sideburn

Pafwa adv. sometimes

Pagen pàn perfect, very well.

Paj n. page

Pak n. **1.** park. **2.** Easter. **3.** enclosure

Pake v. to park (car)

Pakè n. parquet

Pakèt n. **1.** package. **2.** group of, bunch of

Paking, pakin n. parking

Pakin v. to park (car)

Pakita n. movement, trip. **Li pat fè yon pakita yon pa nago :** He stayed where he was.

Pakoti n. imitation, junk, poorly sewn clothing

Pakou n. route, course.

Pakte v. to package

Paladò n. gossiper

Palan n. slaughterhouse, abattoir

Palaso n. bell bottom pants.

Pantalon palaso.
Palavire n. slap
Pale v. **1.** to speak. **2. Pale di ak yon moun** to yell at s.o. **3. pale-anpil** chatter, gossip.
Palè n. palace **S.** kay pèp-la
Paleman n. Parliament, National Assembly. **var**. pal-man
Palemante v. to discuss, debate.
Palemantè n. parliamentarian. **S**. depite. var. palmantè.
Palidis malaria. **Sorosi se remèd palidis.**
Palmis n. royal palm.
Palto n. (suit) jacket, sports coat
Pami among
Pàn n. breakdown
Pandan adv. during, while
Pandanstan adv. in the mean-time, during this time.
Pandil n. clock **S.** òlòj
Pandye v. to hang, suspend, hook.
Panik n. panic, intimidation.
Panike v. to panic, intimidate.
Panisyè n. dish cupboard
Pankat n. sign, poster
Panko, pako, poko not yet.
Pann v. **1.** to hook. **2.** to hang, suspend.
Pannari n. felon
Pannkot n. Pentecostal
Panno n. **1.** wall, panel. **2.** saddle for mule

Pans (péj.) n. stomach.
Panse 1. n. thought. **2.** v. to think.
Pansè n. visionary, thinker
Panse v. to think, reflect.
Pansyon n. room and board
Pansyonnè n. s.o. who takes room and board
Pant n. slope.
Pantalèt n. panties
Pantalon n. pants.
Pantan v. **1.** to be surprised, startled. **2.** to run into, chance upon
Panti n. door hinge
Pantouf n. slipper, sandal.
Pàntyè n. pantry.
Panye, Panyen n. basket
Panyòl n. Spanish. Yo pral nan panyòl.
Panzou n. coup d'état.
Panzouis n. putschist.
Papa n. **1.** papa, father. **2.** houngan, healer, Voodoo priest.
Papay n. papaya
Papilem n. used clothing
Papito entèj. Look out!
Papiyon n. butterfl
Papòt n. entrance, doorway.
Papye tè property title, deed.
Papye n. paper **papye klasè** notebook paper, **papye kadriye** lined paper
Paradi n. paradise
Parafe v. to sign (signature)
Paralize v. to paralyse, pre-

vent, block.
Paralizi n. paralysis
Paran n. parent
Parapli n. umbrella
Parasòl n. parasol. Chita anba parasòl la.
Pare 1. v. to spare, avoid, protect. **Pare kou**. **2.** (adj.) ready. **3.** to catch. **4.** to prepare **M ap pare m pou vwayaj-la.**
Parenn n. godfather
Parennen v. to sponsor.
Parese adj./n. lazy
Parèt v. **1.** to appear. **2.** to show **montre**
Parèy adv. same, equal
Pareye v. to match up.
Pari n. bet **Ann fè on pari kòk**
Paròl n. words, remarks
Paroutin adv. routinely
Paryay n. bet
Parye v. to bet
Pas n. **1.** pass. **2. Pas dlo** stepping stone.
Pasab adj. passable, acceptable.
Pasaje n. passenger
Pasan n. 1. pedestrian 2. belt loop.
Pasay, pasaj n. passage.
Pase v. **1.** to pass **2.** to cease **lapli-a pase.** the rain ceased.**3. pase farin nan** to sift the flour. **4. pase yon egzamen** to pass an exam. **5. pase rad yo** to iron clothes. **5. pase alen-**

finitif to kill s.o.
6. pase aloryan etènèl to die of natural causes.
7. pase an peny fen to verify, inspect with a fine-toothed comb.
8. pase bwòs sou rad ou to brush one's clothes.
9. pase chache to pick up s.o. or something.
10. pase devan to pass s.o.
11. pase dlo nan je to console s.o., to revive s.o.
12. pase kle to start, unlock.
13. pase lòd to command.
14. pase mal to fail.
15. pase mizè to suffer.
16. pase yon moun nan betiz to ridicule, mock s.o.
17. pase nan paswa to strain (strainer).
18. pase nan rizib to mock s.o.
19. pase nan tenten to trick, cheat s.o.
20. pase men nan tèt to caress s.o.
21. pase papye to marry civilly.
22. pase pran m, m a pase chache w to work together.
23. pase sou yon moun to take advantage of s.o's naivety.
24. pase wè yon moun to visit s.o.
25. pase kondisyon to be in agreement to do something.
26. pase randevou to give/make an appointment. **27.**

vant pase diarrhea. **28. pase** more than **29. pase fè** to iron clothes

Pasemen v. to correct, scold

Paske conj. because, since, given that

Paspò n. passport.

Paspouki n. partiality, injustice

Pastè n. pastor.

Paswa n. strainer

Pasyans n. patience.

Pat n. **1.** dough. **2.** paw, foot (péj.) **3. pat tomat** tomato sauce.

Pataje v. to share, distribute.

Patant n. thing.

Patante v. to patent, authorise.

Pataswèl n. slap, cuff, hit

Pataswele v. to slap, cuff.

Patat n. sweet patato

Patche v. to patch

Patekwè n. show off

Patenè n. partner, comrade

Patespere n. show off.

Pati 1.v. to leave. **2.**n genitals. **Pa manyen pati ti gason an**. **3.** game, match **ann fon pati domino**.

Patikilaritc n. particularity

Patikilye adj. particular.

Patinen v. to skate, slide, slip. **Kamyon an patinen nan yon ma labou.**

Patisipasyon n. participation.

Patisipe v. to participate

Patizan n. fan

Patripòch n. false patriot,

stateless person.

Patriyòt n. patriot.

Patron n. patron

Patrone, patronnen v. to sponsor

Pave v. to pave

Pawaze v. to live well, at-ease.

Pawòl n. **1.** words, remarks. **2. pawòl tafya** nonsense, crazy talk.

Pay n. 1. straw. 2. very light

paydefè g.n. steel wool

Paye v. to straw

Payèt n. to sway. **Bay payèt** to dance (Haitian style).

Pè 1. v. to be afraid. **2.** n. father, priest. **3.** n. pair.

Pe (fam.) v. pe la! silence, be quiet! **Pe bouch ou**! shut up!

Peche 1. v. to fish **2.** n. sin.

Pede n. homosexual

Pèdi v. **1.** to lose, get lost. **2.** to die, disappear. **3.** to deflower a girl. Ti gason an pèdi tifi-a. **4.** to pass out.

Pèdisyon n. whore

Pèfid adj. bad

Pekto, pektoro n. pectoral

Pèl n. shovel.

Pèlen n. bird trap. **S.** kalòj. **2.** slut

Pelerinay, pelerinaj n. pilgrimage. **Ale nan pelerinay Sodo.**

Pèmèt v. **1.** to permit, allow. **2.** impertinent.

Pen n. **1.** bread. **2. pen bwat** flat roll. **3. pen diri** rice cake. **4. pen mayi** cornbread. **5. pen patat** sweet-potato bread. **6. pen rezen** raisin bread. **7. pen tranche** sliced bread.

Penalite n. penalty

Penbèch n. slut, prostitute.

Penchenn, pichenn v. to pinch.

Penisilin n. penicillin

Penitans n. penitence, vow. **S.:** sèp (vod.). **1. fè penitans** to do penance. Achte rad penitans.

Penitansye n. prison.

Penmèt v. to permit, allow.

Penn v. to paint (painting). Fè tablo.

Penng, penny adj. cheap, stingy.

Penpennay n. idleness

Penpennè n. loafer

Penpennen v. **1.** to hang out, loaf. **2.** to struggle to get by.

Pens n. pliers

Pense v. to take with pliers, tweeze

Pensèt n. tweezers

Pent n. **1.** quart. **2.** pint **vann mwen yon pent kleren**. **3.** painter (artist). **4. bòs pent** house painter.

Pentad n. guinea hen

Penti n. paint

Pentire v. to paint

Peny n. comb. **Kout peny** hairdo.

Penyen v. **penyen tèt** to comb, style one's hair.

Pèp n. **1.** people, nation. **2.** populace. **3.** people.

Pèpè n. used, second-hand object

Pepinyè n. nursery (horticulture)

Peple v. to populate, to have lots of children.

Peri v. to perish

Perime v. to expire

Peripesi n. hardship, trouble, problem

Peristil n. Voodoo temple, peristyle.

Peron n. **1.** porch, landing. **2.** Voodoo alter

Peryòd n. **1.** period. **2.** menstrual period.

Pès 1. adj. piercing. **2.** n. pest, infectious and contagious illness.

Pèse v. to pierce.

Pèsekisyon n. persecution.

Pèsekite v. to persecute

Pèseptè n. tax collector.

Pèseverans n. perseverance

Pèsevere v. to persevere.

Pèsi n. parsley

Pesifisite n. specificity

Pèsonèl n. personnel

Pèsonn n. person

Pèsonnaj n. personage

Pèt n. loss

petadò (fam.) n. farter

Pete v. **1.** to burst, explode. **2.**

(fam.) to fart. **3.** to cheat, trick s.o. **4. pete goumen** to suddenly start to fight.
Pete fyèl (fam.) v. to kill, murder s.o.
Pete goumen: to start a fight, battle
Pete rèl v. to yell, scream
Pete yon eskonbrit a yon moun: to suddenly start an altercation.
Petèt adv. maybe
Petevi n. frail, handicapped, sickly.
Petri v. to knead
Petro n. **1.** Voodoo divinity. **2.** Haitian dance, danse pétro.
Peye v. to pay
Peyi n. **1.** land, country. **2. peyi san chapo** the hereafter
Pezape adv. little by little.
Peze v. **1.** to weigh, press. **2. peze kou** to strangle. **3. peze souse** to exploit, take advantage of s.o.. **4. bannanm peze** deep fried pressed plantain. **5.** to weigh, determine the weight of something.
Pi adv. **1.** more. **2. Pi mal.** worse
Pichkannen v. to pinch. **S.** penchenn,
Pichon n. malediction, misfortune, bad luck.
Piga n. warning, caution, interdiction.
Pifò for the most part/the

majority **pifò moun yo t ap danse gede** the majority of people were dancing the guédé.
Pijama n. pyjama
Pijon n. **1.** pigeon. **2.** (fam.) penis. **S.:** koulout.
Pik n. ice pick.
Pikan, pikan kwenna 1. n. thorn. **2.** adj. spicy.
Pike v. to prick, sting, bite
Pikèt n. picket
Piki n. needle, shot, injection
Piknik n. excursion, picnic.
Pikwa n. picaxe
Pil n. **1.** pile, heap. **2.** battery
Pile v. **1.** to crush, grind. **2.** to stomp on, walk on
Pilil n. pill, medication.
Pilon n. mortar.
Pilonnay, pilonnaj n. mortar
Pilonnen v. to crush with pestle and mortar, walk all over.
Piman n. red pepper, hot pepper
Pimpe v. to deport, expel, to fire
Pinèz n. bedbug
Pinga 1. interj. look out!, watch out! **2.** adv. do not
Pini v. **1.** to punish. **2.** correct
Pinisyon n. punishment
Pip n. pipe
Pipi v. to pee
Pipirit n. **1.** kind of small bird. **1a. o pipirit chantan** at the crack of dawn.

Piplis a little more
Pirèd 1. expression of durabil-
ity. **Li la pirèd.** He is not
ready to leave. **2.** harder, more
severe.
Pirifye v. to purify
Pis n. flea
Pisannit n. bedwetter.
Pise v. to piss
Pistach n. peanut
Piston n. piston
Piswa n. chamber pot, urinal
Pit n. hemp, sisal
Pitans n. pittance, ration
Piten n. whore, prostitute.
Piti adj. **1.** small, young **2.**
narrow.
Pitimi n. millet
Pitit n. **1.** child, son, daughter.
Konbe pitit ou genyen? **2. Pitit
deyò** illegitimate child. **3.** pitit
pran asyèt la pou mwen. **4. pitit
fi** daughter, **pitit gason** son
Pitit tig se tig : like mother,
like daughter/like father, like
son
Pitizing n. s.o. infirm.
S.:Tizing crumbs.
Pito v. **1.** to prefere, like better.
**Mwen pito pran vakans
mwen Okay**. I prefer to take
my vacation in Aux Cayes. **2.**
it's better... **3.** preferably.
Piwèt n. pirouette
Piwètman n. **1.** caution. **2.**
coming and goings.
Piyajè n. conman, thief

Piyanis n. pianist
Piyay n. **1.** cheap, inexpen-
sive. Bay piyay. **2.** con, fraud.
Piye v. to steal, con
Plafon n. ceiling
Plaj n. beach
Plajya n. plagiarism
Plak n. plaque
Plaka n. pantry, cupboard
Plakbòl n. shoe polish.
Plake v. **1.** to attach, fasten. **2.**
(fam.) to make love, bed a
woman.
Plan n. **1.** plan, program. **2.**
con, bluff. **3.** plant.
Plàn n. pawnshop.
S.:Mezondafè
Planch n. plank
Planche n. floor
Plane v. **1.** to plane. **2.** to
pawn something. **Madanm
nan plane tout sa li genyen
pou voye pitit li lekòl.**
Plane v. to pawn
Planèt n. planet
Planetè adj. planetary
Planifikatè n. planner
Planifye v. to plan
Plann n. pawnshop.
Planni, plani v. to plane
Plant n. plant
Plantation n. **1.** plantation. **2.**
field.
Plante v. **1.** to establish, put
down roots. **2.** to plant.
Plantezon n. planting season.
Plas n. place. **Nan plas** in

place of.

Plasay n. cohabitation.

Bondye pa vle moun viv nan plasay.

Plase v. 1. to place. 2. to live common-law.

Plastik plastic

Plat 1. adj. sudden, on the spot. Li tonbe pat atè. 2. n. platter, serving. Yon plat manje.

Plati v. to flatten

Platin n. hotplate used to prepare cassava.

Plato n. tray. Achte yon plato bisuit.

Platon n. plateau.

PLB n. Pati Louvri Baryè.

Plante v. to plant.

Plede v. 1. to plead. 2. to do something continuously.

Pledman n. long argument.

Pledwari n. plea

Plen 1 v. to fill. Plen bokit la pou mwen. 2. adj. full. Manje vant plen.

Plenn 1. v. to complain, grumble. 2. n. pregnant. **kabrit la plenn**.

Plenyadò n./adj. whiner, complainer.

Plenyay n. grumbling

Plenyen v. to complain

Plètil (phr.) yes, what is it?

Plezi n. pleasure, gratification

Plezyis n. partyer. S.:banbochè, jamèdodo

Pli n. pli, ride

Pliche v. to peel.

Plim n. 1. feather, hair. 2. pen.

Plimay n. plumage

Plimen v. 1. to pluck. 2. (fam.) to screw a woman.

Plis adv. more

Plise v. to pleat

Pliske conj. since **var**. piske

Pliye v. to fold

Plizyè adv. many, diverse.

Plòg n. 1. plug (electric). 2. **tèt plòg** plug (male)

Plogay n. outlet

Ploge v. 1. to plug 2. to dance close together.

Plon n. lead

Plonbe v. to fill (tooth)

Plonje v. to dive

Plop plop quickly. S. preseprese, tow tow

Plòtonnen v. to wind, roll up. S.: bobinen.

Po n. 1. skin, peel. 2. **po bouch** lips. 3. **po grenn** testicles, scrotum. 4. **po je** eyelid. 5. **po liv** book cover. 6. **po tèt** scalp. 7. **po ze** eggshell.

Poban n. small flask. S.:glòs Pent.

Pobouch n. lips.

Pòch n. pocket

Pòk adj. handicapped, inert. **Men li pòk.**

Poke adj. broken

Pokè n. poker

Poko not yet.

Polemik n. polemic
Poli 1. adj. polite, well-man-
nered. **2.** v. varnish
Polis n. police. **Polis riral**
peace officer.
Politik n. **1.** politics. **2.** policy
Politisyen n. politician
Pòlka n. Haitian dance.
Polyo n. polio
Pòm, ponm-kalbas n. passion
fruit
Pòm, ponm-sitè n. type of
apple tree
Pon n. bridge
Pongongon n. pest (person).
Ponn v. to lay (egg)
Ponp n. pump
ponp gazolin gas station.
Ponpe v. **1.** to jump around,
skip. **2.** to pump.
Ponpis n. gas-station atten-
dant.
Ponpye n. fireman
Ponya n. dagger
Ponyade v. to stab
Ponyèt n. wrist, arm.
Ponyen 1. n. fist. **2.** v. **ponyen**
to take, cease.
Popilè adj. known, popular.
Popilis n./adj. populist.
Popyè, pòpyè n. eyelid
Poro n. leek, scallion
Posesyon n. parade, procession.
Poste v. to post
Posteryè n. posterior, behind
Postilè n. applicant
Postim n. pus. **S.** kàv.

Pòsyon n. portion
Pòt n. **1.** pot. **Pòt kafe 2.** door.
Open the door. **3. chwal pòt**
horse that is not tamed.
Potansyalize v. to reinforce,
add value to.
Potanta n. potentate.
Pòtay n. gate, portal, entry
Pòtchaj n. porter
Pote v. **1.** to carry, bring. **2.**
Pote boure to participate in,
act together. **S.**
Pote kole. Pote konkou. **3.**
pote demantisman to refute
an accusation.
Pòte n. litter (animal)
Poteke, ipoteke v. to mortgage
Pòtfèy n. wallet
Pòtjilèt n. razor
Poto n. pole, pillar
Potomitan n. **1.** centre post. **2.**
big patriot. **3.** important mem-
ber of the family. **S.** tèt fanmi.
4. central support beam
(house).
Potorik gason 1. husky, hefty
man. **2.** very big man.
Pòtre, pòtrè n. portrait, photo,
image. **Tire pòtre** to photo-
graph.
Pòtvwa n. **1.** loudspeaker. **2.**
(péj.) tattle tail, big mouth.
Pou. 1. n.. louse. **2.** prép. for,
so that
pou anyen for nothing.
pou byennèt yon moun to be
in the service of s.o.

pou dan griyen without a valid reason.

pou dan ri without a valid reason.

pou granmèsi for nothing

pou ki moun for whom

pou ki sa why.

pou konnye a for now.

pou kont li alone.

pou lavi diran for life, eternally.

pou li for him.

pou ranseyman for information

pou sizoka in case of

pou syèkdèsyèk/tout tan gen tan forever, eternally.

pou tèt because of

pou ti krik pou ti krak for little, for nothing.

pou tout moun tande in public.

pou tout tan for life

Poubèl n. garbage can, trash can

Poud n. **1**. powder. **2**. (fam.) **ti poud kafe 1**. small amount of money. **2**. ground coffee.

Poudre v. to powder

Pouki why

Poukisa adv. why, for what reason

Poukont 1. alone. **2**. single. Li rete poukont li.

Poul n. **1**. chicken. **2**. **Chape poul ou** get away. **3**. **poul mouye** soft, coward. **4**. **pran poul** to copy, cheat (school)

Poulen n. colt, pony.

Poulèt n. small hen, chick

Poulich n. foal.

Poupou (fam.) n. fecal matter, stool, excrement

Pouri v. to rot, go bad

Pourisman n. **1**. negligence. **2**. rot.

Pouriti n. rot, decay.

Pouriyanis n. negligent person.

Pous n. thumb

Pouse v. **1**. to sprout, grow. **2**. (fam.) **pouse kò** to expose o.s. to. **3**. pouse pitit to have children regularly.

Pouso n. pork, pig

Pouswiv v. to follow

Pousyè n. dust

Poutchis n. putchist

Poutèt loc. conj. because, because of

Pouvwa n. power

Pòv n. poor, unfortunate

Pòy n. **1**. cigarette butt. **2**. person of the same build or socioeconomic status.

Pòz n. **1**. allure, air. **2**. **pran pòz** to pretend, act as if.

Poze 1.v. to pose. **2**. to set down. **3**. to relax, rest. **4**. adj. mature, responsible. **5**. **poze san ou** to act prudently.

Pozisyon n. **1**. place. **2**. position.

PPN n. pati popilè nasyonal.

Prale v. to go

Pran v. **1.** to take, catch. **2.** to enter into sexual relations with a woman. **Li pran fanm nan sou nat**. **4.** to sprout, to blossom **mayi-a fin pran nèt, li pap mouri ankò. 5.** to succeed **bal-la pran,** li gen anpil moun.

pran lyann to flee.

pran a grap to reprimand

pran ak de bra to welcome with open arms.

pran baf to accept life's challenges.

pran chans to take a chance.

pran daso to take by surprise

pran devan to pass, to move ahead.

pran dife to catch fire.

pran fil to progress, evolve, develop.

Pran gaj to make a deal with the devil.

pran ka yon moun to take care of s.o.

pran kann to flee.

pran /kenbe kè to take heart.

pran konesans to read carefully

pran konsyans to be aware of.

pran kou to take a hit.

Pran kout ba to be taken by a low blow

Pran kouraj ou ak de men to resign o.s., to take life as it comes.

Pran laswenyay in convalescence.

Pran lang to French kiss

Pran manm to get better, recover.

pran mye to be getting better.

pran nan petren to be in a fix.

pran nan twa wa to be caught in a bind

pran nay to smoke a cigarette.

pran oserye to take seriously

pran pàn to have a breakdown, to be out of order

pran panik to panic

pran piki to receive a needle, injection.

pran plas yon moun to replace s.o.

pran plezi to enjoy.

pran ponya to borrow at an exorbitant rate.

pran pou to take a side.

pran pou abitid to be in the habit of.

pran pòz (fè enteresant, fè makak) to take an air.

Pran prizon to receive a prison sentence

Pran pwen to be anxiously engaged.

Pran pye to evolve, progress.

pran randevou to make an appointment.

pran rele to start to yell.

pran san w to get a hold of o.s.

pran souf to rest, catch one's breath.

pran swen to take care.

pran tèt ou to get a hold of o.s.

Pran tèt yon moun to be pre-occupied.
pran vol to take off (airplane).
pran wotè to grow.
pran yon bann tan to take one's sweet time.
pran yon moun to take s.o.'s soul, zombify s.o.
pran yon moun a grap to reprimand s.o.
pran woulib sou yon moun to use s.o.
Pratik n. client, return customer, client.
Pre adv. près, close, close to.
Prè, pre adj. ready. **S.:** pare.
Preche v. to preach, evangelise
Predikatè n. predicator (protestant)
Prefas n. preface
Prefè n. prefect
Prefere v. to prefer to
Prekosyon n. precaution
Preliminè n. elementary, simple, easy.
Premye, prenmye adj. first
Prensip n. principle
Prentan n. Spring, **sezon lapli.**
Prepare v. to prepare
Prepoze n. **1.** clerk. **2.** tax collector. **Se prepoze kontribisyon mesye a ye**.
Presbitè n. presbytery
Pè pa nan presbitè-a.
Près n. press
Prese v. to hurry, act quickly.

Presize v. to specify.
Prestij n. reputation, prestige.
Preske adv. about, almost.
Prete v. **1.** to loan. **2.** to borrow.
Prèv n. proof.
Prevni **1.** v. to warn. **2.** n. accused.
Prezantasyon n. presentation.
Prezantatè n. presenter
Prezante v. to present
Prezèvatif n. contraceptive.
Prezidan n. president
Prezidansyab adj. presidential
Prezide v. to preside
Pri n. price. **1. fè pri** to bargain. **2. pa fè pri** to sell for next to nothing. **Bannann nan pa fè li. 3. fè jis pri** to barter.
Pridans n. prudence.
Prije v. to squeeze. **prije sitron an pou mwen**.
Prita v. t. to beat severely.
Priye v. to pray. Priye Bondye li.
Priyè n. prayer
Priz n. electrical current. Ban m yon priz kouran.
Prizon n. prison
Problèm, pwoblèm n. problem
Profesyon n. profession, trade
Proteje, pwoteje v. to protect
Protestan, pwotestan n. protestant.
Pwa n. **1.** pea, bean. **2.** weight
Pwanyan adj. poignant
Pwasenkant n. very heavy.

Pwason n. fish.

Pwatchwòkò n. sickly, malnourished child.

Pwatrin n. chest

Pwatrinen adj. to have tuberculosis

Pwav n. pepper.

Pwavriye n. pepper shaker

Pwèl n. body hair, fur

Pwèlyèm n. tiny bit, iota

Pwen n. **1.** point, dot. **2.** magical power.

Pwent n. point

Pwès n. thick

Pwi n. well

Pwoblèm n. problem, difficulty

Pwodiktè n. producer

Pwodui **1.** n. product. v.: **2.** to produce. **3.** to incite, rouse

Pwofèsè n. teacher, professor, principal **var**. pofesè

Pwofesyon n. profession

Pwofesyonèl n./adj. professional

Pwofèt n. Prophet

Pwofit n. advantage, profit

Pwofite, profite v. to profit

Pwofitè n. profiteer

Pwofonde adj. curious, who wants to know everything on Voodoo. Nèg/ fanm pwofonde.

Pwofondè n. depth

Pwogrese v. **1.** to enrich. **2.** to progress, evolve

Pwòmnad, Pwomennad n. stroll, excursion, picnic. **S.:** jounen

Pwomennay n. stroll, walk.

Pwomennen v. **1.** to go on a stroll, walk. **2.** (péj.) to loaf, hang out **Al pwomennen chen an** go take the dog for a walk.

Pwomèt, promèt v. to promise.

Pwomotè n. promoter

Pwomouvwa v. to promote

Pwononse v. to pronounce

Pwòp, propre adj. clean

Pwopozisyon n. proposition

Pwòpte, pròpte **1.** v. to clean. **2.** n. cleanliness, cleaning.

Pwosesis, posesis n. process

Pwoteje, poteje v. to protect, watch over, supervise. M ap fè yon ti deplase, poteje pitit la pou mwen.

Pwojektè, pojektè n. projector **pwojektè fim**

Pwoteksyon, poteksyon n. protection.

Pwovèb, provèb n. proverb, saying

Pwovens, provens n. province

Pwovizyon, provizyon n. provision. to make provision for

Pwovoke v. to provoke, incite

Pyafe v. to prance

Pyange v. to drag one's feet.

Pyanis n. pianist.

Pyas n. "gourde". S.: goud

Pye n. **1.** foot. **2.pye zaboka** avocado tree. **3. pye mango** mango tree. **4. pye palmis** palm tree. **5. pye papay** papaya tree. **6. pye sitwon**

lemon tree. **7. Pye bannann** banana stalk. **8. pye kokoye** coconut tree. **9. pye rezen** grape vine

Pyebwa n. tree.

Pyès n. **1.** room. **2. pa gen pyès moun nan kay la.** there is no one home.

Pyeton n. pedestrian

Pyèv n. octopus. **S.** chatwouj

Rr

R is the twenty-fifth of the 32 sounds that make up the Haitian alphabet.

Ra 1. flush, level **ra gagann** up to the neck. **2.** rare. Dola ameriken-an ra anpil setan-si. American dollars are rare these days.

Rabache 1. adj. messed up **S.:** pachiman. **2.** v. to mess up, bungle.

Rabachman n. mess.

Rabèsman n. humbling (of s.o.)

Rabèse v. to denigrate, depreciate

Rabi adj. half cooked. **manje rabi bay gonfleman.**

Rablabla v. chatter.

Rabo n. plane (tool). **pase rabo sou planch lan.**

Rabòday n. small travelling band (on foot) usually seen at Mardi Gras **voir** Rara

Rabonnen v. to take a short cut. **S.** touse, koupe nan longè, kase pye (pantalon).

Rabourè n. collector.

Raboure v. to plow.

Rabouwe v. to push s.o.

Rache v. **1.** to tear out. **2.** to shred, cut in pieces. **Rache manyòk ou** to clear out, pull up stakes

Rad n. clothing

Rada n. Voodoo dance

Radada v. to ramble, babble.

Radi insolent. **1.** adj. insolent **ti gason radi sa a. 2.** n. ti radi. **3.** v. ou radi anpil.

Radiyès n. insolence.

Rado n. series of, group of.

Radòt n. nonsense

Radotay, radotaj n. nonsense.

Radotè n. blabberer

Radote v. to talk nonsense. S. babye

Radyo n. radio

Radyodyòl, teledyòl n. public rumour, gossip. **Var.** Radjodjòl, teledjòl.

Raf n. rafle

Rafal n. group of, bunch of, crowd of

Rafinè n. vulture

Rafrechi 1. v. to refresh, cool. **2.** iced tea.

Ragagann up to the neck

Ragou n. stew
Raj n. rage
Raje n. scrub, bush.
Rajeni v. to make s.o. feel younger, modernise.
Rak 1. adj. bitter **manje a rak, li gen move gou**. **2.** n. scrub, bush **3. Rak bwa** woods, forest.
Rakèt n. **1**. cactus. **2**. fraud, economic crime.
Rakètay, raketaj n. contraband, racket
Rakètè n. racketeer, gangster
Rakle n. scraping, beating.
Rakonte v. to recount, explain
Rakoun n. racoon
Rakousi n. shortcut.
Rale v. **1.** to massage. **Rale pitit la ak luil maskriti. S.** manyen. **2.** to suckle **bebe a pa pakab rale lèt la**. **3.** to pull **rale bourèt la**. **4. rale pitit la devan machin nan**. **5.** to crawl **pitit la kòmanse rale. 6.** to attract **mete yon ti rale mennen vini nan pòt magazen an. 7.** adj. fresh. **achte de pen rale. 8. Rale kò ou** move it! **9. rale souf** to catch one's breath.
Rale v. **1.** to pull, attract. **2.** to crawl.
Ralfò n. straw sack with a shoulder strap.
Ran n. row, rank.
Ranblè n. **1.** landfill. **2.** (péj.)

useless person, good-for-nothing.
Ranch n. hip. **S.**:tay
Randevou n. appointment
Randui v. to coat, cover **kòmanse randui kay-la**
Randuisay n. coating, covering
Ranfò n. reinforcement
Ranfòse v. to reinforce, fortify **sipòte**
Ranfòsman n. reinforcement
Ranje 1. adj. poisoned **se yon manje ranje yo ba li. S.** monte **2.**v. to repair, fix **ranje rad la pou mwen. 3.**v. to arrange, put in place **ranje jwèt yo sou tab la. 4. ranje kabann nan** to make the bed.
Ranjman n. arrangement
Rankontre v. to encounter, meet
Ranmasè n. collector
Ranmase v. **1.** to collect, pick up.
2. to condense, reduce.
ranmase figi w/ranmase eskanp figi w to defend one's reputation.
ranmase chita (fi) to sit properly.
ranmase karaktè to defend one's reputation.
Ranmye n. pigeon.
Rann v. **1.** to give back, to return.
2. rann kont to become aware

of.

3. rann san somèy to bother s.o.

4. rann tèt to deliver s.o. to.

5. rann dlo to give water.

6. rann fiyèl to vomit continually.

7. rann repons to answer

Ranni v. neigh, bray. Cheval la ap ranni.

Ranp n. ramp, rampart

Ranpe v. to crawl. **S.** trennen.

Ranpli 1.v. to fill. **2.** adj. full.

Rans n. **1.** rancid. **move gou, movèz odè**. rancid taste, smell. **2.** joke, pleasantry. **3.** nonsense, foolishness. **Pa vin di rans nan figi moun**.

Ransay n. nonsense

Ransè (péj.) n. joker, prankster, frivolous (person).

Ranse v. to joke, clown around.

Ransi v. rancid. **pen an ap fin ransi.**

Rant n. part.

Rantab adj. profitable, advantageous. **S.** bay kòb.

Rantabilize v. to turn a profit

Rantre v. to enter, return

Ranvèse v. **1.** to turn over. **2.** to overthrow.

Ranvwa n. **1.** dismissal. **2.** evil spirit.

Ranvwaye v. to dismiss, fire.

Ranyon n. rag. **S.:** retay, kòtkabann.

Rap n. rasp, file

Rapadou n. **yo manje rapadou ak kasav**. caramelised cane syrup, sugarloaf.

Rapas n./adj. greedy

Rapasite n. capacity

Rapè n.1. rapper, dancer. **2.** thief, pilferer.

Rape v. to grate, snatch, grab.

Rapid adj. rapid

Rapidman adv. rapidly. **S.** tow tow

Rapistole v. to patch

Raple v. to recall, remember

Rapò n. **1.** report, accounting. **2.** burp.

Rapòtè n. reporter, informer.

Rapouswiv v. to continue, follow up

Rapwoche, pwoche v. to approach

Rapwòchman n. nearness

Rapyay n. gravel, fill

Rapyesay, rapyesaj n. reparation

Rapyese v. to repair, patch up

Rara n. Haitian carnival music.

Ras n. **1.** relatives, family. **Lè yon moun se ras ou, fò ou pran ka li. 2.** type, sort.

Rasanble v. to gather, meet.

Rasanbleman n. meeting, gathering.

Rasazye v. to satisfy, satiate

Rasi adj. **1.** (péj.) short, puny, sickly. **2.** stale, mouldy.

Rasin n. root, origin
Raso n. whip. **S.** rigwaz, matinèt.
Rat n. rat
Ratatine adj. withered, wilted
Ratchè n. rat trap
Rate 1. v. to miss. **2.** n. lack of, penury.
Ratibwazay n. **1.** great loss. **2.** police raid.
Ratibwaze v.1. to steal. 2. to lose.
Ratmòdesoufle n. traitor, conspirator
Ravaje v. to ravage, destroy, devastate.
Ravèt n. cockroach
Ravin n. ravine
Ray n. rail
Rayi v. to hate, detest
Rayiman adv. hate, hatred. **var**. rayisans.
Rayisab adj. hateful, detestable
Rayisans n. hatred, hate
Raz adj. 1. poor quality (object). **2.** poor, uneducated person. **Zotobre pa fè zanmi moun raz. 3.** right close. **Machin nan pase raz poto elektrik-la.**
Razè adj. poor, unfortunate, without money.
Razwa n. rasor.
Rebèl n./adj. Rebel, insurgent
Rebitan adj. disgusting, sickening.

Rebite v. to satisfy. **S.** manje tèt kale, maje vant deboutonnen.
Rechinye v. to whine, snivel
Rechinyè n. whiner **var**. rechinya.
Recho n. charcoal stove
Recholye v. charcoal stove maker.
Rechte v. to vomit
Rèd adj. **1**. greedy, cheap. **2.** hard, strong, firm, robust. **3.** stiff, rigid. **Liv po rèd dire pi lontan**. 4. all of a sudden **Li tonbe epi li mouri rèd la pou pou la**.
Rèdchèch adv. strongly, completely, staunchly
Redi v. **1.** to stiffen, struggle, resist. **2.** to try very hard. **S.** trimen, bourike.
Redije v. to write, redact
Refè v. **1**. to get better, heal. **2.** to redo.
Refize v. to refuse.
Reflechi v. to reflect, think
Refrechi v. to rejuvenate
Refrechisman n. rejuvenation
Refrijeratè n. refrigerator. **S.** frijidè
Refrijere v. to refrigerate
Refwadi v. to cool
Refwadisman n. cooling.
Règ n. **1.** conformity. **An règ** to be in conformity. **2.** menstruation
Regadan adj. stubborn, obsti-

nate. **S.** wondonmon, wòklò.

Regle v. **1.** to fix, resolve a problem **2.** to punish, discipline. **3.** to refine, polish. 4. to account for something. **Regle kòb-la byen**.

Règleman n. **1.** rule. **2.** account. **fè regleman**. to settle an account.

Regrè n. regret

Regrèt v. to regret

Regretab adj. regrettable

Regwoupman n. regrouping

Rejim n. **1.** regime, political system. **Rejim bout di** dictatorship. **2. rejim bannann** bunch of bananas.

Rejte v. **1.** to repent, renounce the practice of Voodoo. **2.** to vomit.

Rejetman n. vomit.

Rejyon n. region.

Rèk adj. mature, ripe

Rekalsitran adj. obstinate

Rèkè n. sickly

Reken n. shark

Rekeran n. applicant

Rekile v. to back up, away. **S.** tounen dèyè, pèdi pye, fè bak.

Reklam n. commercial, advertisement

Reklamè n. advertiser

Rekòlte v. to harvest

Rekonnèt, rekonèt v. **1.** to know. I know the man. Mwen konnen mesye-a. **2.** to recog-

nize. **Li tèlman chanje,** mwen pa rive rekonèt-li.

Rekonpanse v. to reward

Rekonsilyasyon n. reconciliation

Rekòt n. harvest

Rekriminasyon n. recrimination

Rekrimine v. to recriminate

Rèl n. yell

Relaks entèj. relax! easy!

Relakse v. to relax

Relasyon n. relation, connection

Rele v. **1.** to call, evoke **rele lwa yo 2.** to be called, named. **Li rele Jwanis. 3. rele anmwe** to yell, call for help, demand (pol.) **4. rele apre kò ou** to take care. **5. Rele chalbari dèyè yon moun** to fire, expel s.o. **6. rele** to greet s.o. **Ou pase ou pa rele m**. You went right by without greeting me.

Rèldo n. spinal column

Releng n. rags, old clothes.

Remake v. to remark

Remèd n. cure. **remèd-fèy** leaf medicine.

Remèt, renmèt v. **1.** to remit, give. **2.** to give back.

Remò n. remorse

Remontan n. vitamin. **S.** fòtifyan

Ren n. kidney, waist. **ren pou ren** half and half.

Rendong adj. stubborn, obstinate, insolent.

Renka kò v. to hide, to get lost in a crowd

Renkanen, rikanen v. to snicker, snear

Renmen 1. v. to love, like **Tout Ayisyen renmen danse konpa**. All Haitians love dancing to compas. **2.** n. love, affection. **Li gen renmen nan kè li**. she is in love. **3. renmen avèk yon fanm**. to go out with, go steady with a woman. **4**. **Ti fi-a nan renmen**. The young girl is starting to like boys.

Renmentout n. greedy, voracious

Renn n. reins **Pa tire renn chwal-la.**

Rennove v. to renovate, repare

Rense v. to rinse. **rense asyèt-yo.** to rinse the dishes.

Repa n. meal

Repantans n. repentance. **S.:** remò, regrètman total.

Repanti v. to repent

Reparasyon n. reparation

Repare v. to repare

Repase v. **1.** to iron (clothes). **2.** to review, reread a lesson

Repasèz n. f. woman who irons clothes

Repete v. to repeat, practice.

Repi n. respite, rest

Repitasyon n. reputation

Repiyan adj. repugnant, disgusting.

Repiyans n. repugnance, disgust.

Replike v. to respond, answer back

Repo n. rest

Repondong n. competence, ability

Reponn v. to respond **reponn lèt-la**

Repons n. response**. Bay yon repons**. to give an answer.

Reprezantan n. representative

Reprezante v. to represent

Reprimand, reprimann n. reprimand, scolding

Reprimande v. to reprimand, scold

Repwòch, repròch n. reproach, blame

Repwoche v. to reproach, blame

Rès n. leftovers

Resèlè (péj.) n. indiscrete person

Resevwa v. to receive

Resi 1. adv. finally. Li resi vini. He finally arrived. **2.** n. receipt. **Mwen pa achte san resi.**

Resif n. reef, difficulty.

Resite v. to recite.

Resiyòl n. mocking bird

Resò n. spring.

Respè n. respect, dignity, reputation.

Respektab adj respectable

Respekte v. to respect

Responsab adj. responsible
Responsabilite, responsablite n. responsibility
Responsabilize, responsablize v. to make s.o. responsible
Restavèk n. domestic servant.
Restoran n. restaurant.
Reta n. tardiness
Retadatè n./adj. late
Retade v. to be late
Retadò n. s.o. who is always late.
Retay n. **1.** sample cloth. Retay twal **2.** leftover
Rete, ret v. **1.** to wait, stay in place. **2.** listen!, wait! **3.** to live at.
rete apiye to continue to rely on
rete babye to continue talking nonsense.
rete bèkèkè to continue to say nothing
rete bese to continue or stay bent down
rete boude to continue to pout, sulk
rete bra kwaze to keep one's arms crossed, doing nothing.
rete chache to continue looking.
rete chante to continue to sing.
rete chèche to continue looking
rete chita to stay seated.
rete chita gade to continue to do nothing.
rete dòmi to continue to sleep.
rete fache to stay angry
rete gade to continue doing nothing.
rete goumen to continue fighting.
rete jije to continue to judge others.
rete kabicha to continue sleeping
rete kache to stay hidden.
rete kanpe to stay standing.
rete kote to stay on the sidelines
rete kouche to stay laying down.
rete koute to continue listening
rete kriye to continue crying.
rete lakay to stay at home.
rete manje to continue eating
rete move to stay upset.
rete nan wòl ou to stay in one's role.
rete pale to continue talking.
rete priye to continue praying.
rete rele to continue yelling.
rete rete pandye to continue to be contrary
rete reve to continue dreaming.
rete tann to continue waiting.
rete travay to continue working.

Retire v. remove, take away, take off.

Reto n. next to last year of secondary school

Retòk adj. insolent, impertinent. **var**. retòbèk **S**. radi.

Retounen v. **1**. to return, come back. **2**. to fire, expel.

Retsezi n. **se ret sezi** to be amazed, to have your jaw drop

Rèv n. dream.

Revandèz n. merchant, salesperson

Revandike v. to claim, demand.

Revand, revann v. to resell

Revandè n. reseller,

Reve v. to dream

Revè n. dreamer, misfortune

Revèy n. alarm clock, alarm

Reveye v. to wake up

Reyalis 1. adj. realist **se yon moun reyalis. 2.** v. li reyalis. He is a realist.

Reyalizasyon n. realization, achievement, accomplishment

Reyalize v. to realize

Reye v. to stripe, erase

Reyèl adj. real

Reyini v. to meet, reunite

Reyinyon n. meeting

Reyisi v. to succeed, to finish by

Reyisit n. success

Rezèvwa n. cistern, reservoir.

Rezime v. to abridge, condense

Rezistan adj. resistant, firm, robust

Rezistans n. resistance, struggle, battle

Reziste v. to resist

Reziye, reziyen v. to resign o.s. to

Rezolisyon n. resolution

Rezonnen v. to reason

Rezotay, rezotaj n. connection, network

Ri 1.n. street **Machin nan fèk sot pase nan ri Dèmirak.. 2.**v. to laugh, have fun.

Richa n. s.o. who is rich.

Richès n. riches.

Rido n. curtain **desann rido a**.

Rigòl n. canal

Rigwaz n. whip.

Rikannen v. to laugh, snicker.

Rim n. cold (illness).

Rip n. wood shavings

Rit n. rite, practice, Voodoo dance

Rive v. **1.** to arrive, to finish by. **2.** to succeed, accomplish something. **3.** to enrich o.s., progress, evolve **Nèg vin rive**.

Rivyè n. river.

Riyèl n. alley, alleyway

Rizyè n. rice paddy.

Rizyèz n. audacious. **S**.: mètdam

Ro, wo 1. tall. **2.** high

Ròb, wõb n. dress, clothing

Ròch, wòch n. rock, stone. **ti wòch** pebble.

Rodaye /wodaye v. to roam.

Rode /**Wode** v. to roam.
Rokèt n. hiccup
Ron, won 1. adj. round. **2.**n.
dance. **Ann fè yon won**. Let's
dance.
Ronf, wonf n. snoring.
Ronfle n. to snore
Ronn, wonn n. **1.** stroll **fè
wonn kay-la. 2.** circle **trase
yon wonn. 3.** round **tè-a
wonn.**
Ront, wont n. shame. **san
wont** shameless.
Ronyen /**wonyen** v. to knaw.
Ròròt, wòwòt adj. unripe
(fruit).
Rose, wose v. to stand on one's
tiptoes.
Rou, wou n. **1.** tire, wheel. **2.**
hoe.
Rouj, wouj n. red.
Roule /**woule** v. to roll, envel-
op.
Roulo /**woulo** n. scroll, roll
Roulong /woulong n. mon-
goose
Rout, wout n. path, route
Rouze, wouze v. to sprinkle,
irrigate.
Roz, wòz n. pink, rose
Roze /**woze** v. to make pink

Ss

S is the twenty-sixth of the 32

sounds that make up the
Haitian alphabet.
Sa (dét.) **1.** it. **2.** this/that **sa a.**
That dress is pretty **wòb sa a** bèl.
Sa k vid pa kanpe (prov.) an
empty sack cannot stand up.
Sa k gen nan lòj 1. what's
with you? **2.** How's that?
Sa k te gentan gen la What's
going on?
Sa k te pran w what's got into
you?
Sa li ye what's that?
Sa li ye menm what is that?
Sa m wè m pa ka pale/
**Sa w wè m pa gen bouch pou
m pale** it's hard to put into
words.
Sa pa fèt that can't be!
Sa pa mache it doesn't work.
Sa vle di that means.
Sa yo these. Liv sa yo. These
books.
Sa k te pran w what's got
into you?
Sa m wè mwen pa ka pale
I'm stunned.
Sa pa mache it failed.
sab n..1. sand. **2.** sabre. **S.:**
katyapika.
Sable v. to sand **papye sable**
sandpaper.
Sabo n. hoof, clog.
Sabò n. slap, smack
Sabotay, sabotaj n. sabotage.
Sabotè n. saboteur
Sabote v. to smack, slap s.o. in

the face.
Sache n. bag, sack
Sadin n. sardine
Saf adj. glutton, avaricious, voracious.
Safman adv. gluttonously, voraciously.
Safte n. voracity, avidity.
Saj adj. **1.** prudent. **2.** polite
Sak n. **1.** sack. **2.**
Sak pase? How's it going?. **3.** sak zòrye pillowcase.
Sakad n. jerk, shake
Sakaje v. to jerk, shake
Sakit n. small bag, purse
Sakle, sekle v. to hoe.
Sakòch n. handbag, satchel.
Sakre 1. v. to consecrate. **2.** adj. sacred.
Sakreman n. sacrament
Sakristen n. sacristan
Saksofòn n. saxophone
Sal 1. v. to dirty. **2.** adj. dirty. **3.** n. room.
Salad n. salad
Salanbe v. to reprimand
Salaison n. food preserved in salt.
Salamanje g.n. dining room.
Saldeben g. n. bathroom.
Sale adj. salty, too salty
Salitasyon n. salutation
Salmanaza n. difficulty, impasse
Salon n. salon, living room.
Salopri n. **1.** object of no value. **2.** waste, garbage

Salte n. dirtiness, filth
Saltenbank n. gadget, imitation. **S.:** zagribay
Samdi n. Saturday
San grate tèt without a problem.
San n. **1.** blood. **2.** prép. without. 3. adj. hundred. **4. pran san** to take one's time, to not rush. **5. sou san** to be in a good mood.
San bat je quickly
San bri san kont with mutual respect.
San gou without difficulty
San grate tèt with ease, without a problem.
San kaye blood clot
San kè without remorse, mean
San kò sickly, thin. Tèt san kò.
San konnesans to faint.
San konprann ignorant.
San kwa without which.
San mank without missing.
San manman s.o. who is left completely on their own.
San manti without a lie
San nanm zombie, imbecile.
San pèdi tan rapidly, suddenly.
San pitye without pity.
San pozisyon undecided, uncertain.
San pran souf without stopping, continually
San presyon without pressure.
San pretansyon without pretention.

San prèv without proof, without reason.

San pye san tèt incomprehensible, illogical.

San rekonesans ingrate

San rete continually

San sa without that.

San senk kòb very poor.

San Sousi without worry.

San wont shameless, without shame.

Sanba n. singer, composer who improvises songs

Sanbenyen n. imbecile

Sanblab adj. similar, same, identical

Sanble v. **1.** to look like. **2.** to gather, meet. **3.** it appears, it seems.

Sandal n. sandal, slipper

Sang n. strap.

Sangwen (péj) n. **1.** shameless person. **2.** filthy, dirty person.

Sankè n. immoral person, inhuman

Sankoutya n. imposter S. avadra

Sanmank adv. correctly, perfectly

Sanmanti! interj. that's the truth! no lying!

Sann n. cinder.

Sannanm n. slow, infirm, retarded.

Sanpitye n. without pity

Sanpransouf adv. without taking a breath, without stopping for air

Sanprestij n. opportunist, impostor

Sanpwèl, chanpwèl n. to be nocturnal, secret society.

Sanpwoblèm interj. no problem!

Sans n. **1.** direction, path. Nan ki sans ou prale? **2.** sense (idea)

Sansal (péj.) n. vagabond, street person

Sansib adj. sensitive, generous, giving.

Sant n. **1.** Centre. **2.** odour, scent

Santi v. **1.** to smell **2.** to feel, experience. **3.** n. smell (odour).

Santim n. cent, penny.

Santralize v. to centralize

Sanwont n. shameless

Sanzatann phr. unexpectedly.

Sanzave n. **1.** street person, bum, vagabond. **2.** good-for-nothing.

Sapat n. sandal, flipflop

Sapata v. to mistreat, torture, beat up.

Sapoti n. sapodilla

Saranpyon, charanpyon n. chicken pox

Sasinen, ansasinen v. to kill, assassinate

Satan n. Satan, demon. S. denmon

Satiyèt v. to tickle

Savann n. prairie, grassland.

Save n. savant, intellectual, specialist

Savon n. soap. **1. savon lave** detergent; **2. savon vesèl** dishwashing soap; **3. savon twalèt** hand soap.

Savonnen v. **1.** to lather up. **2.** to cuss out

Savwafè n. knowhow.

Se v. to be, it's **1. Se** disparèt devan adjektif nan fraz prezan. **Egz.:** Kay la bèl. Machin nan pwòp. Moun yo kontan. **2. Se** parèt an **te** devan adjektif nan fraz pase. **Egz.:** Kay la **te** bèl. Machin nan **te** pwòp. Moun yo **te** kontan.. **3. Se** disparèt nan fraz entèwogatif ki kòmanse avèk **Kote. Egz.: Kote** Pòl? **Kote** moun yo? **4.** Ou pa oblije mete **Se** nan fraz entèwogatif ki kòmanse avèk **Ki. Egz.:** Ki moun? **Se** ki moun? Ki madanm? **Se** ki madanm? **5. Se** itilize kòm pwonon demonstratif devan non, adjektif, pwonon, advèb pozisyon, lè li plase jeneralman nan tèt fraz la. **Egz.: Se** Pòl ki envite m. **Se** fasil ou di? **Se** isit m ap travay. **Se** mwen ki papa ti fi a. **6. Se** parèt toujou devan non nan fraz deklarasyon. **Egz.:** Mwen se kòmandan. Li **se** chèf. Nou tout **se** Ayisyen. **7. Se** tounen **ye** nan fraz ki kòmanse avèk yon pwonon demonstratif.

Egz.: Se medsen li **ye**. Li **se** medsen. **8. Se** tounen **ye** nan fraz entèwogatif. **Egz.:** Kote bèf la **ye**? Kote moun yo ye? Ki moun yo **ye**? **9.** Jeneralman, **Se** parèt yon sèl fwa nan fraz deklarasyon. **Egz.** Mwen se papa ti fi a. Se mwen ki papa ti fi a. **10. Se** chanje pou **se te** nan fraz pase. **Egz.: Se** Pòl mwen vle. **Se** Pòl mwen te vle.

Se dat a long time ago.

Se de bon ki fè bonbon (prov.) one must help others, two are better than one.

Se gwo koze/Se gwo zafè it's very important.

Se jwèt timoun it's child's play. **Se lè sa-a** it's like this, like this. **Se ma fòt/Se ma grann fòt** I'm at fault.

Se kon sa it's like this.

Se nad marinad nothing at all.

Se pa fòt mwen it's not my fault. **Se pa jwèt** it's very serious. **Se pou sa** it's like this. that's why. **Se sa** right! **Se sa li ye** it's like this.

Se sa nèt excellent, perfect. **Se tout bon** no kidding. **Se youn ak lòt** united we stand.

Se nad marinad nothing, in vain

Se pa kaka kòk it's very difficult.

Sè n. sister.

Sebon entèj. look out!

Seche v. to dry
Sede v. to concede, give up
Sedui v. to seduce, attract
Sejousi adv. these days
Sèk 1.adj. dry. **2**. n. circle **S. wonn. Sèk gagè** cockfighting arena.
Sèke v. to surround, encircle.
Sèkèy n. coffin.
Sekle v. to hoe
Sekond, segonn n. second
Sekou n. help
Sekouri v. to come to the aid of s.o.
Sekrè n. secret
Seksyon n. section, administrative area.
Sektanm, septanm n. September.
Sèl 1.adj. alone, by itself. **2**. n. saddle. **3**. n. salt.
Sele v. to saddle (a horse). Sele chwal la.
Selebre v. to celebrate
Seleksyon n. selection, choice
Selye n. salt shaker
Sèlman adv. only, to the contrary.
Semans n. seed
Sèmante v. to swear, take an oath. **Sèmante swasanndisèt fwa sèt fwa** : to swear seventy times seven, to resist to the last.
Semèl n. sole.
Semenn, senmenn n. week. **semèn sa a** these days.
Semenn sent Holy week.

Sen n. **1**. holy. **2**. innocent.
Sèn n. scene.
Senbòl n. symbol
Sendenden (péj.) n. **1**. prostitute, whore. **2**. gadget.
Sendika n. union.
Sendikalis n. union member.
Sendike v. to unionize.
Sènen v. to corner, hem in
Sengle adj. crazy
Senje v. to imitate mockingly.
Senk adj. five
Senkant adj. fifty.
Senkant kòb fifty cents.
Senn n. **1**. scene. **2**. healthy.
Senp n. **1**. simple, modest. **2**. prayer (Voodoo)
Senpleman adv. only.
Senpman adv. **1**. simply. **2**. however.
Sentaniz n. child servant (girl). S. restavèk
Senti n. **1**. belt. **2**. waist
Sentiron n. **1**. men's belt. **2**. seatbelt.
Sentre v. to tighten one's belt
Senyè n. lord.
Senyen v. to bleed.
Sèp n. penitence (Voodoo)
Sèpan n. serpent, snake
Sèpantye n. woodpecker.
Separasyon n. separation
Separe v. to share, to divvy out food.
Sèpèt n. sickle.
Serafen stingy, cheap
Sere v. **1**. to tighten **2**. to hide,

hide s.o. **3. Sere boulon yon
moun** to keep watch over s.o..
Seremoni n. ceremony
Seren n. **1.** mist. **2.** adj. serene,
peaceful. **S.** poze
Sereng n. syringe
Seri n. **1.** series. **2.** lock. **3.**
lang seri deadbolt.
Sèso n. hanger.
Sèt adj. seven
Sèten adv. certain, sure.
Sètifika n. certificate
Sètifye v. to certify, approve
Sètitid n. certainty, assurance
Sètpechekapito (péj.) n. ugli-
ness, repulsiveness
Sèvant n. servant (female).
Sèvèl n. brain
Sèvi v. **1.** to serve (a meal). **2.**
to practice Voodoo. Èske ou
sèvi (lwa)? **3.** to be useful.
Sèvis n. **1.** service. **2. sèvis lwa**
Voodoo ceremony.
Sèvitè n. servant
Sèvo n. brain
Sèvolan n. kite
S. kap, grandou
Sevre 1. v. to wean **2.** adj.
weaned.
Sèvyèt n. towel. **Sèvyèt pou
tab** paper towel, serviette
Seyay n. try, attempt.
Seye v. to try.
Seyè, senyè n. lord
Sèz adj. sixteen.
Sezi 1. v. to be surprised,
astonished. **2.**v. to seize, grab.

3.n. repossession.
Sezisman n. astonishment,
shock, surprise.
Sezon n. **1.** season. **2.** epoch,
period of time.
Si 1. adj. rancid, mouldy,
spoiled. **2.** adv. sure, certain.
3. n. saw. **4.** conj. if
Si Bondye vle God willing.
**Si fè pa te koupe fè machòkèt
pa ta viv.** there is a solution to
every problem.
Si m pa rele m a toufe to no
longer be able to resist.
Si m' te ou menm m ta if I
was you, I would…
Si se pa Jonas thank good-
ness.
Suiv, swiv v. to follow. **Var.**
sib.
Sibi v. **1.** to undergo, experi-
ence. **2.** to suffer.
Sibit adj. sudden, abrupt.
Sibitman adv. suddenly, acci-
dentally, without warning.
Sibito-presto adv. suddenly
Sibstans n. substance
Sibvèsif n. subversive
Sid n. South
Sidès n. southeast
Sidwès n. southwest
Sifi v. to suffice.
Sifilis n. syphilis.
Siga n. cigar
Sigarèt n. cigarette
Sige v. to speed, go speedily.
S. ale a tout boulin.

Sijè n. subject

Sik n. sugar. Li achte de gwo mamit sik.

Sikatris n. scar. S. tach, lota, mak

Sikilasyon n. circulation

Siklòn n. cyclone, hurricane. **S.:** kout tan.

Sikonskripsyon n. constituency.

Sikre adj. sugary

Sikreri n. sweet, candy. **S.** sirèt

Sikriye n. sugar bowl

Siksè n. success

Silabè n. primer.

Silans n. silence

Silè g.n. on the spot, as soon as.

Silvouplè phr. please. **S.:** souple.

Simagri n. **1.** grimace, to make faces. **2.** mocking imitation. **S.:** tenten, sendenden.

Siman : **1.** surely, certainly. **2.** cement.

Simante v. **1.** to cement. **2.** to unify. Kreyòl se sèl lang ki simante tout Ayisyen ansanm (kons. 1987, atik 5.)

Simaye v. **1.** to diffuse. **2.** spread the gospel simaye pawòl Bondye.

Simbi n. water goddess (Voodoo)

Simen v. **1.** to sow. **Simen mayi a**. **2.** **simen panik** to create a panic, intimidate. **3.** to spread, disperse.

Similak n. sham, pretence

Simityè n. cemetery.

Sinema n. cinema.

Sinik adj. cynical.

Sinistre n. gift, humanitarian aid, support. Yon ONG te vi-n bay sinistre.

Sinonim n. synonym. Mo sans tokay.

Siperyè adj. **1.** superior. **2.** high quality. **Sipèvizè** n. supervisor, inspector.

Sipèvize v. to supervise, inspect

Sipò n. support, aid, maintain.

Sipòte v. to support, hold up, help

Sipòtè n. supporter

Siprann v. to surprise

Sipriz n. surprise, astonishment

Sire **1.** v. to wax. **2.** adj. waxed.

Sirè n. shoeshine person

Sirèt n. candy, sweet

Siro n. syrup, **siro kann** cane syrup, **sirop myèl** honey.

Sis adj. six.

Sispann v. **1.** to suspend. **2.** to stop, cease. **Sispann pale**.

Sispèk adj. suspect. **kriminèl toujou sispèk**.

Sit n. site

Site v. to quote

Sitèlman, tèlman adv. so

much.
Sitèn n. cistern
Sitin n. sit-in, manifestation. **S.** vijil
Sitirans n. tolerance, permissiveness.
Sitire v. to tolerate, permit, condone.
Sitirèz adj. permissive, complaisant.
Sitiyasyon n. situation, state, condition. **Var**. sitirasyon.
Sitiye v. to situate, identify
Sito, osito adv. as soon as. **S.** kou, dèke. **(kou w fini, rele m.)**
Sitou adv. especially, particularly, principally
Sitwayen n. citizen
Sitwon, sitron n. lemon. Lave vyann nan ak sitwon.
Sitwonnad, sitronnad n. lemonade
Siv n. chive.
Siveye v. to watch, protect, supervise
Siviv v. to survive
Siwèl n. loquat fruit mwen renmen siwèl
Siy n. 1. beauty mark. 2. sign, gesture.
Siyale v. to signal, mention
Siyati n. 1. signature. 2. surname.
Siyay, siyaj n. wake, path
Siye v. 1. to wipe. 2. to saw
Siyè n. sawyer.
Siyen v. to sign

S.: griji non
Sizo n. scissors.
Sizonnen v. to season, flavour.
So n. 1. fall 2. pail, bucket.
Sò n. 1. fate. 2. (fam.) sister
Sòche (péj.) n. 1. prostitute, whore. 2. sorceress
Sodomize v. to sodomize
Sofa n. sofa, chesterfield **S.** kannape
Sogo n. little tap, slap
Soir n. night aswè
Sòl n. 1. soil 2. credit union. Antre nan sòl pou fè lajan lekòl-la
Solèy n. sun.
Solid adj. solid, strong, robust, resistant
Solidarize v. to join together, support
Solobab n. snack
Sòlòkòtò n. houngan
Somèy n. sleep.
Somyè n. box spring.
Sonbre v. to sink (boat)
Sonj n. dream
Sonje v. 1. to reflect, think. 2. to dream. 3. to recall, remember.
Sonnen v. 1. to call. **S.** (fam.) wouke 2. **sonnen ason an** to summon the spirits. 3. to telephone. **S.** rele
Sopagi n. shrine (vod.)
Sòs n. sauce.
Sòsèlri n. sorcery, magic, fetish
Sòsye, sòche n. sorcerer, sor-

ceress.

Sosyete n. group of sorcerers.

Sot v. to have just. **S.** fèk, apenn. **Li sot manje** he just ate.

Sòt n. idiot, fool, imbecile.

Sote v. **1.** to jump **sote kòd** to jump rope. **2.** to roast. **3.** to startle.

Sòti, soti 1. n. exit, promenade, excursion. **2.** v. to leave.

Soti v. **1.** to leave, remove **soti lajan nan pòch ou. 2.** to come from. **Li soti Kanada**. He comes from Canada. **3.** to become **pa frekante vakabon pou pa soti vakabon**. if you hang around losers, you'll become a loser. **4.** to want. **Vòlò soti pou yo touye m pou lajan**. The thieves want to kill me for my money.

Sou adv. **1.** on, above. **2.** toward. **3.** drunk, sloshed. Se pa ti sou nèg la sou.

Sou blòf bluffing, bluff.

Sou bò yon moun. to be interested in s.o.

Sou de pye in good health, spry.

Sou deyò outside.

Sou goumen ready to fight

Sou kisa on what basis

Sou kont to be dependent on s.o.

Sou kont tèt mwen autonomous

Sou kontwol under the control of

Sou kote on the side.

Sou latè beni in the world.

Sou mache a on the market.

Sou plan/konsènan about.

Sou ray demokrasi on the path to democracy.

Soud adj. deaf

Soude v. to solder

Soudè n. a deaf person.

Soudi n. welding.

Souf n. **1.** breath. **2.** suffering. **3.** pran souf. to catch one's breath. **Souflantchou** (péj.) n. valet, brownnoser .

Soufle v. **1.** to blow. Soufle lanbi, soufle vaksin, soufle banbou. **2.** to whistle.

Souflèt n. **1.** smack **2.** whistle.

Soufletay, soufletaj n. slap, smack.

Souflete v. to hit, smack

Soufrans n. suffering, groaning

Soufri v. to suffer

Souke 1. v. to shake, agitate. **2.** n. s.o. who loves presents. **3.** souke kò w. get a move on!

Soukèt lawouze n. rural police auxilliary

Soukont v. to be under the protection of.

Soukote adj. **fanm soukote** mistress

Soukoup n. saucer

Soukouyan n. houngan

Soulajman n. relief, rest,

respite

Souliye v. to underline

Soulye n. šhoe.

Soumoun n. imposing person, overbearing person.

Sounwa adj. timid, reserved

Soup n. soup

Soupe n. to eat supper

Souple 1. only (warning). 2. (fam.) please.

Souri v. to smile.

Sourit n. smile.

Souse v. to suck.

Sousi n. eyebrow

Sousòl n. basement

Sousou n. flatterer

Soustraksyon n. subtraction

Souteren n. underground

Soutnè n. supporter

Soutni v. to support, sustain, help.

Soutretans n. subcontracting.

Soutyen n. bra, brassiere.

Souvan adv. often

Souvenans prop n. sacred place in Voodoo near Artibonite.

Souye v. to dirty

Sovaj adj. wild, brutal. **S.** gwayil, gwo soulye.

Sove v. to save, deliver from, come to the aid of s.o. **S.:** pote sekou.

Sovè n. Saviour

Sòyet, sò Yèt n. underprivileged person

Stekoun n. used clothing. S.

pèpè, kenedi, dekwoke

Strikti, estrikti n. organizational structure

Suiv, swiv v. to follow

Swa n. 1. silk 2. soft 3. night.

Swadizan adv. so one says, self proclaimed

Swaf v. to be thirsty. **var.** swèf

Swasant adj. sixty

Swe 1. n. sweat, transpiration. 2. v. to sweat, transpire.

Swè n. wish

Swen 1. n. care 2. v. to nourish Se yon fanm kap swen nèg-la.

Swenyay n. care.

Swè n. wish

Swete v. to wish.

Swif n. 1. tallow, animal fat. 2. correction.

Swiv, sib v. 1. to follow. **N ap suiv, n ap kenbe** we're getting by! 2. to imitate s.o.

Swivan prép. following

Syèl n. sky, heaven.

Syès n. siesta, rest

Syo n. pail for water.

Tt

T is the twenty-seventh of the 32 sounds that make up the Haitian alphabet.

Ta 1. adv. late. 2. conditional marker. **Si m te rich, mwen ta achte yon chato**. If I were

rich, I would buy a castle.
Tab n. table. **tab de nui** night table. **tab twalèt** dressing table. **tab kafe** coffee table. **tab lanp** lamp table, **tab salon** table de salon. **tab amanje** dining room table **tab woulan** rolling table
Tabak n. tobacco
Tabase v. to hit, beat up
Tablèt n. portion of nougat. **tablèt pistach** peanut brittle.
Tabli v. to establish, set up **tabli kò** to establish o.s.
Tablo n. chalkboard. **Tablo afichay** bulletin board **Ale o tablo**. go up to the (chalk)board
Tabòk n. smack. **S.** sogo
Tach n. **1.** spot. S. lota, bouton. **2.** function, responsibility. **3.** palm thatch.
Tachay n. attachment
Tache v. **1.** to attach, fasten **2.** to stain.
Tafya n. alcoholic beverage, rum. **S.:**
kleren nazon, kleren lakay
Tafyatè n. drunk, drunkard. S. tafyamann,
Tak n. drop, small quantity.
Take v. to latch, lock (door, window)
Takèt n. latch, bolt.
Takinen v. to tease, bother, annoy, kid
Tako n. crow

Taksi n. taxi
Taktik n. tactic, political strategy
Talè adv. soon, in a moment.
Talon n. **1.** heel. **2.** Bay talon w. Get out! **3. Talon kikit** high-heel shoes
Tan an demwazèl
good weather, mild temperature.
Tan n. **1.** weather, temperature. **2.** season. **3.** epoch. **4.** sooner than, instead of **tan wap pale a,** pouki ou pa ekri tèks-la.
Tanbou de mounda opportunist
Tanbou n. drum.
sacred drum **asòtò** (vod.)
Tanbouyè n. drummer.
Tande v. **1.** to listen, hear. **2. chita tande** to sit and listen. **3. tande zòrèy** ear drum.
Tandòt adv. many others
Tandrès n. tenderness
Tankou adv. like, as if
Tanmaren, tamaren n. tamarind
Tanmen v. to start, begin, commence
Tann v. **1.** to wait, stop **2.** to spread, hang out **tann rad yo nan solèy**. **3.** to go quietly. **4. chita tann** trap, ambush. **5. pwa tann** green been.
Tannè n. tanner.
Tannen v. to tan (leather).
Tannri n. tannery.

Tanp n. **1.** Voodoo temple. **2.** church.

Tanpri phr. please.

Tant n. **1.** aunt. **2.** tent

Tanta n. ambition, jealousy. **S.** lanbi, tantasyon.

Tantasyon n. enticement, temptation

Tante v. to entice, tempt

Tantin n. aunt

Tanyen n. wicker

Tanzantan adv. from time to time, sometimes.

Tap n. hit, tap

Tape v. **1.** to hit, tap. **2. tape nan sòs** exquisite, delicious. **S.** dyòl loulouz, se koupe dwèt. **3. tape kat** to shuffle cards.

Tapi n. carpet

Taptap n. **1.** pick-up truck or van used for public transportation. **2.** very quickly. **S.:** trapde.

Tarif n. tariff, rate.

Tas n. cup.

Tate v. to grope, feel.

Tay n. **1.** hip, waist. **2.** height, size

Tayay, tayaj n. tailoring

Taye v. **1.** to tailor, cut. **2.** (fam.) to make love. **3.** to whip.

Tayè n. tailor.

Tayè-kreyon n. pencil sharpener **S.** machin kreyon, egizwa.

Taye bannda to live well

Tchatcha n. maracas.

Tchak v. surly, ill-tempered, cynical.

Tchaka n. mix

Tchake v. crush, pound, destroy, cut into pieces.

Tchansè n. playmate.

Tchanpan n. **1.** fast food, junk food. **2.** junk

Tchap n. cap, hat

Tchap, tyap, kaskèt, chapo

Tchas n. bowl cut (haircut).

Tchatcha n. **1.** Haitian dance. **2.** maracas.

Tchaw n. **1.** fast food. **2.** good-bye.

Tchè n. core, flesh

Tche kwochi n. scorpion. **S.** eskòpyon.

Tchekay, tchekaj n. verification

Tcheke, tyeke v. **1.** to verify. **2.** to contact. **3.** to take care of, watch

Tchèlè (fam.) n. promiscuous young girl.

Tchenbe, kenbe v. to be well. N ap kenbe. We're well!

Tchentchen n. Se avèk mayi moulen yo fè tchentchen. finely ground corn

Tchintchin v. to bother, tease, annoy

S.:bay kristè.

Tchip adj. cheap

Tchipe v. to sulk, hold in contempt

Tchòbòl n. trouble, mess.

Tchòtchòwè adj. indiscrete, nosy, meddling.

Tchou (fam.) n. anus. **S.** tou dèyè.

Tchouboum n. impasse, difficulty. Tonbe nan tchouboum

Tchoul, tyoul n. **1.** (péj.) valet, servant. **2.** good dancer. **3.** guide. **4.** kept man, gigolo.

Tchoule (fam.) v. to back.

Tchwe v. to kill. **var.** tiye.

Tè n. earth, terrain

Te n. 1. tea. 2. past marker **Si m te rich, mwen ta achte yon chato**. If I was rich, I would buy a castle.

Tè n. earth. **Kite tè** to take off.

Tebe n. tuberculosis

Tèdoreye pillowcase **S.** anvlòp zòrye

Tèk n. small hit (marbles).

Teke v. to hit, tap (marbles).

Teke fren. to go slowly

Teknisyen n. technician

Teks n. text

Teledyòl n. grapevine.

Telefone v. to call, telephone

Televizyon n. television

Tèlman adv. very, very much

Tèm n. **1.** term. **2.** theme

Ten n. thyme

Tenbal n. goblet

Tenèb n. darkness

Tenis n. **1.** tennis. **2.** tennis shoes, sneakers

Tenm n. stamp.

Tennfas adj. firm, steadfast

Tenten n. **1.** antics, grimace. **2.** imitation, junk. **3.** nonsense **pa di tenten sou moun**.

Tentennad n. foolishness, antics

Tenyen lavi v. to kill, snuff out

Tep n. **1.** adhesive tape. **2.** cassette tape.

Terebantin n. turpentine, paint thinner

Teren n. **1.** terrain. **2.** Bay teren an blanch **leave!**

Tèritwa n. territory

Tès n. **1.** test, quiz, exam **2.** essay

Teste v. to test

Testè n. tester

Tèt n. head

1. Tèt anba upside down.

2. Tèt anplas to be sure of o.s.

3. Tèt ansanm cooperation, solidarity

4. Tèt bèf large SUV, usually Toyota

5. Tèt biznis la boss, director.

6. Tèt chaje problem, difficulty, trouble.

7. Tèt chat false, phoney

8. Tèt cho without thinking.

9. Tèt chòv bald.

10. Tèt di stubborn.

11. Tèt drèt calm, reflective person

12. Tèt fanmi an the family provider.

13. Tèt fè hard head. **tèt fè mal** headache, migraine.

14. **Tèt fèb** immature.

15. **Tèt grenn** frizzy hair.

16. **Tèt gridap** girl with only wisps of hair

17. **Tèt grizonnen** kinky hair S. tèt grenn, tèt grizon, tèt graton, tèt pwav

18. **Tèt kabann** head of a bed.

19. **Tèt kale** shaved head, bald.

20. **Tèt kokolo** bald.

21. **Tèt kole** cooperation, together.

22. **Tèt konpayi an** the head of a company.

23. **Tèt kwòs** bald

24. **Tèt mare** peasant woman.

25. **Tèt mato** incompetent, klutz

26. **Tèt nan sak** imbecile.

27. **Tèt nèg** very expensive

28. **Tèt òganizasyon an** head of an organization

29. **Tèt pa tche** backwards.

30. **Tèt san kò** sickly

31. **Tèt sou zepòl** to have a good head on one's shoulders.

32. **Tèt zorye/ sak zòrye** pillowcase

33. **Tèt vire** n. 1. crazy, unbalance. **S.:**Tèt cho. 2. vertigo.

34. **Tèt mòn** summit of a mountain.

Tetanòs n. tetanus.

Tete 1. n. nipple. 2. to nurse, suckle. 3. breast

Tetin n. nipple (bottle)

Teyè n. teapot

Tèz n. thesis

Ti adj. 1. small. 2. diminutive.

Ti koze n. chat, conversation.

Ti Bondye n. generous and charitable person

Ti bray n. young man, boy

Ti kay n. hut, house, dwelling

Ti bat bouch n. snack

Ti fi/tifi adj. 1. clean, sparkling. 2. virgin. 3. n girl.

Ti gason n. small boy

Ti tak n. little drop.

Tib n. tube

Tifoyid n. typhoid

Tig n. tiger.

Tik n. tick (parasite) **Bèf-la plen tik sou li.**

Tikoulout n. 1. child's penis. 2. adj./n. stingy, cheap, miser.

Til n. tile.

Tilandeng n. bother, nuisance

Timal n. little, comrade

Timaymay n. small child, infant. S. tchyovi, atchyovi.

Timid adj. shy, timid

Timoun n. child

Tip n. 1. young man, guy. 2. tip.

Tiray, tiraj n. drawing, raffle

Tire v. 1. to fire, shoot. 2. to pull. 3. to nurse (baby). 4. **tire kont** to tell stories, jokes. 5. **tire foto** to photograph.

Tise v. to weave

Titalè phr. soon, in a moment.

Titchè n. teacher.

Tiwèl n. sow

Tiye l rache l no matter what.

Tiyè n. killer.

Tiye v. to kill, murder. **var.** tchwe.

Tiyen n. iota, little bit

Tiyo n. hose, pipe.

Tiyon n. surplus, overflow. **S.:** degi, ranje, barad.

Tiyotay, tiyotaj n. plumbing, pipes

Tò n. wrong **ou gen tò, ou an tò.** you are wrong.

Tobout very far.

Tòchon n. rag

Tòchonnen v. **1.** to insult, cuss s.o. **2.** to soil.

Tòde v. to twist. **var.** tòdye.

Tokay n. homonym. **Mo tokay** synonym

Toke v. **toke kòn** to confront, face s.o. or something

Tòkèt n. head-cushion (used when carrying things on one's head.)

Toksikomàn n. drug addict

Tòktòk v. to hit.

Tòl n. sheet metal (tin)

Tolalito n. the run-around

Tolerans n. tolerance

Tolere v. **1.** to tolerate **Li tolere tout sa pitit-la fè.** **2.** leave alone. **Pa tolere dezòd timoun.**

Tomat n. tomato.

Ton adj. poss. **ou-a** your book. liv ou-a.

Tonbe v. **1.** to fall **2.** to lose an erection **3.** to happen upon

2. tonbe fè tenten : to cause trouble.

3. tonbe malad to fall ill

4. Lese tonbe to leave alone, neglect.

5. tonbe sou v. to happen upon, jump on

6. tonbe andegraba in decline.

7. tonbe fè tenten to be a nuisance.

8. tonbe lwa to fall into a trance.

9. tonbe malad to fall ill.

10. tonbe menm lè coincidence

11. tonbe pou yon moun to fall in love, fall for s.o.

12. tonbe priye to start to pray.

13. tonbe pale to start to talk.

Tondèz n. lawnmower.

Tonè, tonnè n. thunder.

Tonèl, tonnèl n. shelter, temporary structure. **se anba tonèl yo fè gadjè**.

Tonm n. tomb.

Tonmtonm n. breadfruit with meat or seafood. S. foufou

Tonnè entèj. damn it!

Tonton n. **1.** uncle. **2.** old man. **3.** face (money) **tonton ou palmis**. pile ou face.

Topiyay n. waste

Tòpiye v. to waste

Tòran n. torrent

Toro n. bull.

Tòsyònè n. despot, tyrant

Total kapital completely, totally

Tòti n. tortoise, turtle

Tòtire v. to torture, mistreat.

Tòtòt v. to nurse, suckle. **tòtòt mango-a**.

Tou 1. adv. also, equally. **2.** hole.

Tou bote : dimple.

Tou cho fresh, hot, new.

Tou adv. all, hole

Tou cho fresh

Tou dèyè anus

Tou dwat straight.

Tou kole ak right beside, close to.

Tou nèf brand new

Tou nen nostril.

Tou pre close to.

Tou ego sewer, manhole

Toubiyon, toubouyon whirlwind.

Touchan adj. touching, sad.

Touche v. **1.** to touch something, to get paid. **2.** to correct, refine. **3.** to put hands on s.o.

Toudenkou suddenly

Toudi, etoudi v. to get dizzy.

Toudisman, etoudisman n. vertigo, dizziness.

Touf n. bush

Toufe v. **1.** to cover (up). **2.** strangle, suffocate. **3.** to let simmer. **Toufe manje a pou l kwit.**

Toufounay n. stirring

Toufounen v. to mistreat, abuse

Touhing n. chasm, precipice

Toujou adv. **1.** always. **2.** again.

Toukan n. toucan

Toulejou adv. everyday, each day.

Toulimen ready

Toumante v. to torment s.o., bother, instable.

Tounen v. **1.** to return **2.** to go back **Li tounen Kanada**. **3.** to curdle **Lèt la tounen**. **4.** to turn.

Tounen lòlòj v. to confuse, trouble s.o.

Tounikèt n. tourniquet. **var.** tonnikèt.

Tounvis n. screwdriver.

Toupare ready

Toupatou adv. everywhere, at all levels.

Toupi spinning top (toy).

Toupizay, toupizaj n. torture.

Toupizè n. torturer

Toupizi v. to physically torture, mistreat, beat up.

Tous n. cough.

Touse v. to cough.

Touswit adv. right away

Tout adv. all, **tout tan** all the time, while. **tout bon** really, assuredly.

Toutalantou adv. all around,

everywhere around.

Toutan, tout tan adv. without stopping, constantly.

Toutlasentjounen adv. all day long

Tout kote adv. everywhere.

Toutouni adv. nude, completely naked

Toutous n. puppy

Toutrèl n. turtledove, dove.

Touye v. to kill, murder. **var.** tiye, tchwe.

Towo n. **1.** hero, big man. **2. Towo-bèf** bull.

Towtow adv. rapidly.

Trafik n. traffic

Trafikay, trafikaj n. falsification

Trafike v. to falsify

Trafikè n. trafficker, conman

Trajik adj. tragic

Trak n. nerves, stage fright

Traka n. difficulty, trouble, problem.

Trake v. to track

Trame v. to hatch (a plan), concoct

Tranbleman n. trembling.

Tranch n. slice **tranch pòm** quarter of an apple. **S.** lèz.

Tranche v. **1.** to slice, cut into pieces. **2.** labour pains, contractions.

Trangle v. to strangle, suffocate.

Tranpe v. **1.**to soak. **2.** to marinade. **3. kleren tranpe**.

rum infused with herbs.

Transfòmasyon n. transformation.

Transfòme v. to transform

Transfwontalye adj. cross-border

Transfwontyalize v. to cross borders

Transkontinantal adj. transcontinental

Transkontinantalizasyon n. Transcontinentalization

Transkontinantalize v. to transcontinentalize

Transpò n. transport, transportation

Transpòte v. to transport

Trant adj. thirty. **trann de** thirty-two.

Trapde adv. fast, rapid. **S.** towtow.

Tras n. boundary, limit, border

Trase v. to trace. **trase cheve-a** to part one's hair.

Travay n. **1.** work, production, achievement. **2.** job, employment, work **3.** v. to work. **Travay an ekip 3.** to ferment siwo-a ap travay.

Travayè n. worker, workforce, employee.

Travè across.

Travès n. crossbeam, crossbar.

Travèse v. to cross, traverse.

Travesti n. travesty

Tray n. problem, difficulty,

hardship.

Trayizon n. betrayal, conspiracy

Trapase v. to die.

Trèf n. clover.

Trelè n. trailer

Trennay, trennaj n. loafing, lagging

Trennen v. **1**. to stroll, walk. **2**. to pull, drag.

Très n. braid.

Tresayi v. to shudder, quiver

Trese v. to braid.

Trèt adj. traitor, hypocrite

Trete v. **1**. to treat, give care. **2**. to treat s.o. a certain way.

Tretman n. treatment.

Trèz adj. thirteen.

Tribilasyon n. tribulation

Tribinal n. tribunal, trial

Tribinen v. **1**. to confuse, to bother. **2. tribinen lespri yon moun** to play with s.o.'s mind

Tribòbabò adv. everywhere, on all levels

Trimen, trime v. to slave away.

Trip n. **1**. entrails **2**. intestines.

Tripòt (péj.) n. indiscreet person, gossiper, nosy person.

Tripotaj, tripotay n. gossip, rumour.

Tristès n. sadness

Triyay, triyaj n. sorting, screening

Triye v. to sort, screen

Troke, twoke v. **1**. to exchange, trade. **2**. to confront, face

Tronpè, twonpè n. cheat, deceiver

Trouve v. to find

Tuil n. tile.

Tulititu adv. haughty. **fè tulititu, fè Lafrans.**

Twa n. three.

Twal n. cloth, material.

Twalèt n. toilet

Twawa n. fix, mess

Twaze v. to hold in contempt, stare at s.o. contemptuously

Twò, twòp adv. too much, enough.

Twokèt, trokèt n. **1**. small part of a whole. Se trokèt la, chay la dèyè. **2**. head-cushion for carrying things on one's head.

Twonpri n. deception, infidelity

Twonse v. to cut.

Twòp, tròp, two adv. too much, enough.

Twòp pou tè adv. outlaw, bandit

Twou n. **1**. hole. **2**. blank space. **3. twou bote** dimple.

Twoub n. trouble, difficulty, problem

Twouble v. to trouble, confuse

Twouve, trouve v. to find, judge, consider.

Tyak adj. angry, austere.

Tyana n. dresser.

Tyeke v. **1.** to tap. **2.** to verify
Tyòbòl, tchòbòl (fam.) n. fix, mess
Tyotyo, tchotcho (fam) n. small amount of money. **S.** ti lajan
Tyouboum n. problem, difficulty, bind.
Tyoul (péj.) n. **1.** valet, servant
Tyovi n. infant, baby

Ui ui

Ui is the twenty-eighth of the 32 sounds that make up the Haitian alphabet.
Uit adj. eight.
uitèn n. group of eight. **mete yo an uitèn.**
Uityèm adj. od. eighth

Vv

V is the twenty-ninth of the 32 sounds that make up the Haitian alphabet.
Vag n. **1.** wave. **2. bay vag** to ignore, neglect.
Vakabon n. **1.** vagabond, vagrant, skirt chaser **Pa kite pitit fi ou fè renmen avèk vakabon sila.** Don't let your daughter go out with this skirt chaser. **2.** worthless, shiftless person.
Vakabòn n. whore, prostitute.
Vakabonday, vakabondaj n. vagrancy, wandering.
Vakabonde v. to wander, loaf around
Vakans n. vacation.
Vaksen n. vaccine.
Vaksin n. bamboo wind instrument.
Vale teren to advance rapidly
Vale v. to swallow, drink
Valè n. quantity of **Te gen yon bon valè moun nan fèt-la.** There was a good quantity of people at the party.
Valèt n. jack (cards).
Valiz n. **1.** purse, handbag **2.** suitcase.
Valkanday, valkandaj n. stroll, loafing, hanging out
Valkande (fam.) v. to loaf, hang out.
Valòp n. plane (tool).
Valorizasyon n. valorisation.
Valorize v. to value, to add value to
Valpa n. vagabond
Van n. **1.** wind. **Prov.** Pawòl se van, ekriti se dokiman. **2.** fart. Pa pete sou moun tande.
Vandalizay n. vandalism
Vandalize v. to vandalize
Vandè n. merchant, seller
Vandredi n. Friday. **Vandredi**

sen Good Friday.

Vanjou adv. at dawn, very early

Vann v. **1.** to sell **2. vann kò/kale kò** to seduce, attract, charm, prostitute o.s.

Vann v. to betray, sell out on s.o.

Vannen v. to winnow.

Vanpi n. vampire

Vanse, avanse v. to advance, continue, follow.

Vant n. stomach. **1. Vant fè mal/vant mòde** stomach ache. **2. Vant mennen** diarrhea. **S.** vant pase, vant kouri.

Vante 1. v. to blow (wind) **2.** adj. windy. **3.** v. to fan **fè van pou malad-la**. 4. **vante dife** to blow on a fire.

Vantilatè n. fan.

Vanyan adj. strong, robust. **Vanyan gason** hero, valiant person, patriot.

Vapè n. vapour

Vapore v. to be startled, quiver, be afraid.

Vare v. to jump on. **Vare sou** to monopolize, to seize, grab

Varez n. coat

Varye adj. **1.** unstable (psychologically). **2.** varied, diversified.

Variété n. variety.

Vaykevay haphazardly

Vaz n. chamber pot.

Ve n. vow. **Fè ve-ou.**

Vè n. **1.** glass. **2.** intestinal parasite. **3.** earthworm **vè tè. 4.** towards, about. **5.** glasses **s'on moun ki pot vè. 6.** annoying **ti fi sa-a gen vè**. This little girl is annoying.

Vèb n. verb **S.:** pilye fraz.

Vegle v. to dazzle, blind.

Veksasyon n. insult, humiliation.

Vekse v. to insult, humiliate

Velo n. bike, bicycle. **S.** bekàn.

Vèmin (péj.) n. prostitute. **S.** bouzen

Ven 1. n. juice. **Ven kann** cane syrup. **2.** adj. twenty.

Venerasyon n. adoration, veneration

Venere v. to adore, venerate

Vèni 1. v. to varnish **2.**n. varnish **3.** to insult, denigrate s.o. **pa jete vèni sou moun de byen.**

Vèrèt n. smallpox. **Maladi vèrèt se gwo maladi**.

Venn n. vein, artery.

Veridik adj. truthful

Verite n. truth. Verite sou tanbou. It's clear! Without a doubt.

Veron adj. cross-eyed. **je/zye vèron** cross-eyed.

Vès n. vest, suitcoat. **S.** levit

Vesèl n. dishes **lave vesèl-yo** to do the dishes

Veselye n. dresser

Vesi n. bladder (of ball). **vesi-a**

kreve, pa gen match.
Veso n. **1**. dishes. **Lave veso yo**. **2**. recipient.
Vèt adj. green
Vètij n. vertigo.
Vètman n. clothing. **S**. rad.
Vèvè n. sign, symbol of a particular divinity. Chak lwa gen vèvè yo, trase vèvè a, rele lwa a pou mwen.
Vèwouye v. to bolt, lock.
Vèy n. wake.
Veye v. **1**. to pay attention to. **2**. to watch over
Vid adj. empty.
Vide v. to empty, pour (liquid).
Vide atè v. to kill, murder s.o.
Vil, lavil n. city.
Vilipande v. **1**. to torture, abuse. **2**. waste.
Vin v. to become
Vini v. **1**. to come, become. **2**. to ejaculate, discharge (fam.). **S.:** voye, tonbe.
Vire v. **1**. to turn (around). **2**. tour **3**. vire-tounen. to come and go. **S**. fè laviwonndede.
Virewon v. to make a u-turn, tour
Viril n. virile, healthy. Kin, Dyanm, gason.
Vis n. **1**. screw. **2**. vice. **3. gen vis** to have a bad habit. **Prov**.: abitid se vis.
Vise 1. adj. screwed **2**. v. to screw.
Visye 1.v to beg for food. **2**. n.

thief.
Vit 1. n. window. **2**. adv. fast, quick.
Vitam etènam n. indefinitely, eternally.
Vitchelo n. foot. Li deside pran wout la sou de vitchelo li. He decided to come on foot.
Viv 1. v. to live. **2**. n. meat and vegetable. **3. viv ak yon moun** to have sexual relations with s.o.
Viwonn n. tour.
Viwonnen, miyonnen v. to caress, give affection to, pamper.
Viwonnen v. to encircle.
Vizavi n. face to face, facing.
Vize v. to aim, target, take aim
Vizit n. visit.
Vizite v. to visit, make a visit.
Vizyon n. **1**. dream. **2**. vision
Vizyonnè n. visionary, thinker.
Vizyonnen v. **1**. to dream. **2**. to envision, look.
Vle v. **1**. to want. **2. vle di** means.
Vlen n. meat membrane (white).
Vlenbendeng n. member of a secret mystical society.
Vlope v. **1**. to envelop. **2**. to fold.
Vo v. to be worth, merit
Vodouizan n. Voodooist, houngan, healer.

Vòl n. theft, fraud
Volay/ bèt volay n. poultry, bird.
Vole v. **1**. to steal, rob. **S.** dechèpiye, zenglendize. **2.** to take a plane, travel. Li fèk vole pou Kanada/avyon-an fèk vole pou Kanada.
Vole gagè v. to flee.
Vòlè n. thief, robber. **var.** vòlò
Volim n. volume
Vòltije v. to jump
Vomi 1 v. to vomit. **2** n. vomit.
Vomisman n. vomitting.
Voras n./adj. voracious, greedy
Vorasite n. voracity
Vorasman adv. voraciously
Voryen adj./n. good-for-nothing
Vote v. to vote
Votou n. (fig.) immoral. Cruel.
Voum n. group of, large quantity of.
Vout n. vault, arch
Vouzan! interj. crap!
Voye v. **1**. to send **voye lèt-la pa lapòs**. **2.** to ejaculate. S.:tonbe. **3.** to throw **voye balon-an. 4. voye bwachat** to kill, murder s.o. **5. voye pye** to speak about s.o. without naming him or her **S.** voye toya, voye pwen **6. voye je sou/voye je gade** to glance at, peak at **7.** **voye monte** to say anything, nonsense. **8. voye konpa monte** to play compas music.

9. voye tounen to expel. **S.** pimpe. **10. voye pitit monte** to have children (regularly). S. mete pitit atè, kale pitit (péj.)
11. **voye flè** to talk nonsense.
12. **voye chita** to fire.
13. voye flè to talk nonsense.
14. voye jete yon akizasyon to refute an accusation.
15. voye men bay yon moun to greet s.o.
16. voye pikwa to work the soil.
17. voye pye /voye toya voye pwen to make allusion to s.o. without expressing naming him or her.
18. voye rele yon anbasadè to recall an ambassador. ~ **tounen** to expel.
Vre/vrè adj. true
Vrèman adv. really, truly
VSN n. National Security Volunteer, macoute, Duvalierist
Vwa n. voice.
Vwal n. veil.
Vwati n. automobile, car. S.: machin.
Vwayaj, vwayay n. voyage, trip.
Vwayaje v. to travel.
Vwazen n. neighbour.
Vwazin n. neighbour (female).
Vwazinay, vwazinaj n. neighbourhood.
Vyagra n. Viagra.

S. kanpe ki-n, remèd gason.
Vyann n. **1**. meat. **2. vyann poul** chicken **3. vyann bèf** beef **4. vyann kochon** pork
Vye adj. **1.** old. **2. vye bagay** object without value. **S.** krizokal. **3.** rundown, dilapidated. **4. vye moun** bad person.
Vyèj, vyèy 1. adj. innocent, virgin. **2.**n. Virgin Mother (religion). **Vyèy Mirak Sodo** Vierge des Miracles à Saut d'eau.
Vyòl n. rape, sexual assault. **S.** kadejak
Vyole v. to rape fè kadejak sou.
Vyolèt adj. violet, purple.

Ww

W 1. is the thirtieth of the 32 sounds that make up the Haitian alphabet. **2.** variant of ou. **Ou** becomes **w** at the end of a phrase and before a word beginning with a vowel. Ou kontan. W ap danse. Wete sa nan san w.
W ap blo m: you're lying! **3. w a yan!** you will not stand a chance. **S.**: ou pap sis.
Wa n. **1.** king. **2. Wa disyèl** God. **S.**: Granmèt, Bondye.
Waf n. wharf, quay.

Wanga n. **1.** magic, evildoing. **2. wanga nègès** hummingbird.
Wangatè n. person often having to do with black magic. magician, evildoer.
Watè n. **1.** outhouse. **2. L'ale nan watè**. He went to the bathroom.
Wayabèl n. Haitian and Antilles type of shirt. Achte yon chemiz wayabèl pou mesye a..
Wazif adj., n. lazy, idle.
We v. to thrash, beat up. **we yon moun anba kou**.
Wè v. **1.** to see. **2. Wè pa wè** in any case, anyway. **2.** yes.
Wèl n. **1.** fine, o.k. **2.** ass (vulg.). Fi-a poze wèl li sou chèz la san mande. Politely, one says: **Dèyè, posteryè, dada** and vulgarly, one says: **bouden, bounda, dengonn, deng.** V. rég.: **dèkay, dengòt. 3. travay de wèl** what work are we talking about?
Wen (fam.) **1.** yes. **2.** Santi wen something that smells very badly.
Wete v. **1.** to remove, take away. **2. Wete kò w la Move! S. rale kò w la. 3. wete sa nan san w** don't give it a second thought. **wete nanm** to zombify, shake s.o. up psychologically.
Wi adv. yes, alright, o.k.

Wifout entèj. Ouf!

Wipip entèj. Ouf!

Wiskimann n. drunk, alco-holic

Wit, uit adj. eight. **Li chapit wit.** Read chapter eight.

Wo adj. high, tall

Wobis adj. robust, strong

Wòch n. rock, stone

Wòdpòte adj. the latest, first class

Wòklò adj/att. **1.** stubborn, obstinate. **S.** regadan, wondon-mon. **2.** cheap, stingy. **S.** kourèd, kolokent

Wòldòp n. holdup, robbery

Wòldòpay n. series of holdups. **S.** zenglendinay

Wòldòpè n. zenglendo, robber

Wòldòpe v. to do a holdup. **S.** dechèpiye

Woma, wonma n. lobster

Woman n. novel

Won n./adj. round

Wondonmon n. rebellious, stubborn, obstinate. Pa fè won-donmon. **S.** wòklò, tèt di.

Wonfò, ounfò n. Voodoo temple

Wonm, ronm n. rum, alco-holic beverage. Ronm Barbancourt se mèt tout ronm.

Wonma, woma n. lobster

Wonmble n. large meeting, assembly.

Wonmmann, ronmmann n. s.o. who drinks a lot of rum.

alcoholic, drunk.

Wonn, ronn n. circle

Wonpi, wonpe interj. to break!

Wonpi v. to beat up.

Wont n. **1.** shame. **2. Mal pou wont** liar, audacious.

Wopalè n. loud speaker **S.** espikè

Wòt n. burp.

Wote v. to burp, belch

Wou n. wheel, hoe.

Wouch intèrj. Crap!

Wouching n. switch, whip. V. danno, rigwaz

Wouj n. red

Wouke (fam.) **v.** to yell, call. **S.** rele

Woule v. 1. to con s.o., take advantage of s.o. S. anmadwe 2. **Woule tanbou** to play drums. S. mate tanbou

Woulemdebò n. opportunist. **S.** woulibè

woulib n. **1. fè woulib** to slide. **2. pran woulib** to take advan-tage of s.o. or a situation. **3. Bay woulib** ride, lift.

Woulong n. mongoose. **S.** mangous

Wout n. route, direction, path. Ki wout w ap fè?

Woutcha v. to train a fighting cock. Woutcha kòk la.

Woutin n. routine, habit

Wouze v. to water, sprinkle

Wowoli n. sesame.

Wòwòt adj. unripe (fruit)
Woywoy n. fast-food. **S.** djanni.

Yy

Y is the thirty first of the 32 sounds that make up the Haitian alphabet.
Yanm n. yam. bouyi yanm nan.
Yanvalou n. type of dance **kout tanbou sa-a se pou dans yanvalou.**
Yas manman, yès interj. that expresses satisfaction. Yes, o.k., perfect.
Yaya 1. n. prop. Aunt Yaya. **2. yaya kò** to dance
Yayad n. dance. **S.** gouyad.
Yayay! interj. angry yell
Ye v. to be. **Kouman ou ye?** How are you? **Ki moun ou ye?** who are you?
Yè, ayè adv. yesterday. **yèswa** last night.
Yenyen n. whiner.
Yès, yas manman interj. that expresses satisfaction. Yes, o.k., perfect
Yo, y pron.pers.. **1.** they, them. **Yo t'ap manje ansanm nan restoran**. They were eating together in a restaurant. **2.** their. **Pitit fi-yo wa**. their daughter, daughters. **3.** art. déf. pl. the. **Medam-yo al nan mache**. the women went to the market.
Yon art. indéf. one. **Nou jwenn yon fi ak de gason**. We found one girl with two boys. **var**. on.
Yota n. crumb, iota
Youn (adj. num.) one. Youn ede lòt. Youn di lòt **var**. yonn.
Yoyo n. penis, dick.

Zz

Z is the thirty-second of the 32 sounds that make up the Haitian alphabet.
Zaboka n. avocado
Zabriko n. apricot
Zafè n. **1.** business. **2.** thing. **S.** bagay, kichòy
Zago n. hoof.
Zagribay n. junk, leftovers
Zak n. act, misdeed, coup. dishonest act **zak malonnèt**
Zam n. **1.** automatic firearm. **Zam fann fwa** weapon of war.
Zandolit n. small lizard.
Zangi n. eel.
Zanj n. **1.** innocent person. **2.** seductive woman. **3.** angel.
Zanmi n. friend, comrade
Zannimo n. animal.
Zanmitay n. friendship, connection

Zannana, annana n. **1.** pineapple. **2.** Zannanna kou pengwen everyone without exception. **S.** pik kou mawo.

Zanno n. earring, ring.

Zanpoud n. blister.

Zansèt n. ancestors.

Zantray n. **1.** entrails, intestines. **2.** relatives. **3.** soul.

Zareyen, areyen n. spider.

Zatouyèt, satouyèt, chatouyèt v./n. to tickle, tickle.

Ze n. egg.

Zèb n. herb, grass

Zechalòt n. shallot.

Zege n. sickly, puny S. krebete, ti rèkè, ti rèkè

Zègrè n. heartburn, upset stomach.

Zegui, zegwi n. needle.

Zèklè n. lightning.

Zekourèl n. stiff neck

Zèl n. wing.

Zèlvèt (péj) n. loose, bad woman. Ti zèlvèt, bouke mache dèyè gason.

Zen n. **1.** gossip. **2.** fishhook. **3. boulezin** Voodoo initiation ceremony.

Zenglen n. **1.** spark. **2.** broken glass.

Zenglendinay, zenglendinaj n. mugging

Zenglendize v. to mug, rob, steal. **S.** ransonnen.

Zenglendo n. robber, criminal

Zengzeng v. to bother, annoy.

S. pichkannen lespri, kole nan deng yon moun.

Zepi n. cob (of corn).

Zepina n. spinach.

Zeping n. pin. Zepeng ti tèt, **zepeng kouchèt.** safety pin.

Zèpòl n. shoulder.

Zepon n. spur (cock).

Zetòk n. down (bird)

Zetrenn n. Christmas New Year's gift.

Zetwal n. star.

Zèv n. work, achievement.

Zewo n. **1.** zero. **2. Zewo bare** null. **3.** nothing

Zeye n. eyelet (in clothing or shoe).

Zing n. particle, speck

Zip n. zipper.

Zizanni n. division, squabble.

Zizi (fam.) n. penis, dick

Zizye n. gizzard **Li renmen zizye poul.**

Zo n. bone.

~ **bouke** very tired. ~ **salyè** clavicle.

Zobop n. secret society.

Zòbòy n. scratch, small cut.

Zoklo n. **1.** flick of the knuckles on the head. **2.** cheating, infidelity. **bay zoklo** to be unfaithful (to spouse or lover). **3. Pran zoklo** to be cuckolded.

Zoklomann n. unfaithful person.

Zokloyis n. adulterer, cheat

Zòn n. zone, place, area,

neighbourhood, region.

Zonbi n. **1.** zombie. **2.** idiot, imbecile.

Zonbifye v. to zombify

Zong n. **1.** nail. **2.** sliver

Zongèt n. tiny bit.

Zongle v. to pinch, scratch

Zonyon n. onion.

Zopope n. thin, skinny

Zoranj, zorany n. orange.

Zoranj si sour orange, bitter orange.

Zòrèy n. ear.

Zòrye n. pillow.

Zòt n. others, strangers **S.:** moun deyò / moun vini.

Zòtèy n. toe

Zotobre n. 1. leader, government bigwig. 2. dignitary, intellectual elite

Zòtolan n. dove.

Zouti n. instrument, tool

Zoutiye v. to equip, to be equipped

Zozo n. (vulg.) penis, dick.

Zwazo n. bird. **S.** bèt volay.

Zwit, zuit n. very small

English-Haitian

Aa

Abandon v. t. abandonnen, bandonnen, abandone, lese tonbe, neglije

Abandoned adj. abandonnen, abandone

Abandonment n. abandon, bandonnman, lese alabandon.

Abbess n. sè, mè responsab yon kouvan. Chèf ousnon siperyè yon kouvan

Abbey f. monastè, kouvan

Abbot n. pè, kire

Abbreviation n. rediksyon, abrevyasyon, diminisyon mo. Abrevyasyon mo elatriye fè elt.

Abdicate v. batba, renonse, bay legen

Abdomen n. vant

Abdominal adj. sa ki nan vant. Abdominal pain. Doulè vant.

Abduct v. t. kidnape

Abduction n. kidnaping, anlèvman

Abject adj. vye bagay nèt, (bagay) repiyan, degoutan, meprizab

Abjection n. gwo avilisman, anpil mepri

Abjectly adv. avèk degoutans

Abnegation n. sakrifis konsanti, renonsman

Abnormal adj. pa natirèl, pa nòmal

Abnormality n. anòmali, defòmasyon, andikap

Abnormally adv. lekontrè ak sa ki nòmal

Aboard adv. abò •**on board** nan (machin/bato), arebò

Abolish v. t. eliminen, aboli, fè disparèt.

Abolition n. eliminasyon. Eliminasyon taks la ap bon pou konsomatè yo.

Abominable adj. Terib, orib. Trè move. Se yon krim terib.

Aboriginal adj. n. premye abitan, natif-natal

Abort v. jete pitit, fè foskouch

Abortion n. foskouch, avòtman

Abound v. Vin anpil, se pil sou pil. Pwason yo vin anpil nan lanmè a

About apeprè

Above adv. anwo, anlè, sou

Abrasive adj. abrazif

Abridge v. t. 1. Diminye. 2. tiye, abreje lavi yon moun.

Abrogate v. retire, eliminen, aboli (lwa, dekrè).

Abrupt adj. 1. rèd, apik. Pant la rèd anpil, se ak doub vitès pou monte-li. 2. sovaj, gwo soulye.

Abruptly adv. sovajman

Abscess n. abse

Abscissa n. absis (math.)

Absence n. absans.
Absent adj. absan
Absinth n. absent
Absolute adj. total, san limit, san bòn
Absolutely adv. absoliman, totalman. San fot, nèt ale
Absolution n. padon, absolisyon. Pè-a te bay tout fidèl-yo ap absolisyon nan finisman mè-la. Tout moun te ale ak kè kontan.
Absorb v. t. absòbe, anglobe
Absorbent adj. **1.** absòban. **2.** angloban.
Abstain v. rete trankil, sispann pale
Abstention n. retni, refizman volontè
Abstract adj. envizib, abstrè. mo ki esprimen lide tankou lapè, senserite, lanmou
Absurd adj. enbesilite. Propo non lojik
Absurdity n. estipidite, idyosi
Abundance n. abondans •**in abundance** agogo
Abundant adj. Anpil. Lè gen sèvis lwa, yo sèvi anpil manje
Abundantly adv. fè mikalaw
Abuse[1] n. abi, lenjistis
Abuse[2] v. t. abize, fè lenjis
Abyss n. touhing
Acacia n. zakasya, bwa zakasya, flè zakasya
Academic adj.
Academician n. moun ki manm yon akademi.

Academy n. akademi. Enstitisyon kote entèlektyel reyini pou reflechi sou literati ak lasyans.
Acassan n. akasan. Tout Ayisyen renmen bwè akasan.
Accelerate v. akselere, ale vit.
Acceleration n. rapidite
Accelerator n. akseleratè. Li peze akseleratè machin afon.
Accent n. aksan
Accentuate v. 1. ogmante, 2. ensiste sou yon bagay.
Accept v. t. tolere, sitire, asepte
Acceptable adj. akseptab
Acceptably adv. akseptableman, kòrekteman
Acceptance n. akseptasyon, rezonnabilite, akseptabilite
Access[1] n. antre, pasaj, aksè
Access[2] v. antre fasilman.
Accessibility n. aksesibilite, resevabilite
Accessible adj. aksesib, abòdab
Accessory n. vye bagay, bèbèl, tchanpan, lòbèy, zagribay
Accident n. aksidan, malè.
Accidental adj. aksidantèl
Accidentally adv. aksidantèlman
Acclamation n. rele viv yon chèf Leta. Plizyè milye Ayisyen rele viv Prezidan Aristid.
Accommodate v. t. akomode,

jwenn yon antant, trouve yon konpromi.

Accommodation n. **1.** aranjman. Antant, konpromi **2.** ladesant.

Accompaniment n. akonpayman

Accompanist n. gid, akonpanyatè

Accompany (back) v. remennen ale, bay woulib, kondi yon moun.

Accompany v. t. akonpaye

Accomplice n. / adj. Konplis, an demèch ak

Accomplish v. t. akonpli, reyalize, acheve

Accomplished adj. akonpli, reyalize, acheve

Accomplishment n. reyalizasyon, achèvman, aboutisman

Accord n. akò •**in accord with** n. an fòm, kin, kòdyòm

According (to) dapre, selon.

Accordion n. akòdeyon. Se nan troubadou ak nan legliz yo jwe akòdeyon an Ayiti.

Accost v. t. akoste

Account statement n. kontay anyèl

Accountant n. kontab

Accounting n. kontabilite, kontablite

Accumulate v. antase, anpile

Accumulation n. akimilasyon. Sa yon moun deja genyen.

Accusation n. akizasyon

Accuse v. t. akize, rann koupab.

Accused[1] adj. akize, koupab

Accused[2] n. akize

Accuser n. akizatè. Moun ki pote yon akizasyon

Acetone n m. asetòn nan

Achieve v. reyalize, fè, bati, konstui, mete sou pye

Acid n. asid

Acidity n. asidite

Acoustic n. akoustik

Acquit v. t. dezakize, dekilpe

Acquittal n. dekilpasyon, dezakizasyon

Acrobat n. akwobat

Acronym n. sig

Across adv. anfas.

Act[1] n. zak, aksyon, ajisman

Act[2] v. aji, bouje

Action n. zak, aksyon, ajisman

Activate v. t. derape, mete an aksyon

Active adj. aktif

Actively adv. aktivman

Activity n. aktivite

Actor n. aktè

Actual adj. aktyèl

Actuality n. nouvèl enpòtan, nouvèl cho.

Actually adv. aprezan, kounye a

Acute adj. pike

Adage n. pawòl

Adapt v. adapte, ajiste

Adaptation n. ajisteman, adaptasyon

Add up v. t. konte

Add v. t. ajoute, mete sou, adisyonnen.

Addition n. **1**. adisyon (math.) **2**. Resi, fakti (restaurant) **3**. ti plis •**in addition** anplis

Addle v. vin idyo, rann estipid, tounen bourik

Address[1] n. adrès.

Address[2] v. mande yon favè, prezante devan yon moun.

Addressee n. benefisyè, destinatè

Adequate adj. akseptab, satisfezan, apwopriye

Adequate adj. ase, sifi

Adhere v. **1**. abonnen **2**. vin manb

Adhesive adj. tep adezif

Adieu interj. orevwa

Adjacent adj. akote, pwòch, toupre, tou kole ak

Adjective n. adjektif

Adjourn v. t. repòte, ranvwaye

Adjournment n. ranvwa, repò

Adjust v. t. pase men, ajiste, fikse

Adjustable adj. ajistab

Adjustment n. pasman de men, fiksay

Administer v. t. administre, dirije, mennen

Administration n. direksyon, administrasyon

Administrative adj. administratif

Administrator n. administratè, kad, direktè, responsab, chèf direksyon

Admirable adj. admirab

Admirably adv. admirableman

Admiral n. amiral, ofisye

Admiration n. admirasyon

Admire v. t. **1**. gade, jofe, **2**. admire

Admissible adj. akseptab, resevab

Admission n. akseptasyon

Admit v. t. **1**. aksepte, jwenn plas. Yo aksepte Pòl nan lekòl la. **2**. Rekonèt, admèt.

Adolescent n. jenn, jennjan, jenn fi

Adopt v. t. adopte

Adoption n. adopsyon

Adoptive adj. adoptif

Adorable adj. adorab

Adoration n. adorasyon

Adore v. t. adore, renmen, karese, miyonnen

Adorn v. t. rann bèl, anbeli

Adult adj./n. granmoun. Pou granmoun sèlman

Adultery adj. adiltè

Advance[1] n. avalwa, avans lajan

Advance[2] v. t. vanse

Advancement n. vansman

Advantage n. avantaj

Advantageous adj. pwofitab, avantajez, favorab

Adventure n. inisyativ riske, risk, temeraj,

Adventurous n. Moun temerè. Moun ki renmen pran risk.

Avantirye.
Adverb n. advèb
Adversary n. advèsè, opozan, konpetitè
Adversity n. eprèv lavi, tribilasyon
Advertise v. t. fè reklam, annonse, anonse
Advertisement n. piblisite, reklam
Advice n. konsèy, avi, dizon
Advise (against) v. t. dekouraje, dekonseye
Advise v. siyale, annonse, avize
Advisor n. konseye, avizè
Advocate v. preche, travay pou yon koz
Aerial adj. anlè
Aeronautic adj sa ki konsènen avyon ak avyasyon.
Affable adj. janti, afab
Affect v. touche, afekte. Nouvèl lanmo Tijan touche tout moun
Affection n. afeksyon, lanmou
Affirm v. reponn pozitivman
Affirmation n. repons pozitif
Affirmative adj. pozitif, akseptab
Affordable adj. bon mache. Abòdab.
Affront n. veksasyon, imilyasyon, ensilt
Afraid adj. •**to be afraid** pran panik
African adj./n. afriken

After adv, prep. Apre, lèfini.
Afternoon n. apremidi
Against adv. kont, andezakò
Age[1] n. laj
Age[2] v. vyeyi
Agency n. ajans la
Agenda n. ajanda
Agent n. **1**. ajan
Aggravate v. t. anmègde, anbete, bay traka
Aggression n. atak
Aggressive adj. agresif, sovaj
Aggressiveness n. 1. sovajri, 2. aji britalman
Agitate v. t. boulvèse, ebranle, eksite, ajite.
Agitation n. ajitasyon
Agitator n. 1. pousèd dife, 2. manifestan
Agree v. mete tèt ansanm, tonbe dakò
Agreeably adv. Jantiman
Agreement
Agreement n. akò, antant •**to come to an agreement** tonbe dakò
Agricultural adj. agrikòl
Agriculture n. agrikilti
Agronomist n. agwonòm nan
Agronomy n. agronomi
Ahead adv. •**get ahead of** depase, double, devanse
Aide n. 1. koraj, sipò, èd, solidarite. Pote sekou, pote konkou.
Aim v. vize, pwente, sible
Air condition v. t. klimatize
Air conditioning n. klimatizè,

aparèy klimatizè

Air n. lè.

Aircraft carrier n. bato lagè

Airfield n. pis avyon

Airport n. avyasyon, ayewopò.

Ajar adj. louvri a mwatye

Ajoupa n. ti kay, kay jaden akademik. Travay lekòl.

Alarm clock n. revèy

Alarm[1] n. alam, sonnri, avètisè

Alarm[2] v. alète, sonnen

Alarming adj. enkyetan

Alas! Interj. Ala traka. Gen pawòl pa gen bouch

Album n. albòm foto

Alcohol n. alkòl

Alcoholic adj. tafyatè, bwa-sonyè

Alcoholised adj. akolize

Alcoholism n. maladi tafya, tafyatè

Alert adj. entelijan, veyatif

Alert[1] adj. Sou pinga, rete viji-lan

Alert[2] n. avètisman, alèt

Algebra n. aljèb

Alibi n. jistifikasyon, prèv

Align v. t. aliyen

Aligned adj. aliyen

Alignment n. aliymam, aliyay

All adj. /adv. tout, ala-wonnbadè, kèlkilanswa.

Suddenly loc. adv. sibitman

All-terrain adj. katpakat

Allergic adj. alèjik

Allergy n. alèji

Alleviation n. Diminisyon, redui

Alliance n. alyans, kòkòday

Alliance n. alyans. Moun sa yo mare sosis yo ansanm pou konbat pouvwa pèp la.

Alligator n. kayiman

Allocation n. **1.** lizaj, sa yo fè ak yon kay oswa yon bilding **2.** pansyon

Allow v. t. otorize, pèmèt

Allure n. atirans, cham

Allusion n. alizyon, bay panse a

Ally adj. akolit, zanmi

Almanac n. almanak

Almond n. zanmann •**almond tree** n. pye zanmann

Almost adv. prèske

Alone adj. Grenn, poukont, sèl, sèl ak Bondye

Alphabet n. alfabè

Already adv. gentan, deja. Li gentan fini.

Alright adv. dakò

Also adv. tou, epi, senpman.

Alter n. lotèl

Altercation n. eskonbrit, chire pit.

Alternate v. chanje, ranplase

Alternation n. chanjman, nou-vote

Alternative adj. chanjman, ranplasman

Although conj. Menmlè, byen ke.

Altitude n. wotè. Ki wotè

avyon monte

Aluminium n. aliminyòm nan

Always adv. toujou, toulejou

Amass v. t. ranmase

Amassing n. antasman, anpil-man

Amateur n. amatè, anmatè

Amazement n. etonnman, admirasyon

Ambassador n. anbasadè

Ambience n. plezi gaye, anbyans

Ambition n. anbisyon

Ambitious adj. anbitye

Ambulance n. anbilans

Ambush n. chita tann, anbiskad

Amend v. t. modifye, chanje

Amendment n. amannman, chanjman, modifikasyon

American n. prop. Ameriken. Moun kap viv ou ki fèt an Amerik.

Amnesia n. maladi menmwa

Amnesic adj. sa ki gen rapò ak maladi menmwa

Amnesty n. gras •**grant amnesty** grasye, fè gras

Among adv. nan mitan, pami, in. Nan polisye grade yo gen de yo deja nonmen komisè.

Amount n. kantite

Amphitheatre n. anfiteyat

Ample adj. laj, gran

Amplifier n. anplifikatè

Amplify v. t. rann pi fò

Amply adv. lajman laj, trè laj

Amputate v. t. anlve yon manm nan kò yon moun pa operasyon

Amputation n. manm anlve pa operasyon

Amulet n. wanga. fè wanga, bay kout wanga, kout maji

Amusing adj. amizan, dwòl, komik

Anagram n. Anagram

Analogous adj. sanblab

Analogy n. resanblans

Analysis n. kalkil

Analyze v. t. kalkile

Anarchic adj. andezòd

Anarchy n. gwo dezòd, endisi-plin

Ancestor n. zansèt

Ancestry n. desandans, orijin zansèt yon moun

Anchor[1] n. lank

Anchor[2] v. t. lankre

Anciently adv. lontan, tan lon-tan

And conj. e, epi •**and so on** elatriye.

And then conj. epi, ak, e, epi-tou

Anecdote n. ti istwa

Anemia n. annemi

Anemic adj. moun maladi annemi atake

Anesthesia n. annestezi

Anesthetic adj. pwodui annestezi

Anesthetize v. t. annestezye, andòmi

Angel n. lanj, anj
Anger[1] n. move, an kòlè
Anger[2] v. vekse, fache
Angered adj. ennève, fè move san.
Anglophone n./adj. anglofonn
Angry adj. Move, fache •**to get angry** fache. Mare fache, koupe fache ak yon moun.
Anguish[1] n. bay angwas, bay laperèz
Anguish[2] v. t. angwase, fè pè
Anguished adj. angwase, pè
Angular adj. angular face. Figi zo
Animal n. bèt, zannimo
Ankle n. jwenti pye, chevi, je pye
Annexation n. anneksyon, branchman, branchaj
Annexe[1] n. pitit, branch, annèks
Annexe[2] v. t. annekse, branche, mete ansanm, fizyonnen
Annihilate v. desimen yon popilasyon
Annotation n. koumantè mèt lekòl
Announcer n. annonsè, prezantatè
Annoy v. anbete, anmègde, ennève
Annoyance n. anbetman, kontraryete.
Annoying adj. anbetan, anmegdan
Annual adj. anyèl, chak lane

Annually adv. anyèlman, chak lane, chak ane
Anolis n. zandolit
Anomaly n. annomali, defo
Anonymity n. piga site, piga nonmen, blakawout. Moun ki mande blakawout sou non li.
Anonymous adj. blakawout. Politisyen ki fè don an mande blakawout sou non li Anpil, agogo. Te gen anpil manje nan fèt la.
Answer[1] n. repons
Answer[2] v. t. reponn
Answering machine n. repondè
Ant n. foumi. •**foolish ant** foumi fou
Antagonist n. opozan, advèsè
Antecedent n. gade dèyè. Lapolis te fè yon gade dèyè sou lavi ansyen depite a anvan yo chwazi li kòm anbasadè.
Antenna n. lantenn, antenn
Anterior adj. anvan
Anthill n. nich fomi
Antibiotic n., remèd, medikaman
Antibody n. sibstans anti mikwòb
Anticipate v. t. pase anvan
Antics n. grimasri, makakri
Antidote n. pinga pwazon, antipwazon
Antipathy n. absans lanmou
Antiperspirant n. dezodoran
Antipodes n. pl. alopoze,

lekontre
Antique n. ansyen
Antiracist adj. moun kont tout fenomèn rasis
Antirust n. kont lawouy
Antiseptic adj. pwodui kont lenfeksyon ak mikwòb.
Antituberculin adj. kont maladi pwatrinnen, kont maladi tibèkiloz
Antivenom n. remèd kont pwazon
Antonym n. mo kontrè, mo revè
Anus n. twou dèyè, twou bounda
Anvil n. lanklim
Anxiety n. ennèveman, enkyetid
Anxious adj. enkyete, angwase
Anxiously adv. trèzenkyè, trèzangwase
Anything nenpòt ki bagay
Anyway kanmenm
Apartment n. apatman, pati kay/moso kay.
Ape v. **1.** fè makak, fè grimas, moke, **2.** imite, pran tèt ou pou sa ou pa ye
Apiculture n. apikiltè. Moun k ap travay pou rekòlte siwo myèl
Apolitical adj. apolitik. Òganis oubyen moun ki pa mele nan zafè politik.
Apostle n. apot
Apostrophe n. apostwòf

Apotheoses n. moman pi enteresan nan yon envenman
Appal v. tonbe an kolè kont yon moun. Fè kout san
Appalling adj. grav, ensipòtab
Apparent adj. klè, san manti
Apparently adv. Vizibman
Appeal n. atirans
Appealing adj. atiran, enteresan
Appear v. **1.** Parèt, parèt tèt.
•**it appears** li sanble, li ta sanble **2.** (court appearance) konparèt
Appearance n. **1.** aparans, aspè twonpè. Pa gade moun sou aparans. **2.** parisyon
Appendicitis n. apandisit la
Appetising adj. Apetisan. Bon gou.
Appetite n. apeti, bouch gou.
•**bon appétit** bòn apeti.
Applaud v. t. aplodi, ankouraje
Applause n. felisitasyon, aplodisman
Apple n. pòm •**apple tree** pye pòm
Applicable adj. Aplikab, fezab
Application n. **1.** fezablite, aplikasyon **2.** demann
Apply v. aplike
Appoint v. jwenn nonminasyon pou yon dyòb
Appointment n. randevou
Appreciable adj. apresyab
Appreciate v. t. apresye, renmen
Appreciation n. apresyasyon

Apprehension n. enkyetid, langwas, ennèveman

Apprehension n. gen kè sote

Apprentice n. apranti

Apprenticeship n. aprantisay, aprantisaj

Approach v. t. pwoche, vanse

Appropriate adj. apropriye, nesesè, annakò

Approval n. oke, otorizasyon. N ap tann Minis la bay oke li anvan nou met men nan travay la.

Approve v. t. otorize, bay oke, apwouve

Approver n. apwouvè, otorizatè

Approximate adj. Apwoksimatif, apeprè

Approximately adv. apeprè, aproksimativman

Apricot n. abriko, zabriko

•**apricot tree** n. pye zabriko

April n. avril

Apron n. tabliye

Apse n. absid, pwent kè legliz

Aptitude n. Abilite, konpetans, kapasite

Aquarium n. akwaryòm

Arabic n. adj. Arab, lang arab

Arable adj. Kiltivab. Tè kiltivab. Tè agrikòl.

Arbitrarily adv. Abitrèman. Se ki pa konfòm ak lalwa.

Arbitrary adj. abitrè. Desizyon abitrè. Desizyon ki pa konfòm ak lalwa

Archbishop n. achevèk

Archeologist n. Akeyològ

Archeology n. Akeyoloji

Archipelago n. achipèl

Architect n. achitèk

Architecture n. achitekti

Archives n. pl. achiv yo, dosye yo

Ardent adj. gran dezi.

Arduous adj. di, difisil

Area n. espas

Arena n. **1.** larèn. **2.** sèk gagè. Espas itilize nan gagè pou bat kòk.

Argue v. agimante, bay prèv, jistifye

Argument n. **1.** chire pit, zizanni, kerèl **2.** agiman, prèv, jistifikasyon

Argumentation n. agimantasyon, jistifikasyon

Arid adj. sèch

Aridity n. tè sèch

Aristocrat n. /adj. Aristokrat

Arithmetic n. aritmetik

Arm[1] n. bra, ponyèt.

Arm[2] v. t. founi zam, bay zam

Armament n. lameman, ansenal

Armband n. brasa. Chak manifestan pote yon brasa wouj pou idantifye tèt yo.

Armchair n. fotèy

Armpit n. anbabra

Armrest n. Bra fotèy. Lè granmè chita li poze de men sou bra fotèy la.

Army n. lame

Aroma n. lodè

Around adv. Alantou, alantou, otou, toutotou.

Arouse v. pwovoke, koze

Arrange v. ranje, mete an òd, mete lòd

Arrangement n. dispozisyon, ranjman, plasman

Arrangement n. tèt ansanm, akò, antant

Arrest n. arestasyon

Arrival n. arivay

Arrive v. rive, bout, ateri

Arrogance n. pretansyon, anbisyon

Arrogant adj. pretansye

Arrow n. pwent, flèch

Arrowroot n. arawout. Farin arawout fè bon labouyi.

Arsenal n. ansenal. depo zam, ganizon zal

Article n. atik, nimewo

Articulate v. pale byen, pale san mamòtman

Artificial adj. atifisyèl, fo, krizokal

Artillery n. ganizon zam, depo zam

Artisan n. atizan, atis, travayè atizana

Artist n. atis la

As •**as fast as possible** san pèdi tan, fap-fap, tapde. •**as one goes** loc. adv. ofìramezi, anmezi •**as to** loc. prép. •**as for me**. Pou mwen, kote pa mwen. •**as if** kòmsi •**as you want** jan w vle •**as long as** adv. tout tan.

Tout tan li pa vini, n ap rete tann li.

Ascend v. grenpe, gravi, monte

Ascent n. levasyon, asansyon.

Ash n. sann. Kay la boule jouk li tounen sann

Ashamed adj. wont •**to be ashamed** se onte, se jennan

Ashtray n. sandriye. Pa mete tròp pòy sigarèt nan sandriye a.

Asian adj. Azyatik. Moun k ap viv ou ki fèt an Azi.

Ask •**ask a question** mande/poze yon kesyon

Aspect n. kote, faz, aspè

Asphalt[1] n. asfalt

Asphalt[2] v. t. asfalte

Asphyxia n. toufman, etoufman.

Asphyxiate v. t. toufe, etoufe

Aspirin n. aspirin

Assailant n. atakan

Assassin n. ansasen, zenglendou

Assault v. di, aji britalman

Assemble v. rasanble

Assembling n. asanblaj, sanblaj

Assembly n. **1.** montaj. •**assembly line** travay an chenn, travay an liy . **2.** reyinyon, asanble, gwoupman, rasanbleman

Assent n. apwobasyon, akò, konsantman

Assessment n. konparezon de lide

Asset n. atou

Assiduity n. prezans regilye
Assiduous adj. alè, a tan, toujou prezan. Pòl rive toujou alè.
Assiduously adv. san ratman, regilyèman
Assimilate v. t. asimile. Moun ki abandonnen envolontèman lang ak eritaj kilti zansèt li
Assimilation n. Asimilasyon. Kondisyon, sitiyasyon anviwonnmantal, sosyal ou politik ki mennen yon moun abandonnen envolontèman lang ak eritaj kilti zansèt li pou yon lòt kilti.
Assist v. t. ede, sipòte, kore
Assistance n. èd, sipò
Assistant adj. annapre, adjwen
Associate (with) v. t. koutwaye, rankontre, kontre
Associate[1] adj. konpayon, asosye, mele.
Associate[2] v. **1.** Asosye, mete avèk yon moun. **2.** Mele nan yon bagay.
Association n. asosyasyon
Assortment n. diferan, varye
Assurance n. asirans, garanti
Assure v. t. asire, si
Assured adj. asire
Asterisk n. asterisk
Astonish v. t. admire, etonne
Astonishing adj. etonnan, siprenan
Astonishment n. etonnman, sipriz
Astound v. sezi, etone, etonen

Astrologist n. astrològ
Astrology n. astroloji
Astronaut n. astronòt
Astronomer n. astronòm
Astronomical adj. **1.** sa ki an rapò ak astronomi **2.** tèt nèg, trè chè
Astronomy n. astronomi
Astuteness n. entelijans, malis, odas
Asylum n. lazil
Atheist n. Ate
Athlete n. atlèt Atlèt, espòtif
Athletic adj. Atletik
Athleticism n. atletis
Atlas n. liv, kat jeyografik
Atmosphere n. **1.** atmosfè, **2.** anbyans
Atom n. pi piti pati nan yon matyè
Atone v. pini yon moun, repare yon krim
Atrocious adj. 1. kriyèl, 2. doulè ensipòtab
Atrociously adv. kriyèlman
Atrocity n. kriyote
Attach v. t. atache, kole
Attack[1] n. atak
Attack[2] v. t. atake
Attacker n. agresè, atakan
Attain v. t. atenn, rive, jwenn bout yon bagay. Rezoud yon pwoblèm.
Attainable adj. reyalizab, fezab
Attempt[1] n. **1.** esè **2.** atanta, atak

Attempt[2] v. t. seye, eseye
Attend to okipe afè, okipe sa ou gen pou okipe. Fè sa w gen pou fè
Attendance n. koutwayman, rapwochman
Attendant n. moun an chaj, responsab
Attentively adv. Atantivman
Attest v. t. teste, pwouve, verifye
Attestation n. prèv, atestasyon
Attic n. galata, chanmòt
Attire n. vètman
Attitude n. atitid
Attract v. t. rale, atire
Attraction n. atirans, cham
Attractive adj. atiran
Attractiveness n. atirans
Attribute v. t. bay, distribye
Audacious adj. odasye, rize, rizyèz
Audacity n. fent, malis, riz, entelijans
Audiovisual adj. odyovizyèl, aparèy ki penmèt ou tande son ak wè imaj
Audition n. koutay, tanday, odisyon
Auditorium n. oditoryòm nan
Augment v. ogmante, agrandi
Augmentation n. ogmantasyon
August n. out, dawou
Aunt n. tant, matant
Auscultate v. egzaminen, koute batmann kè yon moun.
Auscultation n. egzaminasy-on, sonde yon batmann kè
Austere adj. sevè, serye
Austerity n. seryozite, severite
Austral adj. emisfè sid
Authentic adj. 1. reyèl, oriji-nal, 2. san manti
Authentically adv. Reyèlman, veridikman
Authenticity n. verasite, sèti-fikasyon
Author n. otè, ekritè
Authoritarian adj. otoritè, sevè
Authority n. chèf, responsab, leta, otorite
Authorization n. pèmisyon, akò, apwobasyon
Autobiography n. istwa lavi yon moun li ekri li menm.
Autobiography n. moun ki ekri istwa lavi li. Otobyografi.
Automatic adj. Tou sèl, otomatik.
Automatically adv. Otomatikman.
Automobile n. machin nan, oto, bògenn, bokota (heap (car))
Autonomous adj. granmoun
Autonomy n. otonomi gran-moun.
Autopsy n. otopsi.
Autumn n. sezon lotòn, lotòn.
Auxiliary n. oksilyè, makè tan (ap, ape, pral, prale, ta, t ap, te, a, ava, va)

Available adj. disponib
Avalanche n. defèlman, deboulman
Avèk swen
Avenge v. rann mal pou mal
Avenue n. avni
Averagely adv. kòmsi kòmsa
Aversion n. degoutans, repiyans, dekourajman
Aviation n. avyasyon, ayewopò
Aviator n. avyatè, pilòt avyon
Aviculture n. gadinay bèt volay
Avocado. n. Zaboka nan salad bon anpil. •**avocado tree** n. pye zaboka
Avoid v. t. parer, evite
Awake v. leve, rete je klè, je klè
Awaken v. **1.** rete je klè, rev-eye, **2.** eksite, limen lespri
Awakening n. evèy
Aware adv. •**to be made aware** konsyantize
Awareness n. konsyantizasyon
Awkwardness n. maladrès
Awl n. pèsez
Axe n. rach. Se ak rach nou fann bwa bò lakay.

Bb

Babe n. bebe a
Baby clothes n. rad bebe

Baby face n. figi bebe
Baby n. bebe
Babysitter n. gadyen
Baccalauréat n. bakaloreya, bak.
Bachelor n. seliba
Bachelor's degree n. bak, bakaloreya
Bacillus n. yon sòt bakteri
Back (up) v. fè bak. Atansyon, machin nan ap fè bak.
Back adv. •**Jackie came back.** Jaki tounen.
Back n. **1.** do, dèyè do. Mwen wè li de do. **2.** dèyè, recto-verso devan-dèyè, de kote
Backbiting n. charad, medi-zans
Backbone n. rèldo a
Backbreaking adj. iritan, trè fatigan
Backing n. sipò, solidarite, koraj, èd
Bacteria n. bakteri
Bad adj. mal, move •**bad quality** vye bagay
Bad luck n. devenn, malediksyon, move chans
Badge n. ensiy, badj
Bag n. ti sak
Bagasse n. bagas kann.
Bait[1] n. lak
Bait[2] v. lake
Baker n. boulanje. Moun ki gen metye fè pen. Boulanje sa a fè bon pen.
Bakery n. boulanjri. Magazen

Balaclava n. kagoul, mask bandi

Balance[1] n. **1.** ekilib **2.** rès, sòl la

Balance[2] v. ekilibre, mete sou menm pye egalite

Balcony n. balkon, lestrad

Bald adj. chòv, tèt kale

Baldness n. tèt chòv, tèt kale

Balk v. bougonnen, plenyen, rechiyen

Ball n. **1.** balon an, boul la •**crystal ball** boul kristal. •**tennis ball** bal twal, bal tenis **2.** bal, dans

Ballerina n. balerin, dansez balè.

Ballet n. dans balè

Ballot box n. bwat bilten

Ballot n. balotay, balotaj

Balsam apple n. asowosi

Balustrade n. balistrad

Bamboo n. banbou

Ban[1] n. anpechman, entèdiksyon, blokaj

Ban[2] v. anpeche, bloke, paralize, entèdi

Banal adj. sanzenpòtans

Banana n. fig, bannann fig •**banana plantation** plantasyon bannann •**banana tree** n. pye bannann, figye

Bandage[1] n. bandaj, pansman

Bandage[2] v. mete pansman, panse blese a.

Bandana n. bandwòl

Bandit n. aksyonè, bandi

Banish v. t. espilse, mete deyò, kwape

Banjo n. bandyo, bandjo

Banker n. dirijan labank, administratè labank

Banking adj. banking things Bagay labank: lajan labank, tè labank, kay labank

Bankruptcy n. biznis la tonbe

Banned adj. defandi, entèdi, non otorize

Banner n. labannyè, drapo, ansèy

Banquet n. resepsyon

Baptism n. batèm

Baptistery n. batistè

Baptize v. t. batize, wete chwal nan tèt yon timoun

Bar[1] n. **1.** mòso, ba. Selimèn al achte yon ba/mòso savon. **2.** bawo **3.** klib, nayklib, ba

Bar[2] v. t. bare, fèmen, klotire, bloke, seke, antoure, anseke.

Barbed adj. Bable, kloti pikan

Barely adv. apenn

Bark[1] n. **1.** kòs bwa, **2.** ti bato, kannòt **3.** japman

Bark[2] v. Jape. Ayè swa chenan jape twa fwa. Chen an ap jape.

Barking n. japman. Chapman chen an reveye m, chak maten.

Barman n. bamann

Barometer n. bawomèt

Barrel n. barik, boutou

Barrette n. barèt

Barricade v. fèmen solidman

Barrier n. baryè, bayè

Bartering n. boukantaj

Base¹ n. baz.

Base² v. •**base on** apiye sou, pran apui sou, baze sou, kanpe sou baz, kanpe sou bit.

Baseball cap n. kaskèt

Basely adv. avèk mepri

Basement n. sousòl, anba lakay, besment

Bash n. banbòch, plezi

Bashful adj. an rapò ak lajenn.

Bashfulness n. jennman, lajenn, timidite, krent, renkamman

Basic adj. fondalnatal, baz

Basically adv. nan fen fon.

Basil n. bazilik .

Basin n. basen

Basket maker n. vannè

Basket n. panyen

Basketball n. baskètbòl •**basketball player** n. basketè

Bass n. kontrebas

Bat (animal) n. chòvsourit la

Bath n. beny, benng

Bathe v. t. benyen

Bather n. benyè

Bathing n. benyad

Bathrobe n. wòb de chanm.

Bathroom n. saldeben

Bathtub n. benywa

Battalion n. gwoupman sòlda

Batter v. t. Frape nan tèt, kalote, jifle

Battle n. batay, lit, konba, goumen

Bawl s.o. out v. rele sou moun

Bawl v. rele, kriye trè fò

Bazaar n. kèmès, bal deyò

Be v. se, ye. *I'm a doctor.* Mwen se medsen. Medsen mwen ye. Se medsen mwen ye. •**to be in the middle of** ap, pe, ape. M ap manje •**to be on time** alè

Beach n. plaj la

Beacon n. siyalman

Beakful n. beke

Beam n. pout •**small beam** ti pout

Bean n. gwo pwa. •**black bean** pwa nwa.

Bear n. lous

Bearable adj. sipòtab, vivab

Beard n. bab la

Bearded adj. chaje ak bab

Beardless adj. san bab

Bearing n. direksyon, sans

Beast n. **1.** bèt. **2.** sovaj

Beat v. tape.

Beautiful adj. bèl, bòzò, chèlbè

Beautify v. t. dekore, fè bèl, mete bèbèl.

Beauty n. bèlte, bote

Beaver n. kastò.

Because akòz, poutèt, se ki fè, sa ki fè •**because of**. Se akoz, se pou rezon, se pou sa, sa ki fè.

Become v. t. vin, tounen

Bed n. **1.** kabann nan •**to go back to bed** rekouche, relonje kò •**to go to bed** kouche **2.** truck bed bwat kamyon

Bedroom chanm akouche.

Bedspread n. kouvreli

Bee n. abèy
Beer n. byè
Beet n. bètwouj, bètrav
Before adv. anvan, sa ki fèt anvan
Beforehand adv. oparavan, anvan, otrefwa
Beg v. mande lacharite
Beggar n. mandyan
Begging n. mandyansite
Begin v. t. kòmanse, amòse, derape, mete men, tanmen.
•**begin the work** Tanmen travay-la. Met men nan travay. Ann met men nan travay-la.
Beginning n. amòsman, derapman, kòmansman
Behaviour n. konpòtman
Behind n.
Behind n. dèyè, recto-verso devan-dèyè, de kote
Behind[1] adv. dèyè, retade
Behind[2] n. dèyè
Belgian n. moun ki fèt oubyen k ap viv an Bèljik
Belief n. krayans, konviksyon
Believable adj. kwayab, kredib
Believe v. kwè
Believer adj. kwayan
Bell n. klòch. Sonnen klòch.
Bell tower n. tèt legliz. Kote yo enstale klòch legliz
Bellybutton n. lonbrit, lonbrik
Belong v. **1.** Sòti, orijinen. **2.** Apateni, kinan.
Below adv. anba
Belt n. senti, sentiron

Bench n. ban
Bend (over) v. rebese, rekoube
Bend[1] n. pliyman
Bend[2] v. pliye, koube
Benefactor n. byenfetè, pitit Bondye
Beneficiary n. benefisyè, eritye
Benefit[1] n. pwofi, benefis
Benefit[2] v. benefisye, pwofite
Benevolence n. bonté, jantiyès
Benign adj. maladi gerisab
Bequeath v. lese an eritaj, bay, fè don
Beret n. berè
Berth n. kouchèt
Beside adv. bò kote.
Besiege v. t. okipe, ansèkle, antoure, pran kontwol
Besieging adj. atakan
Bestial adj. bèt, sovaj
Betray v. trayi, aji an trèt
Betrayal n. trayizon
Better[1] adj. meyè, miyò
Better[2] adv. mye, miyò. •**I like better…/I prefer…** mwen pito. •**it's better** pito, depreferans •**much better** oke, meyè pou Lafrans
Bettor n. gajè
Between adv. ant, nan mitan
Beverage n. ji, kola
Beyond adv. Pi lwen pase…
Biased adj. trike, fo, byeze
Bib n. bavèt
Bible n. labib, bib
Biblical adj. pawòl labib,

pawòl biblik

Bicentenary n. bisantnè, de (2) syèk. 2004 fè Ayiti 2 syèk depi li endepandan.

Bicolour n. / adj. bikolò, de koulè. Bikolò ayisyen, drapo ayisyen

Bicycle n. bekàn, beka-n, bisiklèt •**ride a bicycle** vwayeje an bisiklèt, pwomne an bisiklèt

Big adj. gran, grann, gwo, wo

Bike n. bisiklèt, bekàn

Bilateral adj. bagay ki fèt ant de (2) peyi.

Bilingual adj. Bileng.

Bill¹ n. fakti

Bill² v. fè peye

Billiard n. jwèt biya.

Billion n. milya

Billionaire adj. milyadè

Bimonthly adj. Bimansyèl. Sa ki fèt de fwa nan yon mwa.

Bin n. kontennè

Bind v. atache, tache, mare

Binder (book) n. kouvrè liv, relyè

Binder n. klasè, mèb dokiman

Binoculars n. pl. longvi

Biography n. Istwa lavi moun.

Biped adj. De (2) pye.

Bird n. zwazo a

Birth •**to give birth** fè pitit la. Lina fè pitit la. Li akouche, li anfante.

Birth rate n. kantite nesans, kantite timoun ki fèt

Birthday n. anivèsè, fèt

Bishop n. evèk

Bishopric n. eveche

Bistouri n. Zouti chirijyen. Bistouri

Bite¹ n. mak dan

Bite² v. t. mòde

Bitten (obsessed) n. fanatik, obsede

Bitter adj. anmè, rak. Manje a goute rak

Bitterly adv. trè anmè, byen anmè

Bizarre adj. Etranj

Black n./adj. nwa, nèg. Sa ki ta di mwen nwa chita avèk ou jounen jodi-a.

Blacken v. sali, nwasi.

Blackmail n. mennas

Blackout n. Pàn kouran.

Blacksmith n. fòjwon

Blade n. lam, lanm nan

Blame n. blam, kritik

Blameable adj. blamab, repwochab

Bland adj. san gou, fad, rak

Blaze¹ n. gwo dife, dife kay

Blaze² v. flanbe

Blazing fire n. flanbe

Blazing n. boukan dife

Bleed v. senyen

Bleeding n. senyman

Blend v. t. miksè, blenndè

Bless v. t. beni

Blessing n. benediksyon

Blind¹ n. avèg

Blind² v. t. avegle, vegle. Solèy la vegle je mwen.

Blinding adj. aveglan, veglan.

Blindly n. vegman

Blindness n. moun ki vin avèg. Jak avèg depi li te piti.

Blink v. t. kliyen je

Bloating n. balonnman

Block off v. bouche

Block¹ n. **1.** blòk **2.** blokay, blokaj

Block² v. t. bloke, bare

Blockade n. blokis

Blond n. blond

Blood n. san an

Bloodshed n. vèsman, koulman de san. Gwo eskonbrit pete, men san vèsman de san

Bloodthirsty adj. kriyèl, mechan, san pitye

Bloody adj. avèk san

Bloom v. devlope tèt, jwi libète, aji libreman

Blooming n. devlopman, jwisans

Blossom (again) v. tounen fleri, refleri

Blossom¹ n. boujon

Blossom² v. boujonnen

Blouse n. kòsaj la

Blouson n. blouz

Blow v. soufle •**to blow one's nose** mouche

Blue collar worker n. ti pèsonèl, travayè non pwofesyonèl

Blue jean n. pantalon abako.

Blue n. adj.. ble

Bluff¹ n. blòf

Bluff² v. t. blofe, manti

Blunder n. erè, fot, betiz

Blurred adj. bwouye

Blush v. wouji

Board¹ n. ti planch

Board² v. t. abòde.

Boarding n. pansyona, pansyon

Boast v. vante tèt. Ala vante nèg sa renmen vante tèt li papa.

Boaster n. dyòlè, pedan

Boat n. bato

Bobbin n. bobin

Bocor n. oungan, malfektè

Body (car) n. po machin

Body hair n. pwèl, plim

Body n. **1.** kò a **2.** kadav

Bogged down v. boubye, foure tèt. Li boubye, li foure tèt li nan pwoblèm.

Boil v. t. bouyi

Boiled adj. bouyi

Boiling¹ adj. bouyan, boulan

Boiling² n. **1.** bouyman, **2.** ajitman, chofman

Boisterous adj. Andyable, trè rapid. Rit, dans andyable

Bold adj. temerè, tèt di, radi, pa pran priyè

Boldly adv. avèk radyès, vayamman, bravman, temeramman

Boldness n. radyès, temèrman, temerite

Bolero n. dans bolero.

Bolster v. rann kè poze, asire yon moun

Bolt[1] n. boulon, vis

Bolt[2] v. t. vise, boulonnen

Bombardment n. bonbadman, destriksyon

Bone n. zo a. Mwen wè Polinis an chè e an zo.

Bones n. pl. zosman

Boneset n. langichat la

Bonus n. bonis

Bony adj. sa ki gen rapò ak zo

Boo[1] n. pl. rèl, chayoutman, kri

Boo[2] v. rele, chayoute, kriye. Kriye dèyè yon politisyen.

Book n. liv la

Booklet n. ti liv

Bookseller n. komèsan, machann liv

Boot n. bòt

Booth n. prezantwa

Border[1] n. fwontyè

Border[2] v. **1.** lonje **2.** bòne, poze bòn, fè lizyè

Bordering adj. sou fwontyè, sa ki gen rapò ak fwontyè

Bore v. t. toumante, annwiye, anbete, nui, nwi

Boring adj. annwiyan, anbetan

Born adj. fèt, wè jou •**to be born** fèt

Boss n. bòs, patron

Botanist n. botanis. Espesyalis nan zafè plant ak pye bwa

Botch (up) v. bakle

Both adj. tou de.

Bother[1] n anmèdman, anbètman

Bother[2] v. t. anmègde, anbete

Bothersome adj. anbetan, anmègdan, tilandeng

Bottle[1] n. boutèy •**baby bottle** bibon an •**gas bottle** gwo boutèy, bonbòn

Bottle[2] v. mete nan boutèy

Bottleneck n. kou boutèy

Bottom n. fon an.

Boubou n. rad, abiman afriken.

Bouillon n. bouyon an

Boulevard n. gran ri, boulva. Janin rete sou gran ri.

Boundary n. lizyè

Boundless admiration adj. trè gran, viv admirasyon

Bouquet n. bouke. Bouke flè

Boutique n. boutik, chòp

Bow (violin) n. bakèt-vyolon an

Bow down v. se prosterner. postènen/ pwostènen devan, bese tèt, mete ajenou nan pye

Bower n. tonnèl

Bowl n. bòl, vèso.

Bowlegged adj. bwate, pye kanbral

Box spring n. somye, sonmye

Box[1] n. bwat. **var.** brèt

Box[2] v. bokse

Boxer n. boksè

Boxer shorts n. kalson an

Boy n. gason an

Boycott[1] n. bòykotay, bòykotaj

Boycott[2] v. t. bòykote, meprize

Bra n. soutyen

Bracelet n. braslè.

Braceros n. koupè kann ayisyen an Dominikani. Braceros yo mande jistis.

Brag v. di sa ki bon sou yon moun

Bragger n. dyòlè

Braid[1] n. très

Braid[2] v. trese

Braille n. bray. Avèg yo li an bray.

Brain n. **1.** sèvo, brenn. Fè sèvo ou travay. Panse anvan w aji. **2.** sèvèl

Brake[1] n. fren

Brake[2] v. frennen

Braking n. frennman

Branch[1] n. branch

Branch[2] v. t. branche, konekte

Branching n. Branchaj, branchay

Brand n. bwa dife

Brandish v. t. Brandi. Brandi yon pankat nan yon manifestasyon

Brat n. manmay. **S.**: timoun, ti manmay, tchyo, atchyovi

Brave v. t. afwonte yon obstak, prann risk

Bravery n. kouraj, jès ewoyik

Bravo n. ayibobo, bravo

Brawl n. eskonbrit, chire pit

Brawler n. batayè, bagarè

Bray v. ranni

Braying n. rèl bourik, rannay

Brazilian adj./n. Brezilyen. Brezilyen yo se meyè foutbolè.

Breach n. kasman

Bread n. pen

Breadfruit (tree) n. labapen

Break (up) v. t. mete pak an pak, demoli

Break (with) v. kase avèk

Break-in n. brizman pòt oswa fenèt. Volè a antre nan kay la apre brizman pòt kay la

Break[1] n. kanpman, pozman. Lè nou fin monte mòn nan, si nou bouke n a fè yon ti kanpman.

Break[2] v. t. brize, kase, abime

Breakdown n.

Breakdown n. pàn. •**to have a breakdown (car)** pran pàn. Machin nan tonbe an pàn. Machin nan pran pàn nan wout la.

Breakfast n. manje, manje maten. **Have you eaten breakfast?** Èske ou manje?

Breast n. manmèl

Breath n. souf •**out of breath** esoufle

Breathable adj. respirab

Breathe v. t. respire

Breathing n. souf, respirasyon

Breathlessness n. souf anlè

Breeder n. **1.** elvè, gadyen bèt. **2.** repwodiktè

Breeze n. ti van dous

Brewery n. brasri

Bribe n. lajan anba tab

Brick n. brik

Bridal[1] n. brid
Bridal[2] v. bride
Bridge n. pon an
Brief[1] adj. kout, brèf
Brief[2] n. eslip
Briefcase n. katab
Briefly adv. Rapidman
Brigade n. brigad
Brigandage n. brigandaj, dezòd
Brilliance n. anpil talan
Brilliant adj. fòmidab, estra-òdinè
Bring about v. koze, pwovoke
Bring back v. remennen vini, rekondi, rekondui
Bring together v. pwoche, apwoche, rapwoche, vini pi pre, avanse, mete ou pi pre.
Bring v. t. kondui, mennen, pote, ale avèk li
Bringing together n. rapwochman, lyen, relasyon, koneksyon ant de sitiyasyon.
Bristol board n. papye bristòl, papye pwès
Bronchial tube n. kanal poumon
Bronchitis n. maladi poumon
Bronze n. bwonz
Brooch n. bwòch la
Broom n. bale
Brother n. frè •**brother-in-law** n. bòfrè •**stepbrother** n. bòfrè
Brown adj./n. bren
Brunette n. labrin
Brush (against) v. t. fwote, touche lejèman
Brush[1] n. **1.** bwòs **2.** ti fwotman
Brush[2] v. t. bwose
Brusque adj. brisk
Brusquely adv. sibitman
Brutal adj. brital, brisk
Brutality n. vyolans, sovajri
Brutalize v. t. britalize, maltrete
Brutally adv. Sovajman
Brute n. sovaj, vyolan
Buccaneer n. boukanye
Buckle[1] n. bouk
Buckle[2] v. t. boukle, tache, atache
Bud[1] n. boujon, jèm
Bud[2] v. t. **1.** bourade, **2.** pouse, jèmen
Budge v. bouje
Budget n. bijè, bidjè
Buffet n. kanbiz, sal resepsyon.
Bug n. ti bèt
Bugle[1] n. klewon, kleron
Bugle[2] v. klewonnen, kriye fò
Build v. t. bati
Builder n. batisè, konstriktè
Building n. bilding, gran kay ak anpil chanmòt. Se nan Pon Moren ou jwenn bilding Teleko a: biwo administrasyon Teleko a.
Bulk n. •**to buy in bulk** achte angwo
Bull n. toro bèf
Bulldog n. chen gadyen
Bulldozer n. bouldozè

Bullet n. bal fizi.

Bum n. kokorat, pòv, malandren

Bunny n. ti lapen

Burden n. **1.** fado, **2.** pwasenkant

Burglar n. vòlò, volè, dechèpiyè

Burglarize v. t. devalize, dechèpiye yon kay.

Burial n. antèman, finiray

Burlesque adj. rizib, trè dwòl, komik

Burn¹ n. boulman

Burn² v. t. boule, pran dife, kankannen, boukannen, chabonnen.

Burner n. boulèd. Boulèd raje

Burning adj. trè cho, gwo chalè, boulan.

Burp¹ n. wòt

Burp² v. t. wote

Burrow v. t. fouye

Burst¹ n. klatman, pètman, eksplozyon

Burst² v. eklate, pete, eksploze

Bury v. mete anba tè, kache nan tè, antere

Bus n. bis, otobis. Se nan bis diyite timoun yo al lekòl.

Bush n. touf bwa, raje

Business day adj. jounen biznis

Business n. komès, biznis

Bust n. bis. Pati kò moun ki kòmanse nan tèt rive ren. Bis ewo endepandans Ayiti yo chita nan Palè nasyonal.

Bustle about v. aji vit

But conj. Men, alòs

Butane n. gaz pwopàn

Butcher n. machann vyann •**butcher shop** n. bouchri

Butt n. dèyè, bouda, bounda

Butter¹ n. bè •**butter dish** berye

Butter² v bere, mete bè. Bere de tranch pen.

Butterfly n. papiyon an

Buttock n. yon bò dèyè

Button n. ensiy

Button¹ n. bouton

Button² v. t. boutonnen

Buttonhole n. boutonnyè

Buy (back) v. reyachte

Buy¹ n. acha, komisyon

Buy² v. t. achte, fè komisyon

Buyer n. achtè

Buyer n. achtè, komisyonè, konsomatè

Buzzing n. bri dabèy

By prep. pa, pran wout… Pase pa Lafrans. •**by accident** aksidantèlman, konsa •**by mail** pa lapòs •**by plane** an avyon

Bypass v. t. pase ozalantou, kontounen

Cc

Cabbage n. chou a

Cabin n. ti kay

Cable n. kab

Cache n. kachèt
Caciquat n. Kasika. Non
endyen yo te bay senk wayom
Ayiti yo anvan okipasyon
espayòl la.
Cacique n. tit chèf yon kasika
Cackle[1] n. bri, son melanje
bizaman
Cackle[2] v. kodase, kòtkote
Cackling n. cackling of chicken.
Kodasman, kòtkotman poul la
Cactus n. kandelam
Cadaver n. kò, mò, kadav
Cafeteria n. kafeterya, refekt-
wa
Cage n. kalòj
Cake n. gato
Calabash n. kalbas •**calabash
tree** n. pye kalbas
Calabashic n. kalbasik.
Kalbasik se fri tout timoun ren-
men.
Calamity n. dezas, devenn,
pwoblèm
Calcium n. fòtifyan, kalsyòm
Calculate v. t. konte, kalkile
Calculation n. kalkil
Calculator n. machin a kalkile
Calendar n. almanak
Calf (muscle) n. jarèt la
Calibre n. kalib
Call (upon) v. rele Bondye
Call for v. t. revandike, mande
Call[1] n. rèl
Call[2] v. t. rele, kriye, wouke.
•**to be called** m rele Jan.
Calm[1] adj. trankil, dou

Calm[2] n. kè poze, kalm, akalmi
Calm[3] v. to calm oneself. Rete
trankil. Pa bat kò ou. Rete
dousman
Calmly adv. trankilman, poze-
man, kalmeman
Calorie n. kalori.
Camel n. chamo a
Camera n. kamera
Cameraman n. kameramann
Camomile n. kamomin
Camouflage[1] n. kachman,
kamouflaj.
Camouflage[2] v. t. kache, fè
fent
Camp[1] n. kan, ran, sèk
Camp[2] v. kanpe, rete, rete
kanpe
Campeche n. bwa kanpèch
Camping n. jounen, piknik.
faire du camping ale nan
jounen, fè piknik/fè jounen,
pwomnad.
Can (able to) v. kapab, ka,
kab, kap
Can opener n. kle bwat
Canadian n. Kanadyen. Moun
ki fèt oubyen ka p viv Kanada.
Canal n. kannal, rigòl.
Canalization n. **1.** kanalizasy-
on, rigòlman, fè kannal **2.** mete
nan kannal
Cancel (an order) v. t. retire,
anile, wete, anlve yon kòmann
Cancel v. t. annile, anile
Cancellation n. anilasyon,
anilman

Cancer n. kansè se gwo maladi.
Cancerous adj. maladi kansè
Candidate n. kandida
Candidature n. kandidati
Candle n. chandèl, bouji, balenn. Limen chandèl la.
Candleholder n. sipò bouji
Candy n. sirèt, bonbon •**box of candy** n. bwat bonbon
Candy store n. sirètri
Cannibal n. kanibal.
Cannonade n. kout kanno, tiray kanno
Cannonball n. boulèt
Canoe (dugout) n. bwa fouye
Canon n. kanno
Canonize v. t. kanonnize. Asepte kòm sen nan legliz.
Canteen n. kantin. Sèten lekòl bay kantin pou nouri timoun.
Canvas (painting) n. tablo penti
Cap n. kepi a
Capable adj. kapab
Capacity n. kapasite
Capital (letter) n. lèt majiskil
Capital n. vil prensipal yon peyi. Pòtoprens se kapital Ayiti
Capitalism n. sistèm kote ekonomi ak resous Leta a chita anba grandon ak komèsan. Etazini se yon peyi kapitalis.
Capitalist n. grandon, gwo zouzoun
Capitulate v. abandonne, fè bak, bay legen, batba
Capitulation n. renonsman devan difikilte, abandonnman
Caprice n. fent
Capsize v. t. chavire, tounen tèt anba
Captain n. kapitenn. **Var**. kaptenn.
Captor n. zenglendo, kidnapè
Capture v. t. kenbe, anprizonnen
Car n f. machin, oto, Bogota. •**race car** n. machin kous •**rental car** machin touris.
Carafe n. yon tip boutèy. Mete dlo nan karaf la.
Carat n. kantite lò yon bagay genyen. Konbe rara chenn nan genyen?
Caravan n. gwoup vwayajè
Caravel n. bato ak vwal
Carbine n. karabin, fizi
Carbon paper n. papye kabòn
Carburettor n. kabiratè motè a
Carcass n. zòsman, eskèlèt
Carcinogenic adj. Kanserenjèn. Bagay ki bay kansè.
Card n. kat.
Cardboard n. katon an •**made of cardboard** fèt an katon, katonnen
Cardiac adj./ n. maladi kè
Cardinal n. kadinal
Cardiologist n. doktè kè
Care n. swayman, laswenyaj
Career n. pwofesyon, metye
Careful! interj. atansyon
Caregiver n. tretè, swayè
Carelessly adv. neglijamman

Carelessness n. neglijans
Caress[1] n. karès, afeksyon, miyonnay
Caress[2] v. t. karese, afeksyonnen, miyonnen
Caretaker n. jeran lakou, gason lakou, konsyèj
Cargo n. chay, machandiz
•**cargo ship** n. bato machandiz
Caricature n. desen komik
Carnage n. gwo masak, touyay, masakray
Carnival n. kanaval, madi gra
Carnivore adj. zannimo ki renmen vyann kri
Carpenter n. bòs chapant, chapantye
Carpentry n. chapantri, ebenisri
Carpet n. tapi
Carriage (horse-drawn) n. machin ak chwal. Kalèch
Carrier v. transpòtè, pòtè
Carrion n. chawony, chawon-y
Carrot n. kawòt
Carry (out) v. t. reyalize, egzekite, fè
Cart n. kabrèt. Gen kote se avèk bèf yo tire kabrèt. •**person who pushes a cart** n. kabretye, bouretye
Carter n. charetye, kondiktè charèt
Cartilage n. katilaj
Cartoon n. ti bonnonm.
Cascade n. chit dlo

Case (pencil) n. fouro
Case n. bwatye
CASEC n. KASEK. Konsèy administrasyon seksyon kominal. KASEK la gen twa eli nan tèt
Cash n. peye kach, achte lajan kontan
Cash register n. kès •**cash box** n. ti kès
Cashew (nut) n. fri kajou, kajou
Cashier n. kesye
Casino n. kazino
Cask n. barik la
Cassava n. kasav la
Cassette n. kasèt
Castaway n. reskape
Castle n. chato
Castrate v. t. chatre
Cat n. chat. Manman chat, makou chat
Cataclysm n. katastwòf
Catalogue n. katalòg
Cataract n. maladi je
Catch up v. reyaprann, reprenn
Catch v. t. trape, •**get caught up in** antòtye
Catching up n. reyaprantisay, reyaprantisaj
Catechism n. katechis
Category n. plizyè sòt
Cathedral n. katedral
Catholic n. katolik, kretyen
Catholicism n. relijyon katolik
Cauldron n. chodron an •**pot**

or cauldron maker n. moun ki fè chodyè ak chodron
Cauliflower n. chouflè a
Cause[1] n. rezon, kòz.
Cause[2] v. t. koze, fè. Koze yon domaj.
Cavalier n. dansè, tyoul
Cave in[1] n. efonnman, koulman
Cave in[2] v. tonbe, defonse
Cavity (tooth) g. n. dan pike, dan karye, dan gate
Ceasefire n. kanpe goumen
Cedar n. bwasèd
Cedar tree (type of) n. monben. Pye monben yo bay fri ak frechè.
Ceiling n. plafon •**to reach a ceiling** plafonnen
Celebrate v. t. banboche, fete, pran plezi, selebre, fè fèt.
Celebration n. banbòch, plezi gaye, selebrasyon
Celebrity n. grann rekonesans, gran renonmen, grann popilarite
Celery n. sèlri
Cell n. ti chanm prizon. Ankenn prizonnye pa ka sòti nan selil li san pèmisyon
Cellar n. chanm anba lakay, se nan kav grandon yo konsève diven.
Cement factory n. izin siman
Cement[1] n. siman
Cement[2] v. t. simante
Cemetery n. senmityè, semityè
Census n. resansman, kontay

•**to take a census** resanse, konte
Cent n. kòb
Centennial adj., n. Santnè. Moun ki gen santan. Ayiti gen plizyè granmoun santnè .
Centigram n. santigram. Santyèm pati nan yon gram.
Centilitre n. santilit. Santyèm pati nan yon lit.
Centime n. kòb.
Centimetre n. Santimèt
Centralize v. t. santralize, chita. Gwoupe ansanm. Pi fò sèvis leta yo chita nan Pòtoprens.
Centre[1] n. sant. Gen plizyè sant alfabetizasyon an Ayiti.
Centre[2] v. t. santre, mete nan mitan, mete nan sant.
Century n. syèk, santan
Ceramic n. seramik la
Cerebral adj. bagay lespri.
Ceremonious adj. seremonyèl. Bagay ki fèt avèk anpil gangans. Se yon resepsyon trè seremonyèl.
Ceremony n. sèvis, seremoni an. Maryaj la ap fèt avèk ou san seremoni
•**Certain** adj./pron. **1.** sèten, si. **It's certain we'll succeed**. Se sèten n ap reyisi. **2.** Kèk, kèlke. **In the eyes of certain people**. Nan je kèk moun.
Certainly adv. **1.** sirman, asireman. **2.** natirèlman.

Certainty n. konviksyon, sèti-tid, asirans.

Certificate n. sètifika

Certify v. t. sètifye, pwouve yon akizasyon.

Cesarean n. sezaryèn. Pitit la fèt pa sezaryèn.

Chain bracelet n. goumèt la, braslè a

Chain n. chenn nan •**mountain chain** chenn montay, mòn apik.

Chair n. chèz

Chalet n. kay vakans

Chalice n. kalis

Chalk n. lakrè

Chameleon n. aganman, kameleyon

Champion n. chanpyon

Championship n. chanpyonna

Change[1] n. **1.** chanjman, devl-opman **2.** kòb, lajan

Change[2] v. t. chanje, trans-fòme

Channel n. kanal

Channel[1] n. Kanal televizyon •**on what (television) channel?** sou kèl kanal, nan ki kanèl **S.** chenn televizyon. On what channel? Nan ki kannal/sou ki chenn?

Channel[2] v. fè rigòl

Chaos n. gwo dezòd

Chaotic adj. an dezòd

Chapel n. ti legliz

Chaplain n. omonye, pè legliz

Chapter n. chapit

Character n. karaktè, kraktè

Characteristic n. patikilarite, spesifisite, trè distenktif. Trè spesifik yon bagay, oswa yon moun

Charade n. **1.** devinèt, **2.** betiz, charad. Pa pase ti fi a nan charad, pa pase li nan betiz.

Charcoal n. chabon an •**charcoal seller** n. machann chabon

Charitable adj. charitab

Charity n. lacharite

Charm[1] n. cham, atirans

Charm[2] v. t. chame, atire, sedui

Charmer n. sediktè, chamè

Charming adj. afab, bon moun, janti, moun de byen

Charter n. konstitisyon, regle-man, lalwa

Chase v. kouri dèyè

Chasm n. gouf, gwo twou

Chastise v. t. pini, korije

Chastisement n. pinisyon, chatiman

Chat n. ti koze

Chatter v. pale anpil

Chatterbox n. moun ki pale anpil, dyòlè, radyodyòl.

Chauffeur n. chofè a

Chayote squash n. militon

Cheap adj. kolokent, chich

Cheat v. fwode, pase sou yon moun, fè koutay

Cheater n. fwodè

Checking off n. pwentman,

pwentay, pwentaj
Cheek n. bòfigi. •**cheeks** de bòfigi.
Cheeky adj. frekan, angran
Cheer (up) v. mete anbyans, mete chalè. Mete chalè lakay la
Cheerfully adv. jwayezman
Cheery adj. kontan, jwaye
Cheese grate n. rapè fomaj
Cheese n. fomaj, fwomaj la
Chemistry n. chimi
Cheque n. chèk
Chequebook n. kanè chèk
Cherry n. seriz •**cherry tree** n. pye seriz
Chessboard n. plato jwèt echèk
Chest n. **1.** lestomak, pòtray **2.** kòf
Chew v. mache, manje gòm
Chic adj. bòzò, chèlbè, chik. trè byen! Pale-m sa!
Chick n. **1.** ti poul dèyè man-man. **2.** ti zwazo
Chicken coop n. poulaye
Chicken n. **1.** ti poul, poulèt **2.** vyann poul
Chickenpox n. saranpyon
Child n. **1.** timoun, tyovi, aty-ovi, manmay, tilezanj. **2.** pitit. •**only child** badjo. Yon sèl badjo mimiyan-miyan (chante popilè ayisyen).
Childish adj. bagay timoun, jwèt timoun
Childishness n. anfantiyaj, anfantiyay
Childlike adj. timoun. •**child-like game** Jwèt timoun.
Chilly adj. •**to be chilly** gen fredi
Chime[1] n. plizyè klòch
Chime[2] v. t. sonnen, karyon-nen
Chiming n. sonnman, sonnri
Chimney n. cheminen
Chimpanzee n. gwo makak, makak la ap fè grimas
Chin n. manton an
Chinese n. chinwa, moun ki fèt oubyen k ap viv Lachin
Chip v. kase, brize, fè eklate
Chisel[1] n. biren
Chisel[2] v. t. taye, eskilte
Chive n. siv
Chocolate n. chokola a
Choice n. chwa
Choir member n. chantè koral
Choir n. kè. Plase koral la nan kè legliz la.
Cholera n. kolera. Maladi kol-era se gwo danje.
Choose v. t. chwazi
Chop v. **1.** fann, koupe, fann bwa ak rach. **2.** rache, koupe an ti moso, an miyèt moso.
Chore n. kòve
Christian n. /adj. kretyen
Christianity n. relijyon kre-tyen
Christmas Eve n. reveyon, vèy •**to celebrate Christmas Eve** reveyonnen, veye
Christmas tree n. abdenwèl

Chronic adj. kontinyèl

Chronically adv. kontinyèlman

Chronometer n. kronomèt, kwonomèt

Church n. legliz, tanp, kay Bondye.

Cigar n. siga

Cigarette butt n. pòy sigarèt

Cigarette n. sigarèt

Cinder block n. dal. Pi fò kay yo fèt an dal beton

Cinnamon n. kannèl

Circle[1] n. sèk la.

Circle[2] v. t. seke, sèke. Pase sèk atou yon barik. Seke barik la.

Circular n. sikilè

Circulate v. promennen a pye oubyen nan machin

Circulation n. sikilasyon, trafik

Circumscribe v. t. delimite yon zòn

Circumscription. sikonskripsyon

Circumstance n. sikonstans la

Cistern n. sitèn, rezèvwa

Citadel n. fòterès. Citadèl Laferyè se yon Fòterès.

Cite v. t. site, bay non, nonmen

Citizen n. sitwayen an

Citrus fruit n. pl. chadèk, zoranj, sitwon

City dweller n. moun lavil

City hall n. lameri, meri

City n. lavil

City planner n. lavilis, espesyalis an lavilizasyon

Civilisation n. sivilizasyon

Civilize v. sivilize

Claim[1] n. reklamasyon, egzijans

Claim[2] v. reklame, egzije

Clairvoyant adj. pridan, avèti

Clamber v. t. grenpe

Clan n. kan, klik

Clandestine adj. anbachal. Zak mennen an kachèt

Clap v. bat bravo lakontantman, aplodi

Clarify v. t. eklèsi, klere lantèn

Clarinet n. klarinèt

Clarity n. klate

Clasp n. tachman, tachwa, fèmwa

Class n. klas la. •**after classes** Apre lekòl •**in class** nan klas, nan lekòl-la.

Classification n. klasman

Classroom n. sal klas, salklas

Clavicle n. zo zepòl

Claw[1] n. grif

Claw[2] v. grafouyen

Clay n. ajil, tè mou, gra epi maleyab

Clayey adj. ajile

Clean (up) v. t. rann sen. Pwòpte, netwaye

Clean[1] adj. Pwòp, klin, tifi

Clean[2] v. lave, netwaye, dekouchte •**clean the room** netwaye chanm nan

Cleaner n. netwayè

Cleaning n. m pwòptaj, netwayaj

Cleanliness n. lapwòpte
Clear (away) v. t. debarase, dekonble
Clear (out) v. dekanpe, pati, ale, bay tè a blanch
Clear[1] adj. klè, pwòp. Dlo a pwòp epi klè.
Clear[2] v. depase
Cleaver n. miyetè, aparèy pou miyete legim ak vyann
Clemency n. padon
Clement adj. dou, janti
Clerk n. grefye
Clever adj. Malen, entelijan, rize, odasye
Cleverly adv. malisyezman
Client n. pratik, kliyan
Clientele n. pratik
Cliff n. falèz
Climate n. tan, tanperati
Climb down v. glise desann, degrenpe
Climb v. t. **1.** monte, moute, mete sou pye, enstale. **2.** grenpe
Clinic n. klinik, sant sante, dispansè
Clip v. tonn, koupe
Cloakroom n. vestyè
Clock n. revèy, òlòj
Close[1] adv. **1.** Pre, pwòch, **2.** approximately apeprè
Close[2] v. t. fèmen
Closet n. pandri
Closing n. fèmti
Clot n. kayo san
Cloth n. twal

Clothe v. t. mete rad, abiye.
•**to clothe oneself** abiye tèt, mete an penpan.
Clothing n. vètman, rad, abiman. •**baby clothes** rad bebe
Clothing store n. magazen rad, boutik vètman
Cloud n. nyaj
Clouded adj. sonb
Cloudy adj. gen nyaj
Clove n. jiwòf la
Club[1] n. **1.** gwo baton **2.** klib, nayklib
Club[2] v. we ak kout baton
Cluck v. kodase
Clucking n. kodasman
Clumsily adv. britalman, bosalman
Clumsiness n. fopa, erè, fot
Clumsy adj. brital, bosal
Cluster n. grap la
Cluster n. ploton
Clutch n. **1.** klòtch. Peze klòtch machin nan. •**engage the clutch** lache klòtch la **2.** kolòn ti poul dèyè manman yo
Clutter n. dezòd, kabouyay
Coach n. antrenè
Coagulate v. kowagile, di, kaye
Coalition n. gwoupman. Reyinyon moun, rasanbleman plizyè òganis pou mennen yon aksyon
Coastal adj. zòn bòdmè, kot.
Coat rack n. akwòch manto
Coax v. t. anmadwe, blo, blofe

Cock n. kòk la •**fighting cock** n. kòk batay

Cockade n .f. kokad. Ne papiyon jenn fi pote nan cheve yo

Cockfighting fan n. amatè kòk batay.

Cockpit n. kabin pilòt

Cockroach n. ravèt

Cocktail n. koktèl

Cocoa n. kakawo •**cocoa tree** n. pye kakawo

Coconut g. n. kokoye a

Coconut tree n. pye kokoye

Cod n. lanmori a

Code v. t. konpoze yon mesaj

Coffee n. kafe •**coffee tree** n. pye kafe

Coffeemaker n. kafetyè a

Coffin n. sèkèy. Sèkèy la pre, antèman an pou katrè.

Cohabit v. viv ansanm

Coherence n. lojik, lide sa genyen anpil lojik, li kenbe.

Cohesion n. tèt ansanm, linyon, solidarite

Cohort n. gwoup moun

Coincidence n. kwensidans

Cola n. kola. Achte yon kola kenz pou mwen.

Cold snap adj. ti tan frèt

Cold[1] adj. Frèt. •**it's cold out** li fè frèt. **I'm cold**. Mwen frèt.

Cold[2] n. **1.** tous la •**to have a cold** anrimen, gripe **2.** fredi

Coldly adv. frètman, avèk fwadè

Coldness n. fwadè. Make yon moun fwadè.

Colic n. kolik, mal vant, fant fè mal

Collaborate v. mete tèt ansanm, kolabore

Collaboration n. tèt ansanm, konbit, kolaborasyon

Collaborator n. kolaboratè, konpayon travay

Collage n. kolaj

Collapse[1] n. defonsman, koulman

Collapse[2] v. tonbe, koule. Kay la tonbe

Collar[1] n. kakan chenn nan

Collar[2] v. t. mete men nan kòlèt on volè

Collation n. ti pase bouch, kwape grangou

Colleague n. konpayon travay, kolèg

Collect (payment) v. mete nan kès, rekòlte lajan

Collect v. t. fè kèt, rasanble, koleksyonnen

Collection n. kèt la, koleksyon, yon je •**to take up a collection** mande lajan

Collective work n. konbit, tèt ansanm, solidarite.

Collectively adv. ansanm, nan kole zepòl

Collector n. koleksyonnè

College n. kolèj

Collegian n. kolejyen, etidyan

Collide v. frape kont, frape sou, anpeche pa.

Collision n. akwochaj

Colloquial language n. pale rèk **contr.** pale swa, bon langaj

Colonel n. kolonèl

Colonialism n. kolonyalis, sistèm kolonyal

Colonist n. kolon, okipan

Colonization n. okipasyon, kolonizasyon

Colonize v. t. okipe, kolonize

Colony n. koloni a. tèritwa okipe

Colour[1] n. koulè •**in colour** an koulè

Colour[2] v. t. kolore, bay plizyè koulè

Coloured adj. an koulè, kolore •**multicoloured** koulè varye

Colouring n. koloryaj

Colourless adj. san koulè

Colt n. ti cheval, poulen chwal

Column n. pilye, kolonn

Coma n. alatik de mò, koma, sou wout lanmò

Comatose adj. nan koma

Comb[1] n. peny

Comb[2] v. t. penyen, penyen tèt. •**comb again** repenyen

Combat[1] n. batay, lit, goumay

Combat[2] v. t. lite, goumen, batay

Combatant n. batayè, konbatan

Combination n. aranjman, melanj, konbinezon

Combine[1] n. zak, aksyon malonnèt

Combine[2] v. t. konbinen, mete ansanm

Combustible n. / adj. enèji (petròl, bwa, gaz, chabon)

Come (back) v. vini, retounen, rantre, tounen, antre sot (Kebèk).

Come from v. soti. Vyann sa soti nan peyi Lafrans.

Come up (suddenly) v. rive sibitman

Come v. **1.** Vini, tounen **2.** antre, rantre. Li rantre sot Kanada.

Comedian n. blagè, kontè komik

Comedy n. koumedi, blag

Comestible adj. manjab

Comet n. komèt

Comfort[1] n. ankourajman, apui, rekonfò

Comfort[2] v. ankouraje, apiye

Comfortable adj. alèz, konfòtab

Comfortably adv. alèzman, konfòtabman

Comforting adj. ankourajan

Comical adj. komik

Coming and going n. alevini. Fè alevini

Coming n. lavènman, avèk prezans

Comma n. vigil

Command[1] n. kòmann, kòmand

Command[2] v. t. kòmande, dirije, mennen, pase lòd

Commandant n. kòmandan
Commander n. chèf, respons-ab, kòmandè, mennè
Commandment n. lòd, kòmannman, kòmandman
Commando n. kòmando
Commence v. kòmanse yon bagay
Commendable adj. rekò-mandab, vandad, konseyab
Comment v. fè kòmantè, bay replik
Commentary n. kòmantè, rep-likman
Commentator n. kòmantatè
Commercial n. reklam, anons
Commercialize v. t. vann, komèsyalize
Commission n. komisyon
Commissioner n. komisè
Commit o.s. v. Enplike, patisipe
Commit v. t. komèt, fè yon zak
Commitment n. atachman, devouman
Committee n. komite
Commodity n. danre a
Common adj. ansanm, an komen
Common law. n. Plasay.
Commotion n. gran mouvman
Communal adj. kominal. Gen plizyè lekòl kominal an Ayiti.
Commune n. seksyon komi-nal. Pi piti inite administratif peyi d Ayiti. Ayiti pataje administrativman an senk san swasann dis (570) seksyon kominal. **See** Commune.
Communicate v. t. kominike, transmèt
Communication n f. kominikasyon, dyalòg
Communion n. kominyon
•**receive communion** kominyen
Communism n. kominis
Communist n. / adj. Kominis
Community[1] adj. kominotè
Community[2] n. kominote
Compact (powder) n. poudriye, bwat poud
Compact disk n. Sede or CD
Companion n. kanmarad, kon-payon
Company n. konpayi, antrepriz
Comparable adj. konparab
Compare v. t. konpare
Comparette n. konparèt se gato yo fè Jeremi
Comparison n. konparezon
Compas n. konpa. Konpa se dans nasyonal peyi d Ayiti
Compass n. bousòl
Compassion n. pitye, padon
Compatriot n. konpatriyòt
Compensate v. t. dedomaje
Compensation n. dedomajman
Compete v. patisipe. Patisipe nan yon konkou. konpetisyon-nen
Competence n. konpetans, kapasite
Competent adj. konpetan

Competition n. konkou, kon-petisyon

Competitor n. konpetitè

Compilation n. koleksyon

Complain v. plenyen, jemi, plenn

Complaining n. plenyay, plenyman, chanson tris, powèm tris. Plenyay Boukmann nan.

Complaint n. plent. Viktim nan pè pote plent pou bay lapolis.

Complement n. konpleman, rès, pati, mwatye

Complete[1] adj. konplè

Complete[2] v. t. konplete, acheve, fini

Completely adv. antyèman, totalman, nèt

Completion n. achèvman

Complex adj. konplike, difisil

Complexity n. konpleksite, difikilte, trakasri

Complicate v. t. konplike, bay difikilte

Complicated adj. konplike, mele

Complication n. pwoblèm, konplikasyon

Compliment[1] n. konpliman, felisitasyon

Compliment[2] v. t. fè konpli-man, konplimante

Compose v. t. **1.** ekri, konpoze yon istwa. **2.** konpoze, pase yon tès, fè yon egzamen.

Composed (of) v. konpoze ak, genyen

Composer n. konpozitè

Composition n. konpozisyon

Comprehensible adj. kon-preyansib

Comprehension n. konpreyan-syon

Compress n. konprès la

Compromising adj. antravan, pyejan

Computer analyst n. enfòma-tisyen

Computer n. òdinatè, konpitè

Computerize v. konpitarize, enfòmatize, mete enfòmatik

Comrade n. kanmarad, lami-tye

Con v. vole, fwode

Conceal v. t. kache, glise anba

Conceive v. t. kreye. Mete sou pye, bati yon bagay

Concentrate v. konsantre

Concentration n. konsantrasy-on, lespri poze, tèt poze

Conception n. vizyon, pwendvi

Concern n. jantiyès, atansyon

Concert n. konsè

Concession n. konsesyon, kon-pwomi

Concise adj. kout epi klè, lide esansyèl

Conclude v. t. pou fini

Conclusion n. finisman

Concordance n. annakò, lyen ant plizyè lide

Concrete n.1. reyèl. 2.beton

Condition n. kondisyon an

Condolences n. pl. kondoleyans

Condom n. pwotèj, kondon, kapòt. Kapòt pantè pa pran gòl.

Cone n. kònè a

Confection n. preparasyon, fabrikasyon

Confectioner n. machann bonbon, machann sirèt

Conference n. prezantasyon, konferans

Confess v. konfese

Confession n. lakonfesyon

Confide v. fè konfyans, konfye, di yon sekrè

Confidence n. **1.** asirans, konfyans **2.** sekrè

Confidential adj. se sekrè

Confirm v. konfimen

Confirmation n. konfimasyon

Confiscate v. konfiske, sezi

Confiscation n. konfiskasyon

Conflict n. dispit, chire pit

Conflicting adj. depaman, diferan

Conform[1] adv. Selon sa lalwa di

Conform[2] v. aji selon lalwa

Confound v. konfonn, melanje

Confrere n. Konpayon travay, kanmarad, kolèg

Confront v. t. fè fas kare ak yon advèsè oubyen yon lennmi

Confrontation n. rankont ant de lennmi, fasafas

Confused adj. anbouye, melanje

Confusion n. anbouyman, konfizyon

Congratulate v. konplimante, ankouraje, felisite

Congratulations n. pl. felisitasyon, ayibobo, bravo.

Conjugal adj. Ant madan ak mouche

Conjugate v. konjige

Conjunction n. konjonksyon

Conjunctivitis n. maladi je

Conjuncture n. sitiyasyon, sitirasyon

Conman n. volè, vòlò

Connect v. t. branche, konekte

Connection n. branchman, koneksyon

Connivance n. konplo, konnivans, andemèch

Connoisseur n. save, konesè

Conquer v. t. anvayi, okipe

Conqueror n. anvayisè, okipan

Conquest n. okipasyon, anvayisman

Conquistador n. anvayisè espa-nyòl

Conscious adj. esprè, konsyan

Consciously adv. esprèman, konsyamman, ak fèm konviksyon, aji avèk konsyans

Consecrate v. sakre, òdonnen

Consecrated adj. rezève, jou chwazi. Dimanch se jou lamès.

Consecration n. òdonnman, konsekrasyon

Consensus n. akò, antant

Consent v. aksepte, konsanti

Consequence n. rezilta, konsekans, sa sa bay

Conservation n. an rezèv

Conserve v. t. konsève, gade lontan

Consider v. t. konsidere, bay enpòtans

Considerable adj. konsiderab, enpòtan

Consideration n. **1.** konsiderasyon, enpòtans •**to take into consideration** bay valè, pran an konsiderasyon •**with consideration to**. Vizavi, anvè. Youn fèt pou gen respè anvè lòt. **2.** konsiderasyon, prestij

Consign v. konsiyen

Consist v. genyen pou

Consolation n. soulajman

Console v. t. soulaje

Consolidate v. t. ranfòse, kore, bay jarèt

Consonant n. konsòn, son, lèt

Conspicuously adv. an gran, gran jounen

Conspiracy n. konplo, konplotaj

Conspirator n. konplotè

Conspire v. t. konplote, mare konplo

Constable n. jandam

Constantly adv. kontinyèlman

Consternate v. bay tristè, simen lapenn

Consternate v. touche emotivman, konstènen

Consternation n. dezolasyon, tristès, lapenn

Constipate v. sere, konstipe

Constipation n. konstipasyon an

Constitute v. fòme, fèt, konpoze

Constitution n. **1.** ansanm, konpozisyon **2.** manman lwa

Constrain v. t. oblije, fòse, pouse.

Construct v. t. bati, konstwi. **Var**. konstri

Construction n. batisman, konstriksyon

Construction worker n. chapantri, menizye

Consul n. konsil

Consulate n. konsila

Consult v. t. konsilte. **1.** konsilte yon medsen **2.** mande yon ekspè konsèy

Consultation n. konsiltasyon. N ap tann konsiltasyon doktè-a

Consume v. **1.** konsonmen **2.** kalsinen, kankannen, boule nèt

Consumer n. achtè, konsomatè

Consumption n. depans, konsomasyon

Contact[1] n. kontak, koneksyon, parenn

Contact[2] v. kontakte, ale wè. Chache jwenn ak yon moun.

Contagion n. atrapaj, transmisyon maladi

Contagious adj. atrapan, kontajye

Contain v. posede, genyen

Container n. kontnè, kontennè
Contaminate v. t. kontaminen, enfekte
Contaminated adj. enfekte
Contamination n. kontaminasyon, enfeksyon
Contemplate v. t. admire, obsève
Contemplation n. obsèvasyon, admirasyon
Contemplation n. rekèyman, meditasyon
Contemporary adj. aktyèl, alamòd, modèn
Content n. kontni
Contented adj. kontan
Contentment n. lakontantman, kontantman, lajwa
Contest n. konpetisyon
Contestable adj. refizab, rejtab, kontestab, inakseptab
Contestation n. kontestasyon, rejè
Context n. m sitiyasyon
Continent n. kontinan
Continually adv. kontinyèlman
Continuation n. kontinyasyon, pwolonjman, alonjman
Continue v. t. rapousuiv, kontinye.
Continuity n. lapousuit, kontinite.
Contour n. rebò, arebò
Contraband n. kontrebann, rakèt
Contraception n. pwoteksyon, pwotèj, planing
Contraceptive n./adj. kapòt, kondon, grenn
Contract v. t. atrape, enfekte
Contraction n. tranche, lakranp
Contradict v. t. demanti
Contradiction n. konfizyon, depalman.
Contrarily adv. diferamman, alopoze de, kontrèman
Contrary n. alopoze, diferan, lekontrè, revè, depaman
Contrast v. t. konpare
Contribute v. pote kole, bay kontribisyon.
Contribution n. kontribisyon, koutmen
Contrite adj. regrèt total
Contrition n. Regrètman total. •**act of contrition** regrètman total resanti
Control v. t. kontwole. •**to control o.s.** Poze tèt ou. poze san ou. Poze san w. kontrole tèt ou.
Controversy n. dispit, diskisyon, mezantant
Contusion n. ti blese
Convalescence n. dire yon gerizon
Convalescent adj. an konvalesan, nan swenyay, anba laswenyaj
Convene v. t. konvoke, mande prezans yon moun
Convenient adj. Konvennab,

byen tonbe.
Convent n. kouvan
Convention n. konvansyon, rasanbleman, rankont
Conversation n. rankont, chita pale
Converse v. koze
Conversion n. **1**. repantans, **2.** chanjman, transfòmasyon
Convert v. 1. repanti, 2. chanje, transfòme, konvèti
Convertible n./adj. dekapotab
Convey v. pote nan machin, transpòte nan machin
Conviction n. kwayans, sètitid
Convince v. fè kwè, konvenk yon moun
Convinced adj. Sèten, si de yon bagay. Mwen si ke se oumenm nou te wè nan televizyon an.
Convocation n. konvokasyon
Convoy n. konvwa, posesyon
Cook¹ n. kuizinyè, kizinyè
Cook² v. t. kuit, fè manje •**to cook au gratin** gratinen
Cooked adj. kuit, kwit. Manje a pa byen kuit. •**cooked over wood fire** boukannen. Boukannen mayi a.
Cookie n. bisuit
Cool (down) v. mete tyèd, tyedi
Cool adj. tèt poze, san kout san
Cool! n. frize a
Cooperate v. kolabore, travaye ansanm

Cooperative n. koperativ
Coordinate v. t. Òganize, konbine, konbinen
Coordination n. òganizasyon, konbinezon
Copper n. kuiv
Copy¹ n. kopi
Copy² v. fè kopi
Copycat n. imitatè
Cord n. ti kòd
Cordial adj. amikal, avèk chalè
Cordiality n. Jantiyès, afablite
Cordially adv. amikalman, chalerezman
Cordon-bleu n. ekspè nan fè manje
Core n. kè, grenn
Corn n. kò. Jaki gen kò nan pye li.
Corn n. mayi •**corn on the cob** zepi mayi.
Corner n. **1.** kwen an •**in the corner** nan kwen **2.** viray
Corporal n. kaporal
Corpse n. kadav, kò mò a
Corpulence n. gwosè
Corpulent adj. gwo
Correct¹ adj. oke, kòrèk
Correct² v. t. **1.** korije, pase men **2.** Pini.
Correction n. koreksyon, pase men, ajisteman
Corrector n. korektè
Correspond v. koresponn. Lide yo koresponn, tonbe dakò, antann

Correspondence n. korespon-
dans
Corridor n. koulwa, koridò
Corrupt v. sèvi avèk. Pou pa
peye twòp taks fò ou sèvi avèk
dwanye a.
Corruption n. peye anba tab,
koripsyon
Corset n. kòsè
Cosiness n. konfò
Cosmetic n. pwodui bote
Cost v. t. koute, vo. Konbyen
pil mango a koute ou?
Costly adj. chè
Costume jewellery n. kri-
zokal, pakoti •**cheap jewellery**
bijou krizokal
Cotton n. koton •**cotton plant**
n. pye koton
Couch n. kanape, sofa
Cough v. int. touse
Counsel n. konsèy
Count v. t. mete an chif.
Konte, kalkile yon resèt lajan
Countenance n. kontnans,
kapasite yon rezèvwa
Countenance n. vizaj, figi
Counter[1] n. **1.** kontè **2.** n.
kontwa
Counter[2] v. reyaji, replike, fè
fas kare ak
Counterfeit v. imite, fwode
Counterfeiter n. fo-monnenyè
Counting (of votes) n. kontaj
bilten vòt
Country dweller n. abitan latè
Country n. peyi

Countryside n. andeyò. Moun
andeyò/Peyizan pa rete lavil
lontan **S.** arrière-pays.
County town n. chèflye. Vil
prensipal yon depatman
oubyen yon awondisman
Coupon n. koupon, moso twal
Courage n. kouraj, kouray •**to
have courage** gen kè
Courageous adj. kouraje
Courageously adv. kourajezman
Course adv. •**of course** sètèn-
man, nòmalman, natirèlman.
Courter n. pretandan
Courtesy n. jantiyès, kout-
wazi.
Courthouse n. palè jistis.
Cousin n. kouzen, kouzin
Cover (travel) v. kouri patou,
fè yon trajè
Cover[1] n. dra, kouvèti
Cover[2] v. t. kouvri
Covet v. santi latantasyon pou,
santi lanbisyon pou, atire pa,
tante pa
Cow herder n. gadyen bèf
Cow n. bèf. **cow** manman bèf,
bull toro bèf, **calf** ti bèf, **beef**
vyann bèf.
Cow n. manman bèf
Coward n. kòkòy, kapon
Crab n. krab la •**ocean crab** g.
n. sirik
Crack[1] n. fèlman
Crack[2] v. fele, fann
Craft n. brikolaj, fabrikasyon
manyèl, atizana

Cramp n. lakranp
Crank n. manèt
Crash[1] n. chòk
Crash[2] v. kraze, ekraze
Crawfish n. kribich
Crawl v. trennen, rale, ranpe
Craziness n. foli, pèdi yon fèy, manke yon fèy.
Crazy (for) adj. fou pou. Pwofèt fou pou lang kreyòl
Crazy (person) n. moun fou
Crazy adj. fou, moun tèt pa drèt, moun tèt cho, moun tèt pati, moun deraye
Cream n. krèm, lakrèm
Creamy adj. bade ak krèm
Crease n. plisaj, plisay
Create v. t. kreye, fè, fabrike
Creativity n. kreyativite
Creator n. kreyatè, atizan
Creature n. kreyati
Credible adj. kwayab, vrè
Credit n. kredi
Creditor n. pretèd lajan
Creditworthy adj. kapab peye
Creeper n. lyann. Lyann panye
Creole n. kreyòl. lang kreyòl. 100% Ayisyen pale kreyòl. Le créole haïtien compte douze millions locuteurs en Amériques.
Cretin n., adj. kreten, bouki
Crew n. lekipaj, manm ekip yo
Crib (notes) n. rapèlman, èdmenmwa
Crib n. bèso, kabann bebe
Crime n. krim. Sa ki fèt kont lalwa. Poze zak kont lalwa.
Criminal n., adj. kriminèl
Criteria n. kondisyon, rezon
Criticize v. kritike
Critique n. kritik, repwoch
Croak v. int. Kowase
Croaking n. kowasman
Crochet n. kwochè, kwochèt
Croissant adj. pen dous
Crook n. moun malonnèt
Crooked adj. kwochi
Crop n. rekòt
Cross (out) v. bife, reye, efase (non sou lis)
Cross[1] n. lakwa a
Cross[2] v. t. janbe, travèse
Crossing n. kafou, kalfou
Crossword n. mo kwaze.
Crouch (down) v. int. Akoupi, koupi
Crow n. kaw la, boustabak
Crown[1] n. kouwòn
Crown[2] v. t. kouwone, kouwonne, kouwonnen
Crucial adj. total-kapital
Crucifix n. krisifi
Crucify v. t. krisifye
Crude adj. grosye
Crudely adv. avèk grosyete
Crudeness n. grosyete
Crudity n. kridite
Cruel adj. kryèl, mechan
Cruelly adv. Mechamman, kriyèlman
Cruelty n. pl. vyolans, move tretman
Cruise n. kwazyè

Crumb n. miyèt moso, ti kal

Crumble v. **1.** Anfale, koule, tonbe **2.** mete an miyèt moso

Crumbling n. degradasyon, deklisman

Crush v. kraze, kraze-brize

Crushing n. krazman, brizman,

Crust n. kwout, gradoub

Crutch n. beki

Cry v. t. kriye

Crying v. avèk dlo nan je.

Crystal m. kristal. **•crystal ball** boul kristal

Cube n. kib

Cubicle n. kabin

Cucumber n. konkonb, konkonm

Cuff[1] n. souflèt

Cuff[2] v. **1.** souflete **2.** mare, mennote

Cul-de-sac n. enpas, chemen fèmen

Culminate v. ale jisko somè

Culpability n. kilpabilite

Cultivable adj. kiltivab. **•suitable for cultivation** Tè agrikòl

Cultivate v. t. kiltive. Kiltive latè. Travaye latè

Cultivator n. kiltivatè, travayè latè, agrikiltè, peyizan

Culture n. kilti, lakilti

Cunning n. fent **•to use cunning**. fè fent

Cup (plastic) n. goblè, gode

Cup[1] Ayiti te patisipe nan koup di monn de foutbòl an 1974.

Cup[2] n. tas la

Cupboard n. amwa, bifèt

Curable adj. gerisab, tretab

Curb v. t. rete, arete, mete ola, mete fren, elimine

Curdled adj. kaye, tounen. Timoun pa bwè lèt tounen.

Curfew n. pinga sòti

Curiosity n. kiryozite, chache/fouye zo nan kalalou

Curious adj. kirye, fouyapòt

Curl up v. bloti kò, anboule kò

Currency n. mounen, monnen, kach

Curse[1] n. malediksyon, malè, devenn, gwo malè, malchans

Curse[2] v. **1.** joure. **•to curse s.o. out** Li savonnen dèyè madanm nan byen savonnen. **2.** madichonnen, krache dèyè yon moun, jete madichon

Curtain n. rido a

Curve[1] n. koub la

Curve[2] v. t. bese, koube

Cushion n. kousen **•head cushion** n. twòkèt.

Custom n. tradisyon, lizay

Customs n. pl. dwàn, ladwann

Customs' officer n. dwanye

Cut[1] n. **1.** koup. Kwafè a ba ou yon bèl koup cheve. **2.** blese, ekòche

Cut[2] v. t. koupe, taye

Cute n. joli, kyout

Cutlet n. kotlèt

Cycle n. sik

Cycling n. espò an bisiklèt

Cyclist n. siklis, anmatè bisik-lèt
Cyclone n. Tanpèt, siklòn
Cylinder n. silend
Cymbal n. senbal
Cynic adj. san wont

Dd

Dab v. t. babouye
Dabbing n. babouyman
Dada n. sijè prefere
Dagger n. frenn nan, ponya
Daily adj. chak jou, tout jou
Dairy n. izin lèt
Daisy n. lamagrit
Dam n. baraj **var.** baray
Damage[1] n. domaj, domajman
Damage[2] v. deranje, abimen, domaje
Damaged adj. aksidante, kol-boso
Damn v. modi, dane
Dance hall n. sal dans.
Dance[1] n. dans, yayad, kadans
Dance[2] v. tr. danse, yaya kò, souke kò, dyadya kò
Dancer n. dansè, tyoul, kava-lye. Pa gen ase kavalye pou tout fanm sa yo.
Dandruff n. kap
Danger n. danje
Dangerous adj. danjere
Dangerously adv. danjerezman
Dare v. fè odas, aji avèk odas
Dark adj. •**it's dark** se lannuit

Darken v. t. rann sonm. Labrinen
Dart n. ti flèch
Date n. dat la
Daughter n. pitit fiy •**daugh-ter-in-law** n. bèlfi •**stepdaugh-ter** n. bèlfi
Dawn n. bajou kase, granmti-maten
Day n. jou-a, jounen, joune an •**day after tomorrow** Apredemen
Day off n. konje
Daybreak n. opipirit chantan, bajou kase
Daycare n. gadri
Dazzle v. atire, sedui. Pa kite ou atire pa bèl pawòl.
Dead adj. mouri. •**he is dead**. Li mouri.
Deadbolt n. takèt
Deaf adj. soud
Deafen v. t. rann soud. Kriye tro fò, sonnen tro fò
Deafened adj. bri ensipòtab
Deafening adj. tro fò
Deafness n. maladi pa tande
Deal v. •**to deal cards** tire kat
Dean n. pi vye, pi granmoun, pi ansyen
Dear adj. monchè, machè
Dear(est) n. cheri
Death n. lanmò •**natural death** mò Bondye.
Death pangs n. annagoni, alatikdemò, gravman malad
Debacle n. dezòd, debandad,

an debandad, an dezòd
Debasement n. avilisman,
denigreman
Debate v. diskite, debat
Debauchery n. deboch
Debone v. t. wete zo, retire zo,
anlve zo
Debris n. anba debri
Debt n. dèt. Fè dèt m a peye
•**to put into debt** pran dèt,
dwe lajan, andete
Debtor n. moun ki dwe lajan
Debutant n. apranti
Decametre n. dekamèt
Decapitate v. t. koupe tèt
Deceitful adj. san diyite, mal-
onnèt, sa ki pa sa.
Deceive v. t. jwe yon moun,
twonpe, bafwe, kamoufle. •**to
deceive o.s.** Tronpe tèt ou.
Deceiving adj. twonpè, rize
December n. desanm
Decent adj. kòrèk, akseptab
Decentralize v. t. desantralize.
Se lè yo pataje sèvis leta yo sou
tout tèritwa peyi a. Gouvènman
Ayiti a fèt pou li desantralize
sèvis leta yo pou tout moun
kapab rete nan zòn yo.
Deception n. desepsyon, fris-
trasyon
Decide v. deside, pran desizyon
Decidedly adv. tout bon, vrè-
man.
Decimate v. desimen, elimine
Decimetre n. desimèt
Decipher v. dechifre, dekòde,

chache sans.
Deciphering n. dechifraj,
dechifray
Decision n. desizyon
Decisive adj. etap enpòtan
Declaration n. deklarasyon
Declare v. deklare, di
Decline[1] n. anbès, pèdi fil
Decline[2] v. **1.** deklise. Pèdi fòs,
megri. **2.** refize.
Decode v. t. dechifre
Decoding n. dechifraj,
dechifman
Decolonization n. liberasyon,
dekolonizasyon
Decolonize v. t. libere, dekolo-
nize
Decompose v. t. depatya lide,
analize
Decomposition n. pourisman,
gatman
Décor n. dekò
Decorate v. dekore
Decoration n. dekorasyon,
bèbèl
Decorator n. dekoratè, atis
Decrease v. diminye, redui
Decreasing adj. an diminyan
Decree[1] n. dekrè
Decree[2] v. pase dekrè
Dedicate v. di bon mo, ekri
bon mo
Dedication n. dedikas
Deduct v. anlve, wete
Deduction n. **1.** Prelèvman **2.**
rediksyon, soustraksyon
Deepen v. t. antre nan nannan,

travaye afon.

Defamation n. kalonmni, deni-greman

Defame v. t. kalonmnyen, den-igre

Default n. fay, defo

Defeat n. defèt

Defective adj. brize, an pàn

Defence speech n. prezantasyon, diskou avoka

Defend v. t. defann, proteje

Defer v. voye pou pita, retade

Deferment n. ranvwaman

Deficiency n. **1.** feblès fizik, feblès mantal **2.** mank

Deficit¹ adj. an pèt, an defisi

Deficit² n. pèt, defisi

Define v. t. eksplike, presize, detaye

Definitely adv. pou toujou

Definition n. eksplikasyon, presizyon

Deflate v. degonfle

Deforest v. t. debwaze

Deforestation n. debwazman

Deformation n. andikap, defò-masyon

Deformed adj. **1.** defòme **2.** andikape

Defunct n. defen

Degradation n. degradasyon, dega

Degrade v. abime yon bagay

Degrease v. t. wete grès, anlve grès

Dehydrate v. grann pèt dlo nan kò yon moun

Dejected n. tristès, lapenn, chagren

Dejection n. gran dekourajman, degoutans

Delay n. delè, dat fiks. Mwen gen yon dat fiks pou bay travay la

Delay v. retade, tann, kanpe tann

Delegate¹ n. reprezantan, mann yon delegasyon, mandatè, delege

Delegate² v. t. voye an misyon, voye reprezantan

Delegation n. ekip, gwoup an misyon, delegasyon

Delete v. fè rati, bife, efase

Deletion n. rati, bifay, bifaj

Deliberate v. debat, diskite

Deliberately adv. Ak fèm konviksyon, volontèman

Deliberation n. debatman, diskisyon

Delicacy n. trè gou, dyòl louz, manje koupe dwèt

Delicious adj. dyòl loulouz.

Delighted adj. Anjwa, avèk jwa

Delinquency n. banditis, zak ki pa danse kole ak lalwa

Delinquent n. kriminèl, bandi

Deliver v. t. **1.** libere, **2.** evite yon anbètman **3.** Akouche **4.** bay, livre **5.** bay yon moun. **6.** bay yon machandiz.

Deliverance n. liberasyon, soulajman

Deliverer n. livrè, potè

Delivery n. **1.** akouchman an **2.** livrezon

Demagogic adj. Kamouflaj politik

Demagogue n. flatè pèp, dodomeyè

Demagogy n. dodomeyay, kamouflaj, ipokrizi

Demanding adj. egzijan, difisil

Demented adj. ki pa kenbe, san valè, san sans, san lojik

Dementia n. foli

Demijohn n. danmijann. Kay la gen 2 danmijann dlo.

Democracy n. demokrasi

Democrat n. demokrat, bon politisyen

Democratization n. demokratizasyon

Democratize v. t. demokratize, rann aksesib

Demolish v. t. detui, elimine, demoli

Demolisher n. demolisè

Demolition n. demolisyon, destriksyon

Demon n. dyab, denmon

Demonstrate v. eksplike, chematize

Demonstration n. fè aksyon, demonstrasyon

Demonstrator n. pwotestatè, manifestan

Demoralize v. t. dekouraje, demotive

Demote v. retire grad yon militè

Denigrate v. t. kritike, degrade, denigre

Denim n. twal rad peyizan, karabela

Denomination n. non, jan yo rele yon antrepriz oswa yon peyi

Denominator n. denominatè

Denote v. montre, endike

Denounce v. livre bay, denonse, demaske

Density n. masman. Masman moun

Dent v. t. kolboso, bimen

Dental adj. bagay dan, pwodui dan

Dentist n. dantis, doktè dan

Dentition n. dantisyon

Denture n. de ran dan, tout 32 dan

Dentures g. n. fodan, dantye

Denunciation n. denonsyasyon

Deny v. derefize

Deodorant n. dezodorizan

Depart v. mouri, ale nan peyi san chapo, pase aloryan etènèl, ale bwachat, rann souf

Depend v. depann

Dependent adj. depandan •to **become dependent** vin depandan

Deplorable adj. kondanab

Deploy v. t. deplòtonnen, deplwaye

Deployment n. deplòtonnman, deplwayman

Deport v. t. ekzile, depòte

Deportation n. ekzil, depòta-
syon
Deposit n. **1.** depo **2.** min
petwòl
Deposition n. deklarasyon,
depozisyon
Depress v. demoralize, gran
dekourajman
Depressing adj. demoralizan,
depriman
Depression n. maladi angwas
ak tritès
Deprive v. anpeche, bloke yon
moun yon bagay.
Deprived n., adj. demini, pòv
malere
Deputy n. depite
Derail v. deraye
Derailment n. derayman
Derision n. mokri, derizyon,
betizaj
Derisory adj. derizwa, ti mon-
nen, ti pri
Dermatologist n. doktè po
Desalinate v. t. anlve sèl, wete
sèl, retire sèl
Descend v. t. desann,
Descendant n. pitit ak pitit
pitit
Descended from adj. 1. desan-
dans, orijin, soti de.
Descent n. ladesant
Describe v. t. dekri, esplike,
detaye
Description n. deskripsyon,
esplikasyon detaye
Desert¹ n. savann, dezè

Desert² v. sove kite, pati kite
Deserving adj. gayan, loreya
Designate v. t. deziyen, non-
men
Designation n. deziyasyon,
nonminasyon
Desirable adj. swetab
Desire¹ n. anvi
Desire² v. t. bezwen, gen
bezwen, gen anvi
Desk n. pipit, ban lekòl, biwo
timoun lekòl.
Desolation n. konstènasyon,
dezolasyon
Despair¹ n. dezespwa, dezo-
lasyon, dekourajman
Despair² v. dezole, dekouraje
Despicable adj. meprizab,
ensipòtab
Despite adv. menmlè, menmsi,
malgre •**despite everything** g.
adv. malgretou
Despot n. diktatè, Lwi Jan
Boje
Dessert n. desè
Destination n. direksyon,
wout. Ki direksyon kamyon an
pran?
Destiny n. sò, desten.
Destitution n. lamizè
Destroy v. t. demantibile
Destruction n. destriksyon,
demantibilay, demantibilman
Detach v. t. detache, dekole,
deboutonnen
Detail n. detay, esplikasyon
Detainee n. gade, mete, kenbe

an pinisyon. Pwofesè a gade de elèv an pinisyon.

Detect v. detekte

Detection n. deteksyon, dekouvraj

Detective n. detektif, anketè

Detention n. anprizonnman

Deteriorate n. desann, pèdi pye.

Deterioration n. degradman, degradasyon, pourisman

Determination n. detèminasyon, aksyon desizif

Determine v. deside, detèminen

Determining adj. enpòtan, desizif

Detest v. t. rayi, degoute, deteste, pa renmen, pa gen san pou, pa ka wè, pa ka santi.

Detestable adj. rayisab

Detonation n. kout fizi, plon gaye

Detoxify v. t. swaye kont anvi tafya, dezentoksike

Devastate v. detui, ravaje, fè dega

Devastation n. ravay, ravaj, destriksyon, dega

Develop v. t. devlope, progrese

Development n. devlopman, modènizasyon

Deviation n. **1.** detou, **2.** defòmasyon

Device n. machin, aparèy

Devil n. dyab, djab

Devote v. temwaye, manifeste

Devoted adj. devwe, atansyonne

Devotedness n. devouman, chalè, atansyonnman

Devotion n. detèminasyon, devouman

Devour v. t. devore, maje vorasman

Dew n. roze

Diabetes n. dyabèt, maladi sik

Diabetic adj. dyabetik

Diabolic adj. trè mechan, trè di, trè move

Diagonal n. dyagonal

Diagram[1] n. chenma, desen

Diagram[2] v. fè chenma, bay yon lòsyè

Dial[1] n. kadran an

Dial[2] v. t. fè. •**dial a telephone number** fè nimewo telefòn nan.

Dialogue[1] n. chita pale, dyalòg. Dyalòg pa danse kole ak divizyon ni deziyon.

Dialogue[2] v. chita pale, dyaloge

Diameter n. dyamèt

Diamond n. dyaman

Diaper n. kouch la

Diarrhea n. dyare, vant mennen

Diaspora n. dyaspora. moun k ap viv deyò peyi li. •**Haitian Diaspora**. Ayisyen deyò

Dice (Die) n. zo a

Dick n. (pej.) yoyo, sèks, zozo (vilgè), bagay, afè

Dictator n. diktatè

Dictatorial adj. aji an diktatè

Dictatorship n. diktati

Diction n. pale swa

Dictionary n. diksyonè
Die v. mouri
Diesel n. dizèl
Diesel oil n. gazòy
Diet n. rejim
Difference n. distenksyon, depatajman
Different adj. 1. Depaman, diferan, dwategòch 2. Divès.
Differentiate v. distenge, depataje
Differently. adv. lòt jan, lòt mannyè
Difficult adj. malouk, difisil
Difficultly adv. avèk difikilte, difisilman
Difficulty n. difikilte,
Diffuse v. repann, gaye, transmèt, bay, difize yon nouvèl
Diffusion n. transmisyon, difizyon
Dig v. t. fouye, fè twou
Digest v. t. dijere
Digestion n. dijesyon an
Digit n. chif, nimewo a
Dilapidated adj. delese, neglije, an movezeta
Dilapidation n. delesman
Dilate v. gonfle, dilate
Dilute v. deleye
Dimension n. grandè, lajè
Diminish v. t. diminye
Diminutive n. diminitif. Ti se yon diminitif an ayisyen. Ti mamit, ti chen.
Dimple n. twou bote
Din n. vakam, bri

Dining hall n. refèktwa
Dining room n. salamanje
Dinner n. manje, manje midi.
•**have you eaten dinner?** Èske ou manje?
Diocese n. dyosèz
Dip v. tranpe
Diplomacy n. diplomasi
Diplomat n. /adj. diplomat
Diplomatic adj. diplomatik
Direct adj. dirèk. Dirèk dirèk.
Direction n. sans, kote, direksyon
Directions for use n. mòd itilizasyon sou bwat medikaman
Directive n. modòd
Directly adv. dirèkteman
Director (film) n. reyalizatè
Dirtily adv. malpwòpman
Dirtiness n. salte
Dirty[1] adj. sal, malpwòp
•**becomes dirty easily** sali fasilman, salisan •**to make dirty** sali
Dirty[2] v. ranpli ak salte
Disadvantage[1] n. an defavè, dezavantaj, enkonvenyan
Disadvantage[2] v. t. defavorize, dezavantaje
Disagreement n. dezakò
Disappear v. disparèt
Disappearance n. disparisyon
Disappointed adj. desi
Disappointing adj. dekourajan, dezolan
Disapproval n. dekonsèyman
Disapprove v. t. 1. dekonseye,

2. kritike, blame

Disarm v. t. retire zam, pran zam, dezame

Disarmament n. dezameman. Dezameman chimè ak ansyen militè se chemen lapè

Disarray n. latroublay

Disaster n. dezas, kalamite, twoub

Discern v. t. desène, desènen

Disciple n. disip

Discipline[1] n. disiplin •**lack of discipline** endisiplin

Discipline[2] v. disipline

Disclose v. fè konnen, debiske, demaske, mete kaka chat deyò

Discolour v. detenn, chanje koulè

Discomfort n. lajenn

Disconcert v. t. desevwa, siprann yon moun

Discontented adj. fache, kontrarye

Discontentment n. kontraryete, mekontantman

Discord n. mezantant, dezakò

Discount n. rabè, rediksyon

Discourage v. depasyante, dekouraje.

Discouraged adj. dekouraje

Discouraged dekouraje

Discouragement n. dekourajman, degoutans

Discouraging adj. dekourajan, fatigan

Discover v. t. 1. dekouvri 2. debiske, demaske

Discovery n. dekouvèt

Discretely adv. san bri san kont

Discrimination n. distenksyon, preferans

Discuss v. diskite, chita pale

Discussion n. deba, palab •**never-ending discussion** Pawòl van

Disdain v. meprize, rejte

Disembowel v. kreve, dechire, vide vant

Disfigure v. figi maltrete, figi make

Disgraceful adj. inapresyab

Disguise[1] n. degizman, rad madigra

Disguise[2] v. pote rad madi gra, maske, degize

Disgust v. degoute, gen kè plen, repiye, dekouraje

Disgusting adj. degoute, dekouraje

Dish cover n. kouvrepla a

Dish n. 1. manje. Manje ayisyen, manje kanadyen 2. plat la 3. vesèl, veso

Dishearten v. rebite, degoute, dekouraje

Disheartening adj. degoutan, dekourajan, dezagreyab

Dishes n. pl. •**do the dishes** lave vesèl yo

Dishevelled adj. dekwafe, depenyen

Dishonest adj. malonèt

Dishonestly adv. malonnètman, san rezon

Dishonesty n. malonnèkte, mechanste

Dishonour v. t. fè wont, retire lonè, rann desi, bay desepsyon

Disillusioned adj. dezilizyonnen, pèdi antouzyas

Disinfect v. dezenfekte, netwaye, pwòpte

Disinfectant n. dezenfektan

Disinfection n. trètman, dezenfeksyon

Disk n. diskèt

Dislike v. manke lanmou. Eli manke lanmou pou Pola.

Dislocate v. separe

Dismantle v. t. demantibile, detwi, demantle •**can be dismantled** demontab

Dismantling n. démontay, demontaj, demontman

Dismiss v. revoke, mete deyò, mete atè, bay kanè

Dismissal n. revokasyon

Disobedience n. dézobeyisans

Disobedient adj. regadan, rebèl, dezobeyisan

Disobey v. dezobeyi, defye

Disolve v. fè fonn

Disorder n. dézòd

Disorganization n. Deranjman, deklasman, dézòd

Disorganize v. Deranje, deklase, dézòganize

Disorganized adj. dezòganize, dezòdone

Disorient v. **1.** ekate, dezoryante, pèdi wout. **2.** chanje direksyon

Dispensary n. dispansè, klinik

Dispense v. t. distribye, pataje, bay, separe

Dispersal n. epapiyman

Disperse v. t. dispèse, epapiye, gaye

Dispersion n. dispèsyon

Dispiriting adj. dekourajan, degoutan

Display stand n. treto, tab, kontwa machandiz

Display[1] n. Ranjman

Display[2] v. t. etale, plase machandiz

Displease v. rann fache, kontrarye

Disposable adj. jetab

Dispossess v. dechèpiye, vole, pran byen yon moun

Disproportion n. grann diferans, inegalite

Dispute[1] n. chire pit, gwo pale, mezantant, highang

Dispute[2] v. **1.** konpetisyone, **2.** pale anpil, chire pit

Disqualification n. eliminasyon

Disqualify v. elimine

Disrespect n. frekansite, angransite, awogans

Disrespectful (person) n. loray kale se timoun ki pa respekte granmoun.

Disrespectful adj. fwonte, angran, frekan

Disrupter n. deranjè, anbetè, anpechè

Dissipate v. t. fè disparèt, elimine

Dissociate v. separe, distenge

Dissolution n. **1.** fonnman, **2.** eliminasyon, siprimasyon

Distance[1] n. distans la

Distance[2] v. **1.** ekate, **2.** distanse

Distasteful adj. degoutan

Distillery n. gildiv la

Distinct adj. diferan, depaman

Distinction n. distenksyon

Distinctly adv. separeman, apa

Distinguish v. t. distenge

Distract v. distrè, dekonsantre

Distracted adj. distrè

Distraction n. distraksyon, dekonsantrasyon

Distress[1] n. dezolasyon, konstènasyon •**in distress** an danje, gran risk

Distress[2] v. t. fè chagren. Lanmò granmoun nan fè ti fi a chagren anpil.

Distressing adj. tris, konstènab

Distribute v. pataje, separe, distribye

Distribution n. separasyon, pataj, distribisyon

Distrust n. menfyans, lamenfyans

Distrustful adj. menfyan

Disturb v. deranje fizikman

Disturbance n. deranjman, jennman

Dive v. plonje

Diver n. plonjè

Diverse adj./adv. plizyè

Diversify v. melanje, varye

Diversion n. detounman

Diversity n. melanj, varyete

Divert v. t. **1.** detounen **2.** amize, pran plezi, detann

Divest v. depouvi, demini, razè

Divide v. t. **1.** divize, pataje, seksyonnen **2.** dezini

Dividing up n. Separasyon

Divination shell afa (vod.)

Diviner n. divinò a, oungan an

Diving board n. plonjwa

Diving suit n. eskafann, eskafand

Divinity n. (vod.) lwa, sen, zany, mistè, lèmò

Divisible adj. divizib

Division n. divizyon

Divorce[1] n. divòs

Divorce[2] v. kite, divòse

Divulge v. t. gaye, simaye, pwopaje, pibliye yon nouvèl

Dizzy adj. soudisan

Dizzy spell n. soudisman

Do[1] adv. èske

Do[2] v. fè •**do away with** eliminen, fè disparèt

Doable adj. fezab, reyalizab

Docker n. debadè. Debadè bato yo poko rive.

Doctor n. doktè a

Document n. dokiman, achiv

Documentary adj. Dokimantè

Documentation n. dokimantasyon

Dodge v. t. pare, evite
Dog n. chen an
Doily n. napon
Doll n. pope
Dollar n. dola
Domestic n. konze, tyoul, restavèk
Domesticate v. donte, domestike
Domicile n. domisil, kay, fwaye
Dominate v. t. domine, kontrole
Domineering n. dominatè, otoritè
Dominical adj. sa ki fèt jou dimanch
Dominican n. / adj. Dominiken. Moun
Domino n. domino
Donkey n. bourik •**donkey's foal** ti bourik •**small donkey** ti bourik
Door n. pòt la •**to go door to door** pòt an pòt, pase nan tout pòt
Doorbell n. sonnèt
Doorway n. papòt
Dormitory n. dòtwa
Dose[1] n. dòz
Dose[2] v. doze
Dote (over) v. t. karese, chouchoute
Dote v. t. dolote, miyonnen
Double[1] n. doub, dekabès, dyapòt
Double[2] v. double, dekabese,

fè de (2)
Doubly adv. doubleman. doubman
Doubt[1] n. ensètitid, dout.
•**without a doubt** sètènman.
Doubt[2] v. doute
Dough n. pat
Doughnut n. bisuit dous, beny
Dove (Cuban ground) n. zòtolan, ranmye, toutrèl
Down n. anba
Downgrade v. déranje, deklase
Doze v. fè ti kabicha, kabicha
Dozen n. douzèn
Drag v. **1.** trennen, rale dèyè **2.** rete lontan
Dragon n. dragon
Drain v. t. drenen
Drainage n. drennay, drennaj
Drake n. kanna
Drama n. dram, traka
Dramatic adj. terib, trè grav
Dramatically adv. Gravman grav
Draw up v. ekri. Ekri chèk pou mwen patron.
Draw v. t. desine, desinen
Drawer n. **1.** desinatè a **2.** tiwa
Drawing n. **1.** desen an. **2.** tiray, tiraj
Dread v. krenn
Dreadful adj. terib, kriyèl
Dream[1] n. rèv, sonj
Dream[2] v. fè vizyon, reve, fè rèv, fè yon sonj, wè nan dòmi
Dreary adj. Nwiyan, annwiyan, toumantan

Dress up v. kostime, kostimen
Dress[1] n. wòb, rad. •**wedding dress** rad lamarye, rab maryaj.
Dress[2] v. abiye •**dress sharply** mete w bòzò, rele apre kò w •**to get dressed again** remete rad
Dresser n. pànsyè, tyana
Dressing n. bandaj, banday, pansman
Dribble v. drible
Drift n. laderiv, lese a laderiv, san okipasyon.
Drill v. fouye, fè twou
Drink[1] n. bwason, bweson, kleren. Koule bweson
Drink[2] v. t. bwè, brè •**to get drunk** sou, gri. Li bwè tafya jouk li vin sou.
Drinkable adj. bivab. Dlo moun kapab bwè.
Drinker n. bwasonyè, tafyatè, klerenmann
Drip v. degoute, lese salad la degoute.
Drive v. t. kondi, kondui, gide, mennen.
Drivel n. mawonnaj. Mwen pa nan mawonnaj, pale m kare.
Driver n. chofè
Driving n. kondwit •**driving school** n. oto-ekòl
Drizzle[1] n. ti lapli, farinay lapli.
Drizzle[2] v. farinen.
Dromedary n. dromadè
Drool v. bave
Drop[1] n. gout. Pa gen yon gout dlo nan kay la
Drop[2] v. lese tonbe. Nestò chape pitit la
Droplet n. ti gout. Fè tonbe de ti gout nan je pitit la
Dropping n. kaka, okabine. Dog poo. Kaka chen
Drought n. sechrès
Drown v. koule, neye
Drowsy adj. kagou
Drug addict n. droge
Drug[1] n. dròg, estipefyan
Drug[2] v. droge
Drum (Voodoo) n. m asòtò. Pi gran tanbou nan relijyon vodou.
Drum n. **1.** tanbou **2.** barik, dounm, dwoum
Drunk[1] adj. sou, gri, tèt kleren •**get drunk** soule
Drunk[2] n. tafyatè, bwesonnyè
Drunkenness n. alkolis, tafyatri, soulman, grizman
Dry[1] adj. sèch, chèch
Dry[2] v. t. seche, rann sèch
Drying n. **1.** desèchman **2.** sechay, sechaj
Dual adj. doub •**dual motor** De (2) motè, doub motè.
Duck n. femèl kanna
Duckling n. pitit kanna, ti kanna
Due date n. dat limit
Duel n. konba dezòmpèdi. Nestò pete yon batay dezòmpèdi avèk Polinis.
Dues n. kotizasyon, kontribisy-

on, patisipasyon •**pay one's dues** kotize, kontribye, bay patisipasyon

Dullness n. labrim

Dumb adj. bouki, sòt, estipid

Dump n. depotwa, depo fatra

Dunce n. move elèv.

Duplicate n. kopi, diplikata, papye kabòn

Durable adj. dirab

During adv. Pandan, diran.

Dust rag n. tòchon

Dust[1] n. pousyè

Dust[2] v. t. anlve pousyè, retire pousyè

Dusty adj. chaje, ranpli, kouvri ak pousyè

Dutch n. prop. Olandè

Duty n. devwa. Respè lalwa se premye devwa tout sitwayen.

Dye[1] n. ten, trè. Madanm sa a gen move, li parèt granmoun

Dye[2] v. tenn, kolore

Dying adj. mouran •**to be dying** prèt pou mouri

Dynamic adj. enèjik, fò

Dynamism n. enèji, vitalite, fòs

Dynamite[1] n. dinamit, eksplozif

Dynamite[2] v. t. fè sote

Dysentery n. grav maladi dyare

Ee

Each one pron. ind. chak

moun.

Each pron. chak

Eager adj. antyoutyout, eksite

Ear n. zòrèy. •**lend an ear** koute, tande byen, louvri zòrèy ou pou tande.

Eardrum n. tenpan

Earlier adv. anvan tout bagay

Early adv. bonè, bonè bonè, bajou kase, granmtimaten, kou li jou.

Earnings n. pl. gany

Earring n. zanno

Earth n. tè, latè

Earthenware adj. poslèn, fayans

Earthenware vessel n. kannari a gade dlo a fre.

Earthquake n. tranblemand tè

Ease adj. •**at ease** alèz

Ease n. fasilite •**at ease** alez

Easel n. chevalè.

Easily adv. san pwoblèm

Easy adj. fasil, jwèt timoun

Eat v. t. manje

Eatable adj. manjab. Pwodui manjab.

Eater n. manjè

Echelon n. **1.** bawo nechèl, **2.** etap nan yon karyè

Echo v. fè eko, sonnen patou

Ecology n. lasyans anviwonn-man

Economist adj., n. moun ki maton nan jere lajan

Economy n. ekonomi an

Edge n. lizyè, fwontyè

Edification n. elevasyon, levasyon, konstriksyon

Edifice n. batis, edifis, gwo kay, bilding

Edifice n. bilding kay

Editing n. edisyon, piblikasyon

Editor n. editè

Educate v. t. edike, fòme, anseye, fè aprann

Educated adj. edike, byen elve

Education n. edikasyon

Educator n. mèt, edikatè, metrès, anseyan, enstititè

Eel n. pwason zangi a

Effect n. rezilta, efè •**in effect** an aplikasyon

Effectiveness n. rapidite. Aji avèk efikasite

Effeminate adj. konpòtman fanm

Effervescence n. grann ajitasyon

Efficient adj. bon, efikas, efè rapid. Sa ki bay bon rezilta. Remèd sila a trèzefikas, li bon.

Efficiently adv. efikasman, rapidman. Aji efikasman

Effigy n. efiji, pòtre.

Effort n. jefò, efò. Annou fè jefò pou n rive.

Effortlessly adv. fasilman

Egalitarian adj. jis. Yon sosyete jis dwe bay tout sitwayen menm dwa

Egg n. ze

Eggplant n. berejenn nan

Eight adj. uit

Eighth adj. ord. Uityèm

Eighty katreven

Elbow n. koud

Elect v. t. eli

Election n. eleksyon

Elector n. elektè, votè

Electorate n. votè, elektè yo

Electric n. elektrik

Electrical appliance n. aparèy elektrik pou kay

Electrician n. elektrisyen

Electricity n. elektrisite a

Electrocute v. pran nan kouran

Electrocution n. mò aksidantèl nan kouran elektrik

Electronic n. elektronik. Selya vle etidye an elektronik

Elegance n. gangans, bèl prestans

Elegant adj. chèlbè, bòzò, chik

Element n. pwen, eleman

Elementary adj. trè senp, trè fasil, jwèt timoun

Elementary school n. lekòl fondamantal, lekòl primè

Elephant n. elefan

Elevator n. levatè, asansè.

Eleven adj. num. onz

Eleventh adj. onzyèm

Eligible adj. admisib, akseptab, elijib

Eliminate v. t. elimine, eliminen

Elimination n. eliminasyon, destriksyon, efasman

Eliminatory adj. eliminatwa. Tès eliminatwa

Elite n. zotobre, boujwa, gwo zouzoun

Ell n. lonn, lòn
Elocution n. pale swa, pale fen
Eloquence n. prestans. Pale avèk prestans
Elsewhere adv. lòtkote
Elucidate v. demarinen, fè limyè sou. Lapolis poko rive fè limyè sou ansasina madan Lisam nan.
Emaciate v. megri, kase
Emancipate v. t. Dezanchennen. Libere, bay libète, vin lib. Dezanchennen yon esklav lib
Emancipated adj. afranchi. libere, dezanchennen. Esklav ki jwenn libète. Nèg lib
Emancipation n. dezanchennman,
Embalm v. t. anbonmen
Embankment n. ranblè
Embark v. t. anbake
Embarrass v. 1. jennen, 2. fè wont
Embarrassing adj. jennan, wonte
Embassy n. anbasad la
Embellish v. anbeli, rann joli, vin joli
Embellishment n. dekorasyon an
Emblem n. Anblèm
Embrace v. t. anbrase, bo
Embroider v. t. bwode, bode
Embroidery n. bwodri, bodri
Embryo n. anbriyon
Emerge v. sòti, parèt sou dlo

Emigrant n. migran, patan
Emigrate v. pati pou lòt peyi
Emigration n. migrasyon, patans
Eminent adj. siperyè, pèsonalite, syantis trè respekte
Emissary n. anvwaye espesyal, reprezantan, diplomat
Emission n. emisyon, program radyo, program televizyon
Emit v. **1.** difize, **2.** repann, simaye, blayi,
Emitter n. emetè
Emotion n. sezisman
Employ v. **1.** Itilize, sèvi avèk. **2.** bay travay, bay dyòb, anplwaye, angaje
Employee n. anplwaye, travayè, ouvriye
Employer n. patwon, anplwayè
Employment n. dyòb, travay, degaje
Empty-handed adj. de men vid. San jibye. Chasè yo retounen de men vid.
Empty[1] adj. Vid. Sak vid pa kanpe.
Empty[2] v. vide
Encircle v. t. antoure, seke, klotire, bare anwo bare anba, bloke
Enclose v. t. sènen, bare, klotire
Enclosure n. teren klotire
Encompass v. antoure
Encore n. Ankò

Encounter n. rankont, rande-vou, reyinyon

Encourage v. t. ankouraje, kore, felisite

Encouragement n. ankourajman

Encroach v. pran yon pati sou. Pran yon pati sou yon teren.

Encumber v. t. ankonbre, bloke

Encumbering adj. ankonbran

End n. fen •**in the end** nan fon, nan fen fon

Endeared adj. atachan, janti, afektye

Ending n. bout, pwent.

Endless adj. entèminab, tro long

Endorse v. t. apwouve, andose

Endurance n. andirans

Endure v. rete lontan, dire.

Endure v. t. sipòte, sibi

Enemy n. lennmi, lènmi

Energetic adj. fò, aktif, dyanm, djanm

Energetically adv. Avèk fòs

Energy n. enèji

Engage v. angaje •**to get engaged** fiyanse, fè pwomès maryaj (gason), aksepte pwomès maryaj (fanm).

Engagement n. fiyansay

Engineer n. enjenyè

English n ./adj. anglè

Engrave v. grave, trase

Enigma n. mistè

Enjoy v. pran plezi, jwi lavi

Enjoyment n. plezi, gete

Enlarge v. t. **1.** rann pi gran, vin pi gran, agrandi, **2.** laji, rann pi laj

Enlargement n. agrandisman

Enlighten v. t. eklèsi

Enlightenment n. ede wè klè, esplikasyon,

Enormous adj. Gwo papa, gwo manman

Enormously adv. trè gwo, trè gran

Enough adv. ase, otan

Enquire v. t. mande

Enrage v. dechennen, debòde, anraje, wè mò

Enrich v. t. anrichi, vin rich

Enrichment n. anrichisman

Enslave v. t. rann esklav

Ensnarement n. pyèj, chita tann

Ensue v. pwovoke, mennen yon rezilta

Entangled adj. antòtye, anpetre, jennen

Enter v. t. **1.** antre. Antre, pa rete deyò. **2.** Jaki vini, li antre maten an, li te ale Miyami.

Enterprise n. konpayi, antrepriz, biznis

Enterprising adj. debouyè, antreprenan

Entertain v. pran plezi, anmize

Entertaining adj. plezan, jwayan

Entertainment n. amizman,

banbòchman
Enthusiasm n. lajwa ak gete.
•to be filled with enthusiasm
gen lajwa ak gete
Enthusiastic adj. jwaye
Entice v. t. andyoze, kajole,
miyonnen
Entirely adv. nèt, totalman,
konplètman, nèt al kole
Entitle v. rele, titre, pote non,
mete tit
Entourage n. lantouraj, lan-
touray
Entrails n.. f. pl. zantray la
Entrench v. kache dèyè
Entrenchment n. kachman,
baraj pwoteksyon, fò
Entrepreneur n. dirijan, antre-
prenè, envestisè
Entry n. antre, papòt
Enumerate v. konte
Enumeration n. kontaj,
depouyman
Envelope¹ n. anvlòp la
Envelope² v. **1.** anvlope.
Anvlope lèt la, mete nan
anvlòp.
Enviable adj. atiran, chaman.
Bay anvi
Environment n. **1.** lantouraj,
2. anviwonnman
Envisage v. panse, egzaminen.
Panse, prepare yon pwojè
Envy n. **1.** atirans **2.** anbisyon,
lanbi.
Epaulette n. zepolèt
Epidemic n. epidenmi, pwopa-

jman rapid
Epilepsy n. malkadi a
Epilogue n. bout, fen
Episode n. yon pasaj, pati yon
istwa
Epitaph n. ekriti sou tonb
Epoch n. **1.** moman, tan, epòk.
2. sezon.
Equal adj. egal, egalego. Tout
moun fèt pou trete egalego
devan lalwa.
Equalization n. egalizasyon
Equalize v. mete egal, rann
egal, plani, plase o menm nivo
Equestrian adj. moun sou
cheval. Estati Desalin sou
cheval
Equip v. zoutiye, ekipe
Equipment n. Ekipman
Equitable adj. jis, egal
Equitation n. ekitasyon
Equity n. lajistis san fòs kote,
tretman egalego
Equivalent adj. menm nivo,
menm pèz, parèy, menmman
parèyman.
Era n. epòk, peryòd
Eradicate v. efase, eliminen
Erase v. t. efase
Eraser n. **1.** efas **2.** gonm
Erect v. mete kanpe, konstui,
bati
Erosion n. wonjman,
degradasyon, lewozyon
Erroneous adj. fo
Error n. erè, fot
Eruption n. enripsyon. Vòlkan

an fè enripsyon

Escape v. **1.** chape kò, sove. Volè te gentan chape kò li **2.** manke mouri. Nesli fèk chape anba yon gwo maladi.

Escort (back) v. rakonpaye, tounen mennen

Escort[1] n. gwoup militè ou polisye

Escort[2] v. akonpaye

Especially adv. sitou, prensipalman, espesyalman

Espère n.prop. Espè 2èm Espè se youn nan senk (5) seksyon kominal komin Pestèl awondisman Koray nan depatman Grandans. Pop. 5 278 abitan.

Espionage n. espyonnaj, anba dyòl

Essential adj. nesesè, obligatwa, endispansab

Essentially adv. fondamantalman, esansyèlman

Establish v. mete sou pye, etabli, mete kanpe

Esteem[1] n. admirasyon, respè

Esteem[2] v. evalye, mete valè sou

Esthetic adj. trè bèl, byen dekore

Esthetician n. estetisyèn

Estimable adj. estimab

Estimation n. evalyasyon

Étang Du Jonc n.prop. Etan Dijon 3èm Etan Dijon se youn nan senk (5) seksyon kominal komin Petyonvil, awondisman Pòtoprens nan depatman Lwès.

Pop. 4 656 abitan.

Eternal adj. pou toujou

Eternally adv. toujou, etènèlman, pou letènite

Eternity n. enfiniman

Etymology n. orijin, souch, rasin

European ewopeyen

Evacuate v. kite, vide, debarase

Evacuation n. **1.** evacuation **2.** debarasman

Evade v. vole gagè, pran lyann.

Evaluate v. evalye, konte

Evaluation n. estimasyon, evalyasyon

Evangelization n. pwopajman la pawòl Bondye, evanjelizasyon

Evangelize v. preche levanjil

Evaporate v. vapore, tounen vapè

Evaporation n. vaporasyon

Evasion n. vole gagè, pran lyann, chape kò

Even so adv. poutan, malgre sa, alòs

Even when menm kan, lòske

Evening n. sware a

Event n. evennman

Everybody adj. chak grenn

Everyday adv. toulejou

Everyone n. tout moun, tout moun alawonnbadè •**everyone without exception** tout moun alawonnbadè

Everywhere adv. toupatou

Evident adj. se sèten
Evidently adv. asireman
Evil adj. malefik, malfezan
Evil eye n. move zè, move je
Evil spirit n. baka.
Evoke v. t. raple, fè yon gade dèyè
Evolution n. evolisyon
Evolve v. evolye, chanje, transfòme
Ewe n. femèl mouton
Exact adj. egzat, klè, klè e nèt
Exactly adv. egzateman, klè-man, presizeman
Exactness n. egzaktitid, pre-sizyon
Exaggerate v. fè eksè, egza-jere, depase bòn
Exaggeration n. eksè, egza-jerasyon
Exam n. konpozisyon, egzamen
Examine v. egzaminen, obsève
Examiner n. egzaminatè
Example n. egzanp. •**for example** paregzanp.
Exasperating adj. agasan, anmègdan, annuiyan
Exasperation n. Anmèdman, trakasri, anbètman
Exceed v. depase bòn, depase limit
Except adj. esepte, sof, apa
Except for prép. Esepte, sof
Exception n. eksepsyon. Fè yon eksepsyon
Exceptional adj. trè rar
Exceptionally adv. **1.** rarman,

2. pou yon fwa
Excess n. depasman, eksè
Exchange[1] n. **1.** echanj •**in exchange** n. an echanj, an rekonpanse **2.** konvèsasyon, dyalòg.
Exchange[2] v. boukante, chanje
Excitation n. ajitasyon, anty-outyoutman
Excite v. eksite
Excited adj. eksite
Excitement n. emosyon, boul-vèsman.
Exciting adj. enteresan, atiran
Exclaim v. di, kriye, deklare wo e fò
Exclude v. t. mete medyò, ekspilse
Exclusion n. ekspilsyon, eskl-izyon
Exclusion n. esklizyon, elimi-nasyon
Exclusive adj. espesyal
Excrement n. kaka, okabinen
Excursion n. pwomnad
Excuse[1] n. eskiz. Mande eskiz
Excuse[2] v. t. eskize
Execute v. aplike lòd, egzekite
Execution n. egzekisyon
Executive adj. egzekitif
Exemplary n. egzanplè
Exempt v. egzante
Exercise[1] n. pratik, antrennman
Exercise[2] v. fè egzèsis, pratike, antrennen, repete
Exhale v. repann, pwopaje, degaje lodè

Exhaust v. irite, epuize
Exhausting adj. trè epuizan, zo bouke, trè fatigan
Exhort v. pèsyade, fè presyon sou
Exhortation n. pèsyazyon, pousman
Exhume v. soti anba tè, detere, wete nan tè
Exile[1] n. egzil. Viv nan kanpe lwen.
Exile[2] v. t. ekspilse, egzile, mete deyò, voye aletranje
Exist v. egziste, rete an vi
Existence n. prezans, egzistans, lavi
Exit[1] n. sòti, pasaj. antre sòti.
Exit[2] v. t. sòti
Exodus n. deplasman
Exonerate v. inosante
Exorbitant adj. trè chè, tèt nèg
Expanse n. letandi, sifas
Expansion n. alonjman, agrandisman
Expatriate n. etranje, Moun kap viv aletranje
Expedite v. t. voye, espedye
Expedition n. espedisyon, anvwa
Expeditious adj. san pèdi tan, fap fap
Expel v. t. mete deyò, espilse, voye pati
Expensive adj. chè •very expensive trè chè, byen chè
Experience n. esè, esperyans
Experienced adj. moun esperyans
Experiment v. seye, teste
Expert n. /adj. save, ekspè, moun esperyans
Expiration n. depasman dat, ekspirasyon
Expire v. depase dat, ekspire, fini, gate
Explain v. t. **1.** esplike, fè limyè sou, eklere lantèn sou, bay esplikasyon sou. **2.** rakonte
Explanation n. eklèsisman, esplikasyon
Explode v. t. pete, eklate, sote, esploze
Exploit[1] n. esplwa, bravou
Exploit[2] v. **1.** jere, esplwate, **2.** pwofite
Exploitation n. jesyon, esplwatasyon
Exploration n. esplorasyon, etid
Explore v. t. egzaminen, esplore
Explorer n. egzaminatè, esploratè, grenn pwomennen
Explosion n. petaj, pètman, eklatman, esplozyon
Export v. t. espedye, espòte, voye andeyò
Exportation n. espedisyon, espòtasyon
Exporter v. espòtatè, espeditè
Expose v. t. montre, espoze
Exposition n. espozisyon an
Express v. di, esprimen, pale
Expulsion n. ranvwa, espilsyon

Exquisite adj. Koupe dwèt, goute pa lese, dyòl loulouz
Extend v. t. lonje
Extendible adj. tirab, etirab
Extension n. alonjman, etalman, letandi
Exterior adj. deyò
Exterminate v. fè disparèt, elimine, detui
Extermination n. destriksyon, eliminasyon, disparisyon
Extern adj. deyò
Externalize v. di, esprime panse, esprime santiman
Externally adv. andeyò, esteryèman
Extinction n. tenyman, tenyaj, ekstenksyon
Extinguisher n. estenktè, tenyè dife
Extra n. degi, rès, ranje
Extract[1] n. moso, pati tèks. Pati fim
Extract[2] v. t. rache, retire, anlve
Extraction n. anlèvman, rachman dan, retirman, derasinman
Extraordinarily adv. remakableman, trè siprenan
Extraordinary adj. estra-òdinè
Extravagance n. gran panpan. Fè gran panpan
Extreme adj., n. depase, egzajerasyon
Extremity n. nan bout, nan pwent
Exuberance n. lajwa, lakontantman, gete
Eye n. zye, je. Li pa wè nan zye. •**in the blink of an eye** yon kòut je
Eyeball n. grenn je
Eyebrow n. sousi
Eyedropper n. kontgout, konngout
Eyelash n. plimje a
Eyelid n. pòpyè

Ff

Fable n. fab
Fabric n. twal rad
Fabricate v. t. konstui, fè, fabrike, reyalize
Fabrication n. fabrikasyon
Fabulous adj. ireyèl, envante
Façade n. fas, fasad, devan
Face n. **1.** figi, vizaj •**face to face** bab pou bab, je nan je, fasafas. **2.** fas, devan
Facet n. kote, bò, aspè
Facilitate v. favorize, ede, retire blokaj.
Facing adv. anfas
Faction n. de gad
Factory n. faktori, manifakti
Faculty n. **1.** kapasite, **2.**Lekòl fòmasyon inivèsite
Faded adj. fennen
Fail v. koule, echwe, pa pase
Failure n. echèk la
Faint v. pèdi konesans, endispoze, dekonpoze

Fainting n. dekonpozisyon, endispozisyon

Fair n. gran mache

Faith n. lafwa

Faithful adj., n. fran, fidèl

Faithfully adv. sensèman, franchman, fidèlman

Faithfulness n. senserite, fidelite

Fake¹ adj. fo, krizokal, pakoti, imitasyon

Fake² v. t. trike, kopye, kontrefè

Falcon n. grigri a

Fall v. tonbe. Tonbe daplon.

Fallen (for) adj. tonbe pou, adore

Fallout n. pl. **1.** benefis, **2.** konsekans, efè

False adj. Se pa vre, se fo.

False tooth n. fo dan

Falsify v. rann fo, rann, vin san valè

Familiar adj. mounpa

Familiarly adv. mounpaman, amikalman

Family¹ adj. ant fanmi, familyal

Family² n. fanmi, lafanmi, kòt-fanmi

Famine n. lafamin, manke manje

Famished adj. grangou **•to be famished** nan grangou, gen grangou

Famous adj. selèb, byen koni, estra-òdinè.

Fan¹ n. **1.** vantilatè **2.** fanatik

Fan² v. fè van.

Fantasy n. san valè, estravagan

Far adv. fon, lwen **•far away** a distans. **•from far off** a long distans. **•very far** nan fon, trè lwen, a grann distans

Farm n. Jaden, bitasyon.

Farmer n. agrikiltè, travayè latè

Fart v. fè van, pete

Fascinate v. chame, fasinen, atire.

Fascinating adj. mèveye, estrawòdinè

Fascination n. atirans, bèl enpresyon

Fashion designer n. koutirye

Fashion n. mòd **•in fashion** alamòd

Fast¹ adv. vit, rapid, fap-fap, trapde, vit-vit, prese-prese.

Fast² n. jèn. Ale nan jèn, ale priye.

Fast³ v. jene

Fasten v. atache, mare solid-man

Fasting adv. ajen, rete san manje

Fat adj. gra

Father n. **1.** papa, pè **•father-in-law** n. bopè **•stepfather** n. bopè **2.** monpè, prèt

Fatigue n. boukay, epuizman, fatig

Fatigued adj. about, fatige, bouke

Fatiguing adj. fatigan, dekourajan

Fatten (up) v. int./t. angrese, gwosi

Fault n. fòt, tò

Faux pas n. trebiche.

Favour[1] n. favè, gras. Fè yon moun favè, fè li gras.

Favour[2] v. avantaje, favorize

Favourable adj. bon moman, moman favorab.

Favourably adv. Favorabman, avantajezman

Favourite adj. prefere, pito. Li pito pran bis olye taksi.

Favouritism n. favoritis

Fax n. faks

Fear[1] n. pè, fremisman, kè sote.

Fear[2] v. t. krenn, krend, pè

Fearfully adv. avèk lapèrèz

Feast n. resepsyon, seremoni

Feather n. plim nan

February n. fevriye.

Federation n. federasyon

Feed v. nouri, alimante, bay manje

Feel along v. tatonnen

Feel v. t. santi •**feel like** vle, anvi, ta renmen

Feeling n. **1.** fremisman, sansasyon **2.** santiman

Feign v. fè fent, fè sanblan

Feint n. kamouflaj, fent

Fellow citizen n. konpatriyòt. Moun menm peyi

Fellow n. konpè

Felt pen n. kreyon fet

Female n. femèl la

Feminine adj. sa ki konsène fanm

Femur n. zo kuis

Fence[1] n. **1.** griyaj, kloti **2.** volè, reselè

Fence[2] v. t. **1.** klotire, bare, antoure **2.** posede, vann bagay vole

Ferment v. transfòme, pase de yon eta ak yon lòt

Fermentation n. transfòmasyon

Ferocious adj. sovaj, brital, kriyèl

Ferociously adv. britalman, kriyèlman, sovajman

Ferociousness n. sovajri, britalite, kriyote

Ferryman n. pasè. pasètdlo

Fertile adj. anfantab

Fertility n. richès. Richès tè a.

Fertilize v. angrese. Mete angrè. Grese yon moso tè pou pèmèt li bay pi bèl rekòlt

Fertilizer n. fimye

Fervent adj. ak tout kè

Fervently adv. vivman, chalerezman

Fervour n. ak tout fòs kouraj

Fester v. anvlimen, agrave

Festival n. kèmès, festival

Festivities n. banbòch, lajwa, kè kontan, plezi gaye, kanaval

Festivity n. grann fèt, kanaval

Fetid adj. movèz odè

Fetus n. timoun nan vant
Fever n. lafyèv la
Feverishness n. eksitasyon, ajitasyon
Fiancé n. fiyanse, mennaj
Fiasco n. echèk total kapital
Fibre n. fib
Fibrous adj. fèt an fib
Fiction n. imajinasyon
Fictitious adj. envante, fo
Fidgeting n. gran mouvman
Field n. jaden an
Fifteen adj. kenz •**around fifteen** kenzèn
Fifth adj. n. senkyèm
Fifty adj. num. senkant •**about fifty** n. senkantèn
Fight v. goumen, bat, lite
Fighter n. litè, batayè, konbatan
Figure v. parèt, jwenn plas
File n. fichye
Fill (tooth) v. plonbe
Fill v. ranpli. Li ranpli, li boure pòch li ak lajan leta.
Filling (tooth) n. plonbaj
Filling n. bouraj, ranplisay, ranplisaj
Filly n. poulich
Film[1] n. fim, film
Film[2] v. filmen
Filth n. malpwòpte
Filthy adj. sal, malpwòp
Filtration n. filtraj
Filtre[1] n. filt •**coffee filtre** n. grèp la

Filtre[2] v. filtre
Fin n. najwa a
Final adj. Final
Finalist n. finalis
Finally adv. definitivman, an fenn kont, finalman
Finance v. kore monnentèman, finanse
Finances n. finans
Financial adj. sa ki gen rapò ak lajan
Find (again) v. jwenn, rejwenn
Find out v. trouve, debiske, depiste
Find[1] n. dekouvèt, rankont
Find[2] v. t. jwenn, trouve
Finding n. deteksyon
Fine n. kontravansyon, amann
Finely adv. swayezman, delikatman
Finger n. dwèt, dwèt jouda •**index finger.** Pa lonje dwèt ou nan figi mwen. •**little finger** ti dwèt men •**ring finger** dwèt bag, anilè
Fingering (technique) n. dwate
Finish (line) n. arive
Finish[1] n. finisman, fen
Finish[2] v. t. fini, kaba
Finished adj. •**you're finished!** ou chire, ou nan ka
Finishing touch n. •**to put on the finishing touch** tèmine, konplete, finisman, konpletay.
Fire[1] n. dife •**in the fire** nan dife •**stir up (fire)** limen dife,

pouse dife •**to set on fire** flanbe, flanmen •**to set fire** mete dife, boule, brile

Fire² v. mete atè, revoke, mete deyò, voye ale, ranvwaye

Firefly n. koukouy

Fireman n. ponpye

Firing n. ranvwa, revokasyon, remèsiman

Firm (up) v. ranfòse, rann fèm

Firm-handedness n. fòs, otorite

Firm¹ adj. di, kin, djanm.

Firm² n. grann antrepriz

Firmament n. nan syèl la

Firmly adv. **1.** otoritèrman. Pale otoritèrman avèk yon moun. **2.** ak fèm konviksyon, avèk asirans.

Firmness n. kouraj, asirans, konviksyon. Pale avèk fèmte, avèk kouraj.

First adv. dabò, premye, toud-abò, premyeman

First-aid worker n. sekouris

Firstly adv. Tou dabò, premye-man

Fish farming n. levaj pwason

Fish hook n. zen an

Fish seller n. machann pwason

Fish¹ n. pwason an. Pwason fri se bon manje. •**fish shop** mag-azen pwason •**well stocked with fish** kote ki gen anpil pwason

Fish² v. t. peche

Fishbone n. zo pwason

Fisherman n. pechè

Fishing n. lapèch

Fissure¹ n. ti fant

Fissure² v. fè ti fant, fele

Fist n. pwen. Bay kout pwen

Fit (of anger) n. kout san, enèveman, grann kolè

Fitting n. anbwataj, anbwat-man

Five adj. Num. Senk

Fix¹ n. mera, pyèj

Fix² v. t. **1.** repare **2.** fikse, regade fiks. **3.** korije

Fixation n. fiksasyon

Fixed adj. fiks

Fixedly adv. fiksman, dwat nan je

Flag n. drapo a

Flagrant adj. gran jounen, anba je tout moun

Flame n. flanm. Flanm dife a kache fasad kay la

Flash¹ n. flach

Flash² v. t. kliyote

Flask n. ti boutèy, flakon

Flat (tire) n. **1.** pèsman, twou, krevezon. Twou nan kawotchou machin. **2.** •**to go flat** vante, pèdi gou

Flatter v. t. achte figi, flate, chyente, fè chen nan pye yon moun

Flatterer n. achtèd figi

Flattering adj. flatè

Flattery n. achtaj figi, chyen-tay, chyentaj

Flatulence n. gaz

Flaw n. fot, erè
Flea n. pis
Flee v. vole gagè, bay tè a
Fleet n. ansanm, tout. Tout machin leta yo pral sibi enspeksyon.
Fleeting adj. pasaje, pou yon ti tan, pa pou lontan
Flesh (out) v. devlope, detaye
Flexible adj. soup, pliyab, ployab
Flight n. vòl
Flimsy adj. cheti, frajil, ti soufri
Fling v. t. remèt, bay
Flipflop n. ti sandal
Flirt[1] n. filay, filman, koutizman
Flirt[2] v. file, fè ti karès
Float v. flote, rete sou dlo
Floater n. flotè, najè
Flock[1] n. troupo
Flock[2] v. rive anpil, prezante an foul
Flood n. inondasyon, delij, lavalas
Floor n. planche, atè
Floral adj. an flè
Florist n. machann flè
Flotilla n. bann ti bato, flotiy
Flour n. farin nan
Flourmill n. minotri, Moulen Ayiti
Flower pot n. poflè a
Flower[1] n. flè a
Flower[2] v. fleri
Flowering n. flerisman

Flu n. grip la
Fluent adj. avèk fasilite
Fluorescent adj. briyan, kleran
Flute n. flit
Flutist n. jwè flit
Fly[1] n. **1.** mouch la **2.** bragèt kanson
Fly[2] v. vole. Avyon an vole ba lè li pral ateri.
Foam[1] n. kim
Foam[2] v. kimen. Savon an pa kimen ase
Fog n. bwouya, bouya, nyaj. There's a lot of fog. li gen bouya nan syèl-la, li fè bouya.
Foggy adj. tan bwouya •**it's foggy** gen bouya, gen nyaj nan syèl-la
Fold[1] n. **1.** pli **2.** zòn gadinaj mouton ak kabrit
Fold[2] v. t. pliye, ploye, plwaye
Foldable adv. pliyab, vlopab, plwayab
Folding screen n. paravan
Foliage n. feyaj
Foliated adj. separe an fèy, separe an paj.
Folkloric adj. Folklorik
Follow v. sib, swiv, veye sou
Fond v. t. •**to be fond of** afeksyonnen, bay lanmou, miyonnen, renmen
Font n. ti basen dlo benit
Food n. lamanjay •**fond of food** gouman
Food shortage n. mankman nouriti

Fool n. enbesil
Foolish adj. fou, fòl
Foolishness n. enbesilite, idyosi
Foot n. pye •**on foot** apye **S.** vitchelo
Football n. foutbòl
Footballer n. jwè foutbòl, foutbolè
Footing n. •**to lose one's foot- ing** pèdi pye
For prep. Pou •**it's for…** se pou
Foraging n. fouyman, krezaj, krezman
Forbid[1] n. pinga
Forbid[2] v. t. mete pinga, bay pinga
Force v. redi, fòse, pouse nan do
Ford n. pas dlo. Elyas ap gen pou l janbe twa pas dlo
Forecast v. di, panse davans
Forehead n. fwon an
Foreigner n. etranje, moun deyò, moun vini.
Foreman n. bòs, kontremèt
Foresee v. prevwa, fè vizyon
Foresight n. •**lack of foresight** san prevwayans, neglijans
Forest n. rakbwa a
Forge[1] n. atelye fè
Forge[2] v. fòje
Forger n. fosè, kontrefezè
Forget v. t. bliye
Forgive v. fè gras, padone
Fork n. fouchèt la
Form n. fòm nan

Formality n. demach nesesè
Format n. dimansyon, lajè, grandè
Formidable adj. enprevizib
Fortification n. ranfòsman, fòtifikasyon
Fortifier n. fòtifyan, remontan
Fortify v. rann pi fò, kore, bay jarèt
Fortress n. fòterès, zòn pwoteje
Fortune n. richès, byen, pwopriyete
Forty adj. Karant
Fossil n. rès, mak ansyen
Found[1] adj. •**cannot be found** egare, enjwanyab, entwouvab
Found[2] v. kreye, mete sou pye
Foundation n. fondasyon an, sòl kay, baz kay la
Founded adj. jistifye, vrè
Founder n. fondatè
Fountain n. fontèn dlo
Four adj. kat.
Fourteen adj. Katòz
Fox n. rena •**fox cub** ti rena
Fracas n. klatman
Fraction[1] n. yon pati
Fraction[2] v. divize an pati
Fracture[1] n. frakti a
Fracture[2] v. blese
Fragile adj. frajil
Fragment[1] n. ti moso, lèz
Fragment[2] v. divize an miyèt moso
Fragmentation n. myètman, anmyètman
Frail adj. n. enfim

Frame v. ankadre. Ankadre yon pòtrè.
Framing n. ankadreman an, siveyman
Francophone n. frankofòn
Frank adj. fran, sensè
Frankly adv. Kareman, total kapital, nèt ale
Frankness n. senserite
Frantically adv. fòlman, pasyonnenman
Fraternal adj. an frè
Fraternity n. lafratènite
Fraternize v. aji an frè
Fratricide n. zak ansasinay kote frè touye frè
Fraud n. vòl, koripsyon
Fraudulently adv. An fwodan
Free[1] adj. lib
Free[2] adv. gratis ti cheri
Free[3] v. t. dekonbre
Freely adv. lib-e-libè, an tout libète
Freeze v. t. glase, jele
Freezer n. frizè
Freezing n. jelaj, jèlman •**it's freezing** li fè frèt
Freight n. pri transpò pa kago
French
French n. **1.** (lang) franse •**in French** an franse **2.** (pèp) Franse
Frenzied adj. dechennè
Frenzy n. grann eksitasyon
Frequency n. repetisyon
Frequent[1] adj. souvan
Frequent[2] v. koutwaye, frekante
Frequently adv. trè souvan
Fresco n. penti sou mi
Fresh adj. fre
Friable adj. an poud
Friction n. fwotman
Friday n. vandredi
Fried food n. fritay la
Friend n.
Friend n. **1.** zanmi, kanmarad. •**to have friends in the right places** zanmitay, fanmitay, koneksyon. Se zanmitay li ki pèmèt li jwenn dyòb la . **2.** Mennaj.
Friendly adv. sa ki gen rapò ak zanmi •**in a friendly way** amikalman
Friendship n. zanmitay, kanmaradri
Frigate n. bato lagè
Fright n. efreyman, frisonnman, laperèz
Fright n. laperèz, lakrent
Frighten v. **1.** fè pè, bay laperèz, **2.** Kaponnen. Pran laperèz
Frighten v. t. efreye, fè pè
Frigidaire n. frijidè
Fringe n. frany
Frivolous adj. jwèt, pa serye
Frivolousness n. san seryozite
Frizzy adj. frize
Frog n. grennouy **var.** gounouy
Frolic v. amize, jwe, detann
From

From prep. apati, an patan, •**from now on** alèkile, depi kounye-a, apati jodi-a •**from the beginning** an patan, okò-mansman

Front[1] adv. devan, douvan, an fas •**in front** annavan

Front[2] n. devan. •**front and back**. Devan dèyè, kote fas-kote do

Frost n. jiv

Frosted adj. an jiv

Frown n. fwonsman. Fè fwon-sman sousi bay yon timoun

Frozen adj. Glase, jele

Fruit n. fwi a

Fruitful adj. sa ki bay enterè ak avantaj

Frustrate v. desi, degoute, fristre

Frustration n. desepsyon, fris-trasyon, degoutans

Fry v. t. fri

Fugitive n. fiyè, fijitif

Fulfil v. reyalize, satisfè

Fulfilling adj. prestijye, kon-sidere

Full (eating) adj. kontante, satisfè

Full adj. plen, ranpli, chaje

Fully adv. konplètman, glob-alman

Fun n. amizman, plezi, detant

Function v. mache byen

Functional adj. byen fè, byen adapte, byen chita

Functioning n. machman, fonksyonnman

Fund n. fon an

Fundamental adj. fondaman-tal, esansyèl

Funeral n. finiray, antèman

Funerary adj. sa ki gen rapò ak antèman

Funnel n. antonnwa, antonwa

Funny adj. dwòl, komik, rizib

Furious adj. move

Furnace n. founo

Furnish v. t. **1.** founi, bay, livre, alimante **2.** mete mèb, meble

Furnished adj. byen gani, byen ranpli. Fèt-e-founi. Konplè

Furniture n. mèb la, mèb kay

Furrow v. siyonnen, ale toupa-tou

Furtive adj. kout je fentè

Furuncle n. klou, abse

Fury n. grann kolè

Fuse n. fizib

Fusion n. melanje

Futile adj. san valè

Futility n. bagay raz

Future n. tan vini, fiti, nan lavni, a lavni

Futurist n. avangadis, devlop-man avanse

Gg

Gag n. blag, plezantri

Gaiac n. gayak la (type of tree

used for making charcoal)
Gall n. fyèl
Gallant adj. janti, poli
Gallantry n. jantiyès, politès
Gallery n. galeri, anga, devan magazen
Gallop v. galope
Gambling n. Jwèt aza, lotri, pari, paryaj
Game n. **1.** jwèt, je •**play a game of tennis** jwe yon pati tenis **2.** •**game of chance** jwèt aza **3.** jibye. Yon jou pou chasè, yon jou pou jibye
Gang n. gwoup ganstè, bann zenglendo
Gangrene n. kangrenn
Gangster n. zenglendo
Gaping adj. gran louvri
Garage n. remiz, garaj
Garbage n. fatra, dechè
Garden[1] n. jaden an
Garden[2] v., jadinen, fè jaden, plante, rekòlte
Gardening n. jadinay
Garlic n. lay. Achte yon gous lay.
Garments n. rad, vètman
Garniture n. ganiti
Garrison n. rejiman, ganizon
Gas n. **1.** gaz, **2.** nannan, jèvrin **3.** van (pete)
Gas station attendant n. ponpis
Gasoline n. gaz machin, gazolin
Gastronomy n. konesans nan bon manje
Gather v. asanble, anpile, mete ansanm
Gathering n. **1.** ranmasay, ranmasaj **2.** reyinyon moun, rasanbleman
Gear n. zouti, ekipman, aparèy
Gelatine n. jelatin
Gelatinous adj. an jelatin
General[1] adj. jeneral •**in general** an general, jeneralman
General[2] n. jeneral, jal
Generalist n. doktè, medsen tout maladi
Generality n. trè jeneral, enfòmasyon san detay
Generalize v. rann jeneral, leve tout anpechman
Generally adv. abityèlman
Generator n. jeneratè, dèlko
Generic n. jenerik
Generosity n. jenewozite, jès charitab
Generous adj. charitab, donan, bon moun, moun bon kè
Generously adv. avèk jenewozite
Genesis n. jenèz
Genius n. save
Genocide n. jenosid, ekstèminasyon
Gentlemen n. pl. mesye yo
Genuine adj. vrè, reyèl, veritab
Genuinely adv. vrèman, reyèlman
Geographer n. jeyograf
Geography n. jeyografi

Geology n. lasyans latè
Geometry n. jeyometri, jew-
ometri.
Germ n. **1.** jenm, jèm **2.** mik-
wòb la
German n. prop. Alman.
Moun k ap viv ou ki fèt an
Almay.
Germination n. jenminasyon
Gesticulate v. fè jès, pale
avèk jès
Gesture n. **1.** Jès. **2.** boujman,
boujay
Get (out)! interj. pati, foulkan
Get back to v. rejwenn, rewè,
retwouve
Get up v. t. leve, kanpe, leve
kanpe.
Getup n. rad, vètman mizerab.
Giant¹ adj. trè wo
Giant² n. moun gran epi fò,
jeyan
Gibberish n. charabya
Gibe n. plezantri, mokri, medi-
zans
Gift n. **1.** kado, zetrenn **2.** don
Gigantic adj. gwo manman,
gwo papa, gwo tonton, kokenn
chenn
Ginger n. jenjanm
Giraffe n. jiraf la
Girl n. fi a •**little girl** ti fi
Girth¹ n. sang. Pase sang lan
Girth² v. mete sang sou
cheval la
Give back v. t. rann, bay,
remèt

Give up v. fè bèk atè, bat ba,
bay legen
Give v. t. bay, pataje, separe,
distribye. •**give pleasure** bay
plezi, mete lajwa nan kè moun.
Giver n. bayè
Glacial adj. trè frèt
Glacier n. glasyè
Gland n. glann
Glare at v. gade de travè, gade
kwoch, koupe je, twaze, gade
antravè
Glass n. **1.** Vè **2.** Moso boutèy.
Glasses n. pl. linèt, vè
Glassworker n. fabrikan vè
Glassworks n. izin vè
Glazier n. vitriye, pozè vit
Gleam v. poli, lise
Glisten v. klere, briye
Glistening adj. kleran, eklatan,
briyan
Glitter¹ n. etensèl, zekèl
Glitter² v. briye. klere
Glittering adj. eklatan, trè klè
Global adj. total
Globally adv. totalman
Globe n. **1.** boul. **2.** Boul latè
Glorify v. fè dyòlè, moun kap
vante tèt li
Glorious adj. sa ki merite
laglwa
Glory n. laglwa
Glove n. gan
Glue¹ n. lakòl
Glue² v. t. kole
Glum adj. tris, lapenn
Glutton n. afre, gouman

Gluttonous n./adj. afre, saf
Gluttonously adv. safman, afreman
Gluttony n. safte
Gnat n. ti mouch
Go up v. monte
Go v. 1. al, ale. •**going well** boule. N ap boule **it's going well**. •**let's go!** ann ale, ann vanse, annou pouse pi douvan! •**go looking** al/ale chache, •**go to school** ale lekòl,
Go-getter adj. arivis
Goal n. gòl. Bay yon gòl nan yon match
Goal n. vize, bi. Pyè gen yon sèl vize, reyisi egzamen filo a ane sa a.
Goat n. kabrit la
Goatee n. bab kabrit.
Gobble (up) v. plonje, dis-parèt, koule
God n. prop. Bondye
Godchild n. fiyèl
Godfather n. parenn
Going •**how's it going?** Kouman ou ye? Ki jan ou ye? **I'm great, I'm alright, I'm hanging on, a little at a time, I'm getting by, I'm making a go of it** n ap boule, nou la, n ap kenbe, n ap gade piti-piti, n ap lite, n ap debat.
Gold mine n. Min lò
Gold n. lò a
Golden adj. koulè lò, koulè dore
Goldsmith n. òfèv, bijoutye
Gone adj. pa prezan, absan, pa la. Demen nan maten direktè-a pa prezan nan biwo-a.
Good adj. **1.** bon, bòn. •**to do good** fè byen. Bon moun. **2.** good price. Bon pri, piyay.
Good evening n. bonswa
Good works n. byenfezans, zèv Bondye
Goose n. zwa
Gorge v. r. bafle, manje anpil
Gorilla n. goril
Gospel n. levanjil
Gossip n. tripotaj
Gossiper n. kòmè, makomè
Gourde n. goud, lajan ayisyen. S.: pyas.
Gourmet n. save nan diven
Govern v. gouvènen, gouvène
Governess n. domestik, bòn
Government n. gouvènman
Governmental adj. otorite gouvènmantal
Governor n. gouvènè
Grab v. rape, rache. Madanm nan te tèlman fache, li rape bòl la nan men ti fi a.
Gradual adj. ti pa ti pa, pezape
Graduate v. gradye
Graduation n. gradyasyon
Graft[1] n. grèf
Graft[2] v. grefe
Grain n. grenn nan
Grain-eating adj., n. ki ren-

men manje grenn
Grammar n. gramè
Grammarian n. fezè gramè
Granddaughter n. pitit pitit
Grandfather n. 1. Lepè 2.
Gran papa, gran pè **var.** gran pa
Grandiose adj. wololoy, estra-
òdinè
Grandmother n. grann, lamè
Grandson n. pitit pitit
Granite n. wòch di
Granule n. an ti grenn
Grape n. rezen an
Grapefruit n. chadèk. Chadèk
se yon bon fri.
Grapevine n. •**heard through
the grapevine** ankoulis, dèyè
rido
Graphic n., adj. siy ekri
Grass n. zèb la. •**wild grass**
raje
Grasshopper n. sotrèl,
chwalbwa, chwal bwa
Grate v. grate one's teeth.
Manje dan
Gratification n. rekonpans,
ankourajman.
Gratify v. rekonpanse, ank-
ouraje
Gratin n. graten
Grating n. grensman, manj-
man
Gratitude n. rekonesans
Grave adj. Grav
Gravedigger n. fouyèd tonm
Gravel v. kouvri ak wòch
Gravely adv. gravman grav, trè

grav. Madanm nan malad grav-
man grav.
Gravitation n. gravitasyon
Gravy n. sòs-la •**gravy boat**
bòl sòs, kontnan sòs, bòl pou
sòs
Graze n. ti blese, ti kòchman,
vyepti blese
Grease[1] n. grès la
Grease[2] v. grese
Greasing n. gresay, gresaj,
grèsman
Great grandfather n. gran-
gran-papa
Great grandmother n. gran-
gran-manman
Great grandparents n. pl.
gran-gran-paran yo
Great! interj. anfòm
Greedily adv. vorasmans
Greediness n. vorasite, safte
Greedy adj. akrèk, voras,
kolokent, aloufa
Green[1] adj. vèt
Green[2] n. vè •**to turn green**
vin tou vèt
Green[3] v. vin fèt, tounen vèt
Greet v. t. salye, salwe, di
bonjou
Greeting n. salitasyon, ti bonjou
Grey n., adj. gri
Greying adj. grizonnen. Tèt
grizonnen
Greyish adj. tire sou gri
Grief n. lapenn •**to cause grief**
koze lapenn
Grievance n. doleyans, plent,

reklamasyon

Grieve v. fè lapenn

Grillot n. griyo. Griyo kochon ak pikliz se bon bagay.

Grimace[1] n. grimas

Grimace[2] v. fè grimas

Grind v. t. moulen, kraze

Gripe v. bougonnen

Groan v. jemi, plenn

Groaning n. plenyman, jemisman, soufrans

Groin n. lenn

Grope v. tate, manyen

Grotto n. gwòt

Ground n. tè, latè. •**on the ground** atè

Group[1] n. ekip, gwoup •**musical group** djaz, dyaz

Group[2] v. rasanble, sanble, reyini ansanm

Grouping n. asosyasyon, òganizasyon.

Grove n. touf bwa

Grow v. grandi, pouse, pran wotè

Growl[1] n. gwonnman, wonfleman

Growl[2] v. 1. gonde, rele sou yon moun. 2. jemisman

Growth n. grandisman, pousman

Grub n. lamanjay

Grudge n. rankin, ranki-n, genyen yon moun nan kè •**s.o. who bears a grudge** rankinye. Ou pa fèt pou rankinye, kenbe moun nan kè.

Grumble v. bougonnen, mamonnen

Grumbling n. babyay, babyaj, radotaj

Grumpy adj. bougonnè

Guarantee[1] n. asirans, garanti •**to leave something as a guarantee** an garanti, an echanj

Guarantee[2] v. sètifye, asire

Guard n. gad, militè. •**take guard** pinga, atansyon. **Prov.** atansyon pa kapon.

Guardian n. titè, responsab

Guava n. gwayav

Guess v. devinen

Guest n. Envite

Guidance n. giday, mennay

Guide v. t. dirije, gide, mennen

Guideline n. liy konduit, regleman

Guillotine[1] n. dekapit

Guillotine[2] v. giyotinen

Guilty adj. koupab

Guinea-fowl n. pentad

Guitar n. gita

Guitarist n. gitaris

Gullet n. gòj

Gullibility n. boukinri, nayivte

Gullible adj. nayif, bouki, kannannan

Gums n. pl. jansiv

Gurgle v. gazouye

Gurgling n. gazouyman

Gush (out) v. jayi

Guts n. kran, kouraj. Moun brav

Gutter n. dal
Guy n. jenn gason, ti gason, ti bray
Gymnasium n. jimnaz
Gynecologist n. jinenkològ

Hh

Habit n. abitid, konpòtman, mannyè. Abitid se vis.
Habitable adj. kote moun ka rete
Habitation n. lojman, kay, bilding
Habitual adj. nòmal, nonmal. Kou yo ap koumanse nan lè nòmal direksyon an fikse.
Habitually adv. Nòmalman, avredi, abityèlman, depi toujou
Hail[1] n. lagrèl
Hail[2] v. rele, kriye, wouke
Hair lotion n. pwodui cheve, losyon cheve
Hair n. cheve. •**to do somebody's hair** kwafe, penyen •**to mess up s.o.'s hair** depenyen, dekwafe **Var**. chive
Hairdresser n. kwafè, kwafez la
Hairy adj. chaje ak pwèl, plen plim
Haitian n. ayisyen. Moun k ap viv ou ki fèt Ayiti. Tout Ayisyen renmen peyi yo.
Haitianophone n. /adj. ayisyanofòn. Moun ki pale lang ayisyen
Half-mast n. •Drapo monte a mwatye
Half-open (door) n. louvèti ant 2 batan pòt. Ant louvè. Chen an pase ant louvèti 2 batan pòt yo.
Half-open v. louvri a mwatye
Half[1] adj. mwatye, demi. •**half hour** demiyè •**half cup** demi tas
Half[2] n. ren pou ren, demi, mwatye.
Halfway mwatye chimen, mwatye chemen
Hallucination n. etoudisman, vètij
Hallway n. koridò, koulwa
Ham n. janbon
Hamburger n. anmbègè, anbègè. Se yon sèl kote m renmen achte anbègè.
Hammer n. mato
Hammock n. hanmak
Hand n. men, bay lan men •**clock hand** zegwi òlòj •**second hand** zegui sekonn •**lend a hand** Bay konkou
Hand-outs n. lacharite
Handbag n. sak
Handcuff v. mare, mennonte
Handcuffs n. pl. mennòt yo
Handicap[1] n. andikap
Handicap[2] v. anpeche, bloke, enkapab, andikape, anbarase
Handicapped (person) n. Andikape

Handkerchief n. mouchwa
Handle[1] n. **1.** lans, **2.** manch, pwanye
Handle[2] v. itilize abilman
Handling n. itilizasyon
Handshake n. lanmen
Handy adj. manyab
Hang v. **1.** kwoke, koke, pann **2**. rakwoche, fèmen (telefòn nan)
Hanger n. sèso
Happen v. rive
Happiness n. bonè, lajwa
Happy adj. kontan, satisfè
Harangue v. bay, prezante, pwononse, li yon gran diskou. Fè yon deklarasyon piblik.
Harass v. toumante, anbete sante, anmègde
Harassment n. toumantman, toumantaj
Harbour[1] adj. sa ki gen rapò ak pò ou waf
Harbour[2] n. rad (lanmè)
Hard adj. **1.** soufran, di, **2.** difisil
Hardcover n. kouvèti pwès
Harden v. vin di, rann di
Hardened adj. esperimante, avèti
Hardening n. ranfòsman
Hardship n. difikilte
Hardware n. materyo kon-striksyon
Hare n. ti lyèv
Hareng n. prop. Aran 2èm seksyon kominal komin Mayisad, awondisman Ench nan depatman Sant. Pop. 7 690 abitan.
Harm n. domaj, destriksyon
Harmful adj. Move
Harmfulness n. nwizans
Harmony n. amoni, bòn antant
Harsh adj. di, brital
Harshly adv. sevèman, kriyèlman, mechamman, britalman
Harshness n. britalite
Harvest n. rekòt
Harvest[1] n. donn, rekòt
Harvest[2] v. rekòlte
Haste n. rapidite, vit-vit, prese-prese, trapde, san pran souf, san pèdi tan, ak tout boulin
Hasten v. fè vit, ale rapidman
Hat n. chapo a •**woman's hat** n. bonèt fanm
Hatch v. pete, kase, louvri. Ze a pete pou ti poul la soti.
Hatchet n. ti rach
Hate v. rayi, degoute, deteste, gen henn nan kè. Mande lanmò pou yon moun.
Hatefully adv. avèk rankin, avèk henn nan kè
Hatred n. rayisans, rayisman, rankin, kè grenn, henn
Haughty adj. arivis, patespere, moun k ap pran pòz, moun k ap fè Lafrans
Haunch (animal) n. kuis bèt
Haunt v. ante
Haunted adj. ante

Haunting adj. laperèz, krentman
Have v. gen, genyen, posede
Hawk n. malfini an
Hay n. zèb seche, manje bèt
Hazard n. konsa, sanzatann.
He, she pron. pers. li, l;
Head n. **1.** tèt **2.** chèf, responsab, otorite
Headache n. mal tèt, migrenn, tèt fè mal. **•to have a headache** gen mal tèt.
Headband n. bando
Headlight n. limyè
Heal v. t. swaye, geri
Healed adj. refè, fè mye, pran mye
Healer n. medsen, doktè fèy
Healing n. jwenn laswenyay
Health n. sante a **•in good health** an bòn sante
Healthy adj. sen, pwòp
Heap n. bann, foul, kiryèl
Hear v. t. tande, koute, antann. **•to hear rumours** rimè lari-a bay, yo di
Hearing n. **1.** koutay, tandman, tanday **2.** ti chita pale, ti pale
Hearsay n. pawòl nan bouch, rimè, pawòl van, radotaj
Hearse n. kòbiya, kòbya
Heart n. kè, nannan. **var.** tchè. **•learn by heart** aprann pa kè, menmorize.
Heartburn n. zégrè
Heat (up) v. rechofe
Heat¹ n. chalè

Heat² v. chofe
Heating n. chofaj, chofman, rechofman
Heatwave n. gwo chalè. Se jiyè ki bay pi gwo chalè.
Heavenly adj. Selès. Ki gen arevwa ak syèl la. Fanm nan bèl tankou yon bote selès
Heavy adj. lou, chaje. Lou kou pwasenkant
Hectogram n. san gram
Hectolitre n. san lit
Hectometre n. san mèt
Heel n. talon an **•to follow on s.o.'s heels** pye pou pye, talonnen
Heifer n. jenn bèf
Height n. wotè a
Heighten v. monte pi wo, mete pi wo, bay plis valè
Heinous adj. rankinye, hennye
Heir n. eritye, aryè
Helicopter n. elikoptè
Hell n. lanfè **•go to hell!** lavoum, lakwann, vouzan, ale w laba
Hello n. bonjou, alo. Kòman ou ye?
Helmet n. kas
Help out (of a fix) v. t. depane, depanen
Help!³ interj. anmwe
Help¹ n. sekou, sipò, kout men, konkou. **•with the help of** granmesi, grasa, ak/avèk konkou de
Help² v. ankouraje, ede, bay

kout men
Helpful adj. itil, edan
Hemisphere n. emisfè. Latè a
pataje an de emisfè.
Hemorrhage n. moraji,
emoraji
Hen n. manman poul la
Henceforth adv. Dezòmè
Hepatitis n. maladi fwa
Her, his adj. poss. li-a. li-yo
Herbalist n. machann fèy
Herbicide adj. pou touye zèb
Herbivore adj., n. manjed zèb
Herd n. troupo
Here (you are)! interj.
Pran/kenbe sa a.
Here adv. isit
Here and there loc. adv.
adwat agòch
Here! Men! vwala!
Hereditary adj. ereditè
Heritage n. eritaj, eritay,
richès ak eritaj yon peyi, byen
yon peyi.
Hermetic adj. byen bouche,
byen fèmen
Hernia n. èni, maklouklou
Hero n. nèg vanyan, nèg brav,
gason vanyan.
Heroine n. fanm vanyan
Heroism n. kouraj, bravou,
detèminasyon
Herring n. aran. Pa pran kaka
aran pou vyann.
Hesitant adj. ezite
Hesitate v. ezite
Hesitation n. ezitasyon

Heterogeneous adj. depaman,
dezamonize, diferan
Hexagon n. egzagòn. Yon fòm
egzagòn gen sis kote
Hey! ey
Hi! interj. alo
Hibernal adj. an ivè
Hibiscus n. choublak la
Hide v. sere. •**hide oneself**
kache tèt.
Hide-and-seek n. jwèt kach-
kach
Hideous adj. lèd kou makak,
trè lèd
Hiding adv. •**in hiding**
anbachal, an soudin, an kachèt
Hiding place n. kachèt
Hierarchy n. yerachi, chan-
mòt. Chanmòt pouvwa.
High adj. wo, gran
High technology Teknoloji
wòdpòte
Highway n. wout vitès, wout
rapid, otowout
Hill n. kolin
Hillock n. bit, mòn
Hillside n. pant, kolin
Him pron. li. •**give him some
bread** Ba li nan pen-an.
Himself limenm
Hinder v. anpeche, bloke,
antrave
Hindrance n. blokaj
Hinge n. gon pòt, kouplè pòt
Hip n. tay, anch, ranch
Hippodrome n. anplasman
kous cheval

Hire v. t. angaje, anplwaye, bay travay

His, her adj. poss. li-a. li-yo

Historian n. istoryen

Historical adj. sa ki gen rapò ak istwa

Hit[1] n. kou.

Hit[2] v. t. kalote, asonmen, bay kou, bat, frape •**hit it off** fè zanmi, fè ou ak yon moun, mete ak yon moun, vin zanmi.

Hitch n. •**without a hitch** san pwoblèm

Hoarse adj. anwe. Vwa anwe

Hoax n. blòf, latwonpans

Hoe[1] n. wou

Hoe[2] v. sekle, rache, tyake tè a

Hoist v. monte, ise. Drapo ayisyen an monte chak maten a uitè tapan.

Hold v. kenbe, tann. •**hold fast** kenbe fèm

Holder n. propriyetè, posedè

Holdup n. vòl, wòldòp, devalizaj

Hole n. twou, vout, bafon

Holepunch v. pèse trou, fè twou

Holiday n. jou fèt

Homage n. salye kouraj

Home n. fwaye familyal, kay fanmi

Home nurse n. gadmalad

Homecoming n. rankont

Homeland n. peyi

Homeless (person) n. san kay, moun lari, timoun lari, nèg lari, fanm twotwa

Homicide n. ansasinay, touyay, tiyay

Homogeneity n. sa ki san melanj

Homogenous adj. san melanj

Homologue n., adj. parèy, konpayèl. Prezidan ayisyen an te resevwa parèy li, Bill Clinton, nan palè nasyonal.

Homonym n. tokay

Homosexual adj. masisi, gason makomè

Honest adj. fran, bon moun, moun konfyans, onèt

Honestly adv. diyman, onètman, respektyezman

Honesty n. diyite, onètete, onèkte

Honk v. klasonnen, peze klakson an, sonnen li ak machi-n nan

Honoraries n. pl. lajan tan travay, onorè. Mèt Elyas resevwa lajan tan travay reprezantasyon devan lakou sèlman

Honorific adj. an lonè, an omaj. Inivèsite a ba li tit sa a an omaj a sèvis li rann moun pòv.

Honour[1] n. onè, omaj, respè, eskanp figi, onèkte, lajistis. •**in honour of** An omaj a.

Honour[2] v. rann omaj, manifeste respè pou yon moun.

Honourable adj. onorab, distenge, respektab.

Hood n. **1.** kapo machin, kapo motè **2.** bonèt rad

Hooky n. •**to play hooky** kalblende, trennen, flannen, fè woul.

Hooligan n. vwayou, malandren

Hoop n. sèso

Hope[1] n. lafwa, esperans

Hope[2] v. t. **1.** tann, espere, **2.** gen espwa.

Hopscotch n. jwèt marèl

Horde n. bann, latriye, dividal. Yon bann zenglendo anvayi katye a.

Horizontal adj. orizontal, liy kouche

Horizontally adv. Orizontalman

Horn (car) n. klakson

Horn n. kòn nan

Horrible adj. **1.** peran **2.** Move, terib, di

Horribly adv. teribman, kriyèlman

Horrify v. degoute, choke, estomake

Horror n. **1.** lafreyè, laperèz. •**horror film** (Fim) lafreyè, (fim) laperèz. **2.** degoutan, move

Hors-d'œuvre n. manje frèt

Horse n. chwal la, cheval

Horticulture n. òtikilti

Hospice n. sant dakèy pou granmoun

Hospital n. lopital. Lopital jeneral swaye tout maladi

Hospitality n. akèy, bay ladesant

Hospitalize v. entène lopital

Host n. **1.** responsab alakèy, akeyè **2.** losti

Hostess n. otès

Hostile adj. rayisab, henne, kè grenn, make fwadè

Hostility n. rayisman, rayisans

Hot adj.

Hot adj. Cho. •**it's hot**. Li fè cho. Chalè ap monte •**to be hot** gen chalè, se cho

Hotel management n. metye otèl

Hotel manager n. dirijan otèl

Hotly adv. avèk chalè

Hounfor n. ounfò, wonfò, onfò. Mwen sèvi twa ounfò.

Houngan n. oungan, ougan. Kretyen pa al kay oungan.

Hounsi n. ounsi, wonsi, onsi. Ounsi a ap chante lwa.

Hour n. è. •**miles an hour** a mil alè. •**quarter hour** kadè. Yon ti kadè.

House n. kay, lakay, domisil, mezon, rezidans. **Prov.** Ala traka pou lave kay tè. •**small house** n. ti kay, ti kounouk, kay peyizan. •**two-story house** chanmòt, etaj **Var**. ka

Housekeeper n. sèvant, bòn, domestik

Housework n. mennaj, menaj

How adv. kouman, kòman

How much? adv. konbyen, konbe

However adv. poutan, sepandan

Hue n. koulè

Hug v. antoure ak de bra

Huge adj. Gwo, gro

Hugging n. anbrasman, anbrasaj

Hum v. fredonnen

Human n. kretyen vivan, moun, imen

Humanely adv. fratènèlman, imènman

Humanitarian adj. jès imen, jès fratènèl

Humanity n. limanite

Humble adj. saj

Humbly adv. sajman

Humdrum n. woutin, konba lavi a

Humid adj. imid

Humidify v. rann imid, mouye

Humidity n. imidite, mouyman

Humiliate v. imilye, avili, vekse

Humiliating adj. imilyan, avilisan

Humiliation n. imilyasyon, avilisman

Humility n. sajès, modesti

Hummingbird n. kolobri, wanga nègès

Humorist n. komedyen, komik

Humorous adj. Dròl, komik

Humour n. plezantri, blag, plezi griyen dan

Hundred adj. San. Te gen san moun nan manifestasyon an •**about a hundred** santèn. Te gen yon santèn moun nan manifestasyon an.

Hungarian n. prop. Ongwa

Hunger n. grangou

Hungry adj. grangou. •**to be hungry** grangou, nan grangou, gen grangou

Hunt v. t. chase

Hunter n. chasè

Hunting n. lachas

Hurricane n. siklòn

Hurried adj. two prese

Hurry v. souke kò, annou wè, fè vit-vit

Hurt v. **1.** blese, blese tèt •**hurt s.o. or s.t.** fè soufri **2.** fè mal

Husband n. misye, mouche, nonm (pej.), mari, marye.

Husk v. vannen, kale mayi a. Vannen mayi a pou granmoun nan.

Husking n. kalaj

Hut n. kay kanpay

Hygiene n. lijyèn, lijyenn.

Hymn n. chan legliz

Hyper(active) adj. antyoutyout

Hypertension n. tansyon. Anpil granmoun fè tansyon

Hypnotize v. andòmi

Hypocrisy n. ipokrizi, kamouflaj

Hypocrite n. ipokrit, rat mòde

soufle
Hypothesis n. sipozisyon

Ii

I pron. pers. mwen, m.
Ice cream maker n. sòbetyè
Ice cream n. krèm nan, krèm glase.
Ice n. glas.
Icicle n. ti moso glas
Idea n. lide, ide
Ideal adj. pafè
Identical adj. menm bagay, parèy
Identification n. idantifyaj, montraj
Identify v. idantifye, montre, pwente, poze men sou
Identity n. idantite
Idiocy n. idyosman, kretennri
Idiot adj. et n. annannant, idyo, kannannan
Idiotic adj. idyo, enbesil
Idle wazif •**to be idle** trennen
If adv. Si, oke, wi
Ignoramus n. inyoran, bèt, abitan dekore
Ignorance n. inyorans
Ignorant adj. san konprann, inyoran
Ignorantly adv. sovajman, bèt-man, sòtman
Iguana n. lézard, caméléon, igwann
Iles Blanches n. prop Zile

Blan 6èm Zile Blanch se seksyon kominal komin Jeremi, awondisman Jeremi nan depatman Grandans. Pop. 11 168 abitan.
Ilet à Pierre Joseph n. prop. Ilèt Pyè Jozèf 3èm Ilèt Pyè Jozèf se youn nan kat (4) seksyon kominal komin Ansdeno, awondisman Ansdeno nan depatman Grandans. Pop. 6 115 abitan.
Ill adj. malad
Ill-mannered g. n. radi, malelve
Illegal adj. ilegal, sa ki depa-man ak lalwa
Illegality n. ilegalite. Yon sit-wayen pa fèt pou l viv nan ile-galite
Illegally adv. ilegalman, non konfòm ak lalwa
Illicit adj. ilegal, sa ki depa-man ak lalwa
Illiteracy n. analfabetis •**elimi-nate illiteracy** alfabetize, lave je
Illiterate adj. iletre, je pete klere, analfabèt
Illogical adj. san sans, san lojik, lide ki pa kenbe
Illuminate v. klere vivman
Illumination n. gran kleraj, klerasyon
Illusion n. miraj
Illustrate v. fè desen, desinen
Illustrated adj. desinen

Illustration n. desen, chema
Illustrious adj. gran, vanyan.
Desalin ak Tousen se de nèg
vanyan d Ayiti.
Ilot à Corne n.prop. Ilo a
kòn/Ti Zile 8èm Ilèt Akòn se
youn nan sis (6) seksyon komi-
nal komin Lenbe, awondisman
Lenbe nan depatman Nò. Pop.
4 935 abitan.
Image n. imaj, pòtre
Imagery n. •**full of imagery**
imaje
Imaginable adj. imajinab,
pansab
Imaginary adj. ireyèl, fo, ima-
jine
Imagine v. imajinen, reflechi,
panse
Imbecile n. estipid, enbesil,
idyo
Imbecility n. estipidite, idyosi
Imitable adj. imitab, kopyab
Imitate v. imite, kopye
Imitation n. aparans, imitasyon
Imitator n. imitatè
Immaculate adj. pwòp, san
tach
Immature n. timoun, iresponsab
Immediate adj. fayminit, san
pèdi tan
Immediately adv. osito,
annanryenntan, yon ti tan
konsa pase, apre yon ti tan.
Immense adj. gran gran, gro
gro, gro manman, gro papa.
Gro tonton. Nou jwenn yon

gro manman sal pou resepsyon
maryaj la
Immensely adv. trè gran, trè
gro, trè laj
Immensity n. trè trè gran, trè
trè gro.
Immerge v. plonje anba dlo,
neye, nwaye
Immigrant adj. moun veni,
etranje
Immigrate v. enstale nan peyi
etranje
Immigration n. imigrasyon
Imminent adj. trè pwòch
Immobile adj. kanpe, kanpe
rèd
Immobility n. chita gade
Immobilize v. arete, kanpe,
estope
Immoderate adj. depase
Immoral adj. san kè, san pitye
Immortal adj. etènèl, pou lavi
diran, vitam etènam
Immortalize v. rann etènèl,
etènalize. Ekriti rann otè yo
etènèl.
Immunity n. pwoteksyon
Immunize v. proteje kont.
Imp n. ti dyab
Impartial adj. san paspouki,
san fòs kote.
Impasse n. blokaj, boubyaj
Impassive adj. kè kalm, moun
tèt anplas
Impassiveness n. kè pòpòz,
san presyon
Impatience n. san pasyans,

presman
Impatient adv. avèk kè sou fwa, avèk kè sou biskèt
Impatient v. **1.** ennève, **2.** prese
Impeccable adj. pafè
Impediment n. blokaj, antrav
Impeding adj. ankonbran
Imperatively adv. obligatwaman
Imperceptible adj. non vizib, difisil pou wè
Imperfect enpafè, depaman, medyòk
Imperfection n. ti defo
Imperishable adj. inefasab
Impermeable adj. Pinga lapli, non mouyab, non tranpab, manto lapli.
Impertinence n. ensolans, frekansite. Li reponn avèk ensolans.
Impertinent adj. fwonte, frekan, mal elve
Imperturbable adj. kè pòpòz, loko basiye tèt anplas
Implacable adj. San kè, san pitye
Implant v. mete kanpe, enstale
Implantation n. enstalasyon
Implicate v. t. antrave, mete nan zen
Implication n. angajman
Implore v. mete ajenou nan pye yon moun
Impolite adj. mal elve, ensolan
Impolitely adv. Enpoliman,

bourikman, sovajman
Impoliteness n. radiyès, ensolans, frekansite
Import v. fè antre, fè vini sot deyò.
Importance n. enpòtans. Tout moun konnen ki enpòtans travay genyen.
Important e adj. enpòtan
Importation n. vini. Bagay vini.
Importer n. enpòtatè
Impose v. bay lòd, pase lòd, di sa ki pou fèt
Impossibility n. enkapasite
Impossible adj. Enposib, non fezab.
Impotent adj. enkapab, enpuisan
Impoverish v. t. rann/vin pòv. Anpil moun vin pòv an Ayiti.
Impoverishment n. povrisman,
Imprecise adj. manke klè
Imprecision n. manke klate
Impregnable adj. non prenab
Impregnate v. pwopaje, layite toupatout
Impress v. **1.** Fè presyon sou. **2.** enpresyonne, atire, fè enpresyon. Li toujou bon pou fè bèl enpresyon lò yon premye rankont
Impressive adj. estra-òdinè, enpresyonan, wololoy
Imprint n. mak, anprent
Imprison v. t. anprizone,

anprizonnen
Imprisonment n. anprizonn-
man
Improper adj. blesan, chokan
Improve v. t. amelyore, chanje
lavi, jwenn yon alemye
Improvement n. alemye
Improvise v. non prepare,
reyalize konsa konsa
Impure adj. sal, melanje
Impurity n. Salte
In prep. Nan, an
Inacceptable adj. entolerab,
inakseptab
Inaccessible adj. non aksesib
Inaccuracy n. erè, fot
Inaction n. chita gade. Chita
gade pa bay.
Inadmissible adj. entolerab,
inakseptab
Inanimate adj. san vi, non
vivan.
Inapplicable adj. non aplikab,
non adapte, depaman
Inattentive adj. Gaga
Inaugurate v. louvri ofisyèl-
man
Inauguration n. louvèti, tab-
lisman, enplantasyon
Incalculable adj. Enkalkilab,
se pa de ti koze
Incapable adj. enkapab,
fenyan, voryen
Incapacity n. enposibilite, ini-
tilite
Incarcerate v. mete nan pri-
zon, anprizonnen, anprizone

Incarceration n. anprizonn-
man
Incendiary adj. pwovokan dife
Incessant adj. Sanzarè, kon-
tinyèl
Incessantly adv. kontinyèlman
Incident n. enkonvennyan, ti
kontretan
Incinerate v. rann, mete an
sann
Incineration n. mete, redui an
sann, fè tounen sann
Incisive n. dan devan
Incline v. panche
Include v. ajoute, mete avèk
Inclusion n. ajoutman
Incoherence n. kontradiksyon
Incoherent adj. Depaman
Incomparable adj. san parèy
Incompatible adj. non kon-
parab
Incompetence n. enkapasite
Incompetent adj. enkapab
Incomplete adj. enkonplè,
manke
Incomprehensible adj.
ensènab, enkonpreyansib
Incomprehension n. enkon-
preyansyon
Incontestable adj. endiskitab,
san mank
Inconvenience n. pwoblèm,
toumant, dezagreman
Inconvenient adj. dezavantaj,
ti defo
Incorrect n. mawon. Jilyèt pa
nan pale franse mawon avèk

pèkseswa.
Incorrigible adj. tèt di, wòklò, wondonmon
Increase¹ n. ogmantasyon, agrandisman, wosman, grenpman Fanmi yo sot sibi de wosman pri lamanjay.
Increase² v. t. ogmante, ajoute
Incredulous adj. septik, Sen Toma
Incurable adj. engerisab, san tretman. Sida se maladi san tretman
Indecent adj. chokan, dezonan
Indecipherable adj. ilizib, ekriti chinwa
Indecision n. sitiyasyon de lide
Indefensible adj. endefandab, enjistifyab
Indefinitely adv. etènèlman, pou toujou, ajamè
Indemnity n. dedomajman, reparasyon
Independence n. endepandans, libète granmoun, otonomi granmoun
Independent adj. 1. endepandan. 2. granmoun, granmoun tèt, majè
Indeterminate adj. ensèten, san garanti
Index n. dwèt-jouda
Indian n. endyen an
Indicate v. montre, gide, endike, lonje dwèt montre
Indication n. direksyon

Indict v. akize
Indictment n. akizasyon, prezantasyon akizasyon
Indifference n. sanzenterè
Indifferent adj. avèk fwadè
Indigence n. malsite, lamizè, povrete
Indigenous adj. nèg natif natal, nèg lakay
Indigestion n. gonfleman, endijesyon
Indignant adj. •to make s.o. indignant endiye, endinye, odire
Indignation n. endiyasyon
Indigo n. digo
Indirect adj. pa anba, endirèk
Indiscrete adj. fouyapòt
Indispensable adj. esansyèl, total kapital
Individual adj. grenn pa grenn
Individually adv. separeman
Indivisible adj. enseparab, non separab, endekolab
Indolent adj. fenyan
Indulgence n. jantiyès, bonte, kè nan men
Indulgent adj. konpreyansib, janti
Industrialize v. mete endistri, endistriyalize, simaye izin
Industry n. endistri, konpayi, izin
Inebriated adj. sou, gri. The driver is inebriated. Chofè machin nan sou.
Ineffective adj. sanzefè,

inefikas
Inequality n. an paspouki, ak fòskote, lenjistis
Inert adj. rèd, plat atè, san bouje. Tonbe rèd. Rete frèt.
Inertia n. inaktivite
Inevitable adj. enkontounad
Inevitably adv. vle ou pa vle, nesesèman, inevitableman
Inexact adj. fo, pa kòrèk, pa klè
Inexcusable adj. enpadonnab
Inexhaustible adj. sa ki pap janm fini, sa ki la pou tout tan
Inexistent adj. ireyèl, envizib
Inexpensive adj. bon pri, piyay, pri piyay
Inexperience n. mank esperyans
Inexperienced adj. apranti, tèt mato, mazèt
Inexpressible adj. gen pawòl pa gen bouch, se fo paplis
Infallible adj. 1. rezistan, fò, puisan, 2. si, sèten
Infamous adj. terib, Travay, zak moun san kè
Infant n. ti bebe
Infantile adj. timoun. Maladi timoun
Infantry n. sòlda enfantri
Infarction n. maladi kè
Infatuation n. enteresman sibit
Infect v. anpeste, mete, gaye, simaye movez odè
Infected adj. santi, repiyan, degoutan

Infection n. enfeksyon
Inferior adj. 1. ba. 2. krizokal. 3. fè enferyè, fè frekansite ak yon moun.
Infiltration n. fofilman, fonn nan, penetrasyon, antre anba
Infinite adj. san limit
Infirm adj. enfim, andikape
Infirmary n. sal laswenyay
Infirmity n. andikap
Inflammable adj. boulab, brilab
Inflammation n. enflamasyon
Inflate v. anfle, gonfle
Inflating n. gonflaj
Inflation n. anfleman, gonfleman
Inflexible adj. di, wòklò, wondonmon
Inflict v. flanke, bay. Bay pinisyon
Influence[1] n. 1. efè. 2. otorite
Influence[2] v. fè chanje lide, trennen nan lòt sans, enfliyanse
Influenced adj. •easily influenced trennab, enplikab, enfliyansab
Inform v. enfòme, ranseye, mete bèt sou. Mete bèt sou ou ti frè.
Information n. enfòmasyon, ransèyman
Informer n. enfòmatè
Infrequent adj. rar
Infringe v. vyole, aji kont. •infringe the law Vyole lalwa
Infuriate v. t. kontrarye,

anpeche

Ingenious adj. entelijan, jenyal, enteresan

Ingenuity n. entelijans, kreyativite, debouyadiz

Ingenuous adj. nayif, inosan

Ingrate adj. engra

Ingratitude n. san rekonesans

Inhabitant n. / adj. **1**. abitan (moun kap viv nan yon zòn). Abitan Pòsmachan yo te manifeste. Moun + zòn: Moun Pòsmachan yo te manifeste. **2.** peyizan, moun andeyò lavil. **3.** abitan dekore

Inhalation n. aspirasyon

Inhale v. t. aspire

Inherit v. erite

Inhumane adj. kriyèl, envivab

Inimitable adj. pa kopyab

Initial n. inisyal. Ou pa bezwen siyen, mete inisyal ou sèlman sou fòm.

Initially adv. depi debi

Initiate v. inisye

Initiation n. prezantasyon, antrennman, entwodiksyon

Initiative n. inisyativ, antreprannaj

Inject v. bay piki

Injection n. piki

Injure v. t. blese, blese tèt.

Injury n. blesi

Injustice n. abi, lenjistis

Ink[1] n. lank

Ink[2] v. t. mete lank, lankre

Inkwell n. lankrye

Inmate n. prizonye

Innate adj. fèt avèk

Innocence n. inosans

Innocent adj. inosan, timoun, nayif

Innumerable adj. dividal, latriye, bann, foul, katafal

Inoffensive adj. san danje

Inopportune adj. annwiyan, anbetan

Insane adj. moun fou

Insatiable adj. trè ensatisfè

Insect n. ti bèt

Insecticide adj. ensektisid

Insectivore n. manjèd ti bèt

Insecurity n. danje, ensekirite

Insensitive adj. manfouben, ensansib

Insensitivity n. manfoubman, ensansibilite

Inseparable adj. enseparab

Inside adv. ladan, anndan

Insight n. apèsi

Insignificant adj. san valè, initil

Insipid adj. fad, rak, brak

Insist v. mande kontinyèlman

Insistence n. avèk achanman

Insolence n. frekansite

Insolent adj. frekan, fwonte, awogan

Insomnia n. san somèy

Inspect v. sipèvize, enspekte, kontwole, siveye

Inspection n. sipèvizyon, enspeksyon, kontwòl

Inspector n. siveyan, enspektè,

kontwolè, envestigatè
Inspiration n. lide, imajinasy-
on
Inspire v. jwenn lide, trouve
lide
Instability n. boulvèsman,
branlman, branlans
Install v. t. etabli, tabli, enstale
Installation n. enstalasyon,
tablisman, etablisman
Installer n. pozè, enstalatè,
tablisè
Instalment n. avalwa, avans
lajan
Instant adj. lamenm, lapoula.
•**in an instant** Nan yon ti
moman. •**at this instant.** ment-
nan, kounye-a. •**the instant
when.** Lè, lò, lòske.
Instantaneous adj. vit, sibit,
rapid, fap-fap
Instantaneously adv. rapid-
man, imedyatman, sibitman
Instead adv. olye •**instead of**
angiz
Instil v. antre nan tèt, mete nan
tèt
Instinct n. konsa, natirèlman
Instinctive adj. envolontèman,
tou natirèlman
Institute[1] n. enstiti, òganis
Institute[2] v. mete kanpe, mete
anplas, mete sou pye, tabli
Institution n. òganizasyon
Instruct v. edike, elve, anseye
Instruction n. edikasyon, lev-
asyon

Instructional adj. nouri
entèlektyèlman, enstriktif
Instructions n. pl. enstriksyon,
lòd
Instrument n. zouti
Insubordinate adj. dezobey-
isan, rebèl, tèt di
Insufficiency n. two piti,
manke
Insufficiently adv. pa ase, pa
sifi
Insulating adj. izolan
Insulation n. separasyon, izo-
lasyon
Insult[1] n. gwo mo, ensilt, mo
sal
Insult[2] v. t. ensilte
Insurance n. asirans
Insure v. t. asire
Insurgent adj. rebèl, revòlte,
kontestatè
Insurmountable adj. ensi-
montab, enposib
Insurrection n. soulèvman,
pwotestasyon, leve kanpe
Intact adj. san pwoblèm, entak
Integral adj. global, konplè
Integrate v. antre nan, mete
nan, foure nan
Intellectual adj. konesè,
fouyapòt, entèlektyèl, kirye
Intelligence n. entelijans, jeni,
kreyativite, debouyadiz,
savwafè
Intelligent adj. entelijan, fò,
maton, odasye, mètdam
Intelligible adj. konprenab

Intensify v. ogmante, ranfòse jefò pou

Intensity n. ranfòsman, ogmantasyon

Intensive adj. jefò, efò kontini, kontinyèl

Intention n. bi, entansyon, sa ki nan tèt, sa ki nan lide, voulwa. •**to have the intention of** gen nan tèt, vle, ta renmen

Intentioned adj. voulwa. •**bad intentioned** movèz entansyon, move lide.

Inter v. antere, mete anba tè, mete nan tonb

Intercede v. mande yon favè, mande gras

Intercept v. atrape an chemen, bloke

Interception n. atrapaj, reperaj, blokaj, anpèchman

Interchangeable adj. boukantab youn pou lòt, ranplasab youn pa yon lòt parèy.

Interest¹ n. enterè, avantaj

Interest² v. **1.** motive, ankouraje **2.** montre enterè pou

Interested adj. enterese, konsène

Interesting adj. Enteresan, atiran

Interim n. sipleyan, ranplasman (pou yon ti tan)

Interior adv. anndan, andedan

Interjection n. entèjeksyon

Interlocutor n. vizavi, konpayèl, entèlokitè

Intermediate adj. entèmedyè

Interment n. antèman, finiray

Intermingle v. melanje, mele

Intermittence adj. non regilye

Intern¹ adj. estajyè

Intern² v. rete anndan, ospitalize

Internal adj. anndan

International adj. lòtbò dlo, lòtbò fwontyè

Internship n. estaj

Interplanetary adj. ant planèt yo

Interpose v. plase ant de moun an konfli

Interpret v. entèprete, trete, jije

Interpretation n. entèpretasyon, tretman lide

Interpreter n. entèprèt, tradiktè

Interrogate v. kesyonnen

Interrogation n. entèwogasyon, kesyonnman

Interrogator n. entèwogatè

Interrogatory n. entèwogatwa

Interrupt v. **1.** anpeche, koupe, bloke **2.** arete volontèman, kanpe tèt, bay tèt ou yon kanpo

Interruption n. kanpman, anpechman, entèripsyon

Intersection n. kafou, chemen kwaze

Intersection n. kafou. Var. rég.: kalfou

Intersperse v. mete ant, plase

ant

Interval n. espas ant de bagay. Gen yon espas trant mèt ant Lekòl Boje epi Famasi Lakansyèl.

Intervene v. mele nan, antre nan

Intervention n. mèlman, entèvansyon

Interview¹ n. entèvyou, chita pale ak, chita koze avèk

Interview² v. entèvyouve, fè chita pale avèk

Intimate adj. trè pwòch, trè zanmi

Intimately adv. pwòchman, entimman

Intimidate v. simen panik, bay kè sote, bay latranblad

Intimidation n. entimidasyon, panik, kè sote, latranblad

Intolerable adj. entolerab, inakseptab

Intolerance n. ensipòtman, inakseptans

Intolerant adj. entoleran

Intonation n. ton, vwa

Intramuscular adj. anndan misk, nan misk

Intransigence n. dirte, wòklomans

Intransigent adj. di, tèt rèd, manke souplè

Intransitive adj. entranzitif

Intravenous adj. anndan venn, nan venn

Intrepid adj. trè kouraje

Intrepidity n. gran kouraj

Intrigue¹ n. tramman yon istwa

Intrigue² v. trame, konplote, marande

Introduce v. mete nan, prezante bay

Introduction n. entwodiksyon, derapman, prezantasyon

Intruder n. deranjè

Inundate v. inonde

Inundation n. inondasyon, anvayisman, debòdman dlo

Invade v. t. anvayi, vare sou

Invalid¹ adj. enfim, andikape

Invalid² n. enfimite

Invaluable adj. se gwo zafè, se pa ti koze, se wololoy

Invariable adj. estab, enchanjab, pèmanan

Invasion n. anvyisman, envazyon

Invent v. kreye, imajinen, envante, bay fòm

Invention n. 1. kreyasyon, imajinasyon. 2. kamouflaj

Inventive adj. kreyatif, imanijatif

Inventory n. evalyasyon, bilan, kalkilman

Inverse v. mete tèt anba, mete alanvè

Inversed adj. alanvè, tèt anba

Inversion n. tèt pa tche,

devandèyè
Invert v. mete tèt pa tche, mete devandèyè
Invertebrate adj. san kolòn vètebral
Invest v. envesti, devlope komès, mete lajan nan komès
Investigate v. ankete. Mennen ankèt sou yon moun
Investigation n. ankèt
Investigator n. anketè, detektif
Investment n. envestiman, devlopman komès
Invincible adj. enbatab, kòk kalite.
Invisible adj. envizib
Invitation n. envitasyon
Invite v. t. **1.** envite yon moun. **2.** resevwa, jwenn envitasyon. Lina jwenn envitasyon pou yon maryaj
Involuntarily adv. enkonsyamman, envolontèman
Involuntary adj. enkonsyan, aksidantèl, envolontè
Invulnerable adj. puisan e fò
Inwardly adv. **1.** anndan, **2.** nan fon kè, enteryèman
Iris n. nwa je a.
Irksome adj. anbetan
Iron[1] n. **1.** fè **2.** fè rad, fè pou pase rad.
Iron[2] v. pase. Pase fè sou. Pase fè sou chemiz la pou mwen.
Ironic adj. rizib, mokab, iwonik
Ironically adv. rizibman,

iwonikman
Ironing board n. planch repasaj, tab pou pase rad
Irony n. mokri.
Irrecoverable adj. abandonnab, neglijab, non rekiperab
Irregular adj. anòmal, enkonfòm
Irregularity n. anòmali, enkonfòmite
Irregularly adv. anòmalman
Irreparable adj. non reparab, pa reparab
Irreplaceable adj. non ranplasab, pa ranplasab, enchanjab, etènèl, definitif
Irreproachable adj. non repwochab, pa repwochab, non blamab
Irresistible adj. tantan, atiran, seduizan, ralan
Irresponsible adj. manfouben, neglijan, timoun
Irrevocable adj. definitif, enchanjab
Irrigate v. wouze, awoze
Irrigation n. lawozman, wouzman
Irritable adj. iritab. Imite li, men pa irite li.
Irritant adj. ennèvan, anbetan
Irritate v. t. agase, anbete
Irritate v. ennève, anbete, boulvèse
Irritating adj. agasan, anbetan
Irritation n. anbètman, agas-

man
Irruption n. antre britalman
Island n. zile, il
Islet n. ti zile
Isolate v. **1.** abandonne, delese.
2. rete, deplase **3.** chwazi rete
sèl
Isolation n. **1.** abandonnman,
delèsman, izolman. **2.** deplas-
man
Itinerary adj. pakou, chemen

Jj

Jagged adj. an fòm dan
Jail n. prizon
Jailer n. gadyen prizon
Jam[1] n. konfiti a
Jam[2] v. bloke
January n. janvye
Jar (earthenware) n. kannari
a
Jar n. bokal
Jargon n. jagon
Jaw n. machwa a
Jazz n. djaz, dyaz, gwoup,
òkès
Jealous adj. jalou •**to be jeal-
ous** gen anvi, gen jalouzi nan
kè, anvi pa lòt
Jealously adv. jalouzman
Jealousy n. jalouzi, anvi pa
zòt.
Jeans n. pl. djin, pantalon
abako, pantalon gwo ble
Jersey n. mayo

Jet n. avyon, ayewoplàn
Jeweller n. bijoutye
Jewellery box n. bwat, kòf
bijou, ti kòf la
Jewellery n. bijou •**jewellery
store** n. magazen bijou
Jitters n. kè sote
Job n. dyòb, travay
Jobsite n. chantye, konstriksy-
on
Join v. fizyonnen, melanje
Joint n. jwenti
Joke[1] n. blag, plezi griyen dan,
odians.
Joke[2] v. blage, jwe
Joker n. blagè
Jokester n. komik, blagè
Jolt n. soukaj, sakaj, brannaj,
sekous
Jot (down) v. grifonnen
Journalist n. jounalis
Journey n. trajè
Jovial adj. ge, jwaye
Joyous adj. Kontan, jwaye
Joyously adv. jwayezman,
geman, erezman
Judas n. ipokrit, rat mòde sou-
fle
Judge[1] n. jij
Judge[2] v. jije
Judgement n. jijman, vèdik
Judiciary adj. de lajistis, an
rapò avèk lajistis
Judicious adj. ki fè sans,
entelijan
Judiciously adv. entelijamman,
ki gen sans

Juggle v. jongle
Juggler n. jonglè
Juice n. ji a
Juicy adj. sa ki bay anpil ji
July n. jiyè. **Var.** jiyèt
Jumble n. dezòd
Jump[1] n. so
Jump[2] v. t. sote
Junction n. pwen rankont
June n. jen
Jungle n. lajeng
Junk n. dyandyan, bataklan, vye bagay, bagay raz.
Jury n. jiri
Just adj. **1**. jis, sere. kanson rese **2**. sèlman, annik.
Justice n. jistis, lajistis.
Justification n. prèv, agiman, jistifikasyon
Justified adj. jis, fonde, pwouvab, akseptab
Justify v. agimante, pwouve, bay prèv, eksplike, esplike
Justly adv. Apenn, fenk, fèt, fèk, fèk fi-n, fèk sot.
Juvenile behaviour n. anfantiyaj

Kk

Kaki adj. kaki
Kangaroo n. kangouwou a kap viv ou ki fèt an Dominikani
Karate n. karate

Kayak n. bwa fouye, kannòt la
Keep v. kenbe, gade •**to keep on (doing)** afòs
Kerosene n. gaz la
Kettle n. vèso itilize pou fè bouyi dlo
Key n. kle
Key ring n. pòtkle
Kick v. ponpe, voye pye
Kid[1] n. **1. boy** ti gason **2. goat** ti kabrit la
Kid[2] v. fè blag, fè ri, anmize
Kidnap v. kidnape, fè dap piyanp sou, anlve
Kidnapper n. kidnapè, anlvè, ravisè
Kidnapping n. kidnaping, anlèvman, zak zenglendinaj
Kidney n. ren, senti
Kill v. t. **1**. tiye, touye, voye bwachat, ansasinen, **2**. tiye, touye (anba travay).
Killer n. ansasen, tiyè
Killjoy n. latroublay, sabotaj
Kiln g. n. founacho a
Kilogram n. kilogram
Kilometre n. kilomèt, km •**to measure in kilometres** mezire, kalkile an kilomèt, kilometre
Kilowatt n. kilowat
Kind (of) n. espès
Kindness n. jantiyès, lacharite
Kiosk n. Kyòs, prezantwa
Kippered herring g. n. aransèl
Kiss[1] n. ti bo sou bouch
Kiss[2] v. bo, beze, Anbrase
Kit n. ti trous

Kitchen n. kuizin, kizin
Kite n. kap, grandou. Tout jen-
njan renmen monte kap.
Kitten n. ti chat
Knead v. mannyen, peze ak
men, petri.
Knee n. jenou
Kneecap n. pwotèj jenou,
jenouyè
Kneel v. mete ajenou
Knife n. kouto
Knife seller n. machann kouto,
fabrikan kouto
Knit (one's eyebrows) v.
fwonse
Knit v. trikote
Knot[1] n. ne, douk
Knot[2] v. tache, atache, mare
Know v. t. konnen, konn
Know-how n. debouyman,
degajman
Knowledge n. konesans.
Konesans se libète
kolabore, patisipe •**without**
s.o.'s knowledge san fè kon-
nen, san pale, anbachal,
ankachèt

Ll

Label n. etikèt
Laboratory n. laboratwa
Labour[1] n. mendèv, ouvriye
Labour[2] v. travaye, fè bagay
Lace[1] n. dantèl la
Lace[2] v. mare, lase

Lack[1] n. mankman, mank.
Mankman gaz la fè monte pri
kous machin yo.
Lack[2] v. pa genyen. Manke
gaz sou mache a.
Ladder n. lechèl
Ladies n. pl. medam
Ladle n. louch la
Lady n. •**young lady**
madmwazèl, manmzèl, manzè
Lake n. lak la
Lamb n. ti mouton, pitit mou-
ton.
Lame adj. bwate
Lament v. tonbe nan dezolasy-
on
Laminate v. laminen, plastifye
Lamp n. lanp la, lanp fannal,
lanp mèch.
Lampshade n. abajou
Land registry n. kadas
Land v. rive
Landing n. anbakman, aterisaj
Landscape n. relyèf
Language n. langay, langaj,
lang, pawòl. Lang ayisyen an
gen gramè ak diksyonè pa li.
Lantern n. fanal
Lap v. lanbe, lange
Lapse n. •**lapse of time**. Nan
yon ti tan
Lapsed adj. pase mòd,
Lard n. mantèg
Largely adv. lajman laj
Last adj. dènye •**at last** anfen,
pou fini, finalman
Lastly adv. yon ti tan pase,

dènyeman

Latch v. take, klete

Latchet n. takèt

Late adv. **1.** an reta **2.** Ta. Gen kote moun dòmi ta ann Ayiti •**it's late** li ta

Lateness n. reta, rete dèyè. Ti fi a an reta.

Later adv. pita, plita.

Latin n. laten. Lang franse gen anpil mo laten epi mo grèk.

Laugh[1] n. blag, anmizman

Laugh[2] v. ri, plezi griyen dan

Laughable adj. mokri

Launch[1] n. pwopilsman, lans-man.

Launch[2] v. t. voye monte, pwopilse, lanse

Launching n. **1.** lansman. **2.** pwopilsyon

Laundering n. blanchisay, net-wayay

Laundry n. lavaj •**do the laundry** lave rad yo

Laundry room n. kwen lavaj

Lavish adj. gro bagay, gran zafè, bagay gran panpan •**to be lavish** bay, founi lanmou ak swenyaj

Lavishness n. bagay wodpòte, wololoy

Law court n. palè jistis.

Law n. law, lalwa •**to study law** etidye an dwa

Lawful adj. legal, otorize, pèmi

Lawn n. gazon

Lawnmower n. tondez

Lawyer n. mèt, avoka.

Lay (down) v. t. lonje kò, kouche

Lay out v. t. dispoze, ranje, plase

Lay v. t. ponn

Layer (hen) n. pondèz, pondèdze

Laze (about) v. parese, chita kalewès

Lazy adj. fennenyan, parese, wazif

Lead v. dirije, gide, mennen, kondi, kondui, ale avèk, akon-paye •**take the lead** pran devan, elwanye

Leader n. chèf, lidè, dirijan, responsab, mennè, bòs, mèt

Leaf doctor n. gerisè, doktè fèy, oungan, manbo

Leaf[1] n. fèy la. •**to remove leaves** rache fèy yo

Leaf[2] v. tounen fèy, tounen paj

Leak v. t. koule. Bagay ki gen twou

Lean v. Panche, bese, koube, kage

Leap v. sote, bondi

Leap year n. bisektil. Lane bisektil. Lane ki genyen 366 jou.

Learn v. t. aprann, mete nan menmwa, chache konnen.

Lease[1] n. fèm, fèmay. Sylvia bay kay la nan fèm.

Lease[2] v. t. baye, anfèmen, lwe

Leasing n. bayman
Leather shop n. magazen
bagay ki fèt avèk po bèt.
Leather worker n. fabrikan
bagay ki fèt avèk po bèt.
Leave v. t. **1.** lese, **2.** kite, pati,
pran lyann
Lecturer n. konferansye,
ekspozè
Leek n. powo a
Left handed adj. goche
Left n. goch •**on the left** agòch
Leg n. janm
Legal adj. konfòm avèk lalwa
Legalize v. rann, vin legal,
otorize pa lalwa.
Legally adv. Legalman, kon-
fòmeman
Legend n. lejand, lejann
Legendary adj. lejandè. Sa ki
gen rapò ak lejand. Chak peyi
gen pèsonaj lejandè pa yo. An
Ayiti, nou gen Bouki ak Malis.
Legible adj. lizib, klè
Legislation n. tout lwa yon
peyi, lejislasyon
Legislative adj. lejislatif. Palè
lejislatif.
Legislature n. palè nasyonal,
kay pèp la.
Legitimate adj. jis, legal,
akseptab
Leisure time n. tan lib
Lemon grass n. sitwonèl la
Lemon n. sitron an •**lemon
juice** ji sitron
Lemonade n. limonad, sitron-

nad, mabi
Lend v. prete •**lend an ear**
prete lòrèy, koute byen, tande
byen
Lender n. pretè
Length n. longè
Lengthen v. lonje
Lengthening n. lonjman
Lent n. karèm. Karèm nan dire
karann-sis jou.
Leopard n. leyopa a
Lesion n. ti blese
Less adv. Mwens. Li ban m
twa dola an mwens.
Lesson n. leson
Let go v. t. **1.** lage, lese tonbe,
abandonne **2.** neglijans,
ensousyans
Letter n. lèt la
Lettuce n. leti, salad
Level with adj. ra. Kay la
boule ra pye tè.
Level-headed adj. serye,
trankil, moun ki tèt sou zepòl li
Level[1] n. nivo. Nan ki nivo
travay la rive.
Level[2] v. egalize, plati
Levelling n. egalizman
Lexicon n. leksik, lis mo, vok-
abilè. Leksik lang ayisyen: tout
mo lang ayisyan an gen ladan
n.
Liaison n. lyen, akendans
Liar n. blofè, mantè
Liberal adj. **1.** liberal, lib. **2.**
toleran, lespri ouvè
liberasyon

Liberate v. libere, delivre, dezanprizonen

Liberation n. delivrans, liberasyon

Liberty n. libète

Librarian n. espesyalis bibliyòk, bibliyotekè

Library n. **1.** bibliyotèk, libreri **2.** libreri

Licence[1] n. lisans. An Ayiti, yo rele diplòm inivèsite yo lisans.

Licence[2] v. konjedye, revoke, mete deyò

Lick v. niche, lanbe, lange

Lie[1] n. manti, blòf, pawòl van, boulòk. Trou manti pa fon.

Lie[2] v. t. **1.** fè manti, bay blòf, pete moun **2.** •**lie down** lonje kò

Lieutenant n. lyetnan

Lieutenant-colonel n. lyetnan-kolonèl

Life n. lavi

Life vest n. vès reskapaj.

Lifeguard n. sovtè

Lifelike adj. sanblab

Light bulb n. anpoul la

Light[1] adj. **1.** lejè **2.** •**it's light** li jou, li fè klè

Light[2] n. limyè

Light[3] v. t. limen

Lighten v. t. **1.** klere, flache, mete limyè **2.** rann lejè

Lightened adj. klere, limen

Lightening n. diminisyon, soulajman

Lighter n. brikè

Lighting n. kleraj, kleray, limyè

Lightly adv. lejèman

Lightning adj.

Lightning n. eklè, zeklè. tankou yon kout tonè, tankou yon kout zeklè. •**to be hit by lightning** frape pa kout tonè

Lightning strike n. kout tonè, kout zeklè

Like[1] adv. tankou, kòm, kou, menm jan ak, parèy ak/avèk. •**it's like this** se konsa, se sa ki fè. •**like that** kòmsa

Like[2] v. renmen

Likelihood n. parèt vre

Liking n. nan gou. Sa ki nan gou yon moun. Nou vle achte yon kay ki nan gou nou.

Lilac n. flè lila

Limb n. branch

Lime n. lim

Limestone n. wòch blanch

Limit[1] n. lizyè, bòn

Limit[2] v. mete limit, mete lizyè, mete bò, bare

Limitation n. limitasyon

Line n. liy, kòd, fil

Lining n. doubli

Linking n. **1.** aliyennay, anchennman, konektay. **2.** nan chenn

Lion cub n. ti lyòn

Lion n. lyon an

Lip n. pobouch la

Lipstick n. fa •**to put on lipstick** fade

Lipstick n. fa, makiyaj
Liquefy v. fonn, rann likid
Liqueur n. likè a
Liquidate (merchandise) v. vann, likide machandiz
Liquidation n. vant piyay, likidasyon
List n. lis, koleksyon
Listen v. t. koute, tande, prete zòrèy, mete zòrèy ou an tronpèt
Listener n. Oditè, piblik la
Listeners n. oditè yo, fanatik yo, piblik la
Listless adj. kannannan, yenyen
Literacy (project, campaign) n. alfabetizasyon
Literary adj. literè
Literature n. literati
Litre n. lit la. Achte yon lit lèt.
Litter n. pòte, manman kabrit la deja bay de (2) pòte.
Little[1] adj. ti, piti. •**little drop** ti tak, ti gout.
Little[2] adv. pa anpil. •**a little** enpe
Live v. t. abite, rete, viv, chita. Ti fi ki pa konn lave pase chita kay manman w (chante popilè ayisyen).
Liveliness n. alètans
Lively adv. vivman, pwofondman
Living dead n. zonbi, mò vivan
Living room n. salon an

Lizard n. mabouya a
Loa n. lwa, mistè. Se yon lwa Ogoun Feray ki monte nan tèt fanm.
Load n. chay la, pwasenkant
Loading n. Chajman, kagezon
Loaf (around) v. flannen, vagabonde, valkande
Loafer n. flannè, flanè, vagabon
Loafing n. pwomnad, valkanday
Loan[1] n. prè lajan
Loan[2] v. fè prè lajan, prete
Loaner n. pretè
Lobster n. woma, oma
Local adj.,n. 1. lokal (pyès kay) 2. bagay peyi, pwodui lakay
Locality n. zòn, vilaj, ti kote, lokalite.
Localization n. arezonnaj, lokalizasyon
Locate v. jwenn, wè, lokalize
Location n. reperay, lokalizasyon
Lock (up) v. anfème, anfèmen
Lock[1] n. seri. Seri pòt la gate.
Lock[2] v. t. fèmen avèk kadna
Locking n. taketaj, takètman
Locksmith n. fabrikan, machann seri
Locomotion n. transpò, deplasman
Locomotive n. tèt tren an
Lodge[1] n. kabin, pyès, chanm

aktè
Lodge² v. t. **1.** abite, rete nan
kay **2.** bay dòmi, bay ladesant
Lodging n. lojman, kay
Logic adj. sanse, klè, kenbe
Long adj. **1.** long. **2.** dousman
Long ago adv. tan lontan, nan
tan lontan.
Long time n. lontan •**for a
long time** pandan lontan
Longevity n. lavi long
Look (for) v. bouske, chèche.
•**the police were looking for
him** Lapolis dèyè li. Lapolis ap
chèche li. Lapolis lage dèyè li.
Look after v. okipe, pran
swen. Pran swen yon bagay
Look¹ n. fason, aspè
Look² v. t. **1.** gade, kale je
gade, gade nan je, gade nan
glas **2.** parèt, sanble. •**it looks
like** li sanble, li ta sanble **3.**
chache, chache konnen, fouye,
bouske. •**go look.** Al chache.
Lookout n. •**to be on the
lookout** sou gad. Rete veyatif,
alagad, sou pinga. Rete sou
pinga ou. Fè atansyon.
Loosen v. libere, lese pati,
dekenbe, lache
Lord n. seyè
Lose v. t. pèdi. •**lose one's rea-
son** pèdi rezon. •**to lose one's
way** pèdi, ekate wout.
Loser n. pèdan
Loss n. pèt
Lost adj. pèdi

Lotion n. losyon
Lottery n. bòlèt, jwèt aza, lotri
Loud adv. fò •**out loud** fò, a
wotvwa. •**to sing out loud**
Chante fò, chante a wotvwa,
chante pou moun tande.
Loud speaker n. opalè, batan.
Madan Jan achte yon aparèy
radyo de batan, radyo de opalè
Love¹ n. lanmou, amou. •**to
fall in love** (tonbe) damou. •**I
am in love** mwen damou.
Love² v. t. renmen anpil
Lover n. anmore, anmorez.
Lovestruck adj. tonbe damou
Low adj. ba.
Lower v. t. **1.** desann, diminye.
2. devalorize, kritike **3.** bese
Lowering n. bèsman, dimin-
isyon
Loyal adj. onèt
Loyally adv. onètman
Loyalty n. dwati, onètete,
fidelite
Lucid adj. 1. rezonnab. 2. kon-
syan
Luck n. chans •**bad luck**
malchans, devenn •**good luck**
gen chans, granmesi Bondye,
grasa •**to have luck** gen chans.
•**you have a lot of luck** Ou
gen chans.
Luckily av. erezman, mèsi
Bondye
Lucky adj. moun chans
Lucky charm n. pwen,
pòtchans

Lucrative adj. peyan, travay enteresan, rantab, rapòtan
Lug (around) v. mache, trennen, pote patou yon bagay
Lumberjack n. koupèd bwa
Luminosity n. klate, kleraj
Luminous adj. kleran
Lung n. poumon •**to yell at the top of one's lungs** v. kriye, rele ak tout fòs, kriye dyemizèrikòd
Lynch •**member of a lynch mob** dechoukè, chimè

Mm

Macabre adj. an rapò avèk lanmò
Macaroni n. makawoni
Machete n. manchèt la
Machination n. konplotaj, mannèv
Machine gun n. zam fann fwa, zam lagè
Machine n. machin nan
Madam n. madan, madanm
Maestro n. mayestro
Mafia n. mafya, zenglendo
Magazine n. revi
Magic n. maji
Magician adj. majisyen
Magnanimous adj. janti, jenere, charitab
Magnet n. leman
Magnetism n. mayetis, ma-

nyetis
Magnetize v. t. leman. Ajoute leman. Prann avèk leman
Magnificence n. esplandisans, mayifisans
Magnificent adj. mayifik
Magnifying n. gwosisman
Mail carrier n. faktè
Mailman n. faktè a
Maintain v. gade, kenbe, konsève.
Maintenance n. konsèvasyon, kenbay
Major[1] n. **1.** dwèt lemajè, **2.** majè (jenn jan, jenn fi) **3.** majò
Majorette n. majòrèt
Majority n. plis, an majorite
Make v. t. **1.** fè, reyalize. •**make love** fè lanmou •**make the bed** fè kabann nan **2.** konfeksyonnen, prepare, fabrike
Maker n. konstriktè, fabrikan
Makeup n. makiyaj •**to put on makeup** fade, mete fa, makiye
Malaria n. malarya, palidis
Male n., adj. mal
Malevolence n. mechanste, malonnèkte
Malevolent adj. mechan, malonnèt
Malicious gossip n. radòtman, denigreman
Malign v. denigre, malpale
Mall sant komès, sant machanday.
Mallet n. malèt, mato bwa
Malnutrition n. mal manje,

mal nouri
Mama n. manman
Man n. gason, nèg
Manage v. **1.** degaje, demele, souke kò **2.** jere, dirije, administre
Manageability n. manyabilite
Manageable adj. manjab
Management n. jerans
Manager n. jeran, siveyan
Mandarin n. mandarin
Mandarin tree n. pye mandaren
Mandate v. t. mandate, bay manda, otorize
Mandolin n. ti gita
Mane n. krennyè
Mango n. mango •**mango tree** pye mango a
Maniac n. obsede, pasyonnen, malad
Manicure n. swen zong men. Fè manikir, bay fè zong men w nan estidyo bote.
Manifest v. pran lari a, fè siti-n, pwoteste, mobilize, denonse, revandike
Manifestation n. siti-n, pwotestasyon
Manioc n. manyòk la
Manipulate v. itilize, mannyen, sèvi avèk
Manipulation n. itilizasyon
Manner n. **1.** jan, fason **2.** mannyè, atitid
Manners n. pl. Lizay, lizaj, mès, abitid

Manoeuvre[1] n. **1.**boujay, mouvman, mannèv. Fè yon mannèv, manyè bouje. **2.** konplo, mannigans. Sispann fè mannèv pou destabilize peyi a.
Manoeuvre[2] v. mannevre, manyen, kondui abilman
Manual n. manyèl, sa ki fèt ak men. Travay manyèl opoze ak travay sèvo
Manually adv. avèk men.
Manufacturer n. izin, konpayi, manifakti
Manure n. fimye
Manuscript n., adj. sa ki ekri alamen. Pwofesè a pa asepte devwa ekri alamen.
Many adv. divès, plizyè.
Map n. kat jeyografik, kat jewografik.
Maracas n. tchatcha.
Marathon n. kous apye
Marble n. **1.** mab. **2.** mab. Fè planche kay la an mab.
March n. mas
Marching band n. fanfa
Mardi-gras n. madi-gra. Madi-gra se twazyèm epi dènye jounen kanaval ann Ayiti.
Margin n. bò, arebò, nan maj (kaye a).
Marinade n. marinad. Se avèk farin frans yo fè marinad ann Ayiti.
Marinate v. tranpe, marinen

Marine n. maren, navigatè

Marionette n. **1.** popetwèl, maryonnèt, **2.** restavèk, tyoul

Maritime adj. bò lanmè. Vil bò lanmè. Plizyè vil ayisyen chita bò lanmè.

Mark (Deutch Mark) n. lajan alman

Mark (out) v. plase lizyè, mete lizyè, jalonnen

Market gardening adj. kilti legim, plantasyon legim.

Market n. makèt. Lè Ayisyen pa achte nan mache yo achte nan makèt. •**to go to the market** fè pwovizyon

Marriage n. kole tèt ansanm, maryaj. Maryaj se yon vrè bonè pou 2 moun ki renmen (Ti Manno)

Married adj. marye

Marry v. **1.** mete tèt ansanm, marye. •**to get married** marye. Marye ak yon moun pou lavi diran. **2.** •**marry a couple** Kondi yon maryaj.

Martian n. sa ki gen rapò ak planèt Mas.

Martinique n., adj. moun ki fèt ou k ap viv an Matinik.

Martyr[1] n. kalvè, tray, tribilasyon

Martyr[2] v. maltrete

Marvel n. mèvèy

Marvellous adj. bravo

Marvellously adv. avèk mèvèy, estra-òdinè

Masculine adj. sa ki konsènen gason.

Mash v. kraze, ekraze

Mask[1] n. mas, mask

Mask[2] v. kache, maske. Madigra mal maske.

Mason n. mason

Masonry n. travay konstriksyon

Masquerade n. blòf

Mass n. mas pèp la

Massacre[1] n. masakraj, zak ansasinay, gran dezas, gran masak, tiyaj

Massacre[2] v. touye, etenn souf, koupe souf

Massage[1] n. masaj, masay

Massage[2] v. manyen, rale, mase, fè masaj.

Massively adv. an foul

Master v. vin maton nan, vin mèt nan

Masterly adj. estra-òdinè, estrawòdinè, fòmidab

Masterpiece n. chedèv

Mat n. nat la

Match n. **1.** alimèt la **2.** match. Tout Ayisyen renmen gade match foutbòl.

Material n. materyo

Materialize v. t. reyalize, konkretize

Maternal adj. sa ki konsènen manman, lanmou manman.

Maternity n. matènite, kay akouchman

Mathematician n. espesyalis

an matematik
Mathematics n. pl. matematik
Matinee n. nan maten
Matriculation n. imatrikilasy-
on
Matron n. matròn. **S.** Fanmsaj
Matter n . f. afè, zafè
Mattress n. matla
Maturation n. rèk, preske mi
Maturity n. seryozite, aji an
granmoun.
Maxim n. pawòl, pwovèb
May n. **1.** me, mwa me **2.**
gendwa
Maybe adv. petèt **var.** pètèt
Mayor n. majistra, mè
Me pron. m, mwen.
Meadow n. nan patiraj
Meal n. manje a
Mean[1] adj. mechan an, kè di a,
move kè a. move moun
Mean[2] v. siyifi
Meaning n. sans, siyifikasyon,
ki vle di
Meanly adv. avèk mechanste
Meanness n. mechanste
Meantime n. •**in the mean-
time** pandanstan, antretan
Measles n. woujòl
Measure v. t. mezire
Measurement n. mezi
Meat n. vyann
Meatball n. boulèt vyann
Mechanic n. mekanisyen an
Mechanically adv. alamachin,
otomatikman

Mechanism n. kòtòf
Medal n. meday
Medalled adj. kouwonnen,
rekonpanse, medaye
Meddling n. mèlman, antre
san mande
Median adj. sa ki nan mitan,
milye
Mediator n. medyatè, entème-
dyè
Medical doctor n. medsen
Medicated adj. swayè, gerisè
Medicinal adj. sa ki gen rapò
avèk medikaman
Medicine n. **1.** medsin. **2.**
remèd, grenn
Mediocre adj. pachiman,
rabache
Mediocrity n. rabachman
Meditate v. reflechi pwofond-
man
Meditation n. refleksyon,
meditasyon
Meet v. t. **1.** kontre, rankontre.
Tout je kontre manti kaba. **2.**
reyini
Meeting n. miting, reyinyon
Melamine n. melonmàn
Melancholy n. tristès, lapenn
Melon n. melon an
Melt v. t. fonn, vin likid
Member n. manm
Memorable adj. inoubliyab
Memorize v. mete nan men-
mwa
Memory n. **1.** menmwa **2.** sou-
vni

Mend v. rapyese, repare, kole-pyese
Mending n. kole-pyesaj, reparasyon, rapyesaj
Mental adj. sa ki nan tèt yon moun.
Mentality n. abitid, mannyè
Mentally adv. an rapò ak tèt, sa ki pase nan tèt yon moun.
Menu n. lis plat manje yo
Merchandise n. machandiz
Merciless adj. san pitye, kè di
Merge v. melanje, mete ansanm
Meringue n. mereng. Lè mereng ap jwe, se tout moun ki sou konpa.
Merit[1] n. merit rekonpans. Mesye sa a gen merit li.
Merit[2] v. merite. Merite pa mande.
Meritorious adj. rekonpansab, louwab, felisitab
Mesquite n. bayawonn nan
Mess n. dega, dezòd
Mess tin n. ganmèl la
Mess up (hair) v. t. gaye, depenyen, dekwafe. Van an dekwafe cheve madanm nan
Message n. mesaj
Messenger n. mesaje
Messiah n. Jezi Kri
Messy hair adj. cheve kaye, cheve depenyen, cheve dek-wafe
Metal n. metal, bagay an fè
Metamorphosis n. chanjman, transfòmasyon
Meteorologist n. metewològ
Meteorology n. lametewoloji
Method n. metòd, mwayen
Methodically adv. avèk metòd
Meticulous adj. trè swaye, avèk swen epi prekosyon
Meticulously adv. swayezman
Middle n. mitan •**in the middle** nan mitan
Middle-class adj. boujwa, grandon
Midnight n. minui, minwi
Midwife n. fanmsaj, matwòn
Might n. fòs •**with all one's might** ak tout fòs
Migraine n. tèt fè mal, mal tèt, migrenn
Migrate v. deplase, fè deplasman de yon andwa a yon lòt andwa
Migration n. deplasman moun, migrasyon
Mile n. et adj. Mil. •**two miles distance...** a de mil de distans. •**miles per hour** mil alè.
Militant n. militan, aktivis
Military n. militè, sòlda
Militate v. revandike, milite
Militia n. èd-lapolis, brigad vijilans
Militiaman n. makout, atache
Milk[1] n. lèt la
Milk[2] v. tire, rale. Tire bèf la.
Mill[1] n. moulen •**coffee mill** moulen kafe
Mill[2] v. moulen

Millennial adj. milenè

Miller n. moulennè, moulennèz

Millionaire adj. milyonnè

Mime v. imite, chare

Mind numbing adj. pou kreten, bagay pou moun sòt.

Mindlessness n. kretennri, estipidite

Mine pron. poss. mwen an. **It's not your book, it's mine.** Se pa liv pa ou la, se liv pa mwen an.

Minimal adj. et n. tou piti, trè redui

Minimize v. rann ensiyifyan

Miniscule adj. tizing

Miniskirt n. jip kout

Minister n. minis

Ministry n. ministè •**to be in line for a ministry post** ministrab

Minority[1] adj. minoritè

Minority[2] n. minorite

Mint n. **1.** fèy mant, **2.** bonbon, sirèt

Minute n. minit la

Minutes n. rapò, prosevèbal,

Miracle n. mirak

Mire n. boubye

Mirror n. glas la. Gade figi w nan glas.

Mischievous adj. Koken, rize, rizyèz. Pa fè koken ou avèk mwen. **Don't take me for an imbecile**.

Mischievousness n. fent. Pa fè fent ou avè m.

Miserable adj., n. pov, malere

Miserably adv. an rapò ak lamizè

Miserly n. vorasite, gwo lanbi, je laj

Misery n. lamizè

Misfortune n. malè, devenn, madichon

Mislead v. bay desepsyon, koze desepsyon

Misplace v. t. anfouye, anfware pèdi

Miss v. t. rate, sote, manke.

Missile n. fize

Missionary adj. et n. misyonnè

Misstep n. •**to make a misstep** trebiche.

Mister n. mesye

Mistreat v. malmennen, maltrete

Misunderstanding n. malantandi, san konprann

Mix[1] n. melanj, tyaka

Mix[2] v. t. melanje

Mixed adj. **1.** melanje, **2.** (ann Ayiti) gason mele ak fi. Mixed school. Lekòl fi ak gason.

Mixer n. miksè, melanjè

Moan v. soufri, jemi, plenyen, plenn

Mob n. bann, voum, latriye, dividal, katafal, kiryèl

Mobilization n. leve kanpe

Mobilize v. fè leve kanpe

Moccasin n. soulye plat
Mock v. moke, ridikilize, pase nan rizib, pase nan betiz
Mocker n. mokè
Mockery n. mokri
Model[1] n. **1.** modèl, reprezantasyon, makèt **2.** mannken
Model[2] v. fasonnen, bay fòm
Moderate v. aji rezonnableman, san tèt cho
Moderately adv. sanzeksè
Moderation n. san egzajerasyon
Modern adj. modèn
Modernize v. rann modèn
Modest adj. jennen, moun respè, ti fi kay mè.
Modest adj. senp, san gran panpan
Modesty n. jenn. Se fi san jenn ki nan bouzen. senplisite
Modification n. chanjman, transfòmasyon
Modify v. chanje, transfòme, amelyore
Moisten v. mouye
Molar n. dan dèyè
Molasses n. siwo melas
Molest v. malmennen, britalize
Moment n. moman, tan epòk
Momentarily adv. pou yon ti moman, pwovizwaman, annatandan
Momentary adj. brèf, fap-fap, pap-pap
Momentum n. elan, vitès
Mommy n. manman

Monday n. lendi
Monetary adj. an rapò ak monnen ou lajan
Money changer n. kanbis. Kanbis nan lari yo bay pi bon to pou dola ameriken.
Money n. lajan. kòb
Mongoose n. mangous, manjèd sèpan
Monitor n. monitè
Monkey (female) n. fenmèl makak
Monkey n. senj, makak
Monologue n. pale sèl
Monopolize v. aji an sèl mèt sou yon bagay.
Monopoly n. sèl mèt, sèl chèf, sèl kòk chante
Monotonous adj. annuiyan
Monstrosity n. degoutans
Monstrous adj. degoutan
Month n. mwa a •**every month** toulemwa
Monthly adj. chak mwa
Monthly instalment n. sa ki fèt ou ki rive chak mwa.
Monument n. **1.** moniman. Ayiti posede plizyè moniman istorik tankou Sitadèl Laferyè nan Milo (dép. du Nord). **2.** bilding
Monumental adj. trè gran
Moo v. Lè bèf ap rele
Mooing n. rèl bèf, begleman, bouman
Moon n. lalin. Pa pran lalin pou fwomaj (prov.)

Moonlight lalin klè, lin klè
Morality n. onèkte
Morally adv. onètman
More adv. plis, pi. Elyas pi gran pase Pola. •**there are no more** pa gen anyen, pa gen pyès, nanpwen
More or less loc. adv. An jeneral
Morgue n. mòg
Morning[1] adj. sa ki fèt nan maten
Morning[2] n. lematen, nan maten. •**early morning** granmtimaten, trè to nan maten
Morose adj. tris, chagren
Mortal adj. Sa ki gen rapò ak lanmò
Mortality n. ka lanmò
Mortally adv. kozan lanmò, mòtèlman
Mortuary adj. konsènan lanmò
Mosquito n. marengwen. Marengwen se moustik, moustik se marengwen. •**mosquito net** pwotèj moustik, pinga moustik
Mother n. manman, mè •**mother-in-law** bèlmè •**stepmother** bèlmè
Motive n. rezon, koz
Motor n. motè a
Motorboat n. kannòt
Motorcycle n. motosiklèt
Motto n. deviz, ideyal

Mould v. gate, pouri, mwazi
Mouldy adj.. mwazi, kanni
Mount v. monte.
Mountain dweller n. moun mòn
Mountain n. montay, mòn. •**Rocky mountains** mòn wòch
Mourning n. dèy
Mouse n. sourit •**mouse trap** pèlen sourit •**young mouse** ti sourit
Moustache n. moustach
Mouth n. bouch. •**mouth cavity** Twou bouch moun
Mouthful n. gòje, gòjèt. Pran de gòje dlo
Move (in) v. enstale, chita kò
Move back v. fè bak, pèdi pye, desann, tonbe, pèdi fil
Move[1] n. **1.** bwotaj **2.** •**make a move** reyji, fè yon aksyon **3.** •**on the move** an mouvman
Move[2] v. **1.** bwote, demenaje •**change residence** bwote **2.** fè mouvman, bouje •**get a move on!** gouye, bouje, ajite **3.** deplase, chanje plas
Mover n. bwotè
Mover n. bwotè, potè, demenajè
Movie buff n. moun ki renmen ale nan sinema
Movie n. sinema **var.** silema. **S.** fim
Moviemaker n. sineyas, reyalizatè fim sinema
Moving (in) n. enstalasyon,

Moving n. demenajman
Much adv. Anpil, bonkou
Muck n. labou
Mud n. labou. Trennen yon moun nan labou
Muddy adj. ranpli ak labou
Muffle (up) v. vlope antyèman nan rad trè cho
Muffler n. Mòflè machin
Mulatto n. milat, milatrès
Mule n. milèt
Multicoloured adj. plizyè koulè
Multiplication n. miltiplikasyon
Multiply v. miltipliye.
Multitude n. latriye
Mumble v. mamonnen, pale nan dan, frefonnen.
Mumbling n. babayman, pawòl ti bebe
Mumps n. pl. maladi zòrèy, mal mouton
Municipal district n. Awondisman. Non yo bay dezyèm pi grann divizyon jewografik epi administratif peyi d Ayiti yo. Chak awondisman fè pati yon depatman. Ayiti divize administrativman epi jewografikman an karant-e-en (41) awondisman: Pòtoprens, Leyogàn, Kwadèboukè, Lagonav nan **dep. Lwès**; Jakmèl, Benè, Belans nan **dep. Sidès**; Kap Ayisyen, Akildinò, Grann Rivyè di Nò, Sen Rafayèl, Obòy, Lenbe, Plezans nan **dep. Nò**; Fòlibète, Wanament, Twoudinò, Valyè nan **dep. Nòdès**; Gonayiv, Gwomòn, Sen Mak, Desalin, Mamelad nan **dep. Latibonit**; Ench, Mibalè, Laskawobas, Sèka-lasous nan **dep. Sant ou Plato Santral**; Okay, Pò-Sali, Aken, Koto, Chadonyè nan **dep. Sid;** Jeremi, Ansdeno, Koray, Miragwàn, Ansavo, nan **dep. Grandans**; Pòdpè, Sen Lwi di Nò, Mòl Sen Nikola nan **dep. Nòdwès**.
Municipality n. komin
Murder[1] n. ansasina, zak ansasinay, zak zenglendinay
Murder[2] v. t. ansasinen, touye, voye nan peyi san chapo
Murderer n. ansasen, asasen
Murmur v. babaye
Museum n. mize
Mushroom n. dyondyon an
Music n. mizik la. Mizik rasin. •**play music** jwe mizik, fè mizik
Musician n. mizisyen
Must aux. v. fèt, dwe. Leta fèt pou proteje chak sitwayen. Li dwe ba yo sekirite ak proteksyon. •**it's necessary, you need** fò, fòke, fòk.
Mute adj. bèbè
Mutilate v. abimen
Mutiny n. revòlt, leve kanpe
Mutual adj. parèy

Mutually adv. sèvis bay sèvis randi

Muumuu n. ròb peyizan. Kako, karako

Muzzle n. pinga pale, baboukèt volontè

My *dét.* mwen an. •**my daughter** fi mwen an. •**my father** papa mwen. •**my name is Paul** mwen rele Pòl. Mwen se Pòl.

Myself mwenmenm

Mysterious adj. Misterye, enkonpreyansib

Mystery n. mistè. Afè moun se mistè

Nn

Nail clipper n. koupzong

Nail cutter n. tayzong nan

Nail[1] n. **1.** klou a •**remove a nail** dekloure, anlve klou **2.** zong nan

Nail[2] v. t. kloure, plante klou

Naivety n. nayivte, inosans

Naked adj. touni, toutouni

Name[1] n. non.

Name[2] v. **1.** Nonmen non, site non •**to be named** rele, siyen. Li rele Polin. Non li se Polin. **2.** nonmen (bay travay)

Nameplate n. ti plak

Nametag n. badj

Nap v. kabicha

Narrator n. kontè

Narrow adj. piti, etwat, two jis

Narrowly adv. trè jis, tro kwense

Nasal adj. ki gen rapò ak nen

Nation n. nanchon, nasyon

National adj. sa ki gen rapò ak nasyon. Palè nasyonal se kay pèp la.

Nationalist n. moun kap defann enterè nasyonal peyi-yo. nasyonnalis.

Nationality n. nasyonalite

Nationalization n. fè tounen nasyonal

Native adj. natif-natal, orijin, kote ou fèt, kote ou soti. Nèg sa a se yon Ayisyen natif-natal

Nativity n. krèch la

Natural adj. natirèl

Naturally loc. adv. natirèlman, kareman, total kapital, nèt al kole.

Nature n. lanati

Naughty (child) n. ti dezòd, timoun dezòd

Nauseas n. kè plen, anvi vomi

Navel n. lonbrit

Navigate v. navige

Navigator n. navigatè

Near adv. bò kote, toupre, pre

Nearby loc. prep. Bò kote. Pre, avèk. Li chita kote sè li a.

Nearly adv. fayi, prèske

Necessarily adv. Obligatwaman

Necessary adj. nesesè, endispansab •**it's necessary, you need** fò, fòke, fòk.

Necessity n. bezwen, nesesite. Nesesite fè tout fanmi m yo ale.

Neck n. kou •**back of the neck** dèyèkou, dèkou

Necklace n. kolye, chenn

Neckline n. dekòltman, louvèti kòl rad

Need[1] n. bezwen. anvi genyen

Need[2] v. fòk, se pou, fò. •**to need to** gen bezwen, nan bezwen, nan nesesite. •**you need to** se pou ou.

Needle n. **1.** zegwi **2.** piki

Needlessly adv. san enpòtans, initilman

Neglect v. abandonnen, bandonnen, neglije

Negligence n. manfoubans

Negligent adj. manfouben

Negligible adj. sanzenpòtans

Negotiable adj. negosyab, kontestab

Negotiate v. negosye

Negotiation n. negosyasyon

Negotiator n. entèmedyè, negosyatè.

Negritude n. sa ki gen rapò ak pèp nwa yo

Neigh[1] n. rannisman, rèlman

Neigh[2] v. ranni. Al wè poukisa chwal la ap ranni.

Neighbour n. vwazen, vwazin

Neighbourhood n. vwazinay, vwazinaj.

Neighbouring adj. ozalantou, lèzanviwon.

Neither osi, nonpli

Nervousness n. ajitasyon

Nest[1] n. nich

Nest[2] v. poze sou nich

Net (fish) n. nas

Net n. filè a

Network n. rezo, koneksyon

Neuter v. t. chatre

Never adv. jamè, janmen, seswa jamè. •**not ever** pa janm, jamè

Nevertheless[1] adv. poutan, sepandan

Nevertheless[2] conj. Men, malgre tou

New adj. nèf, nouvo

New Year's Eve n. reveyon, vèy •**to celebrate New Year's Eve** reveyonnen, veye

Newborn n. ti bebe

Newspaper n. jounal

Next[1] adj. **1.** pwòchen. •**next house**. Kay ki pi pwòch la •**see you next time** yon jou konsa. Nou va wè yon jou konsa.

Next[2] adv. lèfini, epi, answit, apre

Nibble v. manje an ti bouch

Nice adj. janti, moun de byen, bon moun, afab

Nicely adv. jantiman, afabman

Nickname n. non jwèt, ti non, ti non jwèt

Niece n. nyès

Night n. lannuit, lannwit •**nighttime** nan aswè.

Night table n. chevè, tèt

kabann
Nightclub g. n. klib, nayklib
Nightfall n. nan aswè.
Nightlight n. ti limyè
Nightmare n. move rèv
Nightspot n. nayklib
Nine n. nèf
Ninth adj. et n. nevyèm, nen-vyèm
Nipple n. tèt tete
Nitrogen n. azòt
No adv. Non.
No-one adj. pron. pèsonn
Nobility n. jantiyès, moun kè nan men, ti Bondye
Noble adj. respektab, charitab, janti, bon moun
Nobody n. Okenn moun.
Nocturnal adj. sa ki fèt lannu-it. Frize se zwazo lannuit.
Nod[1] n. soukaj tèt
Nod[2] v. souke tèt
Noise n. bri a
Nomination n. nonminasyon, deziyasyon
Nonflammable adj. non boulab, non brilab
Nonsense n. sa ki pa chita sou anyen.
Nook n. ti kwen kache
Noon n. midi
Norm n. règ ak prensip
Normal adj. kòm toujou, kòm dabitid, nòmal
Normally adv. nòmalman
Nose n. nen •**to have a good nose** nen sansib. Chen sa a

kapte tout odè, li gen nen san-sib.
Nosey adj. fwinè, anbadjòl
Nostril n. twounen, trounen
Not adv. pa. He does not eat. Li pa manje. •**not at all** pa di tou, pa gen sa pyès. •**not yet** poko, sa poko rive. Li poko manje.
Notable adj./n. notab
Note[1] n. nòt
Note[2] v. ekri, make, kouche sou papye
Notebook n. kaye. kanèt nòt, kaye nòt
Nothing adv. anyen, nad-mari-nad. •**for nothing** pou gran mèsi, pou anyen •**it's nothing** pat kwa, se pa anyen •**there is nothing** pa gen anyen. nan-pwen
Notice[1] n. avi, afich
Notice[2] v. t. dekouvri, detekte
Noticeable adj. apresyab
Notify v. enfòme, enfòmen
Notion n. konesans
Notorious adj. trè koni, trè popilè, selèb
Noun n. non
Nourish v. t. nouri, alimante
Nourishing adj. Remontan, apetisan
Nourishment n. nourisman, alimantasyon, lamanjay
Novel n. woman
Novelist n. metye fè woman
November n. novanm

Novice n. apranti
Now adv. Kounye-a, alèkile, kwèlye-a •**from now on** loc. adv. depi jodya, apati kounye-a
Nuance n. ti diferans
Nude adj. touni
Nudist n. moun touni
Null adj. zewo bare, san valè
Numb v. angoudi
Number[1] n. **1.** nimewo, chif **2.** nonm, kantite
Number[2] v. nimewote, mete nimewo sou, konte konbyen, evalye konbyen
Numbering n. kontaj, kontay
Numerator n. nimeratè
Numerous adj. bonkou, plizyè, anpil
Nuptials n. pl. maryaj. Maryaj se yon vrè bonè pou de (2) moun ki renmen (Ti Manno)
Nurse n. mis, enfimyè
Nursing n. tetaj, tetman

Oo

Oak tree n. bwachenn nan
Oar n. aviwon
Oath n. sèman
Oatmeal n. avwàn
Obedience n. obeyisans, jantiyès
Obedient adj. Janti, sèvyab
Obese adj. grosore
Obey v. obeyi
Object n. bagay

Objective n. bi, vizyon
Objectively adv. san paspouki, san fòskote
Objectivity n. jan bagay la ye
Obligate v. t. oblije, blije, sètoblije
Obligation n. nesesite
Obligatorily adv. nesesèman
Obligatory adj. nesesè, endispansab
Obscene adj. oze, debrave
Obscenity n. gwo pawòl, gwo mo
Obscure[1] adj. troub, sonm
Obscure[2] v. troub, sonm
Obscurity n. lanwasè, nan fè nwa
Observation n. konsta, obsèvasyon
Observe v. t. obsève, konstate, gade
Observer n. obsèvatè
Obsolete adj. retadò, retadatè.
Obstacle n. blokaj, anpechman, deranjman
Obstinacy n. antentman, tèt di.
Obstinately adv. avèk antentman
Obstruction n. ankonbrayman
Obtain v. jwenn, trouve
Obtaining n. jwennman, jwennay
Occasion n. moman, okazyon, sikonstans
Occupation n. okipasyon, travay
Occupy v. jennen, okipe, pa

lib
Occurrence n. evennman,
sitiyasyon
October n. oktòb
Odd n. san revè. 11 se yon
nimewo san revè
Odour n. lodè
Odourless adj. sanzodè
Of prep. De.
Offal n. pl. tritri
Offence n. veksasyon, jouman,
mo deplase, gwo mo, ensilt
Offend v. joure, vekse, di
betiz, ensilte, imilye, vekse
Offensive n. atak, kout pa kon-
prann
Offer[1] n. òf, pwopozisyon
Offer[2] v. **1.** bay, fè don. **2.**
Mete sou pye. **3.** fè yon òf, di
yon bagay
Offering n. ofrann, kèt
Office n. biwo. •**commerce
office** biwo komès.
Office supplies n. pl. founiti
Officer n. grade
Official[1] adj. ofisyèl, otorize
Official[2] n. kòmandan
Often adv. abityèlman, souvan
Oil[1] n. luil la
Oil[2] v. grese, lwile
Oily adj. grese
Ointment n. pomad
Okay oke, dakò.
Okra n. kalalou, gonbo. Mwen
ta bwè yon bouyon kalalou
Old adj. **1.** ize, vye, ansyen,
depase, demode. Vye bagay **2.**

aje, vyeyi, ansyen, vye
Old age n. vyeyès, laj gran-
moun
Old man n. vye granmoun, ti
granmoun
Old-fashioned (thing) n. vye
bagay, bagay pase mòd
Old-fashioned adj. demode,
pase mòd, ansyen.
Oldest adj. moun ki fèt an pre-
mye nan yon fanmi
Omen n. prediksyon, vizyon,
siy, bad sign. Move siy
Omission n. oubli
Omnipresent adj. prezan
patou
Omnivore adj. zannimo ki
manje tout sa yo jwenn
On adv. anlè, sou, anwo
Once adv. •**once upon a time**
te gen lontan, se te yon fwa,
yon lè pase, te gen yon lè
One-eyed n. Mwatye avèg.
Moun ki wè nan youn sèl je.
One[1] en, youn, yonn, yon.
•**one girl** yon fi. •**one says yes,
the other says no** Youn di wi,
lòt-la di non.
One[2] pron. pers. nou, ou
Oneself n. ou menm.
Onion n. zonyon
Only adv. sèlman, senpman,
annik, jis, apenn •**only child**
Yon sèl badjo.
Open[1] adj. ouvè
Open[2] v. t. louvri
Opening n. louvèti, ouvèti

Operate v. fè operasyon

Operation n. **1.** mouvman, aktivite, **2.** operasyon doktè

Operator n. operatè

Opinion n. opinyon

Opinionated adj. wòklò, tèt di

Opponent n. kontestatè, opozan, konpetitè, moun ki kont

Opportunist n. pwofitè, opòtinis

Opportunity n. bòn okazyon

Oppose v. kontre kare, bloke, anpeche, opoze

Opposed adj. kont

Opposite n. lanvè, lekontrè, lerevè. Di lanvè de yon lide

Opposition n. entèdiksyon

Oppress v. **1.** bafwe, bay presyon **2.** oprime, abize

Oppression n. presyon, baf

Optimism n. konpòtman moun san pwoblèm

Optimist adj. moun ki pran lavi jan li ye

Optional adj. Mwen enpòtan

Opulence n. abondans, gagotay

Or conj. Ou, oubyen, ousnon, oswa, osnon. Ou gen de chans. Swa ou malad oubyen ou an sante.

Or else adv. osinon

Oral adj. sa ki di nan bouch

Orally adv. Pawòl nan bouch

Orange grove n. jaden zoranj, plantasyon zoranj

Orange n. zoranj la. •**sour orange** zanranj si

Oratory n. kay mistè, kay lwa, oratwa

Orchestra n. dyaz, bann, goup, òkès

Ordain v. bay lòd, pase lòd

Ordeal n. mati, soufrans, tribilasyon

Order n. lòd, disiplin. Mete lòd ak disiplin. Mete lòd nan dezòd. •**in order** anrèg •**out of order** anpàn

Orderly adj. ranje

Ordinary adj., n. nòmal, abityèl, kòm toujou

Ordination n. òdinasyon

Organist n. jwè òg

Organization n. preparasyon

Organize v. prepare, òganize

Organizer n. òganizatè, mèt kesyon an, mèt jwèt la, majòjon an

Orient v. gide, dirije

Orientation n. direksyon

Orifice n. ti trou

Origin n. **1.** desandans, orijin. **2.** natifnatal, lokal

Original adj. et n. san parèy, esta-òdinè

Originality n. espesifisite, patikilarite

Originating (from) adj. pwovennans, lye nesans

Ornament n. dekorasyon, bèbèl

Orphan n. timoun san paran

Orphanage n. kay timoun san paran

Oscillation n. balansman

Ostrich n. otrich

Other adv. lòt, zòt

Otherwise adv. otreman, lòt fason, lòt jan

Ouanga n. wanga. Maji, malfezan

Our adj. poss. nou, nou yo. We see our mother. Nou wè manman nou. Our children Timoun nou yo

Out adv. deyò •**out of bounds** òje

Out-of-date adj. pase dat, pase mòd, fini

Outclass v. depase, plase antèt, pran devan

Outcome n. Rezilta, siksè, boutisman (yon projè).

Outdated adj. perime, depase, demode

Outlaw n. bandi, zenglendo, kriminèl

Outline[1] n. **1.** apèsi, debi, espesimenn, kòmansman **2.** modèl, plan, espesimenn

Outline[2] v. **1.** bay yon apèsi, prezante yon plan, travay **2.** fè yon modèl, bay plan, trase yon espesimenn

Outrage n. jouman, denigreman

Outside adv. deyò. Moun an deyò. **Out!** Soti nan kay la.

Outside of loc. prep. Andeyò.

•**he is outside of danger** Li chape. Bondye sove li

Outspokenness n. pale kare

Ovation n. aplodisman

Oven n. fou, founo •**bread oven** founo pen •**to take out of the oven** defounen, retire nan founo

Over adv. anwo, anlè, sou

Overalls n. pl. salopèp, pantalon bretèl

Overdose n. depase dòz

Overflow v. debòde

Overflowing n. debòdman

Overheat v. mete tròp chofaj, tro chofe

Overjoyed adj. sotman jwaye

Overload v. gen tròp chay, tro chaje. Pa mete tròp chay sou do bourik la.

Overloading n. tròp chay

Overlook v. bliye

Overpopulated adj. tròp moun

Overseas n. pl. lòt bò dlo, aletranje, lòt bò fwontyè

Oversight n. mank

Overstep v. depase bòn, depase

Overtaxing n. maladi fatig, zo bouke

Overturn v. dechouke, ranvèse, kapote

Overwhelm v. t. rann yon moun fatige anba travay. Li travay jouk li fatige.

Overwhelming adj. akablan, fatigan, annuiyan, ensipòtab

Overwork v. bouke nan zo, bouke travay, fatige travay
Owe v. dwe. Machann yo dwe labank anpil lajan.
Owl n. frize, koukou
Owner n. **1.** pwopriyetè **2.** kinan, chèmèt chèmètrès. Kay sa rele m chèmèt chèmètrès, se pou mwen sèl li ye.
Oxygen n. lè, oksijenn, oksijèn
Oyster n. zwit

Pp

Pacific adj. Sa ki gen rapò ak lapè. Pezib. Sitwayen pezib.
Pacify v. mete lapè, rann pezib
Pack (down) v. t. danme. Voye ouvriye yo danme tè a
Package v. vlope, anbale, mare pakèt
Packaging n. abiyay
Pact n. akò, antant men kontre
•**make a pact** antann avèk, fè kò avèk
Padded adj. boure. Fotèy boure
Padlock n. kadna
Pagan n. mekreyan, ate
Page n. paj, fèy papye, fèy kaye
Pail n. bokit la
Pain n. doulè, soufrans
Paint[1] n. penti a
Paint[2] v. pentire •**paint a picture (painting)** fè tablo

Paintbrush n. penso
Painting n. tablo, pòtre, desen, penti
Pair n. pè. Mwen vle achte yon pè soulye.
Pal n. zanmi, kanmarad, nègpa
Palace n. palè
Pale adj. blenm, blèm, pal. Figi blèm.
Pallet n. kabann bwa
Palm (hand) n. plamen
Palm grove n. Jaden pye palmis
Palm leaf n. Fèy palmis
Palm tree n. Pye palmis se senbòl libète ak fyète.
Palpitation n. batmannkè
Paltry adj. move, dèyè manman, fo, minab
Pamphlet n. trak
Pane n. vit, glas
Panel n. pano, ansèy
Panhandle v. fè gratè
Panhandler n. gratè, pwofitè
Panic-stricken adj. panike
Panic[1] n. panik, latranblad
Panic[2] v. pran panik, panike, tranble ak laperèz, bay panik, bay kè sote
Pantry n. gadmanje
Pants n. pl. pantalon an
Panty n. kilòt la
Papa n. papa a
Papaya n. papay
Paper n. papaye a
Paper towel adj. papye absòban

Paperclip n. atach
Parachute[1] n. parachit
Parachute[2] v. tonbe an parachit
Parade[1] n. defilay
Parade[2] v. parade, defile
Parakeet n. jako
Paralyze v. paralize
Paramedic n. anbilansye, brankadye
Paraphernalia n. materyèl, zouti
Parasite n. parazit la. •**intestinal parasite** vè. Bay pitit la remèd pou li ka jete vè a.
Parcel n. koli
Parcel out v. dekoupe an mòso, separe an lo
Parcelling (out) n. separasyon, dekoupaj, lotisman, pataj
Pardon[1] n. padon
Pardon[2] v. padonnen
Pardonable adj. padonnab
Parent n. paran •**parents-in-law** bò paran •**stepparents** bò paran
Parenthesis n. parantèz
Parish n. Pawas
Parishioner n. fidèl
Parisian n. prop. moun k ap viv Pari
Park[1] n. pak
Park[2] v. **1.** Enfèmen, mete nan pak **2.** estasyone, paking, estasyonnen, kanpe machin nan
Parking n. estasyonnman
Parliament n. palman, lachanm
Parliamentarian adj. depite ak senatè
Parole n. Lapawòl
Parrot n. jako
Parsley n. pèsi
Part n. **1.** pati. Istwa sila gen de pati. •**to be a part of** mele nan, fè pati, enplike nan. •**in part** an pati **2.** tou, pati jwèt. Premye pati jwèt-la fini tro vit.
Partial adj. enjis, fòskote, paspouki
Partially adv. an pati
Participant n. konpetitè, konkiran
Participate v. bay koutmen,
Participle n. patisip. •**past participle** patisip pase
Particular adj. Patikilye, espesyal
Particularity n. espesite, patikilarite
Particularly adv. Espesyalman, patikilyèman
Partition[1] n. blokaj
Partition[2] v. fèmen, bloke, klwazonnen
Partner n. asosye
Party n. **1.** pati (pol.) **2.** fèt la
Party v. banboche, fete, festwaye.
Party-animal n. banbochè, pleziyis
Pass away v. mouri, ale nan peyi san chapo, pase aloryan etènèl

Pass v. t. **1.** double, depase **2.** pase.
Passable adj. pasab
Passage n. pasaj
Passageway n. pasaj, koulwa, sal datant. M ap tann ou nan pasaj otèl la.
Passenger n. pasaje
Passing n. doubleman, depasman
Passionate adj. enteresan, amizan
Passionately adv. bokou, grandman
Passively adv. san bouje, san reyaksyon
Passport n. Paspò
Past n. pase •**in the past** lontan, nan tan lontan.
Pastime n. anmizman, detant.
Pastor n. pastè
Pastry cook n. patisye
Pastry n. patisri, bonbon, biskuit, gato
Patch of land n. moso tè
Patch[1] n. pyès, moso
Patch[2] v. rapyese, kole-pyese, repare
Paternal adj. sa ki gen rapò ak papa.
Path n. wout
Pathway n. chemen, chimen an
Patience n. pasyans, ale dousman
Patient adj. **1.** pa prese, **2.** malad, pasyan

Patiently adv. avèk pasyans
Patriot adj.,n. moun ki travay pou avansman peyi li.
Patriotism n. pou lanmou peyi a.
Patrol[1] n. siveyans, enspeksyon, sipèvizyon, siyonnaj
Patrol[2] v. siyonnen, siveye, sipèvize, enspekte
Patron n. patwon
Patronage n. sipò, esponnsò
Patty n. pate. Pate cho, pate cho…
Paw n. pat, zago
Pawnshop n. mezon dafè
Pay[1] n. salè, lajan travay
Pay[2] v. t. peye
Payable adj. peyab, pwofitab, rantab
Payroll n. pewòl
Pea n. pwa, pwa chich, pwa kongo
Peace n. Lapè
Peaceful adj. Pezib, trankil, kal, kalm
Peacefully adv. Anpè, trankilman, kalmeman, dousman, trankilman
Peanut butter n. manba
Peanut n. pistach, grenn pistach
Pearl n. grenn madyòk
Peasant dress n. varèz, varèy.
Peasant n. peyizan, kiltivatè
Pebble n. **1.** galèt **2.** wòch galèt yo pi di pase wòch dif.
Peck v. beke, pike

Pedagogue n. bon pwofesè, nòmalyen

Pedagogy n. mwayen, fason yo anseye timoun

Pedestrian[1] adj. apye

Pedestrian[2] n. machè, pyeton

Pediatrician n. doktè timoun

Pedicure n. swen zong pye

Pedlar n. machann lari, machann ki pa chita yon kote fiks

Peel[1] n. po a, zo zoranj

Peel[2] v. t. kale, retire po. Retire po bannann nan

Peeling n. kalaj

Peep (through) v. kòmanse parèt

Pelican n. grangozye a

Pelt n. po bèt

Pen n. estilo, plim pen, kote yo vann pen

Penal adj. sa ki gen rapò ak penn prizon.

Penalize v. Bay pinisyon, pini

Penchant n. Gen je sou, atirans

Pencil n. kreyon an

Pencil sharpener n. egizwa

Penetrate v. 1. antre, foure, mete yon bagay anndan, 2. ale anndan

Penetration n. antraj, antray

Penis n. kòk, afè, bagay, zozo (vilgè), yoyo, pijon

Penitence n. penitans, soufrans

Penitentiary n. gran prizon

Pennant n. ti drapo

Pension n. pansyon. Pa bliye lajan pansyon timoun yo. •**to draw a pension** touche lajan pansyon

Pensioner n. pansyonnè

People[1] n. pèp la, moun, kretyen vivan •**lots of people** anpil moun.

People[2] v. fè pitit

Pepper mill n. Ti vèso pwav

Pepper n. 1. piman 2. pwav la

Per prep. pa •**per person** pa pèsonn •**per week** pa senmenn

Perceive v. t. kapte

Percentage n. pousantaj

Perch v. Poze sou

Perfect[1] adj. pafè, bon nèt

Perfect[2] v. pèfeksyonnen, amelyore, mete oke

Perfection n. pèfeksyon, akonplisman

Perfectly adv. pafètman

Perforate v. fè trou, pèse twou

Perforation n. twouyaj

Perforator n. machin twouyaj

Performance n. prezantasyon, espektak, gwo siksè

Performer adj. egzekitan, aplikè lòd

Perfume[1] n. pafen

Perfume[2] v. pafimen, mete pafen

Perfumery n. magazen pafen

Peril n. danje

Perilous adj. danjere

Period n. peryòd

Periodically adv. regilyèman,

souvan
Perishable adj. gatab, pourisab
Permanence n. manchlong
Permanent adj. san kanpe,
kontinyèl
Permission n. otorizasyon
Permit[1] n. pèmi, lisans
Permit[2] v. t. admèt, pèmèt,
penmèt
Pernickety adj. pwentiye
Perpetual adj. kontinyèl
Perpetually adv. san kanpe,
kontinyèlman
Perpetuate v. kontinye
Perpetuity n. pou tout lavi.
Perplex adj. nan dout
Perplexed adj. boulvèse, ajite
Persecute v. nwi, pèsekite,
tchintchin, anbete sante yon
moun.
Persecution n. pèsekisyon,
nwizans
Persecutor n. tilandeng
Perseverance n. pèseverans,
moun kouraj
Persevere v. pèsevere, kenbe
rèd
Persist v. pèsiste, kanpe rèd-
chèch
Persistence n. kontinite, konti-
nuite
Persistently adv. kontinyèlman
Person n. kretyen vivan,
moun. •**elderly person** vye
granmoum, grandèt •**per per-
son** chak moun
Personage n. m **1.** aktè, **2.**

pèsonaj
Personality n. moun enpòtan,
yon saj
Personally adv. pou mwen,
pou mwen menm
Personify v. jwe wòl
Perspiration n. swe
Perspire v. swe, transpire
Persuade v. konvenk, pouse
yon moun fè yon bagay
Perturb v. deranje, bloke
Perturbation n. blokaj,
kabouyaj, latwoublay
Perverse adj. move moun
Pervert v. fè move bagay
Perverted adj. visye
Pessimism n. nan dout
Pessimist adj. negatif, manke
konfyans
Pester v. t. anbete, ennève,
boulvèse
Pestle n. pilon
Petroleum n. petròl
Pharmacist n. famasyen
Pharmacy n. famasi
Phenomenal adj. estra-òdinè
Philosopher n. filozòf, saj
Phonograph n. fonograf
Photo n. foto, pòtre
Photograph[1] n. fotograf •**to
take a photograph** tire foto, fè
foto, pran foto
Photograph[2] v. fè pòtre, fè
foto, tire foto, tire pòtre.
Photography n. foto, pòtre
Physical adj. fizik
Pianist n. pyanis, piyanis

Piaster n. pyas. Goud, lajan ayisyen

Pick up v. ranmase, leve, wete atè-a.

Pick v. t. keyi

Pickaxe[1] n. pikwa

Pickaxe[2] v. fouye tè a

Picket n. pikèt

Picnic n. piknik, jounen

Picturesque adj. trè atiran, bèl plas, bèl kote

Pie n. tat, gato

Piece n. mòso, bout, pati

Pierce v. fè twou, pèse

Pierced adj. Pèse

Pig n. kochon

Pigeon loft n. kwen pijon, kay pijon

Pigeon n. pijon, pijon blanch

Piglet n. ti kochon

Pigpen n. pak kochon, repè kochon

Pile[1] n. pil, lo. Vann mwen yon lo mango.

Pile[2] v. anpile, fè pil, pile

Pilfer v. vole an kachèt

Piling (up) n. pilman, anpilman

Pill n. grenn, medikaman

Pillage v. piye

Pillager n. piyè

Pillar n. poto, potomitan

Pillow n. zòrye

Pilot[1] n. aviyatè, pilòt

Pilot[2] v. kondui, gide, mennen, pilote

Pin (bowling) n. kiy

Pin[1] n. epeng, zepeng

Pin[2] v. atache ak zepeng

Pinch v. t. pense, penchenn, pichkannen

Pineapple n. anana, zannana

Pingpong n. pingpong

Pink n. wòz, woz

Pious adj. Trè kwayan

Pip n. grenn

Pipe n. **1.** pip, kachenmbo, kachimbo •**peace pipe** pip endyen **2.** tiyo

Piping n. tiyotman, tiyotaj

Piracy n. raketaj, raketay

Pirating n. rakèt

Pirouette n. piwèt

Piss v. fè pipi, pise

Pistol n. revolvè

Pit n. twou

Pitcher n. krich, govi (vod.), ti krich

Pitchfork n. fouch, rato

Pitfall n. pikan kwenna, pyèj, difikilte

Pitiful adj. touchan, fè pitye

Pity[1] n. gras, padon, pitye. Mande gras, mande pitye pou nèg la

Pity[2] v. t. pran pitye. Pran pitye pou yon moun.

Pivot v. tounen, vire

Pizzeria n. restoran pidza

Place setting n. kouvè

Place[1] n. **1.** kote, bò kote, zòn **2.** plas, anplasman

Place[2] v. t. **1.** mete chita, plase **2.** ranje

Placement n. klasman
Plain n. plèn, plenn. Mwen vle yon tè plenn.
Plaintiff n. viktim
Plaintive adj. rèl doulè
Plan[1] n. pwogram, plan
Plan[2] v. pwograme, fè plan
Plane[1] n. **1.** avyon, ayewoplàn **2.** rabo. Pase rabo sou pòt la pou mwen.
Plane[2] v. pase rabo sou.
Planet n. planèt
Planetary adj. sou tout latè
Plank n. planch.
Plant[1] n. plant
Plant[2] v. mete nan tè, plante
Plantain n. bannann nan •**fried plantain** n. bannann peze
Plantation n. jaden
Planter n. kiltivatè
Plaque n. plak
Plastic n., adj. plastik
Plate n. asyèt, plat.
Plate(ful) n. asyèt manje
Plateau n. platon, tè plenn.
Platform n. lestrad
Platitude n. annwiyan
Platter n. plat la
Plausible adj. gen kèk sans
Play (s.o.) v. file (yon fi)
Play[1] n. plag, teyat
Play[2] v. jwe. Jwe boul, jwe foutbòl, jwe mizik. •**to be playing** an jwèt
Playacting n. tentennad, grimasri, simagri
Player n. jwè, jwèz

Pleasant adj. **1.** enteresan, janti **2.** atiran, chaman
Please[1] adv. souple, silvouplè.
Please[2] v. fè plezi •**to please oneself** fè tèt ou plezi
Pleased adj. kontan, satisfè
Pleasure n. plezi .
Pleat v. plise
Plebiscite n. vòt konfyans, referandòm
Plentiful adv. fè pil sou pil, an abondans
Plenty adv. An abondans. An grann kantite.
Pleonasm n. repetisyon initil
Pliers n. pens
Plot[1] n. konplotaj, konplotman
Plot[2] v. konplote, mitonnen konplo, manniganse konplo, pare pou yon moun
Plough n. machin agrikòl
Ploy n. konplo, ti konplo anba anba, mannigans
Pluck v. plimen
Plug[1] n. bouchon
Plug[2] v. t. bouche, fèmen
Plumage n. plimay, plimaj
Plumber n. plonbye
Plumbing n. plonbri
Plunge v. plonje
Plurality n. tout kalite moun
Plywood n. playwoud
Pneumonia n. maladi poumòn
Pocket change n. lajan ponya
Pocket[1] n. pòch la •**breast pocket** ti pòch
Pocket[2] v. mete nan pòch, ran-

pli pòch
Pocketknife n. ti kouto
Pod n. gous. Ban m de gous pwa
Podium n. estrad, podyòm, chè a
Poem n. powèm
Poet n. powèt, sanba
Poetry n. powezi •**to write poetry** ekri pwezi
Poignant adj. trè tris
Point of view n. opinyon, jan yon moun wè yon bagay.
Point-blank san preparasyon
Point[1] n. **1.** pwen an, pwen ba. •**cardinal points** pwen kadino **2.** pwent, wòdpòte
Point[2] v. moutre ak dwèt
Pointed adj. pwenti
Poison[1] n. pwazon an
Poison[2] v. anpwazonnen
Poisoning n. anpwazonnman
Poker n. jwèt kat
Pole n. gòl
Police n. lapolis. •**policeman** ajan lapè, polisye. •**police officer** polisye •**police station** pòs polis.
Police station n. biwo jandam, komisarya
Poliomyelitis n. maladi polyo
Polish v. t. poli
Polite adj. poli, janti
Politely adv. jantiman, sajman
Politeness n. jantyès, sajès, politès
Politician n. moun k ap fè politik, òm politik, politisyen
Politics n. pl. lide, vizyon, plan, pwogram politik
Polychromatic adj. plizyè koulè
Polyclinic n. klinik pou plizyè maladi
Polyester n. twal polyestè
Polygamous adj., n. nèg ki gen plizyè madanm
Polygamy n. sityasyon nèg k ap viv avèk plizyè madanm
Polyglot adj. n. moun ki pale plizyè lang
Polygon n. fòm ki gen plizyè kote kòm kare, tryang
Pomade n. pomad
Pomegranate n. grennad •**pomegranate tree** pye grennad
Pompous adj. ton. Fè Lafrans, fè gran chire
Pond n. letan
Pontificate n. manda pap, rèy yon pap
Poodle n. chen pwal frize
Pool n. pisin
Poor n. malere, pòv, ti sòyèt, pòv malere
Poorly adv. Povman
Popular adj. popilè
Popularity n. popilarite
Popularization n. pwopagasyon
Popularize v. fè konèt yon bagay, piblisize, pipliye, popilarize

Population n. popilasyon
Populous adj. trè peple
Porcelain n. fayans, asyèt fayans
Porcine adj. ras kochon
Pork n. kochon, pouso. Se ak vyann kochon yo fè griyo.
Porridge n. labouyi
Portable adj. Pòtab, pòtatif
Portal n. grann pòt, pòt prensipal
Porter n. siveyan
Porthole n. fenèt avyon
Portion n. posyon, pati pa, mòso
Portrait n. vizaj, pòtre
Pose[1] n. pòz, pòz foto
Pose[2] v. t. enstale, mete, poze.
Position n. **1**. wòl, okipasyon, **2**. opinyon, **3**. preferans.
Possess v. t. posede, genyen
Possessor n. titilè
Possibility n. posibilite
Possible adv. posib •**it's possible** se posib.
Post[1] n. **1**. poto. **2**. Dyòb, djòb, travay.
Post[2] v. **1**. espedye **2**. afiche, akwoche, anonse
Postcard n. kat postal
Poster n. afich, ansèy.
Poster paint n. penti dlo
Posterior n. dèyè
Posterity n. travay pou demen, pou sa ki ap vini
Posting n. afichaj, afichay
Postpone v. tann, kanpe tann, rete tann
Postscript n. ti rès pawòl, ti detay
Postulant n. kandida
Postulate v. enskri pou yon pòs, mande travay
Posture n. manyè, estil
Pot n. chodyè a, mamit. Vann mwen yon gwo mamit diri san madou.
Potable adj. pwòp, bon pou lasante
Potato n. pòmdetè
Potentate n. aji an potanta
Potential adj. sa ki gen pou wè avèk kapasite epi puisans
Pothole n. bòs, polis kouche. Wout la chaje ak bòs
Pour (out) v. t. vide, vèse
Pour v. vide, mete dlo nan vè a.
Poverty n. lamizè
Powder[1] n. poud
Powder[2] v. t. **1**. poudre, **2**. powder o.s. mete poud sou…
Power n. pisans, fòs, pouvwa
Powerful adj. fò, moun pouvwa
Practicable adj. 1.bon wout, 2. fezab, reyalizab
Practical n. 1. fonksyonnman, ajisman, 2. adj. aplikab, reyalizab
Practically adv. prèske
Practice v. **1**. fè yon bagay regilyèman, fè metye lekòl, **2**. repete, pratike, prepare yon

pyès teyat
Practicing adj. Kwayan
Practised adj. abil, maton, esperimante
Prairie n. patiraj
Praise n. konpliman, felisitasyon
Pray v. priye, fè lapriyè.
Prayer n. lapriyè
Preach v. preche nan legliz, preche levanjil
Precarious adj. ensèten, frajil, enstab
Precariousness n. ensètitid, fralite
Precaution n. atansyon, pridans
Precious adj. presye, trè enpòtan, nesesè
Preciously adv. swayezman
Precipice n. twou trè fon
Precipitously adv. rapidman
Precise adj. egzat, klè e nèt, klè kou dlo kokoye
Precisely adv. klèrman
Precision n. **1.** egzaktitid, presizyon **2.** klate
Precocious adj. sa ki fèt anvan lè
Precursor adj., n. anonsyatè, siy anonsyatè
Predator n. devorè, akaparè
Predecessor n. premye moun
Predicator n. pè, pastè
Predict v. prevwa
Predictable adj. sa moun kapab prevwa, prevwayab

Prediction n. sa ki pral rive, sa k ap vini pwochennman, pou demen, nan kèk tan
Predispose v. prepare davans, dispoze davans
Predominate v. sa ki plizenpòtan, sa ki pase anvan
Preface n. tròkèt kontni, yon lòsyè, entwodiksyon
Prefect n. prefè
Prefer v. t. prefere, pito, vle
Preferable adj. preferab
Pregnancy n. grovant
Pregnant n. ansent, grovant, •**to get a girl pregnant** gròs, ansent yon fi.
Prejudice n. prejije
Preliminary adj. an premye, obligatwa, nesesè
Prelude n. kòmansman
Premature adj. sa ki fèt anvan lè
Prematurely adv. sa ki fèt tro vit
Premeditation n. avèk fèm konviksyon, entansyonnèlman
Premonition n. enpresyon, se kòm si •**to have a premonition** resanti davans
Preoccupation n. enkyetid, sousi
Preoccupy v. enkyete, gen sousi
Preparation n. preparasyon, òganizasyon
Preparatory adj. Sa ki gen pou wè ak preparasyon yon

bagay oswa yon evennman
Prepare food g. v. kuit manje,
fè manje
Prepare v. t. prepare, marinen,
mitonnen
Prepared adj. pre, pare
Prerogative n. responsabilite,
wòl, fonksyon
Presbytery n. presbitè
Prescribe v. pase lòd, rekò-
mande, òdonnen
Prescription n. òdonnans,
rekòmandasyon
Preselected adj. preseleksyon,
preklasman
Presence n. prezans
Present[1] adj. Prezan, li an chè
epi an zo
Present[2] n. zetrenn, kado
Present[3] v. **1.** montre, prezante
2. annime
Presentable adj. Prezantab,
montrab, enteresan
Presentation n. annimasyon,
prezantasyon
Presented adj. Annime, anime
Presenter n. annimatè, prezan-
tatè
Preservation n. pwoteksyon
Preserve[1] n. bwat konsèv
Preserve[2] v. pwoteje
Preside v. dirije
Presidency n. prezans
President n. prezidan.
•**President of the Republic.**
Chèf leta

Press v. peze sou, pouse
Prestige n. respè, diyite,
eskanp figi
Prestigious adj. gran renon-
men
Pretend v. **1.** panse, imajinen,
2. ta vle, ta renmen
Pretention n. gwo lanbi
Pretentious (person) adj., n.
dyòlè, gran chire
Pretentious adj. pedan, pates-
pere, gran chire, gran panpan
Fè gran chire.
Pretext n. rezon, eskiz, pretèks
•**to give as pretext** jwenn yon
rezon, trouve yon eskiz, pran
pretèks, bay pretèks
Pretty adj. bèl, joli
Prevail v. **1.** domine, pase **2.**
plizenpòtan, pi bon
Prevent v. anpeche, bay defi,
avèti
Prevention n. avètisman, evite
malè. Prov.: Malè avèti pa
touye kokobe. Pye kout pran
devan. Kote kodenn ap plimen
poul pa ri. Lè bab kanmarad ou
pran dife mouye pa ou mete la.
Previous adj. anvan
Previously adv. oparavan
Price n. pri. Ki pri mango a?
Konbyen ou mande pou mango
a? Konbe/konbyen kòb ou
mande pou mango a?
Pride n. fyète
Priest n. pè, kire, vikè.
•**Voodoo priest** oungan.

•**Voodoo priestess** manbo
Principal[1] adj. sa ki plizenpò-
tan, nesesè, esansyèl, prensipal
Principal[2] n. direktè lise,
direktè, direktris, enstititè
Principally adv. sitou, esan-
syèlman, prensipalman
Print v. enprime
Printer n. **1.** enprimant **2.**
enprimè
Printing works n. enprimri
Priority[1] adj. sa ki pou fèt
anvan, sa ki plizenpòtan
Priority[2] n. priyorite
Prison n. prizon, kacho, peni-
tansye
Prisoner n. prizonnye
Private adj. pèsonnèl, chèmèt
chè mètrès, bagay prive,
kinanm.
Privatization n. sa ki te piblik
ki tounen prive
Privatize v. vann byen piblik
bay sektè prive, privatize
Privilege[1] n. avantaj bab e
moustach, paspouki
Privilege[2] v. favorize, bay
avantaj, pratike paspouki
Privileged n. boujwa, gwo
chabrak, zotobre, gwo zouzoun
Prize n. mayòl, lo
Probability n. ensètitid
Probable adj. ensèten
Problem n. pwoblèm, antrav,
difikilte
Procedure n. fason, metòd,
fonksyonnman, kòman yo fè

yon bagay, kòman aji
Proceed v. aji yon fason
Proceedings n. pl. prosè a
Process n. jan yon bagay fèt.
Ki jan yo fè demand paspò ann
Ayiti?
Procession n. kòtèj, pwosesy-
on
Proclaim v. t. fè konnen, di
avèk fòs
Procure v. jwenn, trouve
Prodigiously adv. estra-òdinè
Produce v. t. **1.** pwodui, bay,
founi, **2.** pwovoke **3.** reyalize,
fè **4.** fè enterè sou
Producer n. reyalizatè,
pwodiktè
Product n. byen, lamanjay,
pwodui
Production n. reyalizasyon,
fabrikasyon
Productive adj. pwodiktif •**to
make productive** rann
pwodiktif, bay rezilta
Profane v. derespekte, pase
nan tenten bagay sakre
Profession n. metye, pwofesy-
on
Professionally adv. pwofesy-
onèlman
Professor n. mèt lekòl, profesè
Professorship n. metye
pwofesè
Profit[1] n. avantaj bab e mous-
tach
Profit[2] v. pwofite, fè pwofi,
benefisye, fè benefis

Profitability n. rantabilite, pwodiktivite

Profitable adj. rantab, pwofitab

Profound adj. fon, pwofon

Profoundly adv. an pwofondè

Prognosis n. di sa ki kapab rive, previzyon

Program[1] n. plan, pwogram. •**variety program** popouri

Program[2] v. fè plan, bati pwogram

Programming n. pwogram

Progress[1] n. **1.** avansman, pogrè/pwogrè. Nou vle pogrè ak devlopman pou peyi a. **2.** progresyon, devlopman

Progress[2] v. devlope, evolye, pwogrese/pogrese, progrese, avanse

Progression n. evolisyon, devlopman

Progressive n. moun k ap travay pou pogrè ak devlopman. Pogresis

Project[1] n. plan, pwogram

Project[2] v. fè plan

Projector n. pwojektè

Prolong v. alonje, tire pi lwen

Promise[1] n. angajman, pwomès. *Prov.* Pwomès se dèt

Promise[2] v. pwomèt, fè pwomès, pran angajman. **var.** pwonmèt.

Promote v. fè konnen, fè piblisite

Promotion n. pwomosyon

Prompt adj. rapid, tap-tap, prese-prese

Promptness n. rapidite

Promulgate v. pibliye, pwopaje ofisyèlman, kònen yon nouvèl

Promulgation n. piblikasyon, pwopaje ofisyèl

Pronoun n. pwonon/pronon

Pronounce v. di, avwe, fè diskou. •**unpronounced/silent letter** lèt bèbè. Pa gen lèt bèbè nan kreyòl ayisyen.

Pronunciation n. pwononsyasyon, di klèman

Proof n. prèv, rezon

Propaganda n. fè konnen yon lide, popaje, layite enpòtans yon pwogram politik

Propagation n. etalman, layitman, deplòtonnaj

Property n. richès, propriyete, byen.

Proportion n. pati, pòsyon nan yon total. Pòsyon moun ki pale franse ann Ayiti te evalye a 15%. Men se tout popilasyon ayisyen alawonnbadè ki pale kreyòl, lang ki fè inite nasyonal peyi a.

Propose v. ofri, propoze. Ofri tèt. Elyàn ofri tèt li pou reprezante pati a.

Proposition n. òf, pawòl, dizon

Prosecutor n. majistra, avoka

Prospectus n. trak, reklam, piblisite

Prosper v. fè pogrè, devlope, evolye, vin rich

Prosperity n. richès, devlopman, rantabilite

Prosperous adj. mache byen, pogrese. Nou bezwen tout bagay ranje nan tèt ansanm pou peyi a rive mache byen.

Prostitute[1] n. bouzen, awonna, fanm kafe

Prostitute[2] v. Fè bouzen, fè bagay, fè sèks pou lajan.

Protect v. bay pwoteksyon, pwoteje, veye sou

Protection n. pwoteksyon, sekirite

Protector n. **1.** pwotektè, **2.** Gran Mèt la

Protein n. fòtifyan, vitamin

Protest n. revandikasyon, kontestasyon

Protestant n. kretyen, pwotestan

Protestantism n. relijyon kretyen. Ann Ayiti yo fè distenksyon ant relijyon katolik epi relijyon kretyen.

Protester n. moun ki kont. Manisfestan, kontestatè, pwotestatè

Protocol n. modòd. Suiv modòd gouvènman an.

Proud adj. fyè

Prove v. bay prèv, jistifye, demontre

Provenance n. sous, orijin

Proverb n. pwovèb la, pawòl la.

Provide for v. sipòte nan lamanjay

Provide v. t. founi, alimante

Provided that loc. conj. Depi

Providence n. sajès Bondye, sa ki nan men Bondye. Mwen remèt lavi mwen nan men Bondye. Se sajès Bondye k ap gide nou.

Province n. rejyon, pwovens. Peyi Kanada divize an dis pwovens epi twa tèritwa. Men Ayiti limenm se an nèf depatman li divize.

Provision n. acha, komisyon, pwovizyon. Achte lamanjay. Fè komisyon.

Provisional adj. pou yon ti tan

Provisionally adv. annatandan

Provocation n. pousman, mache prese

Provoke v. t. **1.** mete mache prese dèyè yon moun, pouse dife, fè ti dife boule, mete pase genyen, pwovoke **2.** koze, pwovoke, bay

Provoking n., adj. pwovokatè,

Prowess n. vanyans, aksyon ewoyik, aksyon gason kanson, eksplwa

Proximity n. pwòch, tout pre, kole-kole

Prudence n. vijilans, prekosyon. Pran prekosyon

Prudent adj. vijilan. Rete vijilan.

Prudently adv. avèk vijilans, prekosyon

Pseudonym n. ti non jwèt, non atis yon moun. Tonton Bicha se yon non atis.

Psychiatry n. doktè maladi nan tèt. **Psychology** n. sikoloji

Psychologist n. sikològ

Puberty n. pibète. Ti fi a deja nan laj pibète.

Pubis n. sou lenn, anba tivant

Public adj. gran jounen, devan moun, an piblik

Publically adv. an piblik

Publication n. **1.** simayaj, piblikasyon, popagasyon **2.** parisyon, piblikasyon

Publicity n. reklam, piblisite

Publish v. t. pibliye

Puddle n. madlo

Puffy adj. manch gonfle, figi gonfle

Pull (out) v. t. rache, derasinen, dechouke

Pull v. t. rale

Pulmonary adj. sa ki gen pou wè ak poumon, sa ki an rapò ak poumon.

Pulse n. batmannkè

Pump[1] n. ponp

Pump[2] v. ponpe, ranmase avèk ponp

Punctuality n. displin, moun disipline, moun ki toujou alè, moun ki respekte dat ak lè

Punctuate v. mete siy ponktyasyon

Punctuation n. siy ponktyasyon

Puncture v. t. pèse, fè twou

Punish v. mete an penitans, bay pinisyon, pini

Punishable adj. pinisab, repwochab

Punishment n. penitans, pinisyon. Mete an penitans

Puny adj. cheti, piti

Puppet n. popetwèl, maryonnèt

Puppy n. ti chen

Purchase[1] n. komisyon, pwovizyon, acha. •**to make purchases** fè pwovizyon, fè mache, fè komisyon.

Purchase[2] v. t. achte

Purchaser n. achtè

Pure adj. san melanj

Purée n. an sòs, pire

Purely adv. **1.** akoz, pou **2.** inikman, senpleman

Purgatory n. pigatwa

Purification n. **1.** pwòtaj, pirasyon, **2.** netwayaj. Fè netwayaj nan mitan yon ekip

Purify v. netwaye, klinen, pwopte, pirifye

Purity n. **1.** klète, pwòpte, klinman, **2.** onèkte, moun san repwòch

Purple n. vyolèt

Purpose n. bi, objektif •**on purpose** esprès, esprèman

Purse n. bous, sakit, pòtfèy
Pursue v. kouri dèyè. Rele yon moun devan lajistis
Pursuit n. 1. chasman, 2. pouswit
Pus n. pi
Push (in) v. Koule, anfonse
Push[1] n. bouskilad, pousad
Push[2] v. t. pouse
Put v. mete, mèt. •**put aside** sere, kache •**put back** remèt, bay •**put down** depoze, mete atè •**put in an oven** anfounen, mete nan fou •**put on (clothes)** rabiye, remete rad. put on some pants. Mete pantalon •**to put o.s. to work** tonbe travay, kòmanse travay. •**put up** bay fè ladesant, bay moun dòmi
Putrefaction n. pouriti
Putschist n. panzouyis, pouch-is
Pyjamas n. pijama

Qq

Quack n. chalatan, fo doktè
Quadrilateral n., adj. fòm ki gen kat kote tankou kare, rektang elatriye
Qualification n. kalifikasyon. Yo dwe nonmen moun ki gen kalifikasyon.
Qualified adj. esperimante, konpetan, maton, kapab
Quality n. bon bagay, kalite
Quantity n. kantite, degre, nonb ou nonm
Quarrel n. chire pit, eskonbrit, kerèl
Quarrelsome adj. gèrye
Quarry n. min
Quarter n. **1.** ka, yon ka. •**quarter hour** kadè, yon kadè **2.** trimès
Quarters n. kanpman militè
Queen n. rèn, renn, larenn. Rèn ak rwa kanaval Ayiti yo toujou bèl.
Quench (thirst) v. koupe swaf
Question[1] n. kesyon, keksyon
Question[2] v. poze kesyon
Questioning adj. Entèwogatif: **What?** kèske
Questionnaire n. lis kesyon, kesyonnè
Quick-tempered adj. souvan an kolè
Quickness n. rapidite
Quiet[1] adj. •**to be quiet** koute, tande, •**be quiet!** je wè bouch pe.
Quiet[2] n. lapè, trankilite
Quieten v. t. vin saj
Quit v. t. kite, pati, soti
Quivering adj. rapid, mouvmante
Quorum n. kowòm
Quotation mark n. gimè

R r

Rabbit n. lapen an

Race n. ras la

Racism n. rasis

Racket n. vakam

Radar n. rada

Radiance n. reyonnman

Radiator n. radyatè

Radical adj. total, konplèt

Radio n. radyo a

Rag man n. chifonnye a

Rag[1] n. chifon, ranyon

Rag[2] **(on)** v. t. vekse, imilye

Rage n. raj, kolè, anpòtman

Ragging n. imilyasyon, vek-sasyon

Raid[1] n. fè va sou, fè dap piyanp sou, anvayisman

Raid[2] v. t. pran san mande. Fè dap piyanp sou yon bagay. Grandon yo fè dap pyanp sou anpil tè peyizan.

Raider n. dappiyanpè

Rain n. lapli,

Rain[1] n. lapli, gwo lapli •**it's pouring rain** gen anpil lapli.

Rain[2] v. lapli ap tonbe, gen lapli, l ap fè lapli.

Rainbow n. lakansyèl

Rainy adj. sa ki gen rapò ak lapli, kote ki gen anpil lapli

Raise[1] n. ogmantasyon

Raise[2] v. t. elve, edike, fòme •**poorly raised person** malelve, mal elve

Raising livestock n. gadinaj, elvaj

Rake[1] n. rato

Rake[2] v. ratise, baleye, net-waye, fouye

Raking n. ratisay, baleyaj, baleyay

Ram n. bouk kabrit, mal kabrit

Ramble v. depale, radote, rablabla

Rambling n. radotay, radòt, radotman

Rampart n. ranpa

Rancid adj. rans. Santi rans.

Rank[1] n. grad

Rank[2] v. t. ranje, klase

Ransacking n. sakay

Ransom v. ransonnen, dewobe

Rape[1] n. kadejak. Sispann fè kadejak sou fanm ak timoun.

Rape[2] v. fè kadejak sou, fè zak kadejak sou

Rapid adj. rapid, vit

Rapidly adv. rapidman, trapde

Rare adj. ra, rechèche

Rarefy v. viv ra, an mank

Rarely adv. raman, pa souvan, pafwa

Rarity n. mank, ratman

Rascal n. timoun antyoutyout

Rash[1] adj. radi, temerè

Rash[2] n. pikman, chatouyman

Rasta n. rasta

Rat n. rat la •**baby rat** n. ti rat

Ratification n. siyati, paraf-man, siyman. Siyman akò a ap fèt jodi-a nan Palman an.

Ratify v. siyen, parafe, poze siyati sou, poze siyati anba

Ration[1] n. pa, ti pa, pati pa

Ration[2] v. diminye, redui nan

depans, nan konsomasyon
Rational adj. sa ki fèt lojik-
man, rezonnableman
Rationally adv. lojikman,
rezonnableman
Rationing n. diminisyon,
rediksyon nan depans, nan
konsomasyon
Rattle (Voodoo) ason. Sonnen
ason an, rele lwa yo.
Raucous adj. anwe
Ravage v. t. ravaje
Ravages n. troub, deblozay
Rave (about) v. depale
Rave v. pèdi larezon
Ravine n. ravin (ravi-n)
Ravish v. fè plezi, mete an
jwa, bay lajwa, fè kontan
Ravishing adj. trè joli, bèl kou
solèy, atiran, jofan
Raw adj. kri
Razor n. razwa a
Re-establish v. remete sou
pye, remete kanpe, reprann
Reach out v. lonje
Reach v. reyisi, abouti
React v. reyaji
Reaction n. reyaksyon, revanj
Reactor n. reyaktè
Read v. t. li
Reader n. lektè, lizè
Reading n. lekti
Readjust v. reyajiste
Readjustment n. repase men,
reyajisteman
Ready adj. pre, pare
Real adj. konkrè, reyèl

Real estate adj. an rapò ak kay
domisil epi kay biznis
Realist adj. reyalis
Reality n. reyalite, laverite
Realization n. reyalizasyon
Really adv. vrèman, reyèlman
Reap v. rekòlte
Reappear v. tounen parèt,
retounen, revini
Reappearance n. reparisyon,
reyaparisyon
Rear-view mirror n. retrovizè
Rearguard n. dèyè-gad
Reason[1] n. rezon
Reason[2] v. rezonnen
Reasonable adj. rezonnab,
akseptab
Reasoning n. rezonnman, jij-
man
Reassure v. rasire, kalmen,
kalme
Reassuring adj. asiran, rasiran,
soulajan, sekirizan
Rebelled adj. revòlte
Rebellion n. revòlt
Rebound v. rebondi
Rec(reation) room n. sal
detant, sal de je
Recalcitrant adj. wòklò, won-
donmon
Recall v. t. raple, rele, repete,
redi, fè sonje
Recant v. renonse, abandon-
nen, rejte ak tout fòs konsyans,
konvèti, chanje relijyon.
Recapitulate v. fè rezimen, fè
rapèl.

Recapitulation n. rapèl, rezimen

Recapture[1] n. repriz

Recapture[2] v. reprann

Receipt n. resi, prèv dacha

•**acknowledgement of receipt** resepise, resi prèv

Receive v. t. resevwa

Receiver (radio) n. aparèy radyo

Recent adj. nouvo

Recently adv. tou dènyèman

Receptacle n. plak la

Reception n. resepsyon

Receptive adj. atantif

Recess n. rekreyasyon, kanpo, relachman.

Recipient n. **1.** resevè, **2.** vèso a

Reciprocal adj. menm, parèy

Reciprocally adv. menmman parèyman

Recitation n. resitasyon

Recite v. di tou wo, resite

Reckless driver n. move chofè

Reckon v. t. kalkile, konte, regle

Reclassify v. ranje, replase

Recognizable adj. rekonesab, distengab

Recognize v. rekonèt, distenge, idantifye, touche

Recommend v. rekòmande, konseye

Recommendation n. rekòmandasyon

Reconcile v. rekonsilye, tounen zanmi

Reconciliation n. rekonsilyasyon, antere zizanni, kwape lahenn

Reconstitute v. remonte, rebati, rasanble

Reconstitution n. remontaj, rebatisman, rasanblaj

Reconstruct v. rekonstui, rebati, refèt

Reconstruction n. rekonstriksyon, refètman

Recopy v. re-ekri, refè menm jan, rekopye

Record player n. toundisk

Record seller n. machann disk

Record[1] n. plak

Record[2] v. t. konsiyen, anrejistre

Recorder adj. anrejistrè

Recording n. lanrejistreman

Recount v. t. konte, rakonte

Recourse n. konkou, èd, sipò

•**to have recourse to** rele, ale chache, mande konkou

Recover v. t. rekouvri

Recovery n. **1.** sovtay, rekouman, **2.** ogmantasyon, majorasyon

Recreation room n. sal detant.

Recriminate v. rekriminen, repwoche, kritike

Recrimination n. repwòch, kritik, pwotestasyon

Recruit[1] n. rekri, jenn sòlda

Recruit[2] v. anplwaye, anboche, rekrite, bay travay

Recruitment n. anplwayman, rekritman, anbochman

Rectangle n. rektang

Rectangular adj. rektangilè

Rectification n. reparasyon, solisyonnman

Rectify v. solisyonnen, sove, repare, redrese

Rector n. direktè inivèsite, rektè

Recuperate v. repeche, reprann

Recuperation n. repechay, repriz

Recycle v. resikle

Recycling n. resiklay

Red

Red n. wouj

Red tape n. papye san valè

Redo v. refè, tounen fè

Redouble v. redouble

Redoubling n. redoublaj

Reduce (time) v. t. redui tan, diminye tan

Reduce v. t. **1.** diminye, rann piti, redui **2.** wete, retire, anlve

Reduction n. diminisyon, rediksyon

Reestablishment n. remetaj sou pye, rekanpaj, retablisaj, reprannaj

Referee[1] n. Abit. Match la genyen yon bon abit

Referee[2] v. t. Abitre. Nou bezwen yon bon abit pou abitre mach la.

Reference n. referans

Referendum n. referandòm

Referral n. referans

Refill v. t. ranpli, plen

Refine v. amelyore, rafinen

Refined adj. swa. Nèg swa, fanm swa

Refining n. rafinman

Reflect v. medite, plonje nan refleksyon, pran yon moman refleksyon

Reflect v. reflechi

Reflection n. refleksyon an

Reflex n. reflèks, aletay

Reforest v. rebwaze, plante pyebwa.

Reforestation n. rebwazman, plantay pyebwa

Reform[1] n. chanjman, refòm

Reform[2] v. mete chanjman, pote chanjman, refòmen

Reforming n. refòmatè

Refresh v. rafrechi.**1.** Rafrechi kò ou nan lè klimatize a. **2.** Ba li bwè rafrechi.

Refrigerate v. refwadi

Refrigeration n. refwadisman

Refrigerator n. frijidè, refwadisè

Refugee n. refijye

Refusal n. refi

Refuse[1] n. fatra, dechè

Refuse[2] v. t. derefize, refize

Refute v. demontre manti, demaske manti

Regain (self control) v. mete dlo nan diven, kalma kò. Mete

dlo nan diven ou, kalma kò ou.
Bouke, sispann fè kolè.
Regain v. reprann, ratrape
Regime n. rejim, rèy
Regiment n. rejiman
Region n. zòn, kanton
Register[1] n. rejis, kaye anrejistreman
Register[2] v. enskri, adere
Registration n. aderans, enskripsyon, anrejistreman
Regress v. **1.** diminye, redui. **2.** Jak fè bak, li vin pòv.
Regression n. diminisyon, rediksyon
Regret[1] n. tritès, lapenn
Regret[2] v. regrete
Regrettable adj. regretab, dekonseyab
Regrettably adj. se domaj, se regretab, malerezman
Regroup v. fè gwoup, mete ansanm, reyini moun
Regrouping n. reyinyon, rasanbleman, regwoupman
Regular adj. san ratman, regilye
Regularity n. kontinite, regilarite
Regularly adv. kontinyèlman, regilyèman
Regulate v. kontrole
Reign n. gouvèn, gouvènans
Reimburse v. ranbouse
Reimbursement n. ranbousman, pèyman
Reinforce v. kore, bay jarèt,

sipòte, soutni, ranfòse
Reinforcement n. bourad, ranfò, èd
Reinforcing n. blendaj
Reintegrate v. reprann, retounen, revini, reyenstale
Reintegration n. reprannaj, retounman, retounaj, revinaj, reyenstalaj, reyenstalman
Reject v. refize, derefize
Rejection n. refi, bay kanè, bay katon wouj
Rejoice v. **1.** rann kontan, pran plezi, **2.** rejwi
Rejuvenate v. vin jèn, tounen jèn, tounen jèn gengenn
Rejuvenation n. rajenisman, jennisman
Relapse n. retonbe malad, rekòmanse malad
Relate (to) v. sa ki gen a wè a, sa ki gen arevwa a
Relate v. rakonte, esplike
Related adj. lafanmi, kòtfanmi
Relation n. demèch, koneksyon, akwentans, lyen, kontak
Relative adj. **1.** toudepan, sadepan, **2.** Se selon, **3.** parapò, an rapò ak
Relative n. fanmi
Relax v. detann, delase kò, repoze, kalewès, pran souf, pran repo
Relaxation n. detant, delasman, repozman, detannman, relaksaj.
Release v. revoke, mete atè

Relegate v. mete nan kwen, debarese, mete yon kote, abandonnen

Relentlessness n. aji avèk pèsistans

Relief n. **1.** ranplasman, relèvman, sekonnman **2.** ti katèl, ti kalman, akalmi, soulajman

Relieve v. **1.** pran relèv, ranplase, sekonden **2.** soulaje, gen akalmi, gen kanpo avèk, kalme

Relieved adj. adousi, soulaje

Religion n. relijyon

Religiously adv. selon lapawòl Bondye, relijyezman, selon levanjil

Relinquish v. lese tonbe, bay legen, kite pou

Relive v. reviv, sove, chape, refè, geri, delivre

Remaining adj. degi, rès, ranje

Remark[1] n. kòmantè, mizangad, atansyon, ti nòt, ti esplikasyon

Remark[2] v. konstate, twouve, wè

Remarkable adj. estra-òdinè, eksepsyonnèl

Remarkably adv. eksepsyonnèlman, estra-òdinèman

Remarks n. pl koze, pawòl

Remarry v. remarye. Li remarye. Se li ki marye tèt li.

Remedy[1] n. remèd

Remedy[2] v. chache solisyon pou

Remember v. raple, fè panse, sonje

Reminder n. rapèl

Remorse n. regretman, remò

Remote control n. telekòmann

Removal n. anlèvman, ablasyon (chirurgie). Doktè-a sot fè ablasyon yon ren sou malad-la.

Remove v. t wete, anlve, retire, sòti, montre, mete deyò

Renaissance n. revivans, renouvo

Renal adj. sa ki nan ren

Renew v. chanje, ranplase

Renewable adj. renouvlab

Renewing n. chanjman, ranplasman

Renounce v. abandonnen, lese tonbe.

Renovate v. amelyore

Renovation n. amelyorasyon, renovasyon

Renown n. repitasyon, popilarite

Renowned adj. renonmen, repite

Rent[1] n. lwayaj, lokasyon

Rent[2] v. t. frete, lwe. Frete yon machin.

Renter n. lokatè

Renunciation n. abandonnman, rejètman

Reopen v. relouvri

Reopening n. re-ouvèti

Reorganize v. reyòganize, replanifye

Repaint v. repentire

Repair[1] n. reparasyon,

rapayesaj

Repair² v. t. repare, pase men, rapyese

Repairing n. depanay, depanaj

Repairman (person) n. reparatè

Reparable adj. reparab, rapyesab, rekolab

Repeat v. repete, reprann

Repent v. konvèti, chwazi Jezi

Repercussion n. rezilta, konsekans

Repetition n. repetisyon

Repetitively adv. souvan

Replace v. sipleye, ranplase, replase

Replacement n. ranplasaj, ranplasman, sipleyman

Replenish v. bay lamanjay, pote lamanjay

Replenishing n. lamanjay

Reply v. reponn, bay repons, koresponn avèk, fè fas kare a

Repopulate v. remete moun

Report card n. kanè lekòl

Report¹ n. rapò

Report² v. rapòte

Reporter n. repòtè

Reporting n. repòtaj

Represent v. t. reprezante

Representation n. espektak, pyès teyat

Representative¹ adj. reprezantab

Representative² n. reprezantan

Repression n. pinisyon

Reprimand¹ n. kritik, repwòch

Reprimand² v. kritike, repwoche

Reprisal n. vanjans

Reproach¹ n. repwòch, kritik

Reproach² v. t. repwoche, blame

Reproduce v. refè

Reproduction n. refèt, repwodiksyon

Reprove v. kont, andezakò, dezapwouve

Repugnance n. degoutans, repiyans, dekourajman

Repugnant adj. degoutan, repiyan, dekourajan

Repulsion n. degoutans

Reputation n. popilarite, repitasyon.

Reputed adj. koni, popilè, selèb. Si ou pa popilè, ou pa kapab vin repite.

Request n. demann

Require v. t. egzije, reklame, revandike

Required adj. egzije, nesesè, mande

Requirement n. egzijans, reklamasyon, revandikasyon

Requisition v. fè dap pyanp sou, pran, vare sou

Reread v. li plizyè fwa

Rerun v. repase nan radyo, repase sou televisyon

Rescue n. sovman, chapman, reskapaj, repechay, sovtay.

Research n. rechèch, bouskay

Resell v. revann

Resemble v. Sanble, se pòtre. Se pòtre papa li toupi. Se pòtre manman li. Li sanble manman ni, li sanble ak manman ni toupi.

Resentment n. degoutans, kè grenn, rankin, anmètim, rankè

Reservation n. rezèvasyon, rezèvaj, rezèvman

Reserve v. gade, kenbe, rezève

Reserved adj. Gade pou, rezève

Reservoir n. sitèn, rezèvwa

Reshuffle v. rebat

Reside v. rete, abite

Residence n. domisil, kay, lakay

Residential adj. kote moun rete, zòn moun abite

Residue n. rès, dechè

Resign v. reziye. Mwen reziye m, li reziye li

Resignation n. reziyasyon

Resist v. lite, kenbe fèm, reziste, goumen, konbat. Depi de syèk Ayiti ap reziste.

Resistance n. rezistans, lit, konba, goumaj. Ayiti pral fete de syèk rezistans an janvye 2004.

Resistant adj. fèm, kin, djanm, fò

Resolutely adv. avèk detèminasyon, definitivman, desideman

Resolution n. desizyon, angajman

Resolve v. solisyonnen, regle, rezoud, jwenn bout yon pwoblèm.

Resonance n. sonnans, rezonnans, bri gaye, son gaye

Resonate v. sonnen, fè bri gaye. Fè eko

Resource n. richès, resous

Resourceful adj. debwouya

Respect[1] n. diyite, respè. Fè respè ou.

Respect[2] v. respekte, gen diyite. Ou fèt pou respekte tèt ou.Pa kite moun jwe avèk diyite ou.

Respectable adj. respektab, onorab, onèt

Respectful adj. poli, janti, byen elve

Respective adj. de chak moun, pou chak moun

Respectively adv. separeman, chak

Respite n. **1.** kanpo, souf, katèl **2.** repi, akalmi. Maladi a ba li yon akalmi.

Responsibility n. reskonsablite, responsablite

Responsible adj. **1.** anchaj, responsab, reskonsab **2.** koupab

Rest[1] n. repo, pòz, detant, ti kanpo

Rest[2] v. poze, repoze, fon chita, rale yon souf, pran souf, fon kanpe.

Restart v. reprann, bis, rekò-

manse
Restaurant n. restoran
Restful adj. detandan
Restitution n. retounman, remetaj
Restoration n. reparasyon
Restore v. poze kò. Ou twò fatige, poze kò ou
Restrain v. limite, diminye, redui
Restructure v. refè, ranbeli, repare
Result[1] n. boutisman, rezilta
Result[2] v. sòti, vini de
Resurface v. reparèt, retounen, revini, refè parèt
Resurrection n. revivans, rezireksyon
Resuscitate v. reviv
Retail n. pa moso, detay. Nou pa vann an gwo, se machann detay nou ye
Retain v. kenbe, gade
Retake v. reprann
Retarded adj. retade
Reticence n. an pentad, avèk ezitasyon
Retic v. lage, defèt, delage, delase
Retired adj. retrete
Retirement n. retrèt
Retort v. reponn, koresponn, fè fas kare a
Retouch v. pase men,
Retouch[1] n. manyay, manyaj, koreksyon
Retouch[2] v. **1.** manyen, korije, touche, **2.** pase men, retouche
Retrace v. **1.** rejwenn, **2.** rakonte, esplike
Retransmit v. bay, pibliye sou radyo, pibliye sou televizyon
Return v. **1.** retounen, repase. Retounen pi ta. Repase demen, revini, tounen, vini. Tounen vini **2.** remèt, retounen, rebay
Reunify v. refè youn, refè yon sèl. Remete ansanm
Reveal v. t. deklare, anonse, devwale
Revealing adj. **1.** debiskan, demaskan **2.** dekòlte
Revelation n. demaskaj, debiskaj
Revenge n. revanj, regle kont ak yon moun
Revenge taker n. revanchè, revanchèz
Revenue n. revni
Reversal n. ranvèsman, kapotman, dechoukaj
Review[1] n. revi
Review[2] v. repase leson
Revision n. repasman, revizyon
Revival n. **1.** ranimasyon **2.** revivans, renouvo
Revive v. reyanime, ranime •**to be revived** reviv
Revolt[1] n. rebelyon, revòlt
Revolt[2] v. tounen kont, leve kanpe kont, pwoteste kont, rebele kont •**in revolt** an revòlt, an bandisyon

Revolting adj. chokan, revòltan

Revolution n. revolisyon, chanjman pwofon, ranvèsman rejim politik

Revolutionary adj. revolisyonnè

Revolutionize v. chanje pwofondman

Revolver n. revòlvè

Revulsion n. dekourajman, repiyans, degoutans

Reward[1] n. rekonpans, kado

Reward[2] v. rekonpanse, ankouraje

Rewarding adj. rantab

Rhinoceros n. rinosewòs la

Rhyme v. rimen

Rhythm n. kadans, rit, ton •**give rhythm to** v. kadanse, danse, bay kadans

Rib n. kòt, anch

Rice n. diri a

Rich adj. **1.** rich, grandon **2.** rich, gra. Tè rich, tè gra.

Riches n. richès la

Rid v. t. •**get rid of** elimine, soulaje, debarase

Riddle n. devinèt, kont

Ride n. woulib •**to give s.o. a ride** bay woulib.

Ridicule[1] n. mokri, rizib

Ridicule[2] v. moke, ri, iwonnize

Ridiculous adj. trè dwòl, trè komik

Rifle n. fizi a

Right away loc. adv. trapde, brid sou kou, toutswit.

Right n. dwat •**on the right** adwat •**to be right** gen rezon

Right now adv. brid sou kou

Right-handed adj. dwatye

Rigid adj. di

Rigidity n. dite

Rigour n. severite

Rim (wheel) n. jant machin

Rim n. rebò a

Rince[1] n. rensay, rensaj

Rince[2] v. rense

Rind n. kwann

Ring[1] n. bag

Ring[2] v. t. sonnen, karyonnen

Ringing[1] adj. bri gaye, rezonnan, sonnan

Ringing[2] n. rezonnans, eko

Riot n. leve kanpe, ajitasyon, mobilizasyon

Rise[1] n. ogmantasyon, ajoutman

Rise[2] v. ogmante, ajoute

Risk[1] n. danje, risk

Risk[2] v. riske, brave danje, pran chans, azade

Risky adj. riske, danjere

Rival[1] n. advèsè, konpetitè

Rival[2] v. konpetisyonnen kont

Rivalry n. konpetisyon

River[1] adj. pa, sou flèv

River[2] n. flèv, rivyè a

Rivulet n. rigòl

Road n. wout machin

Roam v. trennen, vakabonde, fè vakabon, flannen

Roast beef n. wozbif

Roast n. woti, roti. •**roast beef** woti bèf

Rob v. t. derobe, vole, devalize

Robillard n.prop Wobiya/Robiya Katye komin Plèn di Nò, awondisman Akil di Nò nan depatman Nò. Pop. 1 402 abitan.

Robin n. rosiyòl, resiyòl.

Robot n. wobo

Robust adj. fò, rezistan, djanm

Rock n. wòch la, wòch galèt

Rocking chair g. n. dodin nan

Rocky adj. plen, chaje ak ti wòch

Roll (bread) n. ti pen.

Roll (up) v. kase, woule, touse. Touse kanson an pou mwen. Kase manch chemiz la pou mwen.

Roll[1] n. woulo

Roll[2] v. **1.** woule (oto). **2.** Woule (moun).

Romanticize v. fè tankou yon woman

Rompers n. rad bebe

Roof n. plafon kay

Room n. chanm, pyès kay, chanm kay, •**room and board** an pansyon

Root[1] n. rasin nan

Root[2] v. anrasinen, byen chouke

Rope n. **1.** kòdaj, kòday, kòdman **2.** kòd la

Rosary n. chaplè •**rosary maker** machann ou fabrikan chaplè

Rose n. wòz, woz

Rosebush n. pyewòz

Rot n. pouriti

Rough copy n. papye bwouyon

Roughly adv. apeprè, anviwon

Round adj. won, wonn

Route n. wout, gran chemen. •**in route** nan wout

Rowboat n. chaloup

Rub[1] n. fwotman, sere kole

Rub[2] v. t. fwote, friksyonnen

Rubber n. kawotchyou

Rubbish n. debarasman, dechè, fatra

Rubble n. gravye

Ruckus n. chire pit, eskonbrit

Rudder n. gouvennay

Rugrat n. timoun, ti bray

Ruin v. t. **1.** gate, gaspiye, tyake **2.** brize, kraze.

Rule n. regleman

Ruler n. règ

Rum n. kleren an, bwason •**flavoured raw rum** n. kleren tranpe.

Rumble v. bougonnen

Rumbling n. bougonnmon

Ruminate v. riminen

Rummage v. fouye, founen je

Rumour n. teledyòl, rimè, ti jouda, konmeraj, tripotaj, radotaj

Rump n. koupyon, dèyè

Run away v. vole gagè, pran lyann

Run v. t. kouri •**run up to** kouri ede yon moun.
Runaway n. fïyè, fijitif
Rundown adj. **1.** vye, demode, depase **2.** lòsyè, ti rale, apèsi
Runner n. kourè, atlèt
Running away n. pati kite kay, an palan de timoun
Rupture n. kitman, separasyon
Rural area n. an deyò. Moun an deyò pa mize lavil.
Ruse n. estrateji, mwayen, teknik
Rush v. t. boulkile, ajite
Rushed adj. vit, prese-prese, vit e prese
Russia n. prp. Larousi.
Russian n. ris
Rustling n. bri ti van

Ss

Sabotage[1] n. abimaj, destriksyon, sabotaj
Sabotage[2] v. abimen espreman
Saboteur n. sabotè
Sack n. sak la.
Sacrifice[1] n. sakrifis
Sacrifice[2] v. sakrifye
Sad adj. tris
Sadden v. t. rann tris, fè lapenn
Saddle[1] n. sèl
Saddle[2] v. sele. Sele chwal la pou mwen.
Saddling n. selaj, selman. Fini ak selaj cheval la anvan ou rele jeneral la.
Sadly adv. avèk tristès
Sadness n. chagren, lapenn, tristès
Safe[1] adj. an sekirite
Safe[2] n. kòfrefò
Safeguard n. pwoteksyon
Safety n. sekirite, asirans
Sail v. navige •**to sail along the coast** kabotaj
Sailor n. maren
Saint n. sen
Salad n. salad la •**salad bowl** bòl salad, bòl pou salad
Salaried n. anplwaye, travayè
Salary n. lajan travay, salè, peman
Sale n. lavant
Salesperson n. prepoze, anplwaye
Saliva n. bave, saliv
Salivate v. bave. Li bave nan tout bab li.
Salmon n. somon an
Salt n. sèl la
Salt shaker n. vèso pou sèvi sèl, ti kontnan sèl
Salted adj. sale
Same adv. **1.** menm, ata. **2.** *Adj.* parèy **3. Anyway** kan-menm
Sample n. retay, echantiyon
Sanction[1] n. pinisyon
Sanction[2] v. sanksyonnen, pini
Sand n. sab
Sandal n. sandal

Sandpiper n. bekasin nan
Sandy adj. chaje ak sab
Sanitary adj. sanitè, an rapò avèk lasante
Sanitize v. t. netwaye bafon
Santa Claus n. Tonton Nwèl. Nou pa kwè nan Tonton Nwèl.
Sarcasm n. mokri, dwolri
Sarcastic adj. iwonik, dwòl
Sardine n. ti pwason, sadin. Achte yon bwat sadin pou mwen.
Satchel n. katab
Satellite n. satelit
Satin n. twa saten
Satisfaction n. fyète, kontantman, satisfaksyon, soulajman
Satisfactory adj. akseptab, rezonab, resevab
Satisfy v. kontante, satisfè, fè plezi
Satisfying adj. kontantan, akseptab
Saturate v. 1. depase, ase, 2. bouke
Saturday n. samdi
Saucepan n. kaswòl la
Saucer n. soukoup
Sausage n. sosis. Machann griyo yo vann sosis tou.
Savage adj. sovaj
Savagery n. sovajri, kriyote
Savannah n. savann
Save v. 1. chape, sove, prezève 2. ekonomize, sere lajan, sere manje, epanye.
Savings n. pl. ekonomi, epay

Saviour v. delivrè, sovè
Savour v. pran gou manje a
Saw[1] n. goyin, si •**electric saw** si elektrik, goyin elektrik
Saw[2] v. siye, pase anba goyin, mete goyin
Sawdust n. pousyè blanch, pousyè bwa
Sawmill n. siyri, zòn siyaj
Saxophonist n. saksofonis
Say v. t. di.
Saying n. pawòl la. Pawòl la di Chen ki konnen w se li ki souke tche pou ou
Scaffolding n. stang
Scald v. t. chode, bouyante, plonje nan dlo bouyi
Scale n. 1. balans 2. ekay, kal la
Scalp g. n. po tèt la
Scandal n. eskandal, brigandaj
Scandalize v. choke, revòlte
Scandalous adj. ki fè eskandal, revòltan, chokan, eskandale
Scar n. mak, tach, sikatris
Scare v. efreye, fè pè, panike yon moun
Scarf n. foula
Scarlet adj. wouj vif
Scarred adj. make, sikatrize
Scathing adj. blesan, imilyan
Scatter v. epapiye, gaye
Scattering n. epapiyman, gayman, gayaj
Scene n. senn, sèn. Lè chantè a monte sou senn nan tout moun

leve kanpe.

Sceptical adj. dout, fè Sen Toma, aji an Sen Toma

Schedule n. orè, lè. Orè travay mwen se de 8è dimaten a 4è apremidi

Scheme n. pl. zak, aksyon, ajisman

Schemer adj. magouyè, blofè

Scheming n. magouy

School[1] adj. eskolè, an rapò ak lekòl

School[2] n. lekòl la •**school fees** frè lekòl, lajan lekòl •**school child** lekolye

Schooling n. tan pase lekòl ap etidye. Eskolarite. Manman pitit Ayiti yo travay di pou peye eskolarite pitit yo. Men, lè jèn yo fini eskolarite yo, yo pa rete pou sèvi peyi a.

Schooner n. ti bato

Science n. syans, lasyans

Scission n. separasyon, divizyon

Scissor n. pl. sizo a

Sclera n. blanje

Scoff v. t. betize, ensilte, blofe

Scooter n. trotinèt

Scope n. 1. kantite 2. enpòtans

Scorch adj. kalsinen, kankannen, boule nèt

Score n. moso mizik

Scorn[1] n. rejè, degoutans

Scorn[2] v. degoute, meprize, moke, manke dega

Scorpion n. eskòpyon, tche

kwochi an

Scourge n. dezas, katastwòf

Scout cap n. chapo eskout

Scout n. eskout

Scouting n. eskoutism, mouvman eskout

Scrap iron n. feray, debri an fè

Scrap metal merchant n. ferayè, machann vye fè, machann bout fè

Scrape[1] n. egratiyman, grafonyman

Scrape[2] v. t. grafonyen, egratiyen, ti blese

Scraper n. gratwa

Scratch[1] n. grafouyman, egratinman

Scratch[2] v. 1. grafouyen, kòche, blese lejèman 2. grate

Scratching n. gratman

Screen n. 1. lekran. Pa touche lekran televizyon an 2. krib

Screw v. t. vise

Screwdriver n. tounvis

Scribble[1] n. gribouyay

Scribble[2] v. gribouye

Scribbling n. ekriti pat mouch

Script n. 1. ekriti an lèt dekole, eskript 2. sennaryo

Scriptwriter n. sennaris

Scrub[1] n. raje

Scrub[2] v. foubi

Scrutinize v. egzaminen

Scrutinizer n. egzaminatè

Sculpt v. eskilte

Sculptor n. eskiltè

Sculpture n. eskilti

Sea n. lanmè a
Seal[1] n. so, etanp
Seal[2] v. fèmen, byen kachte
Seamstress n. koutiryèz
Search[1] n. rechèch, fouy, tat-man
Search[2] v. tate, fouye, chèchè
Seashore bò lanmè.
Season[1] n. sezon. •**rainy season** tan lapli, prentan
Season[2] v. t. asezonnen
Seasonal adj. sezonnyen, chak sezon
Seasoning n. asezonnman
Seat n. plas, biwo santral
Seated adj. chita
Secession n. separasyon, divizyon
Second adj. dezyèm
Second hand (clock) n. zegui sekonn
Second[1] adj. dezyèm
Second[2] n. segonn
Secondary adj. segondè. An Ayiti, lekòl segondè pote non lise oswa kolèj.
Secondly adv. Dezyèmman
Secret[1] adj. sekrè
Secret[2] n. ti sekrè •**in secret** kachèt. Viv an kachèt
Secretariat n. sekretarya
Secretary n. sekretè
Secretaryship n. sekreteri
Secretly adv. sekrètman, anbachalman, anchalpent, ankachèt, an pa chat
Section[1] n. **1.** moso (wout) **2.** divizyon, depatman
Section[2] v. koupe an moso (wout), tronsonnen, koupe, koupe bout an bout
Sector n. sektè
Secure v. rasire, sekirize
Security n. sekirite
Seduce v. sedui, chame, atire
Seducer n. chamè, sediktè
Seduction n. cham, atirans
Seductive adj. atiran, chaman
See (again) v. rewè, rankontre
See v. t. wè, genyen yon apèsi •**see you later** babay, m ale, orevwa, n a wè pita, a pita •**see you soon** a titalè •**see you tonight** n a wè aswè-a, •**see you tomorrow** n a wè demen •**see you Tuesday** n a wè madi
Seed n. semans, grenn
Seeker n. chèchè, bouskadò, fouyapòt
Seem v. sanble
Seep v. degoute, koule
Seepage n. koulman, degout
Seine n. sèn, lasèn
Seizure n. kriz la
Select v. chwazi
Selection n. chwa
Self serve n. sèvis lib
Self-defence n. otodefans
Self-portrait n. otopotrè, pòtrè-tèt-li.
Selfish adj., n. egoyis, sanpitye
Selfishness n. manfouben, tilolit
Sell v. t. vann

Sellable adj. vandab, achtab
Seller n. **1.** machann, vandè, vandez **2.** mèt boutik
Semester n. peryod sis mwa, chak sis mwa, toule si mwa
Seminarian n. seminaris
Senator n. senatè
Send v. t. voye, espedye, pimpe (fam.)
Senile adj. entatad
Seniority n. ansyennte, senny-orite, pi ansyen
Sensible adj. sansib
Sensibly adv. preske, apeprè
Sensitive (to cold) adj. pè tan frèt. Moun ki pa renmen rete kote ki frèt
Sensitivity n. sansiblite
Sensory adj. an rapò avèk senk sans
Sensual adj. sansyèl
Sentence[1] n. **1.** fraz **2.** jijman, santans, kondanasyon
Sentence[2] v. t. kondanen, anprizonnen
Sentimental adj. santimantal
Separate[1] adj. separe, apa
Separate[2] v. separe, anlve legalite ant
Separately adv. apa, separe-man, wetan
Separation n. deziyon, divizy-on, zizanni
September n. septanm
Sequester v. anfèmen
Sequestration n. anfèmman
Serene adj. kè kal, kè poze, trankil
Serenity n. kè pòpòz, tèt an plas
Sergeant n. sèjan
Serial n. an plizyè pati. Istwa an plizyè pati
Serious adj. **1.** serye, seryez. Pa gen jwèt nan sa, se serye **2.** saj, responsab
Seriously adv. **1.** Seryezman **2.** gravman
Sermon n. prèch
Sermonize v. sèmonnen, rep-woche, kritike
Serpent n. koulèv, sèpan
Servant n. sèvitè, bòn, restavèk, jeran lakou, domestik
Serve (food) v. drese/separe/sèvi manje a.
Serve (up) again v. rebay
Serve v. t. **1.** Sèvi, adore. Nou sèvi law Ogoun Feray. **2.** bay, separe, pataje.
Server n. sèvez
Sesame n. wowoli, roroli
Session n. seyans
Set (of keys) n. trous
Set off (again) v. retounen.
Set up v. enstale, tabli kò
Set v. mete •**set an appoint-ment** mare/kase/bay randevou.
Setback n. pl. anbètman
Settle v. t. **1.** regle **2.** tabli kò, enstale
Seven adj. sèt
Seven-year term n. peryòd set an

Seventh adj./n. setyèm
Severe adj. di, sevè
Severely adj. dirman, sevèman
Severity n. dirte, fèmte
Sew up (again) v. rekoud, refè rad
Sew v. t. koud, fè kouti
Sewer n. twou egou
Sewing n. kouti
Sex n. bagay, sèks. •**to have sex with s.o.** Fè bagay ak yon moun.
Sexual adj. sa ki an rapò avèk sèks, seksyèl
Sexuality n. seksyalite
Shabby adj. move, medyòk
Shadow[1] n. lonbraj
Shadow[2] v. t. onbre, lonbraje
Shake v. t. branle, souke, tranble, bouje
Shallot n. jechalòt la
Sham n. kamouflaj, latronpans
Shame n. wont. Prezidan peyi a pap fè nou wont
Shameful adj. kachab, gen pawòl pa gen bouch, se wonte lè w ap gade mizè pèp la
Shamelessly adv. San wont, mal pou wont
Shanty town n. site, bidonvil
Shape v. drese, korije, bay fòm, fasonnen
Shard n. moso vit, moso boutèy
Share[1] n. ti kontribisyon, ti patisipasyon
Share[2] v. t. pataje, separe

Sharecropper n. travayè de (2) mwatye
Shareholder n.
Sharing n. pataj
Shark n. reken
Sharp (edged) adj. koupan
Sharp (looking) adj. bwòdè, chèlbè, kokèt
Sharp adj. •**at nine sharp** a nevè tapan
Sharpen v. t. file. File kouto ak sizo a pou mwen.
Sharpener n. **1.** filè, egizwa **2.** filèd kouto
Shave v. t. raze, pase razwa, kale tèt, raze bab.
Shaving n. kal bwa
She/he pron. li
Shears n. gwo sizo
Sheath n. djenn, fouwo
Shed n. kay jaden
Sheep n. mouton
Sheet n. kouvèti, dra
Shelf n. etajè a
Shell n. koki, kokiy
Shellfish n. kokiyaj
Shelter[1] n. kay, tonèl, kote moun ka pare lapli ak solèy. •**subterranean shelter** anba lakay. •**under shelter** sou proteksyon
Shelter[2] v. **1.** abite, rete (yon kote). **2.** bay abite, bay rete, bay dòmi, gade yon moun .
Shelving n. reyonnay
Shepherd n. gadyen mouton
Shield n. pwoteksyon, ranpa.

var. poteksyon.
Shift (work) n. ranplasman, swivi, sekondman, relèvman
Shin n. jarèt
Shine v. t. klere
Ship n. gwo bato
Ship owner n. anmatè bato
Ship[2] v. transbòde
Shipment n. transbonnman
Shirt n. chemiz la, chemiz wayabèl, chemiz pepebaya.
•**sport shirt** chemiz espò. **var.** chimiz.
Shiver[1] n. tranbleman, frison
Shiver[2] v. frisonnen, fremi, tranble. Fredi a tèlman rèd, li fè l tranble.
Shock absorber n. amòtisè
Shock n. etonnman, sezisman
Shoe repair shop n. chop kòdonye
Shoe repairer n. kòdonye
Shoe size n. nimewo pye, nimewo soulye.
Shoe[1] n. soulye a •**put shoes on** chose, mete soulye •**tennis shoes** n. tenis, soulye kous
Shoe[2] **(horse)** v. mete an fè
Shoelace n. lasèt
Shoot v. **1.** Tire. **2.** fiziye, touye ak bal **3.** tire foto yon moun •**to photograph s.o.**
Shooting n. **1.** fiziyad, tiyri **2.** **(film)** reyalizasyon fim
Shopkeeper n. machann, komèsan
Shoplift v. t. **1.** pike, **2.** vole

Shopping n. •**to go shopping** fè mache, fè pwovizyon
Shore n. bò dlo, bò rivyè
Short adj. kout, piti
Short sleeved shirt n. chemizèt la
Short story n. ti istwa
Shortage n. mank, ratman
Shortcut n. chemen koupe, wout dekoupe •**to take a shortcut** pran wout dekoupe
Shortly adv. pwochennman, yon jou kòm jodi-a
Shorts n. bout pantalon
•**Bermuda shorts** pantalon kout
Shot n. kout zam
Shoulder bag n. ti sak.
Shoulder n. zèpòl
Shove n. pousad, bouskilad, borad
Shovel[1] n. pèl la
Shovel[2] v. ranmase avèk pèl
•**shovel snow** ranmase nèj
Shovelful n. pèl ranpli, pèl plen
Show (off) v. fanfawonnen
Show[1] n. espetak, prezantasyon
Show[2] v. t. montre/moutre, endike, gide
Shower n. douch la
Shred v. koupe an moso
Shriek v. kriye, rele anmwe
Shrieking n. rèlman, kriyaj
Shrimp n. krevèt
Shrink v. diminye, redui, fè

vin piti
Shrinkage n. fèmaj, fèmay, diminisyon
Shudder v. fremi, tranble
Shuffling n. brasaj, boujaj, sekwaj
Shutter n. batan
Shuttle n. va-e-vyen, ale-tounen, alevini
Shy adj. timid, pè, krentif
Sick adj. malad
Sickening adj. degoutan, repiyan, ensipòtab
Sickle n. kouto digo, boudjigo
Sickness n. maladi •**natural sickness** maladi Bondye
Side n. bò, bò kote, arebò
Sidewalk n. bò wout, bò chimen, bò lari-a, twotwa
Sideways adv. antravè
Sieve n. paswa, krib
Sigh v. respire, respire soulajman
Sight (gun) n. vizè
Sign[1] n. **1.** siy. **2.** endis **3.** ansèy, afich, pankat, pano afichaj
Sign[2] v. siyen
Signal[1] n. avètisman, siyal
Signal[2] v. avèti, siyale
Signalling n. avètisman, pinga, siyalman
Signatory n. siyatè
Signature n. siyati, parafman
Silence n. silans
Silent adj. silansye, dousman
Silently adv. san fè bri, kalme-

man
Silhouette n. fòm
Silliness n. enbesilite, tenten, idyosi
Silly adj. idyo
Silver[1] adj. ajante
Silver[2] n. ajan
Silverware n. ajantri
Similar adj. parèy, sanblab
Similar adj. sanblab, parèy, konparab
Similarity n. resanblans
Simple n. senp, san grate tèt
Simplicity n. trè senp, trè fasil
Simplify v. rann senp, rann fasil
Simply adv. sèlman, senpleman
Simulate v. fè sanblan, imite
Simulation n. imitasyon, montaj
Simultaneous adj. bap pou bap
Simultaneously adv. an menm tan
Since[1] conj. Piske, kòm, etandonnen, dèske, paske
Since[2] prep. depi, (denpi)
Sincere adj. serye, fran, sensè
Sincerely adv. An verite, franchman, seryezman, sensèman
Sincerity n. onèkte
Sing v. t. chante •**to start singing** antonnen
Singer n. chantè, sanba
Sink[1] n. lavabo a

Sink² v. int. Anfonse, neye, koule

Sinking n. chavirman, koul-man bato

Sisal n. pit. Siye pit la, seche li epi fè kòd la.

Sister n. sè **var.** sese •**sister-in-law** bèlsè •**stepsister** bèlsè

Sit back down v. retounen chita

Sit v. t. chita, mete deyè atè, tabli kò

Site n. teren, espas, kote, anplasman

Situate v. chita kò

Situation n. sitiyasyon, siti-rasyon, pwoblèm

Six adj. num. sis

Sixteen adj. num. sèz

Sixteenth adj. sèzyèm

Sixth adj., m. sizyèm

Sixty adj. Swasant

Size n. **1.** grandè, grosè, lajè **2.** senti, tay **3.** efektif, nonm moun

Skater n. patinè, patinèz

Skating n. espò sou glas

Skeleton n. eskèlèt

Sketch n. **1.** ti pyès teyat, eskètch **2.** modèl, espesimèn

Ski¹ n. eski.

Ski² v. fè eski, eskiye.

Skid v. glise, ekate chemen

Skidding n. glisman, ekatman

Skilful adj. abil, adwat

Skilfully adv. pwofesyonnèl-man, abilman, adwatman

Skim v. **1.** retire krèm, wete krèm, anlve krèm nan lèt **2.** pase anwo, pase sou tèt

Skimmer n. kimwa a

Skin¹ n. po a •**skin disorder** Maladi po

Skin² v. t. kòche. Yo mal kòche kabrit la

Skinny adj. mens, chéti, mèg

Skirt n. jip la

Skull n. kalbas tèt la

Sky n. syèl la

Skyscraper n. bilding kay

Slackening n. manfoubans, neglijans, lese grennen

Slam v. t. bri sèk. klake

Slamming adv. bri pòt, klak-man pòt

Slander¹ n. medizans, kalonm-ni

Slander² v. t. medize, kalonm-nye

Slap n. kalòt, tap, sabò

Slate n. adwaz

Slaughter n. touyaj, destriksy-on

Slaughtered adj. tiye, touye

Slaughterhouse n. m. palan, labatwa

Slave (away) v. trimen, lite di, chache lavi a, bat dlo pou fè bè

Slave n. bourikè, esklav

Slavery n. lesklavaj

Slay v. t. tiye, touye, kolboso

Sleep¹ n. somèy la.

Sleep² v. t. dòmi •**to go back to sleep** retonbe dòmi, rekò-

manse dòmi •**to put to sleep** andòmi, fè dòmi, annestezye. Doktè a annestezye malad la anvan li fè operasyon an.
Sleeping bag n. sak kouchaj. Etann sak kouchaj la atè a.
Sleeping pill n. remèd somèy
Sleepy adj. anvi dòmi •**to be sleepy** anvi dòmi, gen somèy
Slice¹ n. tranch, lèz.
Slice² v. koupe, tranche
Slide (down) v. t. glise desann, vide desann, degrengole desann
Slide¹ n. glisay, glisman
Slide² v. glise fasilman
Sliding door n. glisman. Pòt ak glisman
Sling v. •**to sling across one's shoulder** an bandoulyè
Slip (by) v. glise, plonje
Slip (of paper) n. fich, resi
Slip¹ n. efondreman
Slip² v. fè woulib, glise
Slipper n. pantouf, sandal, sapat
Slippery adj. glisan
Slit (s.o.'s throat) v. t. koupe gòj
Slogan n. eslogan
Slope n. pant
Sloppy adj. debraye, dekòlte
Slow (down) v. ralanti, diminye vitès
Slow adj. dousman, long, lan
Slowing (down) n. diminisy-on, ralantisman

Slowly adv. lantman, dousman
Slowness n. reta, lantè
Slug n. bal fizi
Slur¹ n. ensilt
Slur² v. di gwo mo, di mo sal, ensilte
Sly adj. mètdam, odasye
Smack v. kale, flanke, fout, pimpe (fam.)
Small adj. piti
Smarts n. brenn
Smash (in) v. defonse, detui
Smash v. brize, kraze-brize
Smear v. t. badijonnen, bade
Smell¹ n. santè
Smell² v. santi
Smelly adj. santi move
Smile¹ n. souri
Smile² v. souri, bay bon jan
Smock n. blouz
Smoke (out) v. fè lafimen
Smoke¹ n. boukan, boukan dife, lafimen
Smoke² v. t. fimen
Smoker n. fimè
Smuggler n. rakatè, kontre-bandye
Snack adj. goute, solobab
Snag n. konplikasyon
Snail n. kalmason
Snake n. koulèv la
Snare n. kolèt
Sneeze¹ n. estèniman
Sneeze² v. estènen.
Snigger v. pase nan rizib
Sniggering n. mokri
Snooze n. ti kabicha

Snore v. wonfle
Snoring n. wonfleman
Snort v. fwifonnen
Snorting n. fwifonnman
Snout n. bra nen kochon
Snow[1] n. nèj. •**to shovel snow** ranmase/bwote nèj. •**snow blower** bwotè nèj
Snow[2] v. neje. Nèj ap tonbe.
Snuff (out) touye.
So adv. si, tèlman
So much adv. Ase. •**so much the better!** tan mye, trè byen
So-called adj. ti, dèyè manman, fo, mazèt, machòkèt. Yon ti espesyalis. Yon espesyalis dèyè manman.
Soak v. tranpe, mouye
Soap bar n. ti savon twalèt
Soap[1] n. savon an •**soap dish** savonye a
Soap[2] v. savonnen. Savonnen rad la byen savonnen.
Sob[1] n. rèl
Sob[2] v. rele fò
Sobriety n. san gran panpan
Sociable adj. sosyab, moun piblik
Sock n. ba, chosèt la
Soda (pop) n. kola a
Sofa n. divan an
Soft adj. **1.** dou, dous **2.** mòl, mou
Soften v. t. **1.** Rann soup, vin mou, rann mou **2.** rann mwen sevè
Softening n. adousisman, dousisman, souplisman
Softly adv. dousman, trankilman.
Softness n. dousè, ladousè
Software n. lojisyèl
Soil n. tè-a
Soldier n. sòlda, militè, jandam
Solemn adj. ofisyèl
Solicit v. mande
Solicitation n. demann
Solid adj. djanm, kin, solid, di
Solidarity n. tèt ansanm, men nan lamen •**to show solidarity** adj. ansanm
Solidify v. rann di, rann solid, vin fò
Solidity n. djanmte, fèmte, solidite
Solitary adj. izole, separe, apa
Solitude n. izolman
Soluble adj. fonnab
Solution n. fonnman
Sombre adj. sonm, twoub
Some[1] art. ind. Plizyè, kèk, sèten
Some[2] det. (Anpe) nan. •**I want some bread** Mwen vle nan pen-an
Somehow loc. adv. konsa konsa, san preparasyon
Someone pron. kelken, yon moun •**someone is waiting for you.** Gen yon moun ki ap tann ou.
Somersault n. lakilbit
Something kèk bagay •**some-**

thing good kèk bon bagay
Sometime adv. kèkfwa, kèk tan, pafwa, gen lè, gen delè
Sometimes adv. Dèfwa, kèkfwa, gen delè
Son n. pitit gason •**son-in-law** bofis •**stepson** bofis
Son-in-law n. bofis
Song n. **1**. chante, kantik. **2**. mizik
Soon adv. pwochennman •**see you soon** a pita, a titalè.
Sooner adv. depreferans, pito
•**I would sooner** prefere, pito.
Soother n. sousèt
Soothing adj. adousi, akalmi, soulaje
Sorcerer adj. badjikan, ajimal
Sorcery n. wanga, maji
Sordid adj. degoutan, sal, non frekantab
Sore n. maleng.
Sorrow n. penn nan, lapenn
Sort out v. rann regilye
Sort[1] n. kalite, kalte
Sort[2] v. triye
Sorting n. triyay
sosyetè, aksyonnè, envestisè
Soul n. nanm, bonnanj
Sound n. Son •**the Haitian alphabet contains 32 sounds.** Alfabè lang ayisyen-an gèn 32 son.
Soup n. soup la
Sour adj. tyak, sevè, move kou kong
Source n. sous

Soursop n. kachiman, kowosòl
•**soursop tree** pye kowosòl
South n. sid . Vil Okay chita nan department sid peyi d Ayiti.
Southern adj. kote Sid
Sovereign adj. granmoun tèt.
Sovereignty n. otonomi granmoun
Sow[1] n. tiri, femèl kochon
Sow[2] v. t. simen, simaye
Sowing n. simensman, semay
Space[1] n. plas, anplasman
Space[2] v. kreye espas, distanse
Spacing n. espasman, distansman
Spacious adj. gran
Spain n. prop. Espay
Spanish lime n. kenèp la
Spanish n. espayòl, panyòl
Spanking n. tap sou dèyè
Sparkle[1] n. kleraj, briyman
Sparkle[2] v. klere, briye
Sparkling adj. kleran, briyan
Sparrow n. ti zwazo
Spatial adj. ant planèt yo, ant syèl e tè
Speak (again) v. repale
Speak v. gen lapawòl, pran lapawòl
Speaker n. gran palè, moun gran diskou, oratè
Special adj. espesyal
Specialist adj. espesyalis
Specialize v. espesyalize
Specially adv. espesyalman
Species n. espès

Specific adj. espesifik, patiki-lye

Specifically. patikilyèman

Specificity n. espesifisite, karakteristik pwòp, fason pa

Specify v. presize, di klèman, klere lantèn yon moun, ede wè klè, bay limyè sou, esplike.

Specimen n. espesimen, echantiyon

Spectacular adj. estra-òdinè, grandyoz, pasyonnan

Spectator n. espektatè, asistan

Speech n. prezantasyon, diskou

Speed (up) v. pran vitès

Speed n. vitès, kous. •**to go at top speed** Ale a tout boulin.

Spell[1] n. kout wanga, kout maji

Spell[2] v. ekri, note, mete sou papye, reple, di/li lèt pa lèt

Spelling n. òtograf, ekriti, fòm mo

Spend v. t. depanse, debouse, konsome

Sperm n. espèm

Spermatozoid n. dechay, espèm

Sphere n. boul.

Spice n. epis la

Spicy adj. pike, epise

Spider n. arenyen, zariyen

Spinach n. zepina a

Spine n. Rèldo

Spirit n. espri. Espri vodou. Lwa vodou •**evil spirit** g. n.

mò a

Spit[1] n. krache

Spit[2] v. krache

Spite n. kolè ak desepsyon. •**in spite of** Malgre, menmlè. menmsi

Spiteful adj. an kolè, an move min

Spiteful character n. move san, move karaktè, kolè

Splendid adj. joli, sipèb, mayifik

Splendour n. bote, cham

Split[1] n. fant, ti louvèti

Split[2] v. fann, fele, divize, separe

Spoil v. t. perime, gate, pouri, pase dat

Spoiled adj. pouri, gate

Spoils n. bagay vole, byen san swe

Spokesperson n. pòtvwa

Sponge[1] n. eponj

Sponge[2] v. t. pase eponj, siye

Spongy adj. aspiran

Sponsor v. sipòt, esponnsore

Spontaneous adj. sanzatann, sibit

Spontaneously adv. sibitman, san reflechi

Spool n. plòt

Spoon n. kiyè a •**soup spoon** n. gwo kiyè •**teaspoon** n. ti kiyè

Spoonful n. kiyè ranpli. Bay pitit la yon kiyè siwo.

Sport n. espò

Spotted adj. takte
Spouse n. **1.** madanm **2.** mari, nonm, misye
Sprain[1] n. foulay, antòch
Sprain[2] v. woule, tòde
Spray[1] n. flitaj
Spray[2] v. flite
Spread (out) v. t. tann. Tann nap la sou tab la
Spread v. **1.** layite, popaje, simaye, pwopaje, blayi **2.** louvri, ouvè. Louvri janm ou.
Spring n. **1.** prentan. Sezon prentan se sezon lapli. **2.** resò a
Spring up v. parèt briskeman
Springtime adj. sa ki fèt nan sezon prentan, sa ki gen rapò ak sezon prentan. Flè prentan.
Sprinkle v. t. flite, wouze
Sprout v. kòmanse parèt, jèmen
Spruce up v. repase men, fè pase men
Spry adj. enganm, tèm, gaya, an fòm
Spur[1] n. zepon, zepon kòk la. Avantaj kòk se nan zepon li.
Spur[2] v. t. zeponnen, bay zepon
Spurt v. tonbe, jayi
Spy[1] n. Espyon, lawon
Spy[2] v. espyonnen, rete anba bouch
Squad n. eskwad
Squall n. kout van
Square n. **1.** kare a **2.** ekè
Squash n. joumou. Soup joumon se manje premye janvye.
Squirt[1] n. rafal. Rafal labou
Squirt[2] v. jayi, pwopaje
Stab v. bay kout kouto, pwayade
Stabilize v. rann estab
Stable[1] adj. estab
Stable[2] n. ekiri. Fè sòti cheval la nan ekiri a
Stack v. mete youn sou lòt
Stadium n. estad
Stage n. lestrad
Stagnant adj. dòmi. Pa bwè dlo dòmi.
Stain[1] n. tach. Ede m retire tach sa a sou pantalon an.
Stain[2] v. tache. Diven an tache vès la.
Stained-glass window n. vitray
Stairway n. eskalye
Stale adj. rasi, kanni. Manje pen rasi rann timoun malad.
Stammer v. manmòte, bafouye
Stamp[1] n. tenm •**to put on a stamp** mete tenm
Stamp[2] v. t. fèmen, kachte
Stand (on end) v. drese. Li te tèlman pè, cheve li yo drese nan tèt li.
Stand out v. resòti
Stand up v. leve kanpe
Stand-up comic n. komedyen, aktè
Stand[1] n. estrad
Stand[2] v. **1.** mete kanpe, **2.**

leve kanpe

Standard n. **1.** estanda **2.** senbòl, labanyè

Standing (up) adv. Kanpe, leve, leve kanpe

Standing adj. drese, kanpe

Staple[1] n. agraf

Staple[2] v. t. atache, agrafe

Star anis n. plant pafiman

Star n. **1.** vedèt **2.** zetwal

Stare (wide-eyed) v. louvri je byen gran. Kale je gade

Start[1] n. amòsaj, derapman, koumansman, demaray, demaraj.

Start[2] v. t. **1.** demare, derape **2.** kòmanse, tanmen

Starter n. demarè, estatè

State n. leta

Statement n. rapò

Station house n. kazèn ponpye, kazèn polis, kazèn militè

Station n. estasyon

Statue n. estati

Statutory adj. reglemantè, kontwole

Stave off v. t. pare, evite, epaye

Stay v. **1.** rete, abite. Se nan bilding kay sa a li rete. **2.** rete, tann, rete kanpe, chita tann

Steak n. biftèk.

Steal v. t. vole, dechèpiye. Yo vole jenès anpil timoun restavèk.

Steam n. vapè •**to let off steam** vide kè, pale franchman

Steel n. asye

Steel tipped adj. an fè

Steelworks n. konpayi fè, asyeri. Se asyeri Ayiti ki fabrike fè pou Ayiti.

Steering wheel n. volan

Stem n. bòk

Step n. **1.** demach. M ap fè demach pou m jwenn yon bon avoka **2. (stairway)** mach eskalye, mach pye **3.** pa

Step over v. t. janbe

Stepladder n. ti nechèl

Sterilize v. esterilize

Stethoscope n. sond, sonn

Stick[1] n. baton, bagèt •**short stick** ti baton

Stick[2] v. kole, annekse, konekte

Sticking n. kolaj, konektay, anneksay

Sticky adj. kolan, gliyan

Stiffen v. vin rèd, vin di, kanpe rèd

Stifle v. manke lè, toufe. M ap toufe, louvri fenèt la

Stifling[1] adj. irespirab, non respirab

Stifling[2] n. etoufman

Still[1] adv. Ankò

Still[2] n. alanbik

Stilt n. janm de bra

Stimulate v. ankouraje, ede

Stinger n. ti zegwi gèp

Stinginess n. kouloutri, kripyasri, kolokentri

Stingy adj. chich, kourèd,

kolokent, do kiyè fè, serafen, kripya, ti koulout
Stink[1] n. movèzodè, pouriti
Stink[2] v. santi, santi pouri, santi move
Stinking adj. Santi
Stipulation n. kondisyon
Stir (up) v. t. bouje, ajite, antyoutyoute
Stir v. t. brase
Stirrup n. letriye
Stock v. t. estoke, mete nan depo
Stocky adj. fò
Stolen goods n. kachèt bagay vole
Stomach n. lestomak, vant, pans (fam.)
Stone n. ti wòch
Stop[1] n. kanpman
Stop[2] v. t. rete, sispann, bouke, kanpe, estope. Bouke fache, sispann fè kolè.
Stopover n. ti kanpe, ti rete
Stopper[1] n. bouchon, kapichon •**to put the stopper back in** remete bouchon, rebouche
Stopper[2] v. bouche
Storage (room) n. depo
Store[1] n. magazen an, boutik la, chòp la
Store[2] v. plase, mete nan depo
Storekeeper n. travayè magazen
Storm n. loray, loraj. Lè loraj ap tonbe moun pa rete anba pye bwa.

Stormy adj. ajite, mouvmante
Story n. istwa, listwa. •**police story** woman polisye.
Story n. kont •**to tell stories** tire kont, rakonte yon istwa
Storyteller n. kontè, notè
Stove n. recho, fou a
Straight (ahead) adv. toudwat
Straight adj. dwat, drèt.
Straightaway adv. trapde, fap-fap, imedyatman
Strainer n. paswa
Strange adj. dwòl, biza, inesplikab
Strangely adv. bizaman, dwòlman
Stranger n. etranje, moun deyò, moun vini.
Strangle v. peze kou, toufe, trangle
Strangling n. trangleman, etoufman
Strap n. rigwaz, matinèt, raso, fwèt
Strategy n. estrateji, mannigans
Straw mat n. nat
Straw n. pay
Stream (of) n. bann, latriye, dividal, dibita, foul, voum, katal
Street n. lari a
Street vender n. machann sou men, machann lari
Strength n. fòs la. •**with all her strength** ak tout fòs li
Strengthen v. t. vin pi fò, rann

pi fò, vin pi fèm
Strengthening n. ranfòsman, koraj, jarèt
Stress[1] n. estrès
Stress[2] v. estrese
Stretched out adj. lonje
Stretcher n. branka
Stretcher-bearer n. brankadye, potèd malad
Strew v. Simen patou
Strict adj. estrik, sevè
Strike[1] n. grèv
Strike[2] v. **1.** frape, bat **2.** fè grèv
Striker n. grevis
Striking adj. frapan, etonnan, trè vizib
String n. fisèl •**to pull some strings** bouste, parennen, ede
String of n. latriye, katafal, voum, foul, dividal, flonn
Strip[1] n. ti lang
Strip[2] v. dekale
Stripped adj. dechouke. •**president stripped of power**. Prezidan dechouke.
Stroll[1] n. pwomnad, pwonmnad
Stroll[2] v. t. Pwomennen, mache. •**to take a stroll** flannen, pwomennen.
Stroller n. pousèt
Strong adj. **1.** tèm, djanm, geri **2.** kin, fò, vivan
Strongly adv. avèk fòs
Structure[1] n. estrikti, kòtòf, bilding, kay

Structure[2] v. estriktire
Struggle[1] n. batay, konba
Struggle[2] v. goumen, batay
Stubborn adj. antete •**to be stubborn** fè tèt di, fè wòklò, fè regadan, fè wondonmon
Stubbornness n. tèt di, wondonmon, regadan, wòklò
Student n. etidyan, ekolye, elèv lekòl, timoun lekòl
Studious adj. toujou sou etid, renmen etid, renmen bat bèt
Study[1] n. etid
Study[2] v. etidye, aprann, bat bèt
Stuff v. boure, ranboure
Stuffed adj. bade, boure, plen
Stumble v. bite
Stump n. chouk
Stun v. etoudi, pran vètij
Stupefy v. rann sot. vin idyo, tounen estipid
Stupefying adj. idyose, estipidan.
Stupendous adj. mèveye, siprenan, remakab, estra-òdinè
Stupid adj. estipid
Stupidity n. betiz, estipidite, boukinri
Stutter[1] n. begeman
Stutter[2] v. bege
Stutterer n. begè, bege
Style n. estil
Style of clothing adj. teni, estil abiman
Subdivide v. pataje, separe
Subdue v. donte, metrize,

drese, bosale.

Subject¹ n. koze, sijè, tèm, matyè •**on the subject of** sou kesyon, nan zafè, nan kesyon.

Subject² v. sijè •**to be subjected to** sibi, pran kou

Subjectivity n. jan yon moun wè yon bagay

Sublime adj. mayifik, admirab

Submerge v. inonde, plonje anba dlo

Submission n. obeyisans, sèvitid

Submit v. bay legen, lese pase, bese lèbra

Subordinate¹ adj. ki anba lòd yon chèf

Subordinate² n. ti pèsonèl, ti anplwaye

Subordination n. anba lòd

Subscribe v. Abònen, abonnen. Moun ki abònen yo ap peye mwatye pri.

Subscriber n. abònen. Jounal la enskri plizyè abòne.

Subscription n. abònman, abonnman.

Subsidy n. koray lajan

Subsist v. demele, degaje pou viv

Subsistence n. ti demele, ti degaje pou pa mouri grangou

Substance n. **1.** sa ki fè yon bagay, matyè, **2.** sa ki pi enpòtan, ki esansyèl nan yon istwa.

Substitute¹ n. ranplasan, sipleyan

Substitute² v. ranplase, sipleye, mete nan plas yon lòt

Substitution n. ranplasman, ranplasaj

Subtlety n. riz, odas, twou nan manch

Suburb n. lokalite ozenviwon lavil Pòtoprens

Subway n. tren, tren ki vwayaje anba tè

Succeed v. **1.** reyisi, abouti, bout, mete yon bout, fini **2.** ranplase

Success n. laviktwa, reyisit, bon rezilta, boutisman

Successively adv. youn apre lòt

Successor n. ranplasè

Succor n. sirèt, bonbon

Succulent adj. dyòl loulouz, koupe dwèt

Succumb v. tonbe devan, bat ba, fè bèk atè

Such pron. tèl

Suck v. **1.** souse, rale **2.** tete

Sucker n. sirèt, bonbon

Sudden adj. Sibit, brid sou kou

Suddenly adv. sibitman, briskeman, sanzatann

Suffer v. t. soufri

Suffering n. soufrans, doulè, jemisman

Suffice v. sifi, ase, oke

Suffocate v. toufe, etoufe. **1.** M ap toufe, louvri fenèt la pou mwen. **2.** Si mwen pa rele m a

toufe.
Suffocating adj. etoufan
Sugar n. sik •**sugar bowl** vèso
pou sèvi sik •**sugar refinery**
izin sirèt
Sugarcane g. n. kann nan
Sugarcane pulp n. ma kann,
bagas kann
Sugared adj. sikre •**lightly
sugared** brak. Kafe a brak
Suggest v. konseye, pwopoze
Suggestion n. konsèy, sijesyon
Suit n. kostim, rechany,
rechanj. •**swimsuit** mayo ben.
Suit[2] v. byen tonbe, fèt pou,
pafè, kòrèk.
Suitable (for automobiles)
adj. pratikab, wout pratikab.
Kote machin kapab pase
Suitcase n. valiz, bagay, bagaj,
zefè •**to pack a suitcase** fè,
prepare yon valiz
Suitor n. mennaj, boubout,
anmore, filè
Summarily adv. brid sou kou
Summary n. rezimen, lòsyè
Summer[1] adj. pandan lete
Summer[2] n. lete, ete
Summit n. **1**. anlè tèt, anwo
nèt. **2. mountain summit** tèt
mòn.
Sun n. solèy.
Sunday n. dimanch •**in one's
Sunday best** bòzò, chèlbè.
Abiye kou pan, abiye byen
bòzò, abiye chèlbè
Sunflower n. flè solèy

Sunk adj. sonbre, koule,
anfonse
Sunny adj. soleye. Jounen sol-
eye. Li fè solèy.
Superficial adj. konsa konsa,
arivis, aparans
Superior adj. siperyè, anwo,
sou tèt
Superiority n. baz chèf,
otorite, pouvwa,
Supermarket n. makèt
Supernatural adj. mistik,
sinatirèl
Superstition n. derezonnman
Superstitious adj. moun dere-
zonnen
Supervise v. siveye, sipèvize
Supervisor adj. sipèvizè
Supper n. supper, manje,
manje aswè. •**have you had
supper?** Èske ou manje?
Supplant v. pase sou tèt
Supple adj. **1.** soup, pliyab, **2.**
fleksib
Supplement n. ti anplis
Supplier n. founisè
Supply v. ranplase, sipleye
Supplying n. founisman
Support[1] n. apui, konkou, sipò
Support[2] v. **1.** sipòte, tolere, **2.**
sipòte, kore, ede, apiye
Supportive adj. sekourab,
soulajan, edan
Suppose v. t. sipoze
Supposition n. sipozisyon
Suppository n. sipozitwa,
medikaman dèyè

Suppress v. annile, anile, aboli, mete sou lakaba
Suppression n. anilasyon
Supremacy n. dominasyon
Sure adj. sèten, si
Surely adv. Asireman, siman
Surface area n. grandè
Surgeon n. chirijyen
Surgery n. chiriji
Surly adj. move jan
Surmount v. regle, kontounen
Surmountable adj. reglab, kontounab
Surname n. siyati
Surpass v. plase antèt, depase, pase devan
Surprise[1] n. **1.** sipriz, etonnman. **2.** kado
Surprise[2] v. siprann, etonnen
Surprising adj. etonnan
Surprising adj. siprenan
Surrender v. pote tèt li bay, livre tèt li bay, pote kò li bay, fè bèk atè
Surround v.
Surround v. t. anviwonnen, antoure. Byen antoure, byen ankadre
Surroundings n. pl. ozalantou, nan lakou a, ozanviwon
Surveillance n. siveyans, sipèvizyon.
Survey[1] n. sondaj
Survey[2] v. **1.** chache konnen, sonde, bat vant yon moun, fè pale **2.** apante
Surveying n. apantay, apantaj

Surveyor n. apantè
Survival n. lite, debat, batay. N ap lite, n ap debat ak lavi a.
Survive v. sovę, chape anba lanmò, geri, refè, delivre
Survivor n. sivivan, moun yo repeche, moun yo chape, moun yo sove.
Suspect v. t. sispèk, soupsonnen. Li sispèk yo ta pral arete li.
Suspend v. **1.** sispann, rete, kanpe, mete ola **2.** kwoke, koke, pann
Suspender n. bretèl
Suspicious adj. soupsonnab, soupsonnen
Sustain v. sipòte, kore, apiye, ede, soutni
Sustained adj. Soutni.
Swallow v. t. vale
Swamp n. marekay, marekaj.
Swampy adj. an marekaj.
Swarm[1] n. foul, gwoup, latriye, katafal, dal
Swarm[2] v. bonde, ranpli ak
Swarming n. gwouyman, boujay, fomiyman
Sway v. gouye kò w
Swear v. **1.** sèmante, fè sèman **2.** joure, betize
Swearword n. betiz, gwo mo, mo sal, jiwon,
Sweat[1] n. syè. Se syè nan fwon ni ki ba li kay la.
Sweat[2] v. swe
Sweater n. triko, chanday lenn

Swedish adj. swedwa
Sweep v. t. bale
Sweet pepper n. piman dous
Sweet potato n. patat
Sweet[1] adj. dous
Sweet[2] n. sirèt, bonbon
Sweeten v. rann dous, adousi
Swell v. Anfle, gonfle •**to become less swollen** dezanfle, degonfle
Swelling n. anfleman
Swiftness n. rapidite, kalanm-planm, fap-fap
Swim v. naje. Naje pou sòti.
Swimming n. lanaj
Swindle v. rakete, vole, fwode
Swindler n. raketè
Swine n. pouso, kochon
Swing v. balanse
Swirl[1] n. antònwa, toubiyon
Swirl[2] v. toubiyonnen
Swiss n. prop. Swis, Laswis
Switch[1] n. **1.** bagèt **2.** komi-tatè, entèriptè, switch
Switch[2] v. boukante, chanje men
Swollen adj. anfle
Sword n. nepe •**two-edged sword** kouto de bò, katyapika
Symbol n. labannyè, senbòl
Symbolize v. fè senbòl, kon-sidere kòm senbòl
Symptom n. sentòm nan
Synonym n. sinonim, mo sans vwazen, mo sans tokay
Syntax n. sentaks
Syrup n. siwo

Tt

Table n. tab la
Tablecloth n. nap
Tablet n. **1.** ti tab, ti etajè **2.** grenn, medikaman
Taciturn n. timid, jennen
Tack n. pinèz
Tact n. adrès, diplomasi
Tactics n. pl. mannyè, fason, teknik
Tactless adj. gwosye, frekan, malelve
Tag[1] n. etikèt
Tag[2] v. mete etikèt, kole etikèt
Tail n. ke, tche
Take apart v. demantle
Take away v. retire
Take back v. ale remèt, remèt,
Take v. t. pran •**take place** ap fèt, gen pou fèt •**take what you are owed** touche lajan w.
Take with v. t. pote, pote ale. Achte manje pou pote lakay la.
Takeoff n. dekolaj, dekòlman, vòl
Talcum powder n. poud bebe
Talent n. talan, don, entelijans, kapasite
Talented adj. gen talan, talan-tye
Talk[1] n. **1.** diskou **2.** chita koze, chita pale, rankont, fas-a-fas.

Talk² v. pale, pale anpil, pale long

Talks n. pl. chita koze, chita pale, poupale

Tamarind tree n. pye tamaren

Tambourine n. ti tanbou, tanbouren

Tame v. t. donte, rann saj

Taming n. dontaj

Tan v. bwonze, koulè po moun blanch tounen lè yo rete anba solèy lontan. Po bren.

Tangible adj. vizib, touchab

Tangle (up) v. t. mele, konplike, mete konfizyon

Tap (sink) n. wobinè, tiyo

Tape measure n. mèt la

Tape recorder n. mayetofòn

Tar¹ n. goudwon

Tar² v. goudwonnen

Tarantula n. krabareyen an, krab areyen, kabonbara

Taro (fritter) n. akra

Taro root n. mazounbèl

Tarpaulin n. twal pou pare lapli

Task n . f. wòl, travay. Wòl mwen, travay mwen se anseye.

Taste n. gou

Taste v. t.

Taste¹ n. gou. Se pa ti gou manje a gou.

Taste² v. t. goute, pran gou manje, savoure. Ban m goute manje a pou ou.

Tasting n. goute, bwè

Tasty adj. trè gou, se koupe dwèt, se dyòl loulouz, se goute pa lese, wa bon pa w.

Tatters n. pl. **1**. ranyon, vye rad, vètman chire. **2**. vye twal, kòtkabann

Tattle tale n. rapòtè

Tax collection n. Kolek lajan

Tax collector n. pèseptè, prepoze kontribisyon

Tax¹ n. taks, kontribisyon lajan, enpo

Tax² v. takse

Taxi n. taksi

Taxpayer n. kotizan, kontribyab

Taylor n. tayè, koutirye

Tea n. te

Teach v. t. anseye, enstui, edike

Teacher n. anseyan, mèt, pwofesè

Teaching n. ansèyman

Team n. ekip

Teammate n. konpayon, patnè

Tear¹ n. twou nan rad, dechiman, akwo.

Tear² n. dlo nan je, dlo je. •**in tears** avèk dlo nan je

Tear³ v. t. chire

Tearful adj. kriye, akeyi ak dlo nan je

Teargas n. lakrimojèn. Lapolis te lanse gaz lakrimojèn pou repouse manifestan yo.

Teary n. avèk dlo nan je, rèl

Tease v. agase, takinen, anmègde

Teasing n. agasman, takinman
Technical adj. teknik
Technician n. teknisyen
Technique n. teknik
Technology n. teknoloji
Tedious adj. annwiyan, anbe-tan
Telegram n. telegram
Telegraph[1] n. telegraf
Telegraph[2] v. voye telegraf
Telegrapher n. telegrafè
Telegraphic adj. an rapò ak telegraf
Telephone book n. liv telefòn
Telephone[1] adj. an rapò ak telefòn
Telephone[2] n. telefòn nan. •a **telephone call** yon apèl tele-fonik, yon kout telefòn.
Telephone[3] v. telefonnen, rele, sonnen
Teleprinter n. teleskriptè
Telescope n. teleskòp
Television n. aparèy televizy-on, televizyon
Television viewer n. telespek-tatè, fanatik emisyon televizy-on
Televize v. televize
Tell v. di, rakonte, konte, esp-like •**to tell jokes** bay istwa, tire kont •**to tell stories** tire kont, bay blag.
Teller window n. gichè, ti kontwa
Temple n. tanp •**Voodoo tem-ple** ounfò

Ten adj. dis
Tendency adj. tandans
Tenderize v. t. rann tann, adousi
Tenfold n. dis fwa. Pri manje vin dis fwa pi chè.
Tenth adj. ord. Dizyèm
Terminal n. enstalasyon pou vwayajè ak machandiz
Termination n. finisman mo, pwent mo
Terrace n. ban piblik, graden
Terracotta n. tè wouj
Terrible adj. **1.** terib, efreyan, **2.** degoutan
Terror n. kè sote, kè kase
Test[1] n. tès, egzamen
Test[2] v. teste
Testify v. temwaye, rann temwayaj
Testimony n. temwayaj
Thank God! n. apredye, grasadye, granmesidye
Thank v. remèsye
Thankful adj. rekonesan
Thankfulness n. rekonesans, gratitid
Thanks[1] n. remèsiman
Thanks[2] adv. mèsi. Mèsi Bondye gade ki jan lamizè fini pou men (chante).
That[1] conj. ke, kit
That[2] pron. ke
Thatch n. kouvèti an pay
•**thatch cottage** kay pay la
Thaw v. deglase, fonn
The art. déf. a, an, la, lan, nan.

Fi a, gason an, lèt la, madanm
nan yo tout nan salon an.
Theft n. vòl, wòldòp
Their pron. pers./adj. poss. Yo-
a . •**I asked for their address.**
Mwen mande yo adrès yo-a.
•**their children are here.** Pitit
yo a isit la.
Themselves yomenm
Then[1] adv. (se) konsa, kòm sa,
se moman sa a.
Then[2] conj. lèfini, epi, apre
There adv. Isit, la, isit-la. •**that
book, there** liv sa-a, liv sila-a.
•**up there** anwo-a
There are adv. gen, genyen.
•**there are none** nanpwen
Therefore conj. Pa konsekan,
kidonk. Let's go! Ann vanse!
Thermometer n. tèmomèt
These, those pron. dém. sila
yo, sa yo
Thesis n. opinyon, pwennvi
They *pron. pers. m. pl.* yo, y.
They are at home. Yo lakay yo.
Thick adj. **1.** dri, pil sou pil **2.**
pwès
Thickness n. pwèsman, epesè
Thief n. volè, vòlò, wòldòpè,
bandi, zenglendo
Thigh n. kuis la
Thin (down) v. megri
Thin adj. mèg, kase, sèch, piti,
cheti, mens, zo pope (fam.)
•**make thin** mensi, vin mens,
rann mens, megri, kase
Thing n. bagay, kichòy,

machen.
Things n. pl. afè, zafè, byen
Think v. panse •**don't think
twice about it** pa bay tèt ou
pwoblèm
Thinkable adj. imajinab, pans-
ab
Thinker n. save, fouyapòt
Thinness n. lamègrè
Third adj. twazyèm
Third world n. peyi pòv
Thirst n. swaf, gòj sèch **var**.
swèf.
Thirst-quenching adj.
diminye swaf, koupe swaf
Thirsty adj. swaf •**to be
thirsty** gen swaf, anvi brè. •**to
make thirsty** rann trè swaf
Thirteen adj. num. Trèz
Thirtieth adj., n. trantyèm
Thirty adj. num. Trant •**about
thirty** trantèn
This, that adj. dém. Sa a.
•**that man** nèg sa-a. •**this girl**
fi sa-a. •**that** sa ki, sak. •**that**
pron. dém. Si-a, sila-a •**this**
pron. dém. Sa se, sa-a se.
•**that's it!** se sa. Se sa.
Thorax n. kòf-lestomak,
kòtòf-lestomak
Thorn n. pikan, pikan kwenna.
Thought n. lide
Thoughtful adj. Atansyonnen,
sonjè
Thoughtfulness n. swenyaj,
atansyon, andyozman, jantiyès
Thousand n. •**a thousand**

pardons mil eskiz, mil padon •**about a thousand** (yon) milye

Thousandth adj. milyèm

Thrash v. t. bimen,

Thrashing n. vole baton. Yo sot ba li yon vole baton nan dèyè li

Thread[1] n. fil

Thread[2] v. pase fil, file,

Threat n. mennas

Threaten v. mennase

Three adj. twa

Thrill n. •**for the thrill** pa plezi, pou plezi

Throat n. gòj

Throng n. grann foul

Throughout adv. Pandan, diran

Throw (out) v. mete deyò, sòti

Throw v. **1.** lese tonbe, lage. **2.** abandone, jete. •**to throw o.s. in the water** Lage tèt ou nan dlo.

Thug n. malfektè

Thumb n. pous

Thunder n. tonnè

Thursday n. jedi

Thwart v. t. anpeche, opoze, bloke

Thyme n. ten an. Mete yon ti ten.

Tick n. **1.** abitid, mannyè **2.** **(parasite)** tik

Ticket n. **1.** tikè, biyè **2.** tikè, kontravansyon. •**pay a ticket** peye yon tikè

Tickle v.t. karese, touche dous

Tidiness n. pwòptaj

Tie n. kravat, kòl

Tiger n. tig la. Pitit tig se tig.

Tight adj. jis, kwense

Tighten v. tann.

Tile n. mozayik

Time[1] n. **1.** tan •**in time** atan, alè, alè jis •**on time** alè, atan •**to have the time to** gen tan pou **2.** fwa

Time[2] v. t. mezire avèk yon kronomèt

Timely adj. bon moman

Timid adj. jennen

Timidity n. jennman

Tin n. fèblan

Tin sheet n. tòl

Tingling n. pikman

Tinsmith n. fezè, fabrikan, machann fèblan

Tint v. tente

Tinting n. tenti a

Tiny adj. trè piti

Tip n. tip

Tire[1] n. kawoutchou

Tire[2] v. bouke, kraze zo, epuize

Tired (out) adj. bouke, fatige

Tired adj. bouke, epuize, fatige

Tireless adj. kouraje, pèseveran, pa janm bouke

Tiresome adj. anwiyan, fatigan

Tiring adj. fatigan, epuizan, ekrazan

Tit n. tete

Tithing n. ladim
Title n. tit
To prep. a
Toad n. krapo a
Toast[1] n. tos
Toast[2] v. t. griye
Toaster n. tostè
Tobacco n. tabak
Today adv. Jodi-a, jodiya, kounye-a, aprezan
Toe n. zòtèy la
Together adv. ansanm, men nan men, tèt kole
Toilet n. twalèt. •**ladies' room** twalèt fanm
Tolerable adj. tolerab, sipòtab
Tolerance n. akseptans, tolerans
Tolerant adj. toleran
Tomato n. tomat
Tomcat n. mal chat, matou
Tomorrow[1] adv. nan demen, o lannmen.
Tomorrow[2] n. demen.
Tomtom drum n. tanbou
Tonality n. tip, kalite vwa
Tongue n. lang.
Tonne n. tòn
Tonsil n. amidal
Too adv. osi, egalman, tou
Too much, many adv. Twò, tro, twòp. •**too many people** tròp moun
Tool n. zouti, aparèy, ekipman, materyèl
Tooth n. dan a
Toothbrush n. bwosadan an

Toothed adj. dante
Toothless adj. bouch flobop
Toothpaste n. dantifris. Pat dantifris
Toothpick n. ti bwa dan
Top[1] n. **1. (spinning)** topi **2.** kòsaj
Top[2] adv. anwo •**right at the top** anwo konplètman.
Topography n. topografi
Torch n. flanbo
Torment[1] n. toumant, enkyètid, sousi, kè kase
Torment[2] v. enkyete, gen kè kase, toumante
Tornado n. siklòn, ouragan
Torrent n. lavalas
Torrid adj. trè cho
Torture[1] n. mati, maltretans, grann pinisyon
Torture[2] v. matirize, tòtire, malmennen
Torturer n. bouro, tòsyonè
Total[1] adj. global
Total[2] n. total
Total[3] v. fè total
Totality n. tout ansanm
Totally adv. konplètman, totalman, antyèman, san mank, total kapital.
Touch v. t. touche, mannyen, karese
Touching adj. **1.** dousisan, dousi, adousisan, adousi **2.** touchan, etonnan
Tough adj. **1.** trè di **2.** difisil
Touris n. touris •**tourist bus**

bis touris, bis vwayajè.
Tourism n. touris
Tourist n. touris
Touristic adj. an rapò ak touris. Vwayaj touristik
Tournament n. tounwa
Tourniquet n. atachman
Tow v. tire dèyè, rale dèyè. Tire, rale yon machin.
Toward adv. vè, nan direksyon, an direksyon de
Towel n. sèvyèt
Tower[1] n. bilding kay, kay tèt palmis, kay apik, gwo bilding. •**tower of New York**
Tower[2] n. tirè, ralè, remokè
Towing n. remokaj
Town n. vil, vilaj •**about town** nan vil-la
Toy n. jwèt
Trace v. repwodui, kopye yon desen.
Tracing n. repwodiksyon idantik
Tractor n. traktè
Trade n. metye, okipasyon
Trader n. moun ki fè lamadèl
Tradition n. koutim, tradisyon, abitid
Traffic jam n. blokis, anbouteyaj.
Traffic v. vann dwòg
Trafficker n. **1.** kontrebandye, rakatè **2.** vandè, machann dwòg
Tragedy n. dram
Tragic adj. terib, tris

Trail n. ti chemen, ti chimen
Train[1] n. tren
Train[2] v. **1.** fè egzèsis, antrenen **2.** fòme, antrene, enstui, prepare
Trainee n. apranti, elèv
Training n. **1.** egzèsis, antrennman **2.** ansèyman, fòmasyon, antrenman, antrennman
Trait n. liy dwat, tras, trè, titrè
Traitor n. trèt, move sitwayen
Trajectory n. trajè, wout, pakou
Tramp n. moun san kay
Trample v. pile, pase anba pye, mache sou yon bagay
Trance n. tonbe lwa
Tranquilizer n. kalman
Transaction n. tranzaksyon
Transcribe v. re-ekri
Transfer v.
Transfer[1] n. transfè
Transfer[2] v. transfere, transpòte
Transform v. t. chanje, transfòme, transfòmen
Transformer n. transfòmatè
Transgress v. vyole, depase bòn
Transistor n. transistò
Transition n. transfè, tranzisyon, chanjman
Translate v. vire an, tradui, mete an (kreyòl) Tradui, mete, vire yon fraz angle an kreyòl.
Translation n. tradiksyon, tounen/vire yon lang nan yon

lòt lang
Translator n. tradiktè
Transmissible adj. kontajye,
atrapan
Transmit v. t. remèt, transmèt
Transparency n. transparans,
ouvèti
Transparent adj. **1.** ouvè, **2.**
klè, san kachotri
Transport v. t. pote ale,
transpòte
Trap[1] n. pyèj, konplo, mera,
petren
Trap[2] v. pyeje, mete nan mera,
pran yon moun nan pyèj
Trapeze n. trapèz
Traumatize v. boulvèse, choke
Traveller n. vwayajè, pasaje
Tray kabare, bak, plato.
Treachery n. twonpri, tron-
pans
Treasure n. trezò
Treasurer n. trezorye
Treasury n. fon lajan
Treat[1] n. ti kado, bonbon, sirèt
Treat[2] v. t. trete, swaye, bay
laswenyaj, bay swen, okipe
Treatment n. tretman,
laswenyaj
Tree n. pyebwa, bwa.
Tremble v. tranble, branle,
fremi, fè pipi nan pantalon
Trembling n. latranblad,
fremisman
Tremendous adj. Fòminab,
estra-òdinè, fopaplis
Trial n. konpetisyon, eprèv

Triangle n. triyang
Tribe n. ti gwoup moun
Tribulation n. tribilasyon,
eprèv, pwoblèm
Tribunal n. tribinal
Tributary n. bout yon rivyè.
Kote yon rivyè al chita ou
tonbe
Trigger[1] n. gachèt
Trigger[2] v. t. deklannche,
kòmanse, derape, demare,
aksyonnen
Triggering n. deklanchman
Trim v. t. mete bèbèl, dekore,
fè bèl
Trinket n. biblo
Trip[1] n. vwayaj, pakou, trajè
Trip[2] v. trebiche.
Triple[1] n. twa fwa
Triple[2] v. miltiplye pa twa
Triumph[1] n. laviktwa
Triumph[2] v. ranpòte laviktwa
Triumphal adj. viktorye
Troop n. gwoup, rejiman, bann
Trophy n. trofe
Trot n. pa, bri pat chwal
Trouble[1] n. latroublay
Trouble[2] v. boulvèse, deranje,
anbete
Troubled adj. boulvèse, twou-
ble, anbouye
Troubling adj. troublan, twou-
blan, boulvèsan, enkyetan,
anmegdan, anbetan, jennan
Trough n. Rezèvwa /basen
dlo. Rezèvwa/basen kote bèt
bwè dlo.

Trowel n. tiwèl. Bòs mason sa a pa janm mache san tiwèl li.

Truck n. kamyon an •**heavy truck** gwo kamyon •**pickup truck** kamyonnèt

Trucker n. chofè kamyon

True adj. vre, vrè, reyèl, san manti

Truly adv. Vrèman, reyèlman, avredi

Trumpet n. tronpèt, twonpèt

Trumpeter n. twonpetis, jwè tronpèt

Truncheon n. kokomakak

Trunk n. **1.** kò, twon **2.** kòf

Truth n. laverite. Bonjou li pa laverite.

Truthful adj. se vre

Truthfully adv. avrèdi

Truthfulness n. san manti, verite sou tanbou

Try[1] n. eseyaj, eseyay

Try[2] v. fè yon kout, seye, eseye.

Trying adj. egzijan

Tuberculosis n. maladi pwatrinen, maladi T.B.

Tuesday n. madi

Tuft n. plimo a

Tugging n. tirayman, bouskilad

Tulip n. flè tilip

Tumble[1] n. degrengolad, pèdi pyè

Tumble[2] v. t. deboule. Deboule yon eskalye

Tumour n. timè

Tumult n. ajitman, ajitasyon, gran mouvman

Tumultuous adj. ajite, mouvmante

Tune n. chansonnèt, ti chanson

Tunnel n. tinèl

Turbulence n. ajitasyon, bouskilad

Turbulent adj. ajite

Tureen (soup) n. soupyè

Turkey n. **1.** kodenn **2.** ti kodenn, pitit kodenn.

Turkey hen n. femèl kodenn

Turn n. **1.** Tou. Se tou pa m •**it's my turn**. **2.** Kout . Fon ti kout, fè yon kout minis. Se tou pa m pou m minis. **3.** spin n. •**take a spin** fon ti vini.

Turn v. t. fè wonn, vire, tounen •**turn around** tounen tèt li, tounen kò-li. •**turn back** fè tounen, fè kase tèt tounen •**turn back on** relimen •**turn down** kase, touse. Kase woulèt pantalon an. •**turn off** etenn, tenyen •**turn out** mete deyò, dekanpe

Turnaround n. chanjman brisk, chanjman rapid

Turnip n. navè

Turtle n. tòti

Tweezers n. pensèt

Twelve adj. douz

Twentieth adj. ventyèm

Twenty *adj. num.* ven •**around twenty** ventèn

Twig n. fachin bwa, branch

Twin n. marasa, jimo
Twist v. tòde
Twists and turns n. detou, zigzag
Two adj. num. de
Type[1] n. kalite, espès, sòt, tip
Type[2] v. ekri alamachin, tape alamachin, daktilografye. Fè daktilo.
Typhoon n. siklòn, ouragan
Typical adj. **1.** espesifik, patik-ilye, **2.** natif-natal, san melanj
Typing n. daktilografi. Rita ap suiv yon kou dakti
Typist n. daktilograf, sekretè
Tyrannical adj. san pitye, kriyèl, kè di
Tyrannize v. abize, fè lenjistis, maltrete
Tyrant n. diktatè, Lwi jan Boje

Uu

Udder n. manmèl bèf
Ugliness n. lèdè, ledè
Ugly
Ugly adj. lèd •**to make ugly** rann lèd, debeli
Ulcer n. ilsè lestomak
Ulterior adj. pi ta, yon lòt fwa, yon lòt lè
Ultimate adj. dènye
Ultimatum n. mennas
Ultramodern adj. trè modèn, wòdpòte

Umbrella n. parapli.
Unacceptable adj. inakseptab, deplase. Di pawòl deplase.
Unachievable adj. non fezab
Unaffordable adj. two chè
Unanimity n. akseptasyon total
Unanimous adj. san opozisy-on, akò total
Unanimously adv. tout moun dakò
Unattractive adj. mòch, lèd
Unavoidable adj. sa ki dwe rive, vle pa vle, inevitab
Unavoidably adv. enkontoun-ableman, fòseman
Unbearable adj. ensipòtab, inakseptab
Unbeatable adj. toro
Unbelievable adj. Enkwayab, enpansab.
Unbelieving adj. enkwayan, ate
Unblock v. t. debloke, debouche
Unbreakable adj. di, solid, non kasab
Unbreatheable adj. non res-pirab, pa respirab
Unbutton v. t. deboutonne, deboutonnen
Unbuttoned adj. debraye, kòlèt deboutonnen
Uncap v. t. dekapsile
Uncertain adj. ensèten
Uncertainty n. ensètitid
Unchanged adj. enchanje

Uncle n. tonton, monnonk
Uncomfortable adj. malalèz, jennan
Uncompromising adj. di, egzijan, wòklò
Unconcern n. manfoubans, neglijans
Unconcerned adj. manfouben, neglijan
Unconditional adj. san kondisyon
Unconscious adj. endispoze, dekonpoze.
Unconsciously adv. **1.** aksidantèlman, envolontèman **2.** otomatikman, san reflechi
Unconsciousness n. san konsyans
Uncover v. detekte, dekouvri
Undecided adj. an de lide
Under adv. anba
Underground n. anbatè
Underhandedly adv. an katimini
Underline v. souliyen, trase anba
Undermine v. minen, desann, depafini,
Underpinning n. baz, fondman
Undershirt n. jilè
Understand v. t. konprann, asimilen
Understanding n. aranjman, akò, antant
Understood Oke, dakò
Undesirable adj. ensipotab, entolerab

Undisciplined adj. enkonduit, regadan
Undo v. t. defèt, lage
Undress v. t. dézabiye, wete rad, mete touni
Unearth v. t. detere, wete nan tè, soti nan tè
Unemployed (person) n. chomè
Unemployment n. chomaj
Unending adj. enfini, etènèl, kontinyèl
Unequal adj. depaman, diferan
Unexpected adj. sanzatann, enprevi
Unexplainable adj. misterye
Unfasten v. t. defèt agraf, degrafe
Unfavourable adj. move moman
Unfinished adj. inacheve, non tèmine, enkonplè
Unfold v. t. depliye, louvri
Unfolding (of events) n. dewoulman
Unforeseeable adj. non previzib, ensèten
Unforeseen adj., n. inatandi
Unforgettable adj. raplab, inoubliyab
Unfortunate adj. pòv, malere, malerèz
Ungrateful adj. engra, san rekonesans
Unhappiness n. tristès
Unharmed adj. endèm, san

domaj

Unhealthy adj. malsen, malpwòp

Unhoped for adj. sanzatann, inatandi

Uniform n. inifòm lekòl, inifòm travay, inifòm militè

Uniformity n. sa ki inifòm, parèy

Unify v. simante, fè inite. Kreyòl se sèl lang ki fè inite ant tout Ayisyen (Cons. 1987, art. 5).

Unilateral adj. aji sèl, aji an sèl chèf, aji an Lwi Jan Boje, deside sèl

Unimaginable adj. enpansab, enkwayab

Uninhabitable adj. abandonnab, delesab

Uninhabited adj. abandone, delese

Uninitiated adj. apranti

Uninterrupted adj. kontinyèl, nèt ale, sanzarè

Union n. **1.** sendika **2.** tèt ansanm, inyon. Pou yon peyi mache byen, fò tout sitwayen mete tèt ansanm, fòk gen inyon ak solidarite.

Unique adj. sèl, inik, yon grenn.

Unite v. mete ansanm, kole tèt, kole zepòl •**united we stand** Men anpil chay pa lou, Yon sèl dwèt pa manje kalalou.

Universal adj. pou tout moun, inivèsèl.

Universally adj. mondyalman, sou tout latè beni.

University[1] adj. sa ki gen rapò ak inivèsite

University[2] n. inivèsite

Unjust adj. malonnèt, enjis

Unjustified adj. inakseptab, entolerab

Unjustly adv. enjisman, malonnètman, enkorèkteman

Unknown adj. enkoni, transfòme, chanje

Unlace v. t. lage, defèt lasèt.

Unleash v. dechennen, debòde

Unless adv. amwenske

Unlikely adj. enkwayab, enjistifyab

Unlimited adj. san limit

Unload v. t. dechaje. Debadè yo pa dechaje bato a.

Unloading n. dechajman, dechayman

Unlucky adj. an devenn

Unnoticed adj. non remake, anbachal

Unpack v. defèt yon pakèt

Unpacking n. debalaj

Unpardonable adj. enpadonnab, non eskizab

Unpleasant adj. deplezan, veksan, degoutan

Unpleasantly adv. trè deplezan

Unplug v. debranche, deploge

Unpopular adj. enkoni

Unprofitable adj. non rantab

Unquestionable adj. enkontestab

Unreadable adj. twoub, non lizib

Unreal adj. non reyèl, imajinen

Unreasonable adj. derezonab, deregle, lenkonduit

Unsaddle v. desele. Desele cheval la.

Unscrew v. t. devise

Unseat v. t. dezasonnen,

Unsellable adj. non vandab, non achtab, jetab, abandonnab

Unshakeable adj. fèm, djanm, kin

Unsheathe v. t. degennen, retire zam, sòti zam

Unsolvable adj. ensimontab, ensolisyonnab

Unspeakable adj. inesprimab

Unstable adj. boulvèsan, branlan, enstab

Unsteady adj. ti sante. Moun ki pa tèm.

Unstitch v. t. dekoud

Unstitched adj. dekoud

Unsuspected adj. ensoupsonab, ensispekt, non sispèkt

Untameable adj. endontab

Untangle v. demelanje

Untenable adj. ensipòtab, non defandab, entolerab

Unthinkable adj. enpansab

Unthrow v. t. dechouke, ranvèse

Untie v. t. detache, lage, demare

Until adv. jis, jous, jouk, jouska, jiska

Untranslatable adj. non dechifrab, enkonpreyansib

Unusable adj. abandonnab, initil, neglijab

Unwind v. **1.** deplwaye, louvri **2.** detann

Unwrap v. t. debale, devlope yon kado

Unyielding adj. enfatigab, enfayib, rezistan

Up adv. anwo •**all the way up there** tout anwo, trè wo •**up there** anwo •**from up there** anwo

Uproar n. ajitasyon, boujman, brigandaj

Uproot v. t. dechouke, derasinen, rache

Uprooting n. dechoukaj, derasinman, revokay, revokaj

Upset v. t. **1.** defikse, deregle **2.** konstènen **3.** mete dezòd

Upsetting adj. dezolan

Upsurge n. ogmantasyon

Uptown n. Sant vil la.

Urban adj. nan vil la, nan lavil

Urbanism n. syans ki okipe batisman ak amenajman lavil

Urbanization n. lavilizasyon, transfòmasyon an vil

Urgency n. ijans

Urgent adj. ijan

Urinal n. twalèt

Urinate v. t. pise, irinen, fè pipi

Urine n. pise, pipi
Use v. **1.** itilize, sèvi. •**to make use of** sèvi avèk, itilize •**using** an sèvan ak **2.** •**to be used to** abitye, gen abitid, se abitid
Useable adj. itilizab
Used to abitye avèk •**to be used to** abitye, gen abitid, se abitid
Useful adj. Itil, nesesè
Useless adj. san valè, initil
Uselessness n. initilite, gaspiyaj, gagòt
User n. itilizatè, konsomatè
Usher n. uisye
Usually adv. abityèlman, dabitid, òdinèman
Usurer n. izirye
Usurp v. vole tit
Usurper n. vòlò, volè tit, izipatè
Utensil n. batri kuizin
Uterus n. iteris
Utility n. itilite, enpòtans
Utilization n. itilizasyon
Utter v. sa ki di avèk vyolans

Vv

Vacant adj. disponib
Vacation n. f pl. vakans, konje, repo. •**summer vacation** vakans dete.
Vacationer n. vakansye
Vaccinate v. vaksinen
Vaccination n. vaksinasyon

Vaccine n. vaksen
Vacuum n. aspiratè
Vagabond n. vakabon
Vagina n. bòbòt, bagay, kòkòt (nan Nò), koko (vilgè pou sèten)
Vagrancy n. vakabondaj
Vague adj. vag, flou
Vaguely adv. trè flou
Vain adj. anyen, san siksè. •**in vain** pou anyen
Vainly adv. initilman. Se lave men siye atè. Ala mizè pou lave kay tè
Valet n. jeran, gason lakou, sèvitè
Valiant adj. vanyan
Valiantly adv. vanyamman, kourajezman
Valid adj. bon, akseptab
Valid adj. valid, akseptab
Validate v. fè mete so sou, fè konfimen
Validation n. akseptasyon, konfimasyon
Validity n. dire itilizasyon
Value n. valè, pri
Vampire n. vanpi
Vandal n. bandi, malandren
Vandalism n. kasaj, kraze-brize
Vanilla n. vaniy
Vanquish v. bat, genyen, ranpòte laviktwa
Vanquished adj. pèdi
Vanquisher n. gayan, viktorye
Vapour n. vapè dlo

Variable adj. chanjab, modifyab

Variation n. chanjman

Varied adj. varye

Variety n. diferan sòt, plizyè modèl

Varnish v. t. vèni

Vast adj. tro gran

Vault n. ti kav, kavo. Elifèt bezwen yon ti kav pou antere grann ni.

Vegetable n. legim nan

Vegetarian n. vejetaryen, manje mèg

Vegetate v. kalblende, trennen

Vehemence n. kòlè, raj

Vehicle n. oto, machin

Vein n. venn

Venerable adj. adorab, apresye, admirab

Venerate v. adore, renmen, apresye, admire

Veneration n. anpil lanmou, anpil afeksyon, adorasyon

Vengeance n. èy pou èy, dan pou dan

Venom n. pwazon

Ventilate v. fè lè, louvri pòt, louvri fenèt

Verb n. vèb, pilye fraz

Verbal adj. pawòl. Lè ou bay yon moun pawòl ou fò ou respekte li

Verbally adv. oralman

Verbiage n. pawòl nan bouch, rablabla

Verdict n. vèdik •**to give a**

verdict regle, deside sou

Verifiable adj. pwouvab

Verification n. kontwolman, kontwòl

Verify v. verifye, gade si se vre

Verse n. kouplè

Version n. parisyon, sòti

Vertebral adj. colonne vertébrale rèl do

Vertical adj. kanpe, vètikal

Vertically adv. Vètikalman

Vertigo n. etoudisman, vètij

Vervain n. vèvenn. Tè vèvenn bon pou anpil maladi.

Very adv. trè Li trè janti. •**very early** byen bonè, bonè bonè, douvanjou •**very good** trè byen •**very well** Oubyen

Vest n. vès, levit

Vetiver n. vetivè

Vex v. vekse, imilye, avili

Vexing adj. veksan, avilisan, imilyan

Viability n. dirabilite, lonjevite

Viable adj. dirab

Vibrate v. sonnen

Vicar n. vikè, pè, monpè

Vice n. defo, vis

Vice versa loc. adv. mennmman, parèyman, osi pou youn osi pou lòt

Vice-president n. prezidan annaprè, prezidan sipleyan

Vice-principal n. Chèf, responsab disiplin nan lekòl. Sansè a sevè.

Victim n. viktim
Victorious adj. gayan
Victory n. laviktwa
Victuals n. pl. lamanjay
Video clip n. videyo
Vigilance n. vijilans, alagad, rete veyatif
Vigilant adj. veyatif, vijilan
Vigorous adj. fò, gosto
Vigorously adv. trè fò, avèk fòs
Vigour n. fòs, enèji
Vilify v. rabese, denigre, avili
Village n. vilaj, bouk
Villager n. moun vilaj
Villainy n. banndi, zenglendo, kriminèl
Vindictive adj. rankinyen
Vinegar n. vinèg
Violation n. vyolasyon, derespè
Violence n. britalite, vyolans
Violent adj. brital, sovaj
Violently adv. sovajman, britalman
Violinist n. jwè vyolon, vyolonnis
Virgin adj. tifi, vyèj. Malèn rete tifi jiskaske li marye.
Virginity n. vyèjinite, vijinite
Virile adj. pisan, gason, kin, djanm
Virility n. pisans
Virtuosity n. avèk anpil talan
Virtuoso n. mizisyen maton
Virulence n. fèmte, dirte
Virulent adj. di, san pitye

Virus n. viris
Visa n. viza, lese pase
Visibility n. prezans
Visible adj. vizib •**to make visible** fè parèt, rann vizib
Visibly adv. vizibleman
Vision n. vizyon
Visionary n. vizyonnè, bwa piwo, Antwàn lan Gonmye
Visit[1] n. vizit. •**a short visit** vizit doktè.
Visit[2] v. vizite, ale wè, ale rankontre
Visitor n. vizitè
Visual adj. vizyèl
Vital adj. sa ki pi enpòtan, sa ki esansyèl
Vitality n. enèji, vigè
Vitamin n. fòtifyan, jèvrin, vitamin
Vocabulary n. mo
Vocation n. vokasyon
Voice n. vwa. •**high-pitched voice** vwa pike •**I hear your voice.** Mwen tande vwa ou.
Volleyball n. volebòl
Voltage n. vòltay, vòltaj
Volume n. volim
Voluntarily adj. volontèman, ak fèm konviksyon
Voluntary adj. volontè
Volunteer n. benevòl, volontè •**volunteer work** benevola
Vomit[1] n. vomismàn
Vomit[2] v. rejte, vomi
Voracious adj. voras, gouman
Vote[1] n. vòt

Vote[2] v. vote
Vow n. **1.** swè. **2.** penitans, sèp (vod.)
Vowel n. vwayèl, lèt, son
Voyage[1] n. vwayaj la
Voyage[2] v. vwayaje
Vulgar adj. vilgè
Vulgarity n. gwosyète
Vulgarly adv. gwosyèman
Vulnerability n. frajilite
Vulnerable adj. frajil

Ww

Wad (money) n. pakèt lajan, mago. Li soti yon pakèt dola vèt kou powo.
Wage n. salè
Wager[1] n. gaj
Wager[2] v. gaje, mize, parye
Wagon n. vagon
Wailing n. plen-yaj, plenyaj, plenyman
Wait[1] n. esperans, chita tann
Wait[2] v. t. tann, kanpe tann, pran pasyans
Waiting room n. sal, sal datant.
Wake up v. t. reveye.
Walk[1] n. pwomnad, mach, mache, •**to take a walk** pran yon mach, pwomennen, flannen
Walk[2] v. mache, pwomennen.
Walker n. machè, pwomennè
Walkman n. wòkmann, baladè

Wall n. panno, mi, miray •**low wall** misèk
Walled adj. mi
Wallet n. bous, pòtfèy
Wallow v. koupi
Waltz v. danse, sote ponpe
Want v. vle, gen anvi, anvi
War n. lagè
Ward off v. t. anpeche yon malè, repouse yon move je
Wardrobe n. Kwokaj, pandri
Warehouse n. izin, konpayi, endistri, faktori, manifakti
Warm adj. avèk anpil chalè, tyèd
Warmly adv. chalerezman
Warned adj. avèti
Warning n. avètisman, konsèy, pinga
Warrant officer n. ajidan
Warrior n. konbatan, batayè
Wash v. t. lave, pwòpte, netwaye •**wash o.s.** lave, benyen, fè twalèt
Washable adj. lavab
Washbasin n. kivèt la
Washed out adj. blaze
Wasp n. gèp
Wasp nest n. nich gèp
Waste basket n. kòbèy, poubèl la
Waste[1] n. gaspiyaj, dega
Waste[2] v. gate, gaspiye •**to waste time** pèdi tan. •**it's a waste of time** se tan pèdi. Se lave men siye atè.
Watch (over) v. veye, gade,

kenbe

Watch out! interj. atansyon, pinga

Watch s.o. v. Liyen yon moun.

Watch¹ n. mont . Mwen vle yon mont Roleks.

Watch² v. siveye, rete vijilan

Watcher n. gadyen

Watchmaker n. bòs òlòj, òlòje a

Watchmaker's shop n. magazen òlòj

Water¹ n. dlo a. Yo fòse bourik janbe dlo, men yo pa ka fòse-l bwè dlo. •**polluted water** g. adj. vye dlo

Water² v. 1. wouze 2. fè brè. Fè bourik-la brè dlo. Mennen bourik-la brè dlo nan rivyè-a.

Watercress n. kreson an

Waterfall n. sodo, chitdlo

Watering can n. awozwa

Watering n. lawozaj, wouzman

Watermelon n. melon dlo

Waterproof adj. piga mouye, pinga dlo

Watt n. wat

Wave n. lè. Radyo a nan lè chak jou Bondye mete.

Wax¹ n. lasi

Wax² v. t. sire •**to wax one's shoes** sire, netwaye soulye liyo

Waxing n. siraj, siray

Way n. 1. direksyon, zòn, wout 2. fason, jan, mannyè •**by way of** Olye, pase 3. mwayen •**in this way** kouwè, menm jan ak, konsa

We pron. pers. nou, n

Weak adj. fèb

Weaken v. pèdi fòs, febli, vin fèb, rann fèb

Weakening n. afeblisman

Weakness n. feblès, fatig

Wealthy n. trè rich

Wean v. sevre, dezalete

Weaning n. dezaletman, detetman

Weapon n. zam. Zam fann fwa, zam lagè.

Wear v. t. pòte

Weather n. previzyon tan an •**bad weather** move tan

Weather vane n. jiwèt

Wed v. marye.

Wedge v. t. bloke, kwense

Wednesday n. mèkredi

Weed n. move zèb

Week n. semenn. **var.** semèn. Semenm sent.

Weekly¹ adj. ebdomadè. Ayiti-Progrè se yon jounal ebdomadè, li sòti chak mèkredi.

Weekly² adv. chak semenn.

Weigh (down) v. t. rann lou, fè vin lou

Weigh v. mete sou balans, peze

Weight n. pwa, pezantè, grosè •**to put on weight** grosi •**weight loss** megrisman.

Weightlifter n. altewofil

Weightlifting n. altè, alte-wofili. An Ayiti, nou fè pwa e altè tou.

Weighty adj. lou, lou kou pwasenkant

Weird adj. estipid, enkwayab, derezonnab

Welcome¹ adj. **1.** byenvini, nou kontan wè w, ou lakay ou. **2.** •**you're welcome** pat kwa

Welcome² n. akèy, resepsyon

Welcome³ v. t. akeyi, resevwa

Welcoming n. akeyan

Weld¹ n. soudi

Weld² v. soude, kole

Welder n. soudè

Welfare n. byenèt

Well known adv. trè koni

Well-behaved adj. saj, janti, poli. •**behave!** rete janti, rete saj.

Well-being n. Byennèt, komodite

Well¹ adj. **1.** byen •**well-to-do** moun afè bon, moun rich **2.** byen, kontan, alèz

Well² n. pui a

Wet² v. t. mouye, tranpe

Whale n. balenn lanmè

Wharf n. pò, waf

What adj. ki, kisa, ki sa, kèske, se kwa?. •**what time is it?** Ki lè li ye? •**what bad luck?** kèl devenn? •**what is the weather?** Kouman tem-perati-a ye? Ki tan li fè deyò-a? •**what is it?** kisa, ki bagay?

•**what is happening?** Sak genyen, sa k ap fèt? •**who is it?** Ki moun? kiyès? Qu'est-ce qu'il y a? sak genyen? Sa kap fèt?

Whatever may be adj. kèlkeswa, kèlkilanswa

Whatsoever adj. kèlkonk

Wheel n. wou

Wheelbarrow n. bourèt

When adv. **1.** lè, lò, lòske. **2.** **What time?** Ki lè?

When adv. lè, lò, kan, lòske

Where adv. ki kote, kote. Kote ki gen tèt pa gen chapo. Kote ki gen chapo pa gen tèt.

Which adv. ki •**which is to say, meaning** reyèlman, kidonk

While adv. alòs, annatandan, menmlè, malgre, menmsi.

Whine v. babye

Whip¹ n. rigwaz, matinèt, raso, fwèt kach

Whip² v. t. kale ak fwèt, kale ak rigwaz

Whisky n. wiski

Whisper v. chichote

Whispering n. chichotman

White n. Blan, Blanch

Whiten v. t. Blanchi

Whiteness n. blanchè

Whitlow n. pannari

Who 1. ki, k. **2.** Kilès, ki, kèl?

Whoever pron. indéf. Nenpòt ki moun

Whole¹ adj. antye

Whole[2] n. antyèrte, globalite
Wholesaler n. machann gwo
Whom pron. ki, kèl, ke
Whom pron. rel. Ki, kiyès, kilès
Whooping cough n. koklich la
Why adv. poukisa, pou ki sa.
Wick n. mèch. Mete mèch nan lanp la.
Wide adj. laj
Widen v. t. laji, etann, agrandi
Widening n. grandisman, lajisman, etalman
Widow adj., n. ansyen madan marye, madanm san mari
Widower adj., n. ansyen mari, misye san madanm. Gason ki pèdi madanm ni.
Width n. lajè. Ki lajè teren an?
Wig n. fo cheve, perik
Wild n. adj. bosal, brital, kriyèl, sovaj, nèg mawon
Wildlife n. tout zannimo yon peyi
Will n. motivasyon, detèminasyon, volonte
Willingly adv. san pwoblèm, avèk plezi
Wilt v. deperi, kase, deklise
Win v. genyen, ranpòte yon pri, pran pri, genyen pri
Wind n. van •**North wind** van frèt epi sèch
Window (shop) n. vitrin
Window n. fenèt la
Wine n. diven
Wing n. zèl

Wink n. kout je
Winner n. ga-yan, gayan, ganyan, loreya, venkè
Winter n. livè, ivè
Wipe v. **1.** siye, **2.** wipe (out) sibi defèt
Wisdom n. sajès
Wise adj. entelijan, pridan, rezonnab. Moun aji avèk entelijans
Wish[1] n. swè, dezi
Wish[2] v. swete, dezire
Witch n. galipòt
With adv. avèk, ak, a
Withdrawal n. retirman, diminisyon
Withered adj. fennen
Without prep. san. •**without a doubt** pa gen dout nan sa, se sèten. •**without question** san mank
Wolf n. lou a
Wolfcub n. ti loup
Woman n. fanm nan, dam nan, madanm nan.
Wonder n. mirak
Wood n. bwa
Woodpecker n. sèpantye
Woodwork n. metye ebenis
Woodworker n. chapantye, ebenis
Wool n. lenn nan
Woollen adj. lennaj, twal lenn
Word n. **1.** mo, pawòl. •**to say a few words**. Di yon pawòl. **2.** promès, pawòl, dèt
Work camp n. batey

Work[1] n. **1.** travay, dyòb **2.** reyalizasyon, liv

Work[2] v. **1.** travay, fè travay. •**to work hard** redi, bourike. Bourik travay pou chwal galonnen. **You do all the work, s.o. else gets all the credit**. **2.** Fonksyonnen, mache.

Workbench n. etabli. Chapantye a travay sou yon etabli

Worker n. travayè, ouvriye, ti pèsonèl, mannèv

Workshop n. atelye, Atelya

World n. lemonn, lemonn antye.

Worldly adj. moun gran pan-pan.

Worldwide adj. sou tout latè beni, nan tout peyi, mondyal, lemonn antye, patou sou latè, toupatou sou latè, mondyalman

Worm n. vè

Worn adj. ize, izaje, vye, depase, demode

Worn out adj. boukay, zo bouke

Worried adj. sousye, ensèten, anksye, enkyè

Worrisome adj. enkyetan

Worry[1] n. tèt chaje, traka, enkyetid

Worry[2] v. enkyete, toumante, trakase, gen kè kase

Worrying adj. Enkyetan, bay refleksyon

Worse adv. movè, move •**to make worse** rann pi

Worsen v. t. **1.** anvlimen, agrave, anpire, mete abse sou klou **2.** deteryore, anvlimen

Worsening n. deteryorasyon, degradasyon

Worship n. seremoni relijye

Worth adj. valè •**to be worth** koute, vo

Worthily adv. diyman, avèk diyite

Worthiness n. diyite, fyète, respè

Worthy adj. diy

Wound n. blese, maling

Wrap v. Vlope, anbale. Vlope kado a

Wrapping n. anvlopman, vlopman, anbalman

Wreck v. sakaje

Wrestler n. litè

Wriggle v. ajite, bouje

Wrinkle v. t. chifonnen. Pa chifonnen rad madanm nan

Wrinkled adj. chifonnen

Wrinkling n. chifonnman

Wrist n. ponyèt. Mete mont-la nan ponyèt ou.

Write v. t. ekri, kouche lide sou papye. •**in writing** sou papye.

Writer (of fables) n. otè, ekritè fab

Writer n. ekritè, redaktè, ekriven, otè

Writing n. ekriti, redijman,

ekritman, ekritaj lèt la. Pawòl se van, ekriti se dokiman. **•in writing: pa ekri,** sou papye
Written form n. fòm lèt
Wrong adj. **•to be wrong** gen tò,
Wrong n. antò, tò. **•to be in the wrong** gen tò, an tò, se fòt.

Xx

X-ray[1] n. radyografi, reyon-iks
X-ray[2] v. pase radyografi
Xylophone n. zilofòn
Yacht n. yat
Yak adj. yak
Yam n. yanm nan
Yard n. lakou a
Year n. ane, lane, lanne. **•last year** lane pase. **•one year** yon lane.
Yearn v. anvi, vle.
Yell[1] n. rèl, rèlman, kriyaj
Yell[2] v. kriye, rele, rele anmwe
Yellow-belly n. kapon
Yellow[1] n m. jòn, prèske mi
Yellow[2] v. joni
Yellowing adj. joni, jòn
Yes adv. wi
Yesterday adv. ayè, yè. **•yesterday night** yèswa.
Yield n. rezilta, rannman, pwodiksyon
Yogurt n. yogou
Yoke n. aliyaj chwal, aliyaj bèt

kabrèt
You[1] pron. pers. 2nd pers. ou, w (if placed after a vowel). Si w chache, ou va jwenn. **•it all depends on you** Sa depan de oumenm **•it's you that took my pen**. Se ou ki te pran plim mwen an. **•I'll call you**. M a rele ou. M a rele w.
You[2] pron. pers. 2nd pers pl. nou. Kouman nou ye?
You[3] pron. pl. zòt
Young lady n. manzè, demwazèl
Young n. jenn, jèn **•young boy** n. jenn gason, **•young girl** ti fi, jenn fi
Youngest adj. pi jèn
Your *adj. poss.* Ou-a. **•your house**. Kay ou an. **•your** Pa w, Pa ou yo. **•your wife is called** Madanm ou te rele. **•I will call you.** M a rele w. **•your wife and your son are here**. Madanm ou epi ti gason w lan, yo isit la. **•your children** Timoun ou yo.
Yours pron. poss. Pa ou la, pa w la. **I have my pen, where is yours?** Mwen gen plim pa m nan, kote pa w ou la?
Yourself oumenm.
Youth n. jenn nan
Yoyo n. yoyo

Zz

Zebra n. zèb
Zero adj. n. zewo, zewo bare
Zigzag n. zigzag
Zinc n. zenk
Zombie n. mò vivan, zonbi
Zone n. zòn, lokalite
Zoo n. zou

NOTES

NOTES

NOTES

NOTES

NOTES

NOTES